Thomas Mann Jahrbuch Band 36

D1727641

THOMAS MANN
Jahrbuch

Band 36 2023

Begründet von
Eckhard Heftrich und Hans Wysling

Herausgegeben von
Katrin Bedenig, Marc von Moos und Hans Wißkirchen

Verantwortlich für das Schwerpunktthema
Friedhelm Marx und Hans Wißkirchen

KLOSTERMANN

Herausgegeben in Verbindung mit der Deutschen Thomas Mann-Gesellschaft, Sitz Lübeck e.V. und der Thomas Mann Gesellschaft Zürich

Redaktion und Register: Imke Jelen, Ronja Kieffer, Daniela Martin

© Vittorio Klostermann GmbH Frankfurt am Main 2023

Alle Rechte vorbehalten, insbesondere die des Nachdrucks und der Übersetzung. Ohne Genehmigung des Verlages ist es nicht gestattet, dieses Werk oder Teile in einem photomechanischen oder sonstigen Reproduktionsverfahren oder unter Verwendung elektronischer Systeme zu verarbeiten, zu vervielfältigen und zu verbreiten.
Gedruckt auf EOS Werkdruck von Salzer,
alterungsbeständig ⊗ISO 9706 und PEFC-zertifiziert
Satz: mittelstadt 21, Vogtsburg-Burkheim
Druck: Hubert & Co., Göttingen
Printed in Germany
ISSN 0935-6983
ISBN 978-3-465-00227-7

Inhalt

Vorwort

Es gilt einen Wechsel in der Herausgeberschaft anzuzeigen. 10 Jahre lang, von 2013 bis 2022, hat Katrin Bedenig, zusammen mit Hans Wißkirchen, das Thomas Mann Jahrbuch herausgegeben. Als Präsidentin der Thomas Mann Gesellschaft Zürich hat sie dabei für eine sehr vertrauensvolle und produktive Zusammenarbeit zwischen den beiden Thomas Mann Gesellschaften in Zürich und Lübeck gestanden und das Jahrbuch immer wieder mit wichtigen Beiträgen bereichert. Sie ist in diesem Jahr im Sinne eines harmonischen Übergangs ein letztes Mal als Herausgeberin präsent. Die Herausgeber danken ihr aus tiefstem Herzen für ihr Engagement. Besonders ihre menschliche Verlässlichkeit, ihre philologische Genauigkeit und ihre unverbrüchliche Begeisterung für Werk und Leben Thomas Manns werden uns fehlen.

Mit dem Jahrbuch 2023 tritt Marc von Moos, als neuer Präsident der Thomas Mann Gesellschaft Zürich, in die Herausgeberschaft ein. Die Herausgeber sind überzeugt, dass damit die jahrzehntelange Zusammenarbeit zwischen den Mann-Städten Zürich und Lübeck auf einem sehr guten Fundament fortgeführt werden kann.

Nachdem die Pandemie es zweimal verhindert hatte, dass Tagungen der beiden Thomas Mann Gesellschaften in Präsenz stattfinden konnten, kehrte im Jahre 2022 wieder Normalität ein.

Am 30. November 2022 hielt Jan Assmann anlässlich der 6. Thomas Mann Lecture der ETH Zürich einen Vortrag mit dem Titel »Thomas Manns Morgenlandfahrt: Die Josephromane«, in dem er – in Anlehnung an Hermann Hesses *Das Glasperlenspiel* und letztlich Goethes *West-Östlicher Divan* – Thomas Manns geistige Auswanderung ins Morgenland, ins vorzeitliche Ägypten, entfaltete.

Die Deutsche Thomas Mann-Gesellschaft tagte vom 16. bis zum 18. September 2022 in Lübeck. Den Auftakt der »Lübecker Thomas Mann-Tage 2022«, die als neues Format eingeführt wurden, bildete die Verleihung des Thomas Mann-Preises 2022 an Jonathan Franzen. Die sich anschließenden Thomas Mann-Tage nahmen die Entwicklung des Demokratieverständnisses von Thomas Mann in den Blick. Anlass und Ausgangspunkt bildete die Rede *Von deutscher Republik*, mit der sich Thomas Mann 1922, vor hundert Jahren, offen zur Weimarer Republik bekannte.

Unter dem Titel »Thomas Mann kontrovers – 100 Jahre Republikrede« sprachen und diskutierten Caren Heuer und Tim Lörke zu Beginn. Sie formulierten dabei unterschiedliche Zugänge zu Thomas Manns Hinwendung zur Weimarer Republik.

Anschließend wurde das Thema durch Barbara Eschenburg, Claudio Steiger, Oliver Fischer und Regine Zeller in Workshops vertieft. Am Abend fand unter dem Titel »Kulturstaat und Bürgergesellschaft« ein öffentlicher Vortrag von Norbert Lammert, Bundestagspräsident a. D., statt.

Am Sonntag hielt Frido Mann einen Vortrag, der unter dem Titel »Von deutscher Republik 1922/2022« die Aktualität des politischen Denkens Thomas Manns, auch und gerade unter den aktuellen Ereignissen in der Ukraine, überzeugend deutlich machte.

Den Abschluss der Tage bildete eine Podiumsdiskussion, die von Stephan Lohr moderierte wurde. Neben Frido Mann nahmen daran Gudrun Hentges, Christoph Möllers und Alexander Gallus teil.

Neben den drei gehaltenen Vorträgen finden sich im Jahrbuch noch eine Reihe weiterer Aufsätze zum Thema, die über einen Call for Papers ausgewählt wurden. Es handelt sich um Beiträge von Alexander Gallus, Corina Erk, Thomas Pekar, Jakob Lenz / Erik Schilling, Yahya Elsaghe, Michael Navratil und Alexander Pappe. Zur näheren Erläuterung siehe die Einführung von Friedhelm Marx und Hans Wißkirchen ab Seite 9, die für diesen Themenschwerpunkt verantwortlich zeichneten.

Zusätzlich präsentiert der Band zwei Arbeiten, die sich mit Thomas Manns *Gesang vom Kindchen* und den *Buddenbrook*s befassen.

Freundlicherweise hat Jonathan Franzen uns den Abdruck seiner Dankesrede anlässlich der Verleihung des Thomas Mann-Preises gestattet. Dafür sagen wir ausdrücklich unseren Dank. Der Dank geht auch an Michael Maar, dessen Laudatio ebenfalls in diesem Jahrbuch zu finden ist.

Als Abrundung folgen wie immer die Auswahlbibliographie sowie die Mitteilungen der Deutschen Thomas Mann-Gesellschaft und der Thomas Mann Gesellschaft Zürich. Erstmals finden Sie nach den Mitteilungen der Deutschen Thomas Mann-Gesellschaft den Dank und die namentliche Nennung derjenigen Personen, die seit Erscheinen des Jahrbuchs 2022 die Tätigkeiten der Deutschen Thomas Mann-Gesellschaft durch eine Spende unterstützt haben.

Für die Herausgeber
Marc von Moos und Hans Wißkirchen

Friedhelm Marx und Hans Wißkirchen

Zur Entwicklung des demokratischen Denkens bei Thomas Mann

Anlass und Ausgangspunkt für das diesjährige Schwerpunktthema des Jahrbuchs bildet die Rede *Von deutscher Republik*, mit der sich Thomas Mann vor gut hundert Jahren offen zur Weimarer Republik bekannte. Zuvor hatte er als Anhänger des wilhelminischen Obrigkeitsstaates u. a. in den *Betrachtungen eines Unpolitischen* die deutsche Position im Weltkrieg öffentlich verteidigt. Die Rede von 1922 markierte einen signifikanten Einschnitt in der politischen Biografie wie auch in der öffentlichen Wahrnehmung des Schriftstellers Thomas Mann. Fortan trat er entschieden für die Demokratie ein. Seine Einschätzung von 1922, die Demokratie sei bereits eine »innere Tatsache«, erwies sich allerdings als voreilig. Die sich rasch verändernden politischen Formationen von der Weimarer Republik über das Hitlerreich, das amerikanische Exil bis in die frühen Nachkriegsjahre gaben immer wieder neuen Anlass, demokratische Prinzipien öffentlich einzuklagen, zu verteidigen oder in Erinnerung zu rufen.

Die vielschichtige, bislang unzureichend erforschte demokratische Biografie Thomas Manns stand im Mittelpunkt der Lübecker Thomas Mann Tage von 2022, die sich vor allem mit der politischen Haltung, der Wirkung und der Aktualität der Republikrede beschäftigten. Das vorliegende Jahrbuch nimmt diese Spur auf – und erweitert sie: Die hier versammelten Beiträge untersuchen Manns öffentliches Engagement für die Demokratie von der Weimarer Republik bis zur Nachkriegszeit. Sie nehmen zudem auch sein literarisches Werk in den Blick, indem sie nach einer Pluralisierung der Erzählformen und Sujets fragen.

Vier größere Einheiten zeichnen sich ab: Die Beiträge von Alexander Gallus, Caren Heuer und Tim Lörke stellen Manns Rede *Von deutscher Republik* in den Mittelpunkt. In seinem Beitrag betont Gallus die spezifische Intellektualität Thomas Manns aus Sicht der Politikwissenschaft. Er sieht die Stärke der Thomas Mann'schen Wende in einer offenen Suchbewegung. Dass Thomas Mann keine fertige Definition der Republik habe, sondern ein Schwankender und Suchender sei, mache seine Anschlussfähigkeit für unsere Gegenwart aus. Die sich heute durchsetzende Sicht der Politikwissenschaft, dass die Weimarer Republik im positiven Sinne auch als Labor und Experimentierfeld für das Neue des demokratischen Denkens in Deutschland angesehen werden muss, finde in Thomas Mann einen ihrer wichtigsten Vertreter. Caren Heuer arbeitet die zeithistorischen Kontexte der Republik-Rede heraus. 1922 war durch den Schock des Rathenau-Mordes der Moment, in dem sich die Republik im Reichstag und in der Rathenau-Trauerfeier erstmals eindeutig und medial umfassend für die Demokratie einsetzte. Ihr Beitrag belegt eindrucksvoll, dass Thomas Mann sich hier ganz bewusst einordnete. Mit seiner Rede gab er der Republik, was sie brauchte und was ihr bisher fehlte: ein Narrativ. Dass er dabei auf die deutsche Romantik zurückgriff, wertet Heuer nicht als Flucht aus der Realität, sondern als ein kluges taktisches Manöver. Tim Lörke akzentuiert dagegen die Vorgeschichte demokratischer Denkfiguren im Werk Thomas Manns. Dazu gehören die schon in den *Betrachtungen eines Unpolitischen* vorhandenen demokratischen Argumentationsmuster, die freilich auch die Schwäche des republikanisch begründeten Agierens betonen. Mit seiner Rede von 1922 strebe Thomas Mann eine Republik der Gebildeten, der Dichter an. Wie Caren Heuer sieht auch Tim Lörke darin einen Versuch, der Republik eine Art ideelles Zentrum zu geben.

Einen zweiten Block bilden die Beiträge von Corina Erk und Thomas Pekar, die auf unterschiedliche Weise die Fortentwicklung des demokratischen Engagements verfolgen. Corina Erk richtet den Blick auf die Europa-Debatten: Manns Hinwendung zur Demokratie äußere sich u. a. in seinem Engagement für eine innereuropäische politische und kulturelle Annäherung. Zusätzlich weitet sie den Blick, indem sie Heinrich und Klaus Manns Europavorstellungen vergleichend hinzuzieht. Thomas Pekar geht von einem fluiden Demokratiebegriff bei Thomas Mann aus, der sich dadurch auszeichne, dass er sich immer wieder den veränderten zeitgeschichtlichen Situationen anpassen könne. Vor allem im Hinblick auf das amerikanische Exil arbeitet Pekar wichtige Veränderungen heraus. Während Thomas Mann in den 1920er Jahren der Republik unter Berufung auf Walt Whitman eine emotional-erotische Tiefenfundierung zuschreibe, dominiere in den USA ein durch die amerikanischen Gründerväter inspirierter, patriarchalischer Demokratiebegriff, der von oben her das Gute umsetzen will.

Einen dritten Themenbereich untersuchen die Beiträge von Jakob Lenz / Erik Schilling, Yahya Elsaghe und Michael Navratil. Sie gehen der Frage nach, ob und wie sich das demokratische Denken Thomas Manns auch in seinen literarischen Texten niedergeschlagen hat. Jakob Lenz und Erik Schilling lesen Thomas Manns *Zauberberg* und Platons *Politeia* als zwei politische Weltentwürfe mit Ähnlichkeiten in der Makro- und Mikrostruktur. Sie nehmen dabei vor allem den Schneetraum im *Zauberberg* und Platons Höhlengleichnis in den Blick und weisen auf interessante Parallelen hin. Dabei geht es ihnen nicht um den Nachweis einer quellenmäßigen Abhängigkeit, sondern um ästhetisch-strukturelle Ähnlichkeiten der Texte, die neue Einsichten ermöglichen. Yahya Elsaghe untersucht die einzigen fiktionalen Texte Thomas Manns, die sich dezidiert auf die Zeit der Weimarer Republik beziehen: die Inflationsnovelle *Unordnung und frühes Leid*, den *Faustus*-Roman und die späte Erzählung *Die Betrogene*, der er sich am intensivsten zuwendet. In allen drei Texten entdeckt er Vorbehalte und Spuren eingefleischter Widerstände gegen Republik und Demokratie, die er u. a. auf Manns Bachofen-Lektüre zurückführt. In der *Betrogenen* belege der enge Zusammenhang zwischen Rosalies Krebskrankheit und der Weimarer Republik die erste deutsche Republik mit manifesten Krankheits- und Todesängsten. Michael Navratil betont dagegen die demokratische Ästhetik Thomas Manns. Während sie in den Romanen *Der Zauberberg*, *Joseph und seine Brüder* und *Lotte in Weimar* auf der Basis eines polyphonen und mehrdimensionalen Schreibens ausgemacht werden könne, stelle sich die Situation in den beiden letzten Romanen anders dar. *Der Erwählte* und *Die Bekenntnisse des Hochstaplers Felix Krull* feiern, so Navratil, in ihren Protagonisten das Exzeptionelle. Über spezifische erzählerische Verfahren gelinge es Mann allerdings, die elitäre Sicht der Dinge zu relativieren. Damit näherten sich die beiden Romane zaghaft einem postmodernen Denken an, das durch ironisierendes Erzählen zu einer Verflüssigung von starren Herrschaftsformen beitrage.

Von der unmittelbaren Aktualität des demokratisch grundierten politischen Denkens bei Thomas Mann handeln die beiden letzten Beiträge unseres Schwerpunktthemas. Alexander Pappe liefert ein Stück Grundlagenforschung. Erstmals untersucht er die Erwähnungen Thomas Manns in sämtlichen zugänglichen Reden der deutschen Bundespräsidenten von 1949 bis in die Gegenwart. Dabei zeigt sich zweierlei: Auf der rein quantitativen Ebene ist eine fulminante Zunahme der Erwähnungen zu verzeichnen, die ihren Höhepunkt beim aktuellen Bundespräsidenten Frank-Walter Steinmeier erreicht. Inhaltlich zeichnet sich gleichfalls eine klare Entwicklung ab. Während in einer ersten Phase Thomas Mann als literarischer Autor im Mittelpunkt steht, wird anschließend seine Gegnerschaft zum Nationalsozialismus zum prägenden Rezeptionspunkt. Inzwischen ist es Thomas Manns Eintreten für die Demokratie, das höchste Aufmerksamkeit erfährt – etwa wenn Frank-Walter Steinmeier unter Bezug auf Manns Rede *Von deutscher Republik* auf die Ähnlichkeit der Zeitsituationen 1922 und 2022 hinweist: Die aktuelle Bedrohung der Demokratie verleihe Thomas Manns Auftritt eine stupende Aktualität. Von diesem Gedanken geht auch der letzte Beitrag aus. Frido Mann greift am stärksten von allen hier versammelten Texten in die Gegenwart aus. Für ihn führt gerade der Krieg gegen die Ukraine zu einer Neubewertung von Thomas Manns Wendung zur Demokratie. Wie Bundespräsident Frank-Walter Steinmeier schlägt er einen Bogen vom Oktober 1922 zum Februar 2022. Dabei betont er noch einmal den persönlichen Entschluss Thomas Manns, sich 1922 zur Republik zu bekennen. Demokratie bei Thomas Mann, so sein Fazit, werde weniger durch die äußeren Institutionen als durch einen inneren Kern definiert.

Blickt man auf die Beiträge in ihrer Gesamtheit, dann kann man resümierend feststellen, dass die Offenheit des Demokratiebegriffes, das durchaus schwierige Hingelangen zur Weimarer Republik und die immer wieder auftauchende Problematisierung von demokratischen Verhaltensformen die Stärke und die Aktualität des demokratischen Denkens bei Thomas Mann ausmachen. Er wird und bleibt ein Demokrat nicht aus einer gesicherten Position, sondern aus einer Suchbewegung heraus, die ihn offen sein lässt für die sich ändernden politischen Konstellationen in Deutschland, Europa und der Welt. Dementsprechend betonen viele Beiträgerinnen und Beiträger die Aktualität des politischen Thomas Mann für unsere Gegenwart. Vielleicht kommt sie am besten in einem Zitat des Sohnes Klaus Mann aus dem Jahre 1939 zum Ausdruck, das Corina Erk in ihrem Beitrag zitiert und das als Resümee am Schluss stehen soll:

In der Zwischenzeit hatte ich erkannt, daß Freiheit und sozialer Fortschritt und Zivilisation *keine* selbstverständlichen Dinge sind, die man bequem genießen kann. Ich hatte gelernt, daß diese Ideen und Werte überall bedroht sind und daß es unsere Aufgabe ist, sie zu verteidigen und für sie zu kämpfen. Ich hatte verstanden, daß Demokratie nicht etwas ist, das wir besitzen und worauf wir in aller Ruhe einfach stolz sein können. Wahre Demokratie ist ein Ziel und eine Aufgabe – kein Besitztum; sie ist *unser* Ziel und *unsere* Aufgabe. Es geht um unsere Probleme und unsere Zukunft, unseren Kampf und unser Leben.[1]

---

[1] Klaus Mann: Europa – Amerika, in: ders.: Aufsätze, Reden, Kritiken. Band 3: Zweimal Deutschland. 1938–1942, hrsg. v. Uwe Naumann / Michael Töteberg, Reinbek bei Hamburg: Rowohlt 1994 (= rororo, Bd. 12743), S. 113.

Alexander Gallus

Geistiges Mäandern auf dem Weg zur Weimarer Demokratie

Die Rede *Von deutscher Republik* und Thomas Manns
Intellektuellenwerdung[1]

I.

Die Frage aufzuwerfen, ob Thomas Mann ein Intellektueller sei, wirkt abwegig.
Schließlich hat er sich mit der Zeit den Ruf erarbeitet, ein besonders herausragender Vertreter dieser Spezies in Deutschland zu sein. Zugleich lässt sich
an seinem Fall aber besonders gut studieren, wie schwer sich Intellektuelle
wie er bisweilen mit der eigenen Rolle taten. Kultur und Politik, Geist und
Macht schienen zu unterschiedliche Gebiete zu sein, als dass man sie vermen-
gen oder produktiv aufeinander beziehen könnte. Von diesem Schisma überzeugt, hielt Thomas Mann am Ende des Ersten Weltkriegs paradoxerweise mit
Betrachtungen eines Unpolitischen Einzug in die Streitarena einer politischen
Öffentlichkeit.

Dieser lang gestreckte polemische Essay glich nicht gerade einem glücklichen
Auftakt auf dem Weg hin zu einem Weimarer Republikanismus oder wenigstens »Vernunftrepublikanismus« eines demokratischen Intellektuellen – mithin
Eigenschaften, wie sie Thomas Mann später regelmäßig zugeschrieben werden
sollten.[2] Das Gegenteil traf zu: Die *Betrachtungen* waren das krude Zeugnis
einer antiwestlichen, antidemokratischen und antiintellektualistischen Denk-
tradition. Wer etwas über Intellektuellenhass lernen möchte, wird dort im Kapitel »Der Zivilisationsliterat« mustergültig bedient (13.1, 59–75). Der »radikale
Literat« oder »Zivilisationsliterat« entstamme einer westlichen, insbesondere
französischen Tradition. Er sei »Vertreter des literarisierten und politisierten,
kurz, des demokratischen Geistes, ein Sohn der Revolution«. Deutsche Repräsentanten des »Revolutionsfranzose[n]« oder auch »Intellektuelle« würden zu
»kosmopolitischer Hingebung und Selbstentäußerung« neigen und letztlich
dem »Imperium der Zivilisation« dienen. Eine »handvoll schändlich häßlicher

[1] Diese Ausführungen erschienen in etwas kürzerer Form ohne Fußnotennachweise unter
dem Titel »Dienst an der Zeit« in der Frankfurter Allgemeinen Zeitung vom 10. Oktober 2022.
[2] Vgl. etwa Horst Möller: Friedrich Meinecke, Gustav Stresemann und Thomas Mann – drei
Wege in die Weimarer Republik, in: Andreas Wirsching / Jürgen Eder (Hrsg.): Vernunftrepublikanismus in der Weimarer Republik. Politik, Literatur, Wissenschaft, Stuttgart: Franz Steiner
2008 (= Stiftung Bundespräsident-Theodor-Heuss-Haus, Wissenschaftliche Reihe, Bd. 9).

Kunstwörter« zählten, wie Thomas Mann meinte, zum liebsten Vokabular der »Zivilisationsliteraten«: »Politisierung, Literarisierung, Intellektualisierung, Radikalisierung« und schließlich – ganz oben auf der Liste – »*Demokratisierung* Deutschlands« (Hervorhebung im Original). All dies fiel für ihn unter den »Generalnenner« einer »Entdeutschung«. Dem begegnete er abschließend mit der rhetorischen Frage: »Und an all diesem Unfug sollte ich teilhaben?« (13.1, 62, 64 f., 75)

Vor dem Hintergrund dieser frühen antiintellektuellen Intellektuellenschrift Thomas Manns lässt sich besser verstehen, weshalb es keineswegs selbstverständlich ist, ihn ohne Umschweife als Intellektuellen zu charakterisieren. Von der Warte des Jahres 1918 aus hätte er eine solche Bezeichnung als Affront von sich gewiesen. Anders als sein älterer Bruder Heinrich, den er zuvorderst mit dem Verdikt des »Zivilisationsliteraten« treffen wollte, war Thomas' Taten- und Gestaltungsdrang im revolutionären Herbst 1918 wenig ausgeprägt. Während Heinrich an führender Stelle in den neu geschaffenen Räten geistiger Arbeiter mitwirkte und so den alten Gegensatz von Geist und Tat aufzuheben suchte, war Thomas froh, sofern in den neuen Zeiten möglichst viel beim Alten blieb und die Stimmung jedenfalls nicht eskalierte. Erleichtert hielt er am 10. November in seinem Tagebuch fest: »Ich bin befriedigt von der relativen Ruhe u. Ordnung, mit der vorderhand wenigstens alles sich abspielt. Die deutsche Revolution ist eben die deutsche, wenn auch Revolution. Keine französische Wildheit, keine russisch-kommunistische Trunkenheit.« (Tb, 10.11.1918)

Was er an dieser Stelle unerwähnt ließ, war die gegenrevolutionäre Gewalt einer autoritären Rechten, die einem völkischen Weltbild und aufpeitschenden nationalistischen Irrationalismus anhing. Nicht zuletzt der terroristische Geheimbund der »Organisation Consul« zielte unter Hermann Ehrhardts Führung nach dem gescheiterten Kapp-Putsch mittels einer Reihe von Attentaten auf eine Destabilisierung der jungen Weimarer Republik.[3] Zu den berühmtesten Opfern dieser Mordserie zählten Matthias Erzberger und Walther Rathenau. Die Ermordung Rathenaus am 24. Juni 1922 auf offener Straße im Berliner Ortsteil Grunewald erschütterte das gesamte Land und löste auch bei Thomas Mann blankes Entsetzen aus. Er schätzte Rathenau politisch und persönlich ebenso wie als geistigen Menschen von Rang. Beide waren sie Autoren des S. Fischer Verlags und publizierten in der dort erscheinenden Monatsschrift *Die neue Rundschau*.[4]

---

[3] Dazu maßgeblich Martin Sabrow: Der Rathenaumord und die deutsche Gegenrevolution, Göttingen: Wallstein 2022.

[4] Zum »Fischer-Kreis« nun grundlegend Margarete Tiessen: Creating Liberal Germany from Empire to Exile: The Fischer Circle (1908–1950), Diss. phil., Univ. of Cambridge, 2020 (eine Druckfassung ist in Vorbereitung).

»Rathenaus Ende« habe ihm einen »schweren Choc« versetzt, notierte Mann nach den brutalen Ereignissen. (22, 440) Er wurde von Gewissensbissen geplagt und fragte sich, ob auch seine *Betrachtungen* Anteil an einer Vergiftung des politischen Klimas hatten, das erst die Voraussetzung für solche Mordtaten schuf. Als engagierter Beobachter der Zeitläufte sah sich Thomas Mann nicht nur zur Selbstkritik veranlasst, sondern auch zu einer Distanzierung von konservativ-revolutionären Denkzirkeln, die ihn seit der Veröffentlichung seiner *Betrachtungen* als eine Art Hausgott verehrten. Umgekehrt brachte er den jungkonservativen Kreisen rund um den »Juni-Klub« und die Zeitschrift *Das Gewissen* Sympathien entgegen.[5] Noch im Juli 1920 zeigte er sich davon überzeugt, dass es einen »Konservatismus« gebe, der »mehr Zukunftskeime« in sich trage »als irgend eine liberale Ideologie«.[6]

Trotz der *Betrachtungen* und solcher Bekenntnisse wirkte Thomas Mann in Weimars Entstehungsphase eher wie ein Schwankender und von politischer Heimatlosigkeit befallener Autor, der nach seinem Standort suchte. Es ließe sich auch behaupten, dass dies nicht die schlechteste Ausgangsposition für einen Intellektuellen ist, der sich eine gewisse gedankliche Elastizität und Kritikfähigkeit bewahren muss, um eben dieser Rolle gerecht zu werden. Vor der Drohkulisse einer weiteren rechten Radikalisierung, die ihm mit dem Rathenaumord deutlich vor Augen trat, schlug er sich auf die Seite der Republik. Sie sollte ihm fortan als der beste Rahmen für seine Vorstellungen von Menschlichkeit und Bürgerlichkeit gelten.

II.

1922 war ein einschneidendes Jahr für Thomas Mann. Damals söhnte er sich mit seinem Bruder Heinrich aus und hielt am 13. Oktober im Berliner Beethovensaal seine Rede *Von deutscher Republik*.[7] Sie half wesentlich, seinen Ruf eines demokratischen Intellektuellen der Weimarer Republik zu fundieren und ihn gleichsam von den Altlasten der *Betrachtungen* zu befreien. Seine einstigen Bewunderer zur Rechten überzogen ihn mit Schimpf und Schande. Sie hielten

---

[5] Siehe etwa Stefan Breuer: Ein Mann der Rechten? Thomas Mann zwischen »konservativer Revolution«, ästhetischem Fundamentalismus und neuem Nationalismus, in: Jahrbuch Politisches Denken, Jg. 7, 1997, Stuttgart/Weimar: Metzler, S. 119–140; Claudia Kemper: Das »Gewissen« 1919–1925. Kommunikation und Vernetzung der Jungkonservativen, München: Oldenbourg 2011 (= Ordnungssysteme – Studien zur Ideengeschichte der Neuzeit, Bd. 36), insbes. S. 98.

[6] Brief Thomas Manns an Lavinia Mazzucchetti vom 29. Juli 1920, hier zitiert nach Berthold Petzinna: Erziehung zum deutschen Lebensstil. Ursprung und Entwicklung des jungkonservativen »Ring«-Kreises 1918–1933, Berlin: Akademie 2000, S. 130.

[7] Ebd., S. 514–559.

ihn für einen Abtrünnigen und Opportunisten. »Mann über Bord«, kommentierte *Das Gewissen* die Rede, vom »Saulus Mann« kündete der nationalkonservative *Tag*.[8] Er selbst antizipierte bereits in dem Vortrag die empörten Reaktionen von rechts, die sein Wort, wie er fest annahm, als das eines »Renegat[en]«, »Überläufer[s]« und »Gesinnungslump[en]«, ja »des charakterlosesten Selbstverleugners« kennzeichnen dürften. (15.1, 533) Damit rechnete er, das nahm er in Kauf. Aber auch im republikanischen Lager wurde die Rede teilweise reserviert aufgenommen. Offenbar traute man dem Gesinnungswandel noch nicht recht. Leopold Schwarzschilds *Tage-Buch* spottete über Manns »wohlüberlegte Tapferkeit«, seine Rede in Berlin und nicht in seiner Heimatstadt München gehalten zu haben. Dort hätte er doch mit eingeschlagenen Fensterscheiben durch einen rechten Mob rechnen müssen. Als ein Schriftsteller, in den sich auf einmal ein »unbezwinglicher Aktivitätstrieb verirrt« habe, sollte er doch »lieber auf handfeste Wirklichkeit als in den luftleeren Raum wirken wollen«.[9]

Die frühen Kommentare zeigen, welch große Aufmerksamkeit Thomas Manns Rede entgegengebracht und wie sehr darüber diskutiert wurde, wie tief die an ihr ablesbare Zäsur in seinem politischen Denken eigentlich war. Bis heute herrscht keine Einigkeit darüber, ob der Schriftsteller im Oktober 1922 eine umfassende republikanische Wende vollzog oder nicht.[10] Dass diese Frage ein Streitfall bleibt, liegt auch an den widersprüchlichen Spuren, die Thomas Mann selbst gezogen hat. Einerseits legte er ein Bekenntnis zur Republik ab, andererseits wurde er nicht müde, die Kontinuität seiner politisch-gesellschaftlichen Leitvorstellungen zu betonen (»Ich weiß von keiner Sinnesänderung.« 15.1, 583). Nicht er, die Zeiten hätten sich gewandelt. Dies erfordere die Begehung neuer Wege, um Deutschland und den Deutschen zum Glück zu verhelfen und den Gedanken der Humanität wachzuhalten. Er betrieb Werbearbeit für Republik und Demokratie, fasste Letztere aber lieber unter dem Terminus »Humanität«, auch um die Abneigung, die dem Reizwort »Demokratie« nach wie vor entgegenschlug, nicht zu befördern. (15.1, 522)

---

[8] Otto Werner, in: Das Gewissen vom 23. Oktober 1922 sowie Friedrich Hussong, in: Der Tag vom 15. Oktober 1922, hier zitiert nach Wilfried Opitz: »Literatur ist demokratisch«. Kontinuität und Wandel im politischen Denken Thomas Manns, Göttingen: Cuvillier 2009, S. 201.

[9] Tagebuch der Zeit, in: Das Tage-Buch vom 28. Oktober 1922, S. 1499–1501, hier S. 1500.

[10] Vgl. dezidiert zu dieser Frage Tim Lörke: Thomas Manns republikanische Wende?, in: TM Jb 29, 2016, 71–86. Kurt Sontheimer betonte bereits 1958, Mann habe mit seiner Republik-Rede die »entscheidende Wendung« vollzogen. So ders.: Thomas Mann als politischer Schriftsteller, in: Vierteljahrshefte für Zeitgeschichte, Jg. 6, 1958, S. 1–44, hier S. 13. Kai Sina, Kollektivpoetik. Zu einer Literatur der offenen Gesellschaft in der Moderne mit Studien zu Goethe, Emerson, Whitman und Thomas Mann, Berlin/Boston: de Gruyter 2019 (= Quellen und Forschungen zur Literatur- und Kulturgeschichte, Bd. 98), S. 239, erkennt eine »prozesshafte Transformation des Demokratiebegriffs bei Thomas Mann« und betrachtet seine Rede als »Ausgangspunkt für eine langanhaltende und ungradlinige Suchbewegung«.

Er richtete seine Ansprache an die deutsche Jugend, die er den Fängen eines »intellektualistische[n] Radikalismus« zu entwinden und für die Republik einzunehmen beabsichtigte. (15.1, 515) So als wollte er seine Glaubwürdigkeit und die Konstanz seiner Grundhaltung unterstreichen, distanzierte er sich vom Pazifismus und betonte, weder ein »hämischer Parteimensch« noch ein »Vernunft-Thersites« oder »Republikaner vom Verrina-Stamm« (geworden) zu sein. (15.1, 520f.) Stattdessen hob er einen unverbrüchlichen Patriotismus hervor, der nun am besten in Form der Republik aufgehoben sei. Thomas Mann suchte alle möglichen gedanklichen Umwege, um der jungen Generation die Republik schmackhaft zu machen. Er appellierte mit Nietzsche an die Liebe zum Schicksal, das nun Republik heiße, und suchte mit Bezugnahme auf den amerikanischen Dichter Walt Whitman und den deutschen Romantiker Novalis in recht gedeichselter Weise die Verbindung aus Humanität, Demokratie und deutscher Eigenart darzulegen.

An mehreren Stellen seiner Rede verdeutlichte Thomas Mann, wie wenig seine Grundgedanken nur auf die Spielregeln des modernen demokratischen Verfassungsstaats ausgerichtet waren oder einen politischen Pluralismus begründeten. Stattdessen waren seine Ideen in einem älteren Staatsdenken verhaftet, das Leitmotiven wie Harmonie und Homogenität folgte. Sie zielten auf die Versöhnung zwischen Individuum und Gemeinschaft sowie auf die »Einheit des Geistig-Nationalen und des staatlichen Lebens«. (15.1, 538) Beides sollte die neue Republik am besten ermöglichen. Die mäandernden Wege seiner Argumentation, die neue politische Form und nationale Tradition miteinander versöhnen wollte, mündeten in einem Appell an ein alt-neues Synthesedenken, das die Zwischenlage einer »deutschen Mitte« (»zwischen Mystik und Ethik, Innerlichkeit und Staatlichkeit«) beschwor, die sich nunmehr in der »positiven Rechtsform« der Republik am ehesten aufgehoben fand und der deswegen zu huldigen sei: »Es lebe die Republik!« (15.1, 559)

So entschlossen-unentschlossen Thomas Manns Beweisführung erschien, die der neuen politischen Ordnung etwas Positives abgewinnen wollte, ohne sich einen Gesinnungswandel eingestehen zu müssen, fundierte sie doch die Kernannahme, dass die Gestaltung des Staates eine Aufgabe aller sei. Sich selbst bezog er ausdrücklich mit ein, habe im Falle des Schriftstellers doch dessen »unmittelbare[s] Ansehen« ebenso wie dessen »unmittelbare Verantwortlichkeit« in der Republik zugenommen; »ganz einerlei«, so fügte er ein wenig mürrisch hinzu, »ob er persönlich dies je zu den Wünschbarkeiten zählte oder nicht«. (15.1, 516) In jedem Fall hatte er sich mit den neuen Tatsachen zu arrangieren. Aus diesen Passagen klingt so etwas wie ein, wenngleich widerwilliges, Arrangement mit der neu zu justierenden eigenen Intellektuellenrolle heraus. So sehr er an dieser Stelle den Begriff des Intellektuellen mied, verabschiedete er sich doch von seiner »unpolitischen« Antihaltung und freundete sich, wenn auch nicht leichten Herzens, mit der demokratischen Aufgabe des politischen Schriftstellers an.

III.

Weder mit seinen *Betrachtungen* noch mit seiner Republikrede hat es Thomas Mann seinen Interpreten leicht gemacht. Einfachen Rastern und Zuordnungen entzog er sich zumal mit der Ansprache vom Herbst 1922. Das stellte insofern ein rezeptionsgeschichtliches Problem dar, als die Weimar-Historiografie nach 1945 allgemein und speziell die Vermessungen der Ideenlandschaften jener Jahre hartnäckig einem Entweder-oder-Schema folgten: entweder Republikaner oder Radikaler, Demokrat oder Antidemokrat. *Tertium non datur!*

Wer zu den Antidemokraten zählte, landete – nicht selten mit einigem Recht – nach dem Zweiten Weltkrieg auf der historischen Anklagebank. Die Erklärungsbedürftigkeit von »1933« dominierte die Fragerichtung und überwölbte die Weimar-Interpretationen. »Weimar« warf lange Schatten und galt als Teil einer womöglich nach wie vor oder erneut gefährdeten Gegenwart. Erst mit wachsendem Abstand und der Abschwächung jenes »Weimar-Komplexes«[11] erlangte die Geschichte der Jahre 1918 bis 1933 für sich genommen mehr Eigengewicht und verwahrte sich zunehmend erfolgreich dagegen, nicht nur auf eine Art Intermezzo oder bloßes Verbindungsstück im deutschen Sonderweg-Drama zwischen autoritärem Kaiserreich und totalitärer NS-Diktatur reduziert zu werden.[12] Schon vorher war es im Übrigen gelungen, Weimar auf dem Gebiet der Kultur aufzuwerten. »Weimar Culture« etablierte sich zu einem eigenen Begriff, der in der Formel von den Goldenen Zwanzigern kulminierte – und damit wieder ein Schwarz-Weiß-Schema bediente: von kultureller Blüte hier und gesellschaftlich-politischer Krise dort.

Thomas Manns Beispiel zeigt besonders klar, wie sehr er anfangs selbst solche binären Abgrenzungsmuster pflegte, obwohl er sie bei genauerer Betrachtung stets unterlief und – verstärkt ab 1922 – bewusst in Frage stellte. Sein Denken war weder statisch noch unpolitisch und schon gar nicht kulturfremd. Es liegt in der Natur der Sache, dass Intellektuelle beide Sphären, jene der »Kultur« und der »Politik«, miteinander verbinden müssen.[13] Pierre Bourdieu schrieb ihnen

---

[11] So Sebastian Ullrich: Der Weimar-Komplex. Das Scheitern der ersten deutschen Demokratie und die politische Kultur der frühen Bundesrepublik. 1945–1959, Göttingen: Wallstein 2009.

[12] Siehe zur Einordnung auch die verschiedenen Beiträge in Alexander Gallus / Ernst Piper (Hrsg.): Die Weimarer Republik als Ort der Demokratiegeschichte. Eine kritische Bestandsaufnahme, Bonn: Bundeszentrale für politische Bildung 2023.

[13] Zu diesem Spannungsverhältnis – auch bezogen auf Thomas Mann – siehe Wolf Lepenies: Kultur und Politik. Deutsche Geschichten, München: Hanser 2006.

später einmal treffend eine bidimensionale Natur zu. Einerseits erarbeiten sie sich als Künstler, Schriftsteller oder Wissenschaftler Autonomie und Reputation, um dann – andererseits – auf diesem Fundament stehend von Zeit zu Zeit (aber nicht hauptamtlich und dauerhaft) ins politische Feld zu intervenieren, ob mittels Pamphleten, Manifesten, Offener Briefe oder öffentlicher Reden.[14]

Eine solche Rollendynamik zu erlernen und als wertvoll zu erachten, bedurfte eines Lernprozesses, der in der Zwischenkriegszeit recht holprig verlief. Weimar gilt häufig als eine Versagensgeschichte der Intellektuellen in gleich zweifacher Weise. Einmal standen ihre Vertreter häufig für eine Unbedingtheit und Radikalität ihrer Wunschwelten, die der realen Republik nicht gut bekamen. Außerdem sahen sich die Intellektuellen selbst unter Dauerbeschuss, erfuhren Ablehnung, Schmähung und Diskriminierung vielfältiger Art. Als Außenseiter und Fremdkörper zugleich befanden sie sich in einer prekären Lage. Jürgen Habermas nahm diese Beobachtung 1986 in seinem Vortrag *Geist und Macht – ein deutsches Thema* zum Anlass, von einer missglückten Geschichte des Intellektuellen während der Weimarer Republik zu sprechen. Erst verspätet, wie so oft in der deutschen Geschichte, habe sich eine erfolgreiche, wenngleich nicht reibungslose Institutionalisierung des Intellektuellen in der Bundesrepublik vollzogen.[15]

Thomas Mann schneidet bei ihm nicht gut ab, weil der Frankfurter Sozialphilosoph vorrangig dessen intellektuellenfeindliche Aussagen aus den *Betrachtungen* würdigt, um zu belegen, dass die Intellektuellenfeindschaft bereits bei der Begriffsverwendung begann. Der Terminus »Intellektuelle« habe vielen als »westlich«, ja »undeutsch« gegolten, weswegen lieber von »geistigen Menschen«, deren Spektrum vom »Geistesadel« bis zum »Geistesarbeiter« reichte, die Rede sein sollte.[16] Wie wir inzwischen wissen, gab es eine ausgeprägte Tradition des Schimpfworts »Intellektueller« in Deutschland.[17] Sie war aber nicht so ausschließlich und unveränderlich, wie vielfach behauptet. Auch Thomas Mann sollte sich ab 1922 zunehmend mit dem Begriff und noch mehr mit dem dahinterstehenden Phänomen anfreunden.

---

[14] Vgl. zu Bourdieus Ansatz Henning Hillmann: Zwischen Engagement und Autonomie: Elemente für eine Soziologie der Intellektuellen, in: Berliner Journal für Soziologie, Jg. 7, Berlin/Jena: Springer 1997, S. 71–86; Ingrid Gilcher-Holtey: Prolog, in: dies. (Hrsg.): Zwischen den Fronten. Positionskämpfe europäischer Intellektueller im 20. Jahrhundert, Berlin: Akademie 2006, S. 9–21, insbes. S. 14 f.

[15] Jürgen Habermas: Heinrich Heine und die Rolle des Intellektuellen, in: ders.: Eine Art Schadensabwicklung. Kleine Politische Schriften VI, Frankfurt am Main: Suhrkamp 1987, S. 27–54 [ursprgl. Vortrag mit dem Titel »Geist und Macht – ein deutsches Thema. Heinrich Heine und die Rolle des Intellektuellen in Deutschland«].

[16] Ebd., S. 32.

[17] So Dietz Bering: Die Intellektuellen. Geschichte eines Schimpfwortes, Berlin/Wien: Ullstein Taschenbuch 1982 [zuerst 1978].

Er dient aber auch als ein Beispiel dafür, wie wenig erkenntnisgewinnend es ist, politische Denker wie ihn anhand normativer Schablonen unserer Gegenwart schulmeisterlich zu bewerten. Wir sollten Fälle wie Thomas Mann nicht in erster Linie an dem bemessen, was er noch nicht oder früher als andere war. Tadel und Lob in dieser Hinsicht zu verteilen, wirkt so anachronistisch wie ahistorisch. Auch Habermas' nachträgliche Weimarer Inspektion des Intellektuellen war davon nicht frei, weil sie diese Figur anhand von Modellvorstellungen ihres Wirkens innerhalb einer diskursiven und von staatlichen Restriktionen freien politischen Öffentlichkeit bemaß, wie sie sich erst im Verlauf der bundesdeutschen Geschichte ausbildete.

Im Grunde mangelt es einer solchen Interpretation an Aufgeschlossenheit gegenüber einer Zeit- und Ideengeschichte verbindenden Analyseebene. Wer mit theoretisch-typologisch hochgradig präformierten Demokratiemodellen an die Weimarer Ideengeschichte herangeht, dürfte ihre eigentümliche Dynamik, ihren Hang zu Schwebelagen, zu gedanklichen Umbau- und Anpassungsleistungen nur unzureichend erkunden. Die Weimarer Republik glich einem Experimentierfeld und Laboratorium, in dem erst politische Ordnungsvorstellungen entstanden und erprobt werden mussten.[18] Der Versuchsraum war dabei kein hermetisch abgeriegelter, was die Sache von Anfang an risikoreich machte und uns nachträglich fragen lassen sollte, welches die Kontexte und Bedingungsfaktoren waren, die politische Ideenwelten in Schwingung versetzten.

Thomas Manns Denkbewegungen während der Weimarer Republik lassen sich losgelöst von damaligen Vorgängen und Ereignissen kaum angemessen nachvollziehen. Wenn ihm in einer nachträglichen Erörterung seiner Republik-Rede von 1922 einmal vorgehalten wurde, dass er sich selbst weniger gewandelt hätte als die Umstände, so ist dies in gewisser Weise ein merkwürdiges Argument.[19] Statt innerer Einkehr sei es der Rathenaumord gewesen, der ihn gleichsam zu Anpassungen zwang. Erneut wird hier ein binäres Schema – in diesem Falle zwischen äußeren Impulsen und intrinsischer Motivation – entfaltet, das gerade einer intellektuellengeschichtlichen Würdigung nicht gerecht wird. Es kommt auf das Zusammenspiel und die Rekonstruktion der immer neuen Lagen eines »konstellationsabhängigen Denkens« an, wie es der Ideenhistoriker Jens Hacke in seinem großen Werk über das schwierige Wechselverhältnis von Liberalismus und Demokratie in der Zwischenkriegszeit genannt hat.[20]

---

[18] Siehe dazu Tim B. Müller: Nach dem Ersten Weltkrieg. Lebensversuche moderner Demokratien, Hamburg: Hamburger Edition 2014; ders./Adam Tooze (Hrsg.): Normalität und Fragilität. Demokratie nach dem Ersten Weltkrieg, Hamburg: Hamburger Edition 2015.

[19] So in einer insgesamt gedanken- und kenntnisreichen Darstellung Manfred Görtemaker: Thomas Mann und die Politik, Frankfurt am Main: S. Fischer 2005, S. 51.

[20] Jens Hacke: Existenzkrise der Demokratie. Zur politischen Theorie des Liberalismus in

In diesen Spannungsbogen eingebunden war auch Thomas Mann, der sich nur zögerlich Demokratie und Republik annäherte und anfänglich den Bereich der Politik, ihre Prozeduren, Repräsentanten und Tageskämpfe aussparte und ihnen stattdessen mit einer kulturpessimistischen und geistesaristokratischen Haltung begegnete. Aber schon im Jahr 1922 nahm sein Sinn für das politisch Notwendige so sehr zu, dass er ungeachtet aller gedanklicher Blockaden und Umleitungen wusste, wie erforderlich ein Bekenntnis zur Republik in diesen krisenhaften Zeiten war. Insofern stellte Thomas Manns große Rede vom Oktober 1922 einen Wendepunkt auf dem Weg zu seiner Intellektuellenwerdung dar. Wenn auch aus kritischer Distanz sah er sich zunehmend zuständig für politische Angelegenheiten. Mit der Zeit versteckte er seine Interventionen immer weniger hinter einem bildungsemphatischen Schutzpanzer.

Schon in *Von deutscher Republik* waren Ansätze eines solchen Moduswechsels zu erkennen, in jenen Passagen nämlich, in denen er »Vater Ebert« an der Spitze des Staates fast liebevoll würdigt: »Ein grundangenehmer Mann, bescheiden-würdig, nicht ohne Schalkheit, gelassen und menschlich fest.« (15.1, 531) Im Folgejahr erneuerte Thomas Mann in der *Gedenkrede auf Rathenau* nochmals und weniger ästhetizistisch überformt als im Herbst 1922 sein Republikbekenntnis. Schließlich belegte fast auf den Tag genau acht Jahre nach seiner Republik-Rede, wieder im Berliner Beethovensaal, seine *Deutsche Ansprache – ein Appell an die Vernunft* vom 17. Oktober 1930, wie wenig er die offene politische Auseinandersetzung grundsätzlich scheute und wie sehr er als kampfbereiter Intellektueller »Dienst an der Zeit« leisten wollte. (XII, 653)[21] Hier hieß es ausdrücklich, »unmittelbare Notgedanken des Lebens« würden »den Kunstgedanken zurückdrängen«. Angesichts der akuten Staatskrise und des erstarkenden Nationalsozialismus wies Thomas Mann mit der ganzen Autorität des Literaturnobelpreisträgers von 1929 nun dem deutschen Bürgertum den »politische[n] Platz« zu, und zwar »an der Seite der Sozialdemokratie«. (XI, 871, 889)

In seiner *Deutschen Geschichte des 19. und 20. Jahrhunderts* von 1958 widmete Thomas Manns Sohn Golo den Weimarer Intellektuellen ein ganzes Kapitel. Er ging mit ihnen hart ins Gericht und nannte sie mitschuldig am Niedergang der Republik. Mit spitzer Feder würdigte er auch seinen Vater, dem es an politischem Realitätssinn gefehlt habe. Die »geistige Begründung der Republik« vom Oktober 1922 war für Golo Mann »eine schön erdachte, aus alter deutscher Dichtung zusammengereimte«. Das sei »Literatur, nicht

---

der Zwischenkriegszeit, Berlin: Suhrkamp 2018, S. 29. Siehe auch ders.: Liberale Demokratie in schwierigen Zeiten. Weimar und die Gegenwart, Hamburg: Europäische Verlagsanstalt 2021.
    [21] Wichtig zur Einordnung auch Hinrich Siefken: Thomas Manns »Dienst an der Zeit« in den Jahren 1918–1933, in: TM Jb 10, 1997, 167–185.

Wirklichkeit«.[22] An anderer Stelle prägte er das Aperçu vom in politischen Dingen »unwissenden Magier«.[23] Thomas Mann war in den Augen des Sohns wohl ein herausragender Belletrist, als politischer Intellektueller aber blieb er unbegabt. Dabei war er ein Prototyp dieser so faszinierenden wie widerspenstigen Sozialfigur: irrtumsanfällig und lernfähig, starrköpfig und flexibel, inkompetent und urteilsstark. Würdigungen wie jene seines Historiker-Sohns verkannten Thomas Manns dynamische Rollenfindung ebenso wie die Fluidität eines erfahrungssensiblen politischen Denkens. Wer aber Weimarer Intellektuellengeschichte betreibt, darf sich nicht fürchten, mit Geistesakrobaten auf dem Schwebebalken zu balancieren.[24] Auch deshalb ist die Lektüre der Rede *Von deutscher Republik* nach einhundert Jahren immer noch ein reizvolles Unterfangen.

[22] Golo Mann: Deutsche Geschichte des 19. und 20. Jahrhunderts, Frankfurt am Main: Fischer Taschenbuch 1992 [zuerst 1958], S. 722.

[23] So zuerst in einer Rezension geäußert von Golo Mann: Der Bruder zur Linken. Zur Neuauflage von Heinrich Manns »Ein Zeitalter wird besichtigt«, in: Frankfurter Allgemeine Zeitung vom 21. September 1974.

[24] Siehe dazu auch meine weiteren Ausführungen »Mit Geistesarbeitern auf dem Schwebebalken. Weimarer *Intellectual History* und die Erkundung prekärer Lagen«, in: Alexander Gallus: Intellektuelle in ihrer Zeit. Geistesarbeiter und Geistesgeschichte im 20. Jahrhundert, Hamburg: Europäische Verlagsanstalt 2022, S. 126–145 und 215–219.

Caren Heuer

»Es lebe die deutsche Republik«?

Thomas Mann und die Zeitenwende der Weimarer Demokratie

Der zeitgenössischen Rezeption gilt Thomas Manns Republik-Rede von 1922 als Bekenntnis zur noch jungen deutschen Republik und damit als Zäsur in Thomas Manns politischem Denken, als Zeichen eines demokratischen Sinneswandels.[1] Diese These, die in der Forschung nicht unwidersprochen geblieben ist,[2] hält auch einer Analyse der Republik-Rede im Kontext des Krisenjahres 1922 weiterhin stand, wie im Folgenden gezeigt werden soll.

Es leben die Republiken! – Einführung

Die deutsche Öffentlichkeit fällt aus allen Wolken, als im Oktober 1918 eine Reichsregierung ins Amt kommt, an der erstmals auch oppositionelle Parteien, darunter die SPD, beteiligt sind, und diese Regierung als erste Amtshandlung um einen Waffenstillstand ersucht. Dass die Oberste Heeresleitung zuvor den Krieg für aussichtslos erklärt und zu diesem Schritt gedrängt hatte, geht öffentlich irgendwie unter. Das Waffenstillstandsgesuch wird eingereicht.[3]

Die Amerikaner bestehen auf einer Demokratisierung der deutschen Reichsverfassung, bevor man sich auf einen Waffenstillstand einlassen will – man gibt dem nach, das Deutsche Reich wird zur parlamentarischen Monarchie.

Und in München? In der Poschingerstraße? Die Auslieferung der *Betrachtungen eines Unpolitischen* kann Thomas Mann nicht mehr verhindern, auch wenn er es versucht. Zu spät, telegraphiert Fischer (vgl. Tb, 7. 10. 1918). Nun denn, »[i]n Gottes Namen!« (Tb, 7. 10. 1918) – Thomas Mann fügt sich in sein Schicksal, sich für einen Text verantworten zu müssen, der schon im Erscheinen »von gestern« ist. Der Siegeszug, oder, in Thomas Manns Formulierung: der »Welttriumph der demokratischen Civilisation« (Tb, 5. 10. 1918) scheint nicht mehr aufzuhalten. Wie aber dann den »deutschen Geist[]« retten, wie die

[1] Vgl. Stefan Rehm: Von deutscher Republik (1922), in: TM Hb (2015), 163.

[2] Vgl. zuletzt Tim Lörke: Thomas Manns republikanische Wende?, in: TM Jb 29, 2016, 71–86 sowie in diesem Band Tim Lörke: »Royalisten anderer Art«. Zu den Kontinuitäten in Thomas Manns Denken über die Demokratie.

[3] Vgl. zum Beispiel Michael Wildt: Zerborstene Zeit. Deutsche Geschichte 1918–1945, München: C. H. Beck 2022, S. 30–36.

»geistige[ ] Herrschaft des siegreichen demokratisch-civilisationellen Prinzips in Deutschland« (Tb, 5. 10. 1918) verhindern? Thomas Mann ist um den Schlaf gebracht; in der Poschingerstraße 1 greift die »Grippe« um sich, die jüngste Tochter zahnt; Thomas Mann nimmt Baldrian (vgl. Tb, 14.–16. 10. 1918).

Im Land überschlagen sich die Ereignisse: In München ruft Kurt Eisner die »bayerische Republik«[4] aus, in Berlin proklamiert erst Philipp Scheidemann die »Deutsche Republik«, dann Karl Liebknecht die »Sozialistische Republik«[5]. Welche der Republiken sich am Ende durchsetzen wird, scheint denkbar unklar. Offensichtlich ist nur: Die Monarchie ist am Ende.

»Das alte Morsche ist zusammengebrochen«[6], hatte Scheidemann vom Balkon des Reichstages gerufen und Thomas Mann vermutet im Tagebuch: »Die alten Machthaber sind im Grunde froh, ihre Macht, die keine mehr war, los zu sein« (Tb, 9. 11. 1918). »Positiv gestimmt«, gibt er sich gegenüber der entstehenden Republik. Sie verspricht »etwas Neues, auf der deutschen Linie Liegendes« zu sein (Tb, 12. 11. 1918).

Betrachtungen und Gedanken im Krieg – Rückschau

Zugleich hat Thomas Mann Ende 1918 Momente des Unbehagens oder sogar der Furcht. »Kommt es extrem«, befürchtet er, »so ist es nicht unmöglich, daß ich infolge meines Verhaltens im Krieg erschossen werde.« (Tb, 11. 11. 1918) Sein »Verhalten im Krieg«, das meint in der Formulierung von Herrmann Kurzke Thomas Manns »Kriegsdienst mit Worten«[7] – aufgenommen mit dem Essay *Gedanken im Kriege*, den er im September 1914 schreibt und der das Zerwürfnis mit dem älteren, frankophilen und pazifistischen Bruder Heinrich besiegelt.

Den *Gedanken im Kriege* kann und muss man wohl zugestehen, dass sie unter dem Eindruck des sogenannten Augusterlebnisses geschrieben wurden, als sich im Sommer 1914 Hunderttausende freiwillig an die Front melden.[8] In diesem Sog des nationalen Rausches schreibt Thomas Mann die *Gedanken im*

---

[4] Vgl. Haus der Bayerischen Geschichte: 1918/1921 Das Ende der Monarchie in Bayern und der Tod Ludwig III. Zitiert nach: https://www.hdbg.eu/koenigreich/index.php/themen/index/herrscher_id/4/id/57 (Zugriff am 27. 11. 2022).

[5] Vgl. zum Beispiel Gerhard Hirschfeld / Gerd Krumeich / Irina Rent: 1918. Die Deutschen zwischen Weltkrieg und Revolution, Berlin: Ch. Links Verlag 2018, S. 48 f.

[6] Zitiert nach Wissenschaftliche Dienste Deutscher Bundestag: Dokumentation. Vom Kaiserreich zur Republik. Eine Tageschronik vom 3. Oktober bis zum 9. November 1918, Berlin: Deutscher Bundestag 2018, S. 86.

[7] Hermann Kurzke: Thomas Mann. Epoche – Werk – Wirkung. 4., überarbeitete und aktualisierte Auflage, München: C. H. Beck 2010, S. 135.

[8] Vgl. zum Beispiel Jeffrey T. Verhey: Der »Geist von 1914« und die Erfindung der Volksgemeinschaft, Hamburg: Hamburger Edition, HIS Verlag 2000.

Kriege. Zwei Punkte sind für die *Gedanken* zentral: erstens die Befürwortung des Krieges und zweitens das Gegensatzpaar westliche Zivilisation vs. deutsche Kultur.[9]

Der Text begrüßt den Krieg als »Reinigung« und »Befreiung« und nationale Prüfung (15.1, 32). Er warnt »uns Deutsche« vor den westlichen Feinden, die Deutschland zwangszivilisieren wollen, das heißt demokratisieren und entmilitarisieren (vgl. 15.1, 32 f., 43). Das alles mit unserem heutigen Weltwissen gelesen, klingt nicht allzu unattraktiv, ist aber bei Thomas Mann ein Horrorszenario.

Mit England hält sich der Text nicht lange auf, wohl aber mit Frankreich, das für »Zivilisation« steht, und das heißt für »Vernunft, Aufklärung, [...] Skeptisierung, Auflösung« usw. (15.1, 27) Diese westliche Zivilisation bedroht in den *Gedanken im Kriege* die deutsche »Kultur«, die »Leidenschaften« (15.1, 27), »Natur« (15.1, 27), Genialität (vgl. 15.1, 28), das »Schicksal«, »die heroische Pflicht« (15.1, 35) – den beschriebenen Gegensatz von westlicher Zivilisation und deutscher Innerlichkeit (vgl. 15.1, 37) sieht der Text in den historischen Gestalten Voltaire und Friedrich II. verkörpert (vgl. 15.1, 35) und in unterschiedlichen Staatsformen ausgedrückt:

Den vermeintlich hysterischen, tollwütigen, rachsüchtigen, weibischen und jakobinischen Franzosen (vgl. 15.1,40 ff.) steht die Republik gut an (vgl. 15.1, 43). Doch die »menschheitsbeglückende[n] Ideen« (15.1, 43) der Franzosen, so erklärt der Text böse ironisch, passen einfach nicht zum »deutsche[n] Wesen« und lassen sich mit der Tiefe der »deutschen Seele« (15.1, 45) nicht vereinen. Die vom Text unterstellte »Eigenart« (15.1, 46) des deutschen Volkes brauche zu ihrer Entfaltung weder Republik noch Demokratie (vgl. 15.1, 42, 44).

Das sieht Thomas Mann im März 1919 noch nicht grundsätzlich anders. In einem Brief an einen Unbekannten erklärt er, »seelisches Deutschtum« gegen die rationale Zivilisation verteidigen zu wollen (15.1, 244). Die Lösung sei gewiss nicht der »Parlamentarismus des Westens« (ebd.). So liest es sich auch in den *Betrachtungen eines Unpolitischen*: Die deutsche Kultur, so heißt es hier, muss vor ihrer Entdeutschung, und das heißt auch Demokratisierung, bewahrt und die Kunst vor einer völligen Überformung durch die Politik geschützt werden (vgl. auch 13.1, 15, 33 f.). Das gipfelt bereits in der Vorrede der *Betrachtungen* in einem gewagten Bekenntnis des Autors:

Ich bekenne mich tief überzeugt, daß das deutsche Volk die politische Demokratie niemals wird lieben können, aus dem einfachen Grunde, weil es die Politik selbst nicht lieben kann, und daß der vielverschriene ›Obrigkeitsstaat‹ die dem deutschen Volke angemessene, zukömmliche und von ihm im Grunde gewollte Staatsform ist und bleibt. (13.1, 33 f.)

---

[9] Vgl. bereits auch: Thomas Mann: Geist und Kunst (1909). Ess I, 213–214.

Doch mit diesem Obrigkeitsstaat ist es 1918 vorbei. Das Deutsche Reich hat sich auf die Suche nach einer neuen Staats- und Regierungsform begeben, von der Thomas Mann 1919 noch immer annimmt, dass sie nicht parlamentarisch sein kann. In den *Betrachtungen* mutet das beinahe trotzig an: »Ich will die Monarchie […] Ich will nicht die Parlaments- und Parteiwirtschaft, welche die Verpestung des gesamten nationalen Lebens mit Politik bewirkt.« (13.1, 285)

Man könnte in diesem Stil munter weiter zitieren, was jedoch nicht über folgenden Punkt hinausführen würde: Thomas Mann setzt die Existenz eines spezifischen deutschen Wesens voraus und wähnt den deutschen Geist, die deutsche Kultur, die deutsche Humanität existenziell bedroht durch die Politik, die westliche Zivilisation, die Demokratie: »Deutschtum, das ist Kultur, Seele, Freiheit, Kunst und *nicht* Zivilisation, Gesellschaft, Stimmrecht, Literatur« (13.1, 35). Als großer Gegenspieler gilt der »Zivilisationsliterat«. Ihm, dem »Zivilisationsliteraten«, ist ein eigenes Kapitel gewidmet – er ist der eigentliche Endgegner, ein radikaler Literat mit politischen Absichten und vollkommen eingenommen von den Gedanken der Französischen Revolution (vgl. 13.1, 62), personifiziert – das steht da nicht, aber alle Lesenden wissen, wer gemeint ist – durch Bruder Heinrich.[10]

Was heißt das alles für eine deutsche Nationalkultur im real geführten Zweifrontenkrieg? Der deutsche Platz der Mitte (vgl. z. B. 13.1, 35) sei in der Auseinandersetzung mit dem westlichen, romanischen, katholisch geprägten Europa einerseits und der russischen Kultur mit ihren Ausläufern in den asiatischen Raum andererseits zu behaupten:[11] »Seelischer Kampfplatz für europäische Gegensätze zu sein: das ist deutsch;« (13.1, 60) Die »deutsche Mitte« zwischen Ost und West gerinnt zur zentralen Syntheseformel, die auch Thomas Manns Texte der Zwanzigerjahre inkl. den *Zauberberg* prägt.[12]

Damit will ich die »Betrachtungen«, dieses »labyrinthisch angelegte Schloß«[13], wie Golo Mann sagt, wieder verlassen. Ein letzter Blick gilt dem, um im Bilde zu bleiben, Raum, nein: Saal der Romantik. Der deutschen Romantik – ihr weist Thomas Mann besondere Bedeutung zu: »national aber unpolitisch« (13.1, 345) sei sie das »zaubervollste[ ] Begebnis der europäischen Geistes- und Kunstgeschichte« (ebd.), »… ihre Sympathie gilt nicht dem Neuen, sondern dem Alten, nicht der Zukunft, sondern der Vergangenheit, nicht dem Leben, sondern« – das Wort »Tod« bringt der Autor dann doch nicht aus der Feder (13.1, 458). Da ist sie wieder, die bereits in den *Gedanken im Kriege* be-

---

[10] Vgl. zum Beispiel Klaus Mann: Der Wendepunkt. Ein Lebensbericht, Reinbek bei Hamburg: Rowohlt Taschenbuch Verlag 1993, S. 83.

[11] Vgl. Alexander Honold: Betrachtungen eines Unpolitischen, in: TM Hb (2015), 159.

[12] Vgl. Kurzke: Thomas Mann (Anm. 7), S. 164.

[13] Golo Mann: Erinnerungen und Gedanken. Eine Jugend in Deutschland. 2. Auflage, Frankfurt/Main: Fischer 1986, S. 42.

schriebe irrationale, unpolitische, dämonische, unheimliche, mit dem Tod sympathisierende (vgl. 13.1, 462) deutsche Kultur.

Thomas Mann lieferte mit den *Betrachtungen*, die er selbst als »Gedankendienst mit der Waffe« (13.1, 11) bezeichnet, dem Krieg führenden Deutschen Reich seinen ideologischen Überbau.[14] Doch das Deutsche Reich verliert diesen Krieg und steht spätestens mit dem Kriegsschuldparagrafen 231 des Versailler Vertrages am moralischen Pranger. Kaum etwas könnte rückwärtsgewandter wirken als Thomas Manns Großessay. Es ist die Stunde der verhassten »Zivilisationsliteraten«; es ist die Stunde Heinrich Manns, dessen *Untertan*[15] zum Bestseller wird.

»Das deutsche Reich ist eine Republik«

Die ersten Jahre der Weimarer Republik sind eine »Zeit politischer Irritation und versuchter Neuorientierung«[16]. Die neue Reichsverfassung schafft Fakten: »Das deutsche Reich ist eine Republik«, heißt es in Artikel 1. Von Anfang an steht die Republik unter Beschuss. Die Münchner Räterepublik kommt und geht.[17] Rechter Terror bestimmt das Geschehen, Mord ist ein weitverbreitetes politisches Mittel. Thomas Mann gibt sich im Tagebuch »[a]ngewidert« (Tb, 17.1.1919) von der Eruption der Gewalt. Ein erster Putschversuch, der sog. Kapp-Putsch, scheitert 1920 am Generalstreik und nicht an der Reichswehr, die der Regierung ihre Loyalität verweigert.[18] Als der ehemalige Finanzminister Matthias Erzberger 1921 von Angehörigen der rechtsradikalen Organisation Consul erschossen wird,[19] ist der Mord Thomas Mann keine Erwähnung im Tagebuch wert.

Erst im Juni 1922 hört Thomas Mann den Schuss. Am 24. Juni, an einem Samstagmorgen, eröffnen Rechtsradikale das Feuer auf den amtierenden deutschen Außenminister Walther Rathenau. Walther Rathenau hat keine Chance, bereits der erste von acht Schüssen ist tödlich.[20] Wieder gehören die Mörder zur Organisation Consul. Das Land steht unter Schock. Thomas Mann ebenso:

---

[14] Vgl. auch Honold: Betrachtungen (Anm. 11), S. 159.

[15] Heinrich Mann: Der Untertan, Leipzig: Kurt Wolff Verlag 1918.

[16] Theo Stammen: Thomas Mann und die politische Welt, in: TM Hb (2001), 26.

[17] Vgl. Getrude Cepl-Kaufmann: 1919 – Zeit der Utopien. Zur Topographie eines deutschen Jahrhundertjahres, Bielefeld: Transcript Verlag, S. 131–133. Vgl. auch Wolfgang Niess: Die Revolution von 1918/1919. Der wahre Beginn unserer Demokratie, München/Zürich/Wien: Europa Verlag 2017, S. 347–384.

[18] Vgl. Thomas Hüetlin: Berlin, 24. Juni 1922. Der Rathenaumord und der Beginn des rechten Terrors in Deutschland. 2. Auflage, Köln: Kiepenheuer & Witsch 2022, S. 54–63.

[19] Vgl. Mark Jones: 1923. Ein deutsches Trauma, Berlin: Ullstein Buchverlage 2022, S. 19.

[20] Vgl. Hüetlin: Berlin, 24. Juni 1922 (Anm. 18), S. 267.

»Rathenaus Ende bedeutete auch für mich einen schweren Choc. Welche Finsternis in den Köpfen dieser Barbaren! Oder dieser idealistisch Verirrten.« (22, 440) Das schreibt er am 8. Juli 1922 an Ernst Bertram. Medizinisch betrachtet ist ein Schock ein lebensbedrohlicher organischer Zustand. Insofern scheint der Begriff treffend gewählt. Bis zum Sommer 1922 hatte es zahlreiche politische Morde, Aufstände und auch Putschversuche gegeben. Doch erst Rathenaus Ermordung versetzt die Republik in einen echten Schockzustand; die Erkenntnis greift um sich, dass die Republik tatsächlich existenziell bedroht ist, dass, um die Metapher aufzugreifen, ein komplettes Organversagen droht.

Hunderttausende gehen im ganzen Land gegen den rechtsextremen Terror auf die Straße, auch in München. »Das demokratische Deutschland ist auf den Beinen«[21]. Der Reichstag ruft eine Sondersitzung ein, die in die deutsche Geschichte eingehen wird und die mit der berühmten Formel »Der Feind steht rechts« ihre entscheidende Losung findet.[22]

»Mörder, Mörder«, wird den Deutschnationalen zugerufen, deren antisemitische Ausfälle dem Juden Walther Rathenau zuvor, sogar noch am Tag vor seiner Ermordung im Reichstag selbst, gegolten hatten.[23] Teils werden politisch rechts stehende Abgeordnete aus ihren Sitzen gerissen und aus dem Saal geworfen. Die Sitzung ist vollständig protokolliert und online einsehbar – es lässt sich nachlesen.[24]

Die Sitzung des Reichstages wird zur Stunde des öffentlichen Bekenntnisses: Dreimal lässt man die Republik hochleben. Noch am selben Tag erklärt Reichskanzler Joseph Wirth den Mord an Walther Rathenau zum »Anschlag auf die Republik«; um deren Überleben zu sichern, erlässt der Reichspräsident – ebenfalls noch am Tag der Tat – die »Verordnung zum Schutz der Republik«.[25] Wirths Rede, in der er alle »wahren Republikaner Deutschlands« auffordert, einen Damm zu errichten gegen die Feinde der Republik, wird auf Beschluss des Reichstages im gesamten Land gedruckt und verbreitet.[26] Thomas Mann wird sie gelesen haben.

---

[21] Vgl. Martin Sabrow im Gespräch mit Winfried Sträter, in: Deutschlandfunk Kultur. Hundert Jahre politischer Mord in Deutschland. Folge vom 22.06.2022, Minute 19:21, in: https://www.deutschlandfunkkultur.de/die-folgen-des-rathenau-attentats-100.html (Zugriff am 27.11.2022).

[22] Vgl. Hüetlin: 24. Juni 1924 (Anm. 18), S. 268.

[23] Vgl. Martin Sabrow: Der Rathenaumord und die deutsche Gegenrevolution. 3., durchgesehene Auflage, Göttingen: Wallstein 2022, S. 99f.

[24] Vgl. Protokoll der 234. Sitzung des Reichstages am 24. Juni 1922, in: https://www.reichstagsprotokolle.de/Blatt2_w1_bsb00000039_00713.html (Zugriff am 27.11.2022).

[25] Vgl. Protokoll der 235. Sitzung des Reichstages am 24. Juni 1922, in: https://www.reichstagsprotokolle.de/Blatt2_w1_bsb00000039_00717.html (Zugriff am 27.11.2022). Vgl. auch Jones: 1923 (Anm. 19), S. 31f.

[26] Vgl. Sabrow: Der Rathenaumord (Anm. 23), S. 105.

Der Mord an Walther Rathenau erweist sich als Zäsur: für das gesamte Land und für Thomas Manns politisches Bewusstsein. Republikfeindliche Druck-Erzeugnisse, Versammlungen und Vereinigungen werden verboten sowie ein »Staatsgerichtshof zum Schutz der Republik« einberufen. Endlich entdeckt man die Bedeutung von Symbolpolitik: Rathenaus Beerdigung – der Sarg wird hoch symbolisch im Reichstag selbst ausgestellt – wird als Staatsakt begangen; allein in Berlin gehen bis zu einer Million Menschen für die Republik auf die Straße; Hunderttausende stehen auf dem Königsplatz, als der Sarg, begleitet von Klängen aus Wagners *Götterdämmerung*, aus dem Reichstag getragen wird.[27]

Alles an diesem Staatsbegräbnis ist absichtsvoll, vom Ort bis zur Musik, die das Musikkorps der Reichswehr (sic!) beiträgt – die Politik demonstriert ihre Loyalität zur Republik wie die Demonstrierenden im ganzen Reichsgebiet. Vermutlich, konstatiert der Historiker Mark Jones, war die Unterstützung für die Republik nie wieder so groß wie in diesen Tagen und Wochen nach dem Mord an Walther Rathenau.[28]

Der Republik ein Narrativ

Thomas Manns Brief an Ernst Bertram, nur wenige Tage nach Rathenaus Beisetzung geschrieben, steht unter dem Eindruck eben dieses seltenen Momentes deutsch-republikanischer Einigkeit. Es scheint, als habe er sich die Worte des Reichskanzlers zu Herzen genommen, sich an dem Dammbau gegen Rechts zu beteiligen, zumindest schreibt er:

> Ich denke daran, einen Geburtstagsartikel über Hauptmann zu einer Art von Manifest zu gestalten, worin ich der Jugend, die auf mich hört, ins Gewissen rede. […] die neue Humanität mag denn doch auf dem Boden der Demokratie nicht schlechter gedeihen, als auf dem des alten Deutschland. (22, 440 f.)

Gesagt, getan.

Am 13. 10. 1922 hält Thomas Mann im Beethovensaal in Berlin die Rede *Von deutscher Republik* – in der Hauptstadt also, im Herzen der Republik und nur wenige Tage, bevor das Urteil gegen die Attentatsbeteiligten in Leipzig gesprochen wird. Irgendwie soll diese Rede auch noch eine Geburtstagsrede sein, ein Toast: *Gerhart Hauptmann zum sechzigsten Geburtstag* lautet der

---

[27] Details zur Trauerfeier vgl. Bundesministerium für Inneres und Heimat: Trauerfeierlichkeiten für Reichsaußenminister Walther Rathenau, in: https://www.protokoll-inland.de/Sha redDocs/bilderstrecken/Webs/PI/DE/Trauer-Rathenau.html (Zugriff am 27. 11. 2022). Vgl. auch Jones: 1923 (Anm. 19), S. 33 ff.

[28] Vgl. Jones: 1923 (Anm. 19), S. 34.

Untertitel; – nur ist das Geburtstagskind nicht einmal anwesend. Auch die protestierende Jugend, an die sich das »Manifest« zu richten vorgibt und deren Füßescharren wiederkehrend behauptet wird, glänzt durch Abwesenheit (vgl. 15.2, 349). Die »Sache lutherisch durchfechten« zu wollen, diese Absicht hatte Thomas Mann seinem Schwager Klaus Pringsheim gegenüber schon im Vorfeld erklärt (22, 449), und sich damit bereits als Verkünder eines neuen Glaubens in Stellung gebracht, der mit dem Widerstand seiner Zeit rechnet.

Walther Rathenau – der Name fällt in der Rede nicht, und doch scheint er von deutlicherem Einfluss zu sein auf den Inhalt der Rede als der absente Adressat Gerhart Hauptmann. Warum? Die republikfeindliche »deutsche Jugend«, deren »Herz und Geist« Thomas Mann mit seiner Rede gewinnen will (15.1, 514), genau deren Vertreter sitzen im Leipziger »Staatsgerichtshof zum Schutz der Republik« auf der Anklagebank;[29] kaum einer der Verschwörer ist über 30 Jahre alt. An diese Jugend, wenn auch weniger vor Ort als unter den Lesenden der *Neuen Rundschau*, wo die Rede im November 1922 erscheint (vgl. 15.2, 346), richtet Thomas Mann sein selbst ernanntes »Manifest«.[30]

Zunächst einmal geht es in diesem »Manifest« um die Absage an das Alte: den Krieg und den monarchischen Obrigkeitsstaat. Thomas Mann, der zwar nicht als Pazifist verstanden werden will (vgl. 15.1, 519), fordert, das Nationale vom Krieg zu trennen und zum »Friedenskult« zu machen. Ob das und wie das überhaupt gehen kann, erläutert er nicht. Macht aber eine enorme Kehrtwende zu den Thesen der *Betrachtungen* und den *Gedanken im Kriege*, wenn es heißt: »mein Teil ist der Friede, denn er ist das Reich der Kultur, der Kunst und des Gedankens, während im Krieg die Rohheit triumphiert« (15.1, 519) – ja er geht noch weiter: Der Krieg sei eine Lüge, habe alle Ehre verloren, stehe der Kultur »erzfeindlich« gegenüber und sei, schlussendlich, »eine Blutorgie von Egoismus, Verderbnis und Schlechtigkeit« (15.1,520). Bei allem Ungefähren und vorsichtigen rhetorischen Umkreisen, an dem die Rede *Von deutscher Republik* nicht spart, hier ist sie glasklar und apodiktisch: »Gesteht euch die Wahrheit, es ist so.« (ebd.) Und wer ihm, Thomas Mann, mit dem Verweis auf den Krieg als produktive Männerkameradschaft, dem »Kultus des Männlichen« (ebd.), kommen mag, wird mit den eigenen Waffen geschlagen, nämlich mit Stefan George: »Der alte Gott der Schlachten ist nicht mehr.« (ebd.) Thomas Mann wiederholt das Zitat: »Er ist nicht mehr. Der Gott ist zur abscheulichen Götzenfratze entartet« (15.1, 521).

---

[29] Vgl. Sabrow: Der Rathenaumord (Anm. 23), S. 143–161.

[30] Pessimistisch konstatiert Golo Mann Jahrzehnte später, dass die in der Rede angesprochene Jugend von keiner Demokratie irgendetwas habe wissen wollen, »von einer auf deutscher Klassik und Romantik geistig konstruierten so wenig wie von der ordinären wirklichen«. Golo Mann: Deutsche Geschichte des 19. und 20. Jahrhunderts. 15. Auflage, Frankfurt/Main: Fischer Taschenbuch 1992, S. 722.

Hat Thomas Mann seinen Glauben gewechselt und sich einen neuen Gott gesucht? – Zunächst einmal erteilt Thomas Manns Rede eine zweite Absage: Den Mächten der Monarchie wirft sie »ererbten Ruhmeszauber[ ]« (15.1, 525) vor, eine »Entartung ins banal Theatralische« (ebd.). Was haben Zauberei und Theater, mit denen Thomas Mann die Monarchie assoziiert, gemein? Die Illusion. Die Illusion von Echtheit und die Illusion davon, dass, wie Thomas Mann sagt, »die staatlichen Dinge in den besten Händen« lagen (ebd.). Diese Illusion ist geplatzt; wieder formuliert der Text apodiktisch, keinen Widerspruch duldend: »... es ist vorbei. Jene Mächte sind nicht mehr.« Und weiter: »Das Schicksal hat sie – wir wollen nicht triumphierend rufen: ›hinweggefegt‹, wir wollen sachlich sprechen: es hat sie beseitigt« (ebd.). Die rhetorische Figur der Paralipse – also etwas zu betonen, indem man sagt, etwas nicht sagen zu wollen, und es damit nur unterstreicht – ist hier eine geschickte und vielsagende Volte des Redners: das Ende der Monarchie als schicksalhafter Triumph! Hatte es in den *Betrachtungen* nicht noch geheißen: »Ich will die Monarchie«? (13.1, 285) Davon ist vier Jahre später keine Rede mehr.

Mit die stärksten Momente hat *Von deutscher Republik* immer dann, wenn es den Neu-Rechten der Weimarer Republik an den Kragen geht: Das, was politisch Reaktion genannt werde, sei Obskurantismus und Rohheit (vgl. 15.1, 522), heißt es dort. »Obskurantismus« – ein bei Thomas Mann häufiger Begriff, heute ist selbst »obskur« schon selten und bildungssprachlich. Entlehnt von dem lateinischen obscura (= verdunkeln, verbergen, verhehlen) meint Obskurantismus das Bestreben, Menschen in Unwissenheit zu halten und ihr selbstständiges Denken zu verhindern. »Germanentreue« führt Thomas Mann als Beispiel für den Obskurantismus in der Weimarer Republik an (vgl. 15.1, 522) – die sog. Dolchstoßlegende ließe sich hinzufügen. In diesem Obskurantismus macht der Redner die Ursache für den »Terror« (15.1, 522) aus, der die junge Republik überzieht. Unmissverständlich positioniert sich der Redner auf der Seite des angegriffenen Staates und verurteilt die »ekelhafte[n] und hirnverbrannte[n] Mordtaten« (ebd.), mit denen das Land »geschändet« werde (vgl. 15.1, 522). – Wieder spukt der Mord an Walther Rathenau durch den Text, dessen Verantwortliche nur 150 Kilometer entfernt vor Gericht sitzen.[31] Doch der Redner, Thomas Mann, muss fürchten, dem »Obskurantentum« – und das heißt den Attentätern – in der Vergangenheit »Waffen geliefert zu haben« (15.1, 522). Gemeint sind weniger Maschinengewehre und Handgranaten, wie sie beim Mord an Walther Rathenau verwendet wurden, sondern die *Betrachtungen* und andere Texte der Kriegszeit. In diesem Befürchten, den Mördern

---

[31] Der Prozess gegen die Komplizen der bis dahin bereits toten Rathenaumörder wird vom 3. bis zum 14. Oktober vor dem Leipziger Staatsgerichtshof geführt. Vgl. Sabrow: Der Rathenaumord (Anm. 23), S. 143.

der Reaktion ideologisch den Boden bereitet zu haben, drückt Thomas Mann seine Selbstkritik aus – und geht noch darüber hinaus, er leitet daraus seine Schuldigkeit ab, seine besondere Verantwortung für die Republik und sein Redeziel. »Mein Vorsatz ist, ich sage es offen heraus, euch, sofern das nötig ist, für die Republik zu gewinnen«. (ebd.)

Und wie bitter nötig das Werben für die Republik 1922 ist, genau das hatte der Mord an Außenminister Walther Rathenau gezeigt. Die Rede *Von deutscher Republik* unternimmt genau diesen Versuch, für den jungen deutschen Staat zu werben und ihn kulturell zu legitimieren.

Zum »König der Republik« ernennt Thomas Mann das abwesende Geburtstagskind Gerhart Hauptmann (15.1, 515) – dem Künstler weist Thomas Mann also eine zentrale, prägende, ja herrschende Rolle in der Republik zu. Vorbei scheint es also mit all der unpolitischen Innerlichkeit des Künstlers, von denen noch in den *Betrachtungen* zu lesen war. Thomas Mann pointiert: In der Republik steigt das Ansehen des Schriftstellers und damit zugleich seine Verantwortung (vgl. 15.1, 516). Zum ersten ist, betont der Redner, die Republik nun einmal die Staatsform *aller*:

»... der Staat, ob wir wollten oder nicht [...] ist uns zugefallen. In unsere Hände ist er gelegt, in die jedes Einzelnen; er ist unsere Sache geworden.« (15.1, 525)

Die alte absolutistische Formel »Der Staat bin ich« schreibt Thomas Mann um und macht damit den Epochenwechsel deutlich: »[W]ir sind der Staat« (15.1, 527).

Zum zweiten sei die Republik längst eine »innere Tatsache«, eine »innere Wahrheit[]«, die zu leugnen schon deshalb völlig sinnlos sei (15.1, 528). Eine demokratische, deutsche Republik ist als »innere Wahrheit« nicht zwingend an eine staatliche, parlamentarische Umsetzung gebunden, zumindest nicht laut Thomas Mann, der die Geburtsstunde der Republik nicht im Augenblick der Niederlage 1918, sondern in dem Moment der unterstellten nationalen Erhebung verortet: im August 1914 (vgl. 15.1, 528). Im Moment des Kriegsausbruchs habe sich die »flammende Gemeinschaft« gezeigt – und genau diese »flammende Gemeinschaft« sei die Republik, die nunmehr Staatsform geworden sei.

Argumentativ ist das geschickt, was Thomas Mann hier macht: Er vereinnahmt das sog. »Augusterlebnis« als republikanisches Erweckungserlebnis und entreißt somit den Neo-Rechten der Zwanzigerjahre die Deutungshoheit über das nationale Gefühl – er nimmt ihnen, wie er es in der Rede selbst von den Zuhörenden fordert, »den Wind aus den Segeln« (15.1, 530).

Aber hatte Thomas Mann nicht in seinen »Kriegstexten« davon geschrieben, wie »undeutsch« die Demokratie sei? 1922 argumentierter anders: Die Republik sei, drittens, durchaus deutsch oder könnte es zumindest sein – die Ausgestaltung liege bei allen, aber »landfremder Humbug« (15.1, 529) sei sie gewiss nicht. An der Spitze des Staates stünden weiterhin »deutsche Menschen«, die durch die deutsche Kulturtradition geprägt seien (15.1, 531). Und diese Tradition sei durchaus republikanisch – als Gewährsmänner für diese These führt Thomas Mann Goethe, Hölderlin, Nietzsche, George und immer wieder und vor allem Novalis an. In der deutschen Romantik verortet Thomas Mann die geistige »Heimat« der Deutschen (vgl. 15.1, 537), und die Demokratie könne ebenfalls »Heimat« sein, wenn man nur begreifen würde, wie deutsch sie im Grunde sei (vgl. 15.1, 529). Folglich strengt er sich an, den demokratischen Gehalt der deutschen Romantik herauszuarbeiten. Zu diesem Zweck weist Thomas Mann den Eindruck zurück, die deutsche Romantik sei allein »Traum, Einfalt, Gefühl oder [...] ›Gemüt‹« (15.1, 544) gewesen, sondern durchaus eine »intellektualistische Kunst- und Geistesschule« (ebd.).

Ann-Kathrin Oelkers hat in einem Aufsatz treffend nachgewiesen, dass die Rede *Von deutscher Republik* die Romantik auch ganz lebensweltlich beschreibt, als Bewegung, die »Verbindungslinien [...] zur politischen Aufklärung, zum Gedanken der Völkerverständigung«[32] und zum Handel, heißt: zum gesellschaftlichen Fortschritt, zieht.[33]

Es geht also doch zusammen: die deutsche Seele und die Zivilisation, was Thomas Manns *Gedanken im Kriege* noch rundweg abgelehnt hatten? Es geht auch jetzt nur in spezifischer, in deutscher Weise:

Im Rückgriff auf die deutsche Romantik zeichnet Thomas Mann das Ideal einer »*deutsche[n] Mitte*« zwischen »Romantizismus und Aufklärung, zwischen Mystik und Ratio« (15.1, 535), zwischen Ethik, »Innerlichkeit und Staatlichkeit« (15.1, 559), das Ideal der »*Humanität*« (15.1, 535). Romantik und Republik – das gilt Thomas Mann nicht länger als wesensfremd, vielmehr könnten Demokratie und Republik das »Niveau der deutschen Romantik« (15.1, 541) erreichen – also nicht gerade in Frankreich (vgl. 15.1, 559), aber in Deutschland, in der »deutschen Mitte«, die die ihr entsprechende Rechtsform in der Republik finde.

In der Republik müssen ihre Kritiker also gar keine neue politische Heimat ausmachen, sondern, gewissermaßen zusammen mit Thomas Mann, nur erkennen, wie deutsch diese Staatsform schon immer gewesen ist.[34] Deutlich

---

32 Ann-Cathrin Oelkers: »... aber romantisch – das war deutsch?«. Teilhabe und Überwindung: Thomas Mann und die Romantik zwischen Kaiserreich und Republik, in: Im Schatten des Lindenbaums. Thomas Mann und die Romantik, hrsg. v. Jens Ewen, Tim Lörke u. Regine Zeller, Würzburg: Königshausen & Neumann 2016, S. 97–112, hier S. 105.

33 Vgl. ebd.

34 In der Gedenkrede an Walther Rathenau von 1923 geht Thomas Mann darüber hinaus: Er fordert den Übergang von der Innerlichkeit zur Politik – eine Politisierung des Geistes (vgl. 15.1, 679).

erteilt Thomas Mann der in den *Betrachtungen* behaupteten *un*politischen deutschen Romantik eine Abfuhr.

Bemerkenswert ist, dass neben Novalis ausgerechnet ein Amerikaner, der Lyriker Walt Whitman, zum »Eideshelfer« (15.1, 518) von Thomas Manns Rede wird. Mit Whitman kommt westliches, demokratisches Gedankengut in die Rede und die Idee von der politischen Macht des homoerotischen Eros – offenbar hatte sich Thomas Mann durch seine Lektüre von Hans Blühers Erfolgsbuch *Die Rolle der Erotik in der männlichen Gesellschaft* inspiriert gefühlt[35] und unternimmt nun den Versuch, den homoerotischen Männerbund zum Kern der Demokratie zu erklären. Diese Spur weiter zu verfolgen, würde mich vom Wege abführen, betonen will ich aber: Ein amerikanischer Lyriker, »ein Sänger der Demokratie«[36], wie Kurzke sagt, avanciert zum argumentativen Steigbügelhalter und dient gerade nicht als zivilisationsliterarischer, bedrohlicher Anderer, wie man es in Erinnerung an die *Betrachtungen* erwarten dürfte.

Welche Verantwortung für die Republik übernimmt also der Schriftsteller Thomas Mann mit seiner Rede *Von deutscher Republik*? Der Staat muss scheitern, wenn er sich nur als Verwaltungsapparat versteht, sagt Thomas Mann (vgl. 15.1, 543). Lebenstüchtig werde der Staat nur mittels »Poesie, Philosophie und Begeisterung« (15.1, 543) – und daran nimmt Thomas Mann Anteil. Er liefert mit seiner Rede der deutschen Republik eine kulturell tradierte Legitimation, er hilft, wie er es im »Vorwort« zur Rede schreibt, der Republik »etwas wie Idee, Seele, Lebensgeist« (15.1, 585) einzuflößen. Anders gesagt: Thomas Mann bietet der Weimarer Republik ein Narrativ, die Möglichkeit, eine seit der Romantik kohärente identifikatorische Geschichte von sich erzählen zu können.

Zugleich, und das ist dann doch ziemlich raffiniert, erhält der Redner somit selbst die Chance, sich nicht von früheren Texten gänzlich distanzieren zu müssen. Die Politisierung der Romantik erscheint lediglich als Erweiterung vorheriger Schriften, nicht als Widerruf. Nie habe er etwas anderes gewollt, als die deutsche Humanität zu verteidigen (vgl. XI, 314). Er, Thomas Mann, habe vielleicht seine Gedanken geändert, nicht aber ihren Sinn (vgl. 15.1, 583).

Seine Gedanken aber hat der einst doch vorgeblich unpolitische Thomas Mann ganz entschieden geändert. Er habe es sich selbst nicht träumen lassen, aber so wie er spreche nur ein Republikaner (vgl. 15.1, 536). In seinen eigenen Worten: »Kinder, Mitbürger, es ist besser jetzt« (15.1, 531).

---

[35] Vgl. Ulrike Brunotte: Zwischen Eros und Krieg. Männerbund und Ritual in der Moderne, Berlin: Klaus Wagenbach 2004, S. 74. Vgl. auch Hermann Kurzke: Die politische Essayistik, in: TM Hb (2001), 699.

[36] Kurzke: Die politische Essayistik (Anm. 35), S. 699.

Vom Glauben an die Demokratie

In den *Betrachtungen* fürchtete Thomas Mann noch, Deutschland sei im Begriff sich zu »politisieren«, zur Demokratie zu finden bzw., wie es dort wörtlich heißt, zu »diesem [dem demokratischen] *Glauben* überzutreten« (13.1, 281; Hervorhebung C. H.). 1922 ist er selbst ein Konvertit. Hieß es nicht noch in den *Betrachtungen*, der Glaube an die Demokratie sei »*Obskurantismus*« (13.1, 537)? Obskur erscheinen Thomas Mann 1922, wie ausgeführt, nunmehr die rechten Reaktionäre. Hatte Thomas Mann in den *Betrachtungen* den »*Glaube* an irgendwelche Grundsätze, Worte und Ideen wie Freiheit, Gleichheit, Demokratie« (13.1, 548; Hervorhebung C. H.) abgelehnt und allein den Glauben an Gott als »wahre[n] Glaube[n]« (ebd.) gelten lassen? In der Rede *Von deutscher Republik* kommt die Kehrtwende: Thomas Mann konvertiert zum »Glaube[n] [...] an die Demokratie« (13.1, 32), indem er den Appell zur Erneuerung ausruft und dabei Matthäus 15,25 zitiert und ins Weltliche wendet: »unter uns Deutschen wenigstens scheint Grundgesetz, daß, wer sich verliert, sich bewahren wird, wer sich aber zu bewahren trachtet, sich verlieren [...] wird«[37] (15.1, 517). Entsprechend groß ist die fingierte Unruhe im Beethovensaal.

Es handelt sich hierbei nicht um einen religiös-rhetorischen Ausrutscher Thomas Manns, sondern die religiöse Konnotation des Politischen wiederholt sich: Dem rechten Terror will er, Thomas Mann, es nicht überlassen, »die Wahrheit und das Leben« (15.1, 524) zu verkünden – auch das ein Bibelwort: »Ich bin der Weg und die Wahrheit und das Leben«, sagt Jesus im Evangelium nach Johannes (vgl. Joh 14,6). Als lutherischer Verkünder, als der sich Thomas Mann dem Schwager Klaus Pringsheim gegenüber angekündigt hatte, gibt Thomas Mann den Sendboten und seine Botschaft ist die der »deutsche[n] Republik« (15.1, 529). Gleich Luther vor dem Reichstag in Worms erklärt Thomas Mann im Berliner Beethovensaal: »Ich widerrufe nichts.« Und weiter: »Ich nehme nichts Wesentliches zurück. Ich gab meine Wahrheit und ich gebe sie heute.« (15.1, 533) Seiner Idee von der deutschen Mitte, von deutscher Humanität, schwört er nicht ab, aber er gibt sich doch als Reformer: Sein Ideal der deutschen Mitte findet in der neuen Republik die Chance ihrer Verwirklichung. Doch dieses »Neue« müsse tiefer gehen, sagt er mit Walt Whitman, und in den »Menschenherzen und ihrem Fühlen und *Glauben* Wurzel« fassen (15.1, 537; Hervorhebung C. H.). »[I]m Herzen der Demokratie ruhe letzten Endes das religiöse Element« (15.1, 542), ergänzt Thomas Mann mit Novalis und liefert mit seiner Rede *Von deutscher Republik* einen Beitrag zur republikanischen deutschen Glaubensgeschichte. So hat es auch sein Verleger Samuel

---

[37] Mt 16,25: »Denn wer sein Leben erhalten will, der wird's verlieren; wer aber sein Leben verliert um meinetwillen, der wird's finden.«

Fischer verstanden, der Thomas Manns Rede vorab liest und ihm daraufhin am 10. September 2022 schreibt:[38] »Es ist Zeit, dass eine neue Atmosphäre von Glauben Liebe und Hoffnung geschaffen wird und da scheint mir nun wirklich Ihr Aufsatz wie das erste Glockenzeichen.« (22, 995) Folgerichtig beendet Thomas Mann seine Rede mit dem Ausruf, der hier einem Glaubensbekenntnis gleichkommt: »Es lebe die Republik!« (15.1, 559)

Auf Mission für die Republik – Ausblick

Markiert die Rede *Von deutscher Republik* Thomas Manns demokratische Wende? Ja. Gleichwohl man diese Wende als Prozess verstehen muss, nicht als Über-Nacht-Ereignis, kommt dabei dem Jahr 1922 eine entscheidende Bedeutung zu. Nicht allein durch den Mord an Walther Rathenau, sondern durch die Folgen dieser Tat: Zum einen zeigt die Republik endlich die Härten des Rechtsstaats auch gegen Rechts, zum anderen festigt sie ihre Erzählung von sich. Thomas Mann hat daran ebenso Anteil wie beispielsweise das durchkomponierte, hoch symbolische Staatsbegräbnis für Walther Rathenau wie auch das Deutschlandlied, das am Vorabend des Verfassungstages 1922 zur Nationalhymne ausgerufen wird – es ist kein Zufall, dass Thomas Mann diesen Umstand in seiner Rede erwähnt (vgl. 15.1, 530).

In den Folgejahren setzt Thomas Mann viel daran, Gläubige für die Republik zu gewinnen. Er wird einer ihrer größten Missionare. Fast auf den Tag acht Jahre später, am 17. Oktober 1930, wieder im Beethovensaal, wirbt Thomas Mann nicht länger für Vertrauen und Glauben, sondern appelliert in seiner *Deutsche[n] Ansprache* an die Vernunft der Zuhörer*innen. Die Zeitenwende von 1922 wirkte nicht nachhaltig genug, aus dem Stand wird die NSDAP bei den Reichstagswahlen 1930 zur zweitstärksten Kraft im Parlament. Der Endgegner 1930 ist längst nicht mehr der einst gefürchtete »Zivilisationsliterat«, sondern der Faschismus, die akute Bedrohung der Humanität.

---

[38] Den Hinweis auf die zitierte Textstelle verdanke ich Claudio Steiger.

Tim Lörke

»Royalisten anderer Art«

Zu den Kontinuitäten in Thomas Manns Denken über die Demokratie[1]

I.

Thomas Mann kontrovers: So ist diese kleine Sektion überschrieben. Kontrovers: Damit ist der Ton gesetzt, denn um eine Kontroverse entfachen zu können, muss ich jetzt eine andere, am besten gegenteilige Meinung entwickeln, die sich deutlich und konturiert, vielleicht sogar scharf abgrenzt von meiner Vorrednerin. Nun, kontrovers soll es gern werden. Aber ich bin ja nicht verrückt und ich bestreite keineswegs, dass die Rede *Von deutscher Republik* zustimmend die Weimarer Republik begrüßt, dass Friedrich Ebert als republikanischer Held darin gezeichnet wird, dass sogar die Demokratie überhaupt akzeptiert wird als eine innere Tatsache und Notwendigkeit der Deutschen. Ja, auch ich sage, dass Thomas Mann in seiner Rede eine Demokratie entwirft, in der die Schriftsteller eine bedeutende Rolle einnehmen.

Wird es jetzt also doch langweilig? Schließe ich mich einfach Caren Heuer an, lasse allen Versuchen der Kontroverse die Luft ab und beende die Sektion?

Nein. Im Gegenteil möchte ich einmal all die Punkte herausstreichen, denen ich nicht zustimmen kann. Und dabei finde ich mich doch vielleicht im Recht, deckt sich nicht mein Verständnis der politischen Entwicklung Thomas Manns im Allgemeinen und der demokratischen Aspekte der Rede im Speziellen überraschenderweise völlig mit dem Verständnis Thomas Manns selbst? Es bleibt verblüffend, wie eine Thomas-Mann-Forschung, die sonst stets gern und in voller Fahrt jeder Selbstäußerung des Autors hinterherhastet und jeden biografischen Schnipsel hin- und herwendet, hier, im Kontext der Rede *Von deutscher Republik*, den Autor ignoriert – zumal es sich gerade nicht um einen fiktionalen Text handelt, sondern um die Rede eines öffentlichen Intellektuellen. Nicht das ist kontrovers, dass die Republikrede eben dies wäre: eine Rede zur Feier und Wesensbestimmung der Republik, ein Versuch eines deutschen demokratischen Denkens; kontrovers ist, dass die Rede *Von deutscher Republik* die erste Meinungsäußerung Thomas Manns dieser Art gewesen sein soll, dass sie eine Kehrtwende in seinem politischen Denken beschreibe, ja, dass

[1] Als Vortrag im Debatten-Format »Thomas Mann kontrovers« gehalten am 17. September 2022 bei den Lübecker Thomas Mann-Tagen »Demokratie – ›eine innere Tatsache‹?«.

sie einen Neueinsatz markiere, der Thomas Mann nach dem Weltkrieg vom Monarchisten zum Republikaner mache. Kontrovers ist die Einschätzung, dass Thomas Mann in der Rede zum ersten Mal als Demokrat spreche, während er zuvor der Demokratie feindlich und ablehnend gegenüberstand.

Denn dies glaube ich nicht. Und Thomas Mann glaubt es auch nicht. In der Rede selbst kommt Thomas Mann darauf zu sprechen, auf die Einschätzung – oder die Unterstellung? –, er habe ja seine Meinung geändert, er habe die antidemokratischen Positionen der *Betrachtungen eines Unpolitischen* und anderer wüster Schriften klammheimlich in ihr Gegenteil gewendet. Dagegen bezieht Mann Stellung: »Ich widerrufe nichts. Ich nehme nichts Wesentliches zurück.« (15.1, 533) Im späteren Vorwort zur Druckfassung der Rede greift er nochmals die Vorwürfe auf, seine Meinung geändert zu haben: »Daß eine Sinnesänderung, ein Gesinnungswechsel überraschender, verwirrender und selbst frivoler Art vorliege, schien fast allgemeine Meinung.« (15.1, 583) Wer heute behauptet, die Rede *Von deutscher Republik* sei Thomas Manns erste demokratisch-zustimmende Äußerung, schließt sich dieser Meinung an; freilich nicht mehr mit bebendem Vorwurf, Thomas Mann habe die rechte Sache verraten, sondern, im Gegenteil, höchst beglückt, dass Thomas Mann nun endlich auf Seiten der guten Sache zu finden ist.

Kontrovers: Das darf nicht allein bei der Behauptung bleiben. Sachliche Argumente müssen entwickelt und gegeneinander ausgehandelt werden. Also werde ich im Folgenden die Rede *Von deutscher Republik* genauer mustern: Was ist denn eine deutsche Republik? Eine Republik auf deutschem Boden? Oder doch etwas anderes? Die Staatsform der Republik und die Regierungsform der Demokratie gehören nicht unbedingt zusammen:[2] Was macht also das Wesen der Demokratie in der deutschen Republik aus für Thomas Mann? Ich will Thomas Manns Positionen in der Rede verdeutlichen, um dann, in einem zweiten Schritt, zu zeigen, dass keine dieser Positionen neu ist, dass sie sich schon finden in den *Betrachtungen eines Unpolitischen* und, noch früher, sogar den Kriegsessays. Damit will ich zeigen, dass der Begriff der republikanischen Wende, die Thomas Mann vollzogen haben soll, in die Irre führt. Dies relativiert vielleicht das Bild vom überzeugten Demokraten Thomas Mann, wenn er schon im Krieg dieselben Ideen vertreten hat, auf den ersten Blick. Aber deutlich wird dabei, abseits von allen Fragen, wann er denn Demokrat geworden sei und was für eine Demokratie er vertritt und ob das eigentlich eine ist, dass Thomas Mann tatsächlich früh und das gesamte Werk durchgängig ein Denker des Demokratischen ist, begabt mit einem nüchternen, skeptischen Blick darauf, was eine Schwachstelle von Demokratien ausmacht.

---

[2] Zur ersten Klärung vgl. Paul Nolte: Demokratie, München: Beck 2015, S. 16 f.

II.

Thomas Mann setzt in seiner Rede ein mit der argumentativen Entfaltung eines Paradoxons, wenn er Gerhart Hauptmann, aber eben auch andere Dichter, als »Könige der Republik« bezeichnet. Das muss verblüffen, ist doch die Staatsform der Republik dadurch gekennzeichnet, eben keine Monarchie zu sein, sondern eine Form der Selbstherrschaft der Bürger eines Staates. Schlägt man den Begriff Paradoxon nach, wird man darauf aufmerksam gemacht, dass sich mit dem Paradoxon ein hintersinniger Gedankengang verbindet, der durch die Zusammenstellung zweier einander eigentlich ausschließender Begriffe – also Republik und Könige – auf eine besondere Erkenntnis hinauswill. So liegt das Problem, das uns hier kontrovers beschäftigt, gleich zu Beginn der Rede offen zutage. Unter republiktheoretischen Aspekten ist vielleicht nur die Metapher »König der Republik« (15.1, 515) etwas gewagt, aber wenn man sie eben als Metapher versteht, ist es für eine Republik völlig akzeptabel, wenn eine besondere Schicht oder elitäre Minderheit die Regierung stellt und die Staatsgeschäfte führt. Republiken sind nicht unbedingt Demokratien, die Staatsform und die Regierungsform hängen nicht unmittelbar zusammen. Unter demokratietheoretischen Gesichtspunkten verbirgt sich hinter dem Paradoxon aber ein Problem.

Im Fortgang seiner Rede entwickelt Thomas Mann sein Verständnis, was denn das Wesen des Deutschen ausmache, schließlich muss er danach fragen, wenn er von einer *deutschen* Republik sprechen will. Denn dass es ihm nicht nur um die räumliche Zufälligkeit geht, dass eben gerade eine Republik auf deutschem Boden entsteht, ist ausgemacht. Die Republik, die er entwirft, soll eben eine besondere, eine deutsche sein. Was ist denn aber das Deutsche?

Wie schon in seinen Kriegsessays, aber letztlich auch vielen Überlegungen vor 1914, verrät sich Thomas Mann auch in der Rede *Von deutscher Republik* als Vertreter des deutschen Bildungsbürgertums, eine Schicht, die sich vor allem durch ihre behauptete Anteilnahme an Kultur, Bildung, Geist auszeichnet und daraus für sich entsprechende Vorrechte ableitet. Mit Kultur, Bildung, Geist sind dabei nicht einfach funktionale Begriffe aufgerufen, und nicht jede Person mit einer akademischen Ausbildung verstand sich als bildungsbürgerlich. Bildungsbürgertum ist vielmehr ideologisch und eben sehr deutsch aufgeladen. Kultur, Bildung, Geist meinen hier Bereiche, die der Politik, der Wirtschaft, den Wissenschaften und anderen Bereichen des sozialen Lebens übergeordnet sein sollen, weil sie irgendeinen tieferen Zugang zur Wahrheit eröffnen sollen. Und eben darum sind die Dichter die Könige der Republik: Sie können ein Wissen vermitteln, das handlungsleitend und orientierend wirkt, und das zugleich legitimiert ist, weil es in Kultur, Bildung, Geist wurzelt.

Ebenfalls wie in seinen Kriegsessays greift Mann auch in *Von deutscher Republik* seine Diagnose auf, dass es im Kaiserreich zu einer Entfremdung des nationalen und staatlichen Lebens gekommen sei, mit dramatischen Folgen für die innere Zusammengehörigkeit. Das nationale Leben definiert Thomas Mann als Kultur, Bildung, Geist; das staatliche Leben ist das der Politik, die im Kaiserreich eben nicht auf Kultur, Bildung, Geist gehört habe. Es ist ein Reflex auf die Enttäuschung der Reichsgründung, die eben nicht zu einer Kulturnation geführt hat und die Dichter und Intellektuelle rasch in Opposition zum Deutschen Reich führte. Das Kaiserreich zeichnet Thomas Mann als einen gescheiterten Staat, dessen Obrigkeit im Regierungshandeln versagte und dessen Bürgertum sich nicht an der Politik beteiligen wollte. (vgl. 15.1, 524ff.)

Die nun gegründete deutsche Republik feiert Thomas Mann als das »volkstümliche Glück der Einheit von Staat und Kultur«, wie es in der Rede heißt. (15.1, 532) Einheit von Staat und Kultur heißt nach den vorangegangenen Gedanken, endlich sei das Nationale: Kultur, Bildung, Geist, mit dem Staatlichen verschmolzen; das Nationale ist indes einer elitären Schicht vorbehalten, und insofern ist »volkstümlich« wohl nicht das ganz treffende Adjektiv. Oder etwa doch? Verbirgt sich hier etwa die eigentlich nicht ganz demokratische Stelle in Manns gesamter Argumentation? Ausdrücklich nennt er die Weimarer Republik eine »Deutsche Republik«, weil sie sich aus der deutschen Identität speist und so dem deutschen Wesen angemessen ist, weil sie das Nationale zur Geltung bringt. Die deutsche Republik soll aber eben auch eine deutsche Demokratie sein, ohne alle »humbughaften Nebengeräusche« (15.1, 522), wie er sagt: auch dies eine Formulierung, die man in Varianten in den Kriegsessays oder den *Betrachtungen* finden kann. Die Demokratie als Regierungsform assoziiert Thomas Mann auch in *Von deutscher Republik* mit ideologisch verschärfter Tugendhaftigkeit, mit einer bloß technisch-zivilisatorischen Form, und er scheut sich nicht, sie in seiner Rede antisemitisch abzuwerten (vgl. 15.1, 530 und 544); er bleibt da im Einklang mit antidemokratischen Haltungen des Bildungsbürgertums, wie sie sich nach 1871 eingeschliffen haben. Stattdessen will er eine deutsche Demokratie, die sich als innere Tatsache den Deutschen offenbart, weil sie das Nationale: Kultur, Bildung, Geist in das Staatsleben überführt.

Und so werden ihm die Dichter als Sprachrohre von Kultur, Bildung, Geist, als Sprachrohre des Nationalen, zu Königen der Republik: also als diejenigen, nehmen wir die Metapher ernst, die die Republik anleiten und führen. Thomas Manns Bild von deutscher Demokratie und deutscher Republik ist bestimmt von einer elitären, kulturtragenden Schicht, die ihr Wissen für das Wohl des Volkes einsetzt. Es ist eine Meritokratie der Gebildeten, die gleichwohl in die Pflicht genommen werden, sozial zu handeln und ihr Wissen zu teilen. Es ist keine Republik der Gleichberechtigten, die Thomas Mann entwirft, sondern eine, in der von oben zum Wohle der unten regiert wird.

Mit Blick auf unsere Kontroverse möchte ich also feststellen: Erstens ist es mit der Demokratie in *Von deutscher Republik* vielleicht nicht ganz so weit her, wie wir uns das heute, mit unseren heutigen Vorstellungen und Ansprüchen an demokratische Gemeinwesen wünschen. Mit einer Meritokratie des Bildungsbürgertums wäre jedenfalls bei uns heute kein Staat zu machen, und wer dies heute ernsthaft forderte, müsste doch mit dem allerschärfsten Gegenwind rechnen. Das heißt also auch, dass Thomas Mann und sein Denken über die Demokratie vor allem eingebettet sein müssen in das historische Szenario; es ist das Denken von jemandem, der nicht in eine Demokratie hineingeboren wurde, sondern Demokratie erst lernen musste vor dem Hintergrund seiner sonstigen Bildungserlebnisse und Sozialisation. Zweitens aber verblüfft Thomas Mann mit seinen Überlegungen, ob in der Rede, den früheren Kriegsessays oder den *Betrachtungen eines Unpolitischen*, aber mit einer Hellsicht, was ein zentrales Demokratieproblem betrifft. Demokratien organisieren Meinungsbildungen und Regierungshandeln auf Basis von Austauschprozessen, wie immer diese organisiert sein mögen. Demokratien haben aber genau darum kein ideelles Zentrum, das zu emphatischer Identifikation einlädt. Demokratien benötigen dringende Sinnstiftungen, die paradoxerweise über dem demokratischen Prozess zu stehen scheinen. Und genau darum benötigt Thomas Mann Kultur, Bildung, Geist. *Von deutscher Republik* ist vor allem eine Reflexion darüber, wie dieses zentrale Problem von Demokratien gelöst werden kann.

III.

Thomas Mann kontrovers: Diese Begeisterung für Republik und Demokratie sei neu, Thomas Mann solle das nie zuvor gesagt haben? Ach, er hat es aber doch, in den *Betrachtungen eines Unpolitischen* oder den Kriegsessays, sogar im vielleicht schlimmsten: *An die Redaktion des Svenska Dagbladet*.

Die in *Von deutscher Einheit* feierlich beschworene Einheit von Staat und Kultur ist das Ergebnis der Synthese von Geist und Macht, die Mann 1915 fordert und die allein vom Kaiserreich verhindert wird. In *An die Redaktion des Svenska Dagbladet* träumt Thomas Mann von einem Deutschland, das Kultur, Bildung, Geist mit Staat, Macht, Politik verschweißt und in dem das Bildungsbürgertum zur sozialen Führungsschicht aufsteigt. Dieses neue Deutschland würde eine neue Humanität verwirklichen oder, wie es dann 1922 in *Von deutscher Republik* entwickelt wird, als spezifisch deutscher Zusammenhang von Demokratie und Humanität. (15.1, 535 ff.) Humanität wird Thomas Manns Leitvokabel, mit der er in der Weimarer Zeit für Republik und Demokratie werben wird, etwa in der *Gedenkrede auf Rathenau*: »das Dritte Reich einer religiösen Humanität« soll eine »neue [...] Idee des Menschen« hervorbringen. (15.1, 685) Humanität als Ergebnis aller Syntheseformeln von Geist und Macht, von Kultur und Staat, all das sagt er seit 1914, und die Demokratie fügt sich unkompliziert und ohne weiteren Begründungsaufwand ein, weil Thomas Manns Idee von Demokratie schon immer in seinem Thesengebäude ihren Platz hatte.

Und die Demokratie mit ihren »humbughaften Nebengeräuschen«, die er 1922 in *Von deutscher Republik* ablehnt, ist ja auch kein neuer Gedanke. Auch dies tut er seit 1914, und er hat dabei wohl vor allem immer Frankreich vor Augen. Und so verwirft er in den *Betrachtungen eines Unpolitischen* zwar die Demokratie nach französischem Muster, einen deutschen Volksstaat, eine deutsche Republik hingegen kann er sich gut vorstellen. Volksstaat wird als Begriff in deutschen Debatten früh eingeführt, ab 1917 immer lauter. Gemeint war die »Ablösung des Obrigkeitsstaates durch den Volksstaat, d. h. die Etablierung der parlamentarischen Monarchie im Reich und die Einführung des Reichstagswahlrechts in Preußen«.[3] Verbunden mit diesen Forderungen ist der Gedanke einer »Deutschen Freiheit«, »die sich im Gegensatz zur rein formalen, vermeintlich abstrakten und leeren westlichen Libertät durch Pflichtbewußtsein und elementare Gemeinwohlorientierung, d. h. einen materialen Gehalt qualifiziert«.[4] Thomas Mann übernimmt den Gedanken des Volksstaats und verknüpft ihn mit seiner bildungsbürgerlichen Politikidee. Er entwirft ein Wahlrecht, das Stimmen nach Bildung verteilt; Geist und Macht, Kultur und Staat gegossen in ein demokratisches Wahlrecht.

Diesem Denken bleibt er treu, noch im amerikanischen Exil. 1943 wird er die Formulierung finden, die sein demokratisches Denken am besten auf den Punkt bringt, sei es von 1914, 1918 oder 1922. In der Library of Congress in Washington stellt er fest:

Ich verstehe Demokratie nicht hauptsächlich als einen Anspruch und ein Sich-gleich-Stellen von unten, sondern als Güte, Gerechtigkeit und Sympathie von oben. Ich finde es nicht demokratisch, wenn Mr Smith oder little Mr Johnson Beethoven auf die Schulter schlägt und ausruft: ›How are you, old man!‹ Das ist nicht Demokratie, sondern Taktlosigkeit und Mangel an Sinn für Distanz. Wenn aber Beethoven singt: ›Seid umschlungen, Millionen, diesen Kuß der ganzen Welt!‹, das ist Demokratie! (Ess V, 232 f.)

IV.

Bei alledem bleibt mir aber wichtig, die eigentliche Leistung Thomas Manns zu betonen: Demokratie nicht als Haltung, nicht als irgend moralisch aufgeladene Regierungsform zu denken, sondern als eine komplexe Form pluralistischer Meinungsbildung zu verstehen und dabei gleichzeitig ihre Schwachstelle zu

---

[3] Steffen Bruendel: Volksgemeinschaft oder Volksstaat. Die »Ideen von 1914« und die Neuordnung Deutschlands im Ersten Weltkrieg, Berlin: Akademie-Verlag 2003, S. 240.
[4] Ebd., S. 260.

erkennen: die hohle Mitte, wenn alles immer nur gemacht ist und immer neu und anders gemacht werden kann. Seine Nüchternheit steht dabei im Einklang mit derjenigen Max Webers[5] oder auch Hans Kelsens[6], um an Zeitgenossen zu denken, aber auch in einem engen Zusammenhang mit den Ideen der deliberativen Demokratietheorie von Jürgen Habermas, der man dieselben Vorwürfe machen kann wie Thomas Mann: dass hier Demokratie rational gedacht werde und damit zu einem elitären Projekt gebildeter Personen wird, deren Austauschprozesse zu Regierungsprogrammen gerinnen.

Wenn heute von Politik- oder gar Demokratieverdrossenheit die Rede ist, wird oft als eine Begründung angeführt, Demokratie könne nicht zu einer sinnstiftenden Vergemeinschaftung führen, weil so etwas wie eine übergeordnete, affizierende, begeisternde Idee fehle. Das ist Thomas Manns Problem mit der Demokratie, und in *Von deutscher Republik* macht er einen Versuch, diese Idee zu finden. Man mag seine elitäre Meritokratie ablehnen und vielleicht undemokratisch finden, sie ist aber ein Lösungsversuch. Denn Thomas Mann entwickelt, in den Kriegsschriften, in der Republik-Rede, sein Verständnis einer vorpolitischen Öffentlichkeit, in der Ideen entwickelt, ausgetauscht und geprüft werden – in der Kunst oder in intellektuellen Stellungnahmen. Diese sodann gefundenen Ideen sollen einen regulativen Charakter annehmen und das eigentlich politische Handeln anleiten. Die Republik der Gebildeten und der Humanität löst das Letztbegründungsproblem, ihr kann dadurch theoretisch Sinnstiftung gelingen; demokratisch ist sie nur bedingt.

V.

Thomas Mann kontrovers: Plädiere ich also etwa doch dafür, den Thomas Mann der Rede *Von deutscher Republik* unter die undemokratischen Denker zu rechnen, will ich etwa doch kein Plädoyer für Republik und Demokratie in der Rede erkennen, wenn ich doch der Überzeugung bin, er habe seine Meinung der Kriegsschriften nicht geändert? Keineswegs. Ich will aber darauf hinweisen, dass auch die Kriegsschriften nicht so un- oder gar antidemokratisch sind, wie sie von der Forschung gern gemacht werden.

Denn es ist gerade Thomas Manns Konzept der vorpolitischen Öffentlichkeit, das ihn als Gewährsmann einer Neuen Rechten in den 1920er-Jahren oder heute unmöglich macht. Zwar hat erst jüngst Irmela von der Lühe Thomas

---

[5] Vgl. zum ersten Überblick Hans-Peter Müller: Max Weber. Eine Einführung in sein Werk, Köln / Weimar / Wien: Böhlau 2007, S. 143–156.

[6] Vgl. Hans Kelsen: Vom Wesen und Wert der Demokratie, Ditzingen: Reclam 2018 [zuerst 1920].

Mann mit ihrem Beitrag zum Blog *Gegneranalyse* eingereiht unter die antiliberalen Vordenker und dabei wichtige Punkte ins Gedächtnis gerufen, die für eine Neue Rechte vorbildhaft sein könnten, wenn man denn nicht genau genug liest: den nationalistischen Furor, die Behauptung der Überlegenheit der deutschen Kultur, die Ablehnung der Demokratie. In dieser Perspektive scheint es nur konsequent, Thomas Mann neben Intellektuelle zu stellen wie Arthur Moeller van den Bruck, Oswald Spengler, Martin Heidegger oder Carl Schmitt.[7]

Ein notorischer Vertreter der heutigen Neuen Rechten hat in einem Beitrag über die *Betrachtungen eines Unpolitischen* dagegen ihren demokratischen Charakter feststellen müssen, schließlich sei das darin entwickelte Volksstaat-Modell durchaus demokratisch.[8] Kern seiner Volksstaats-Idee ist aber Thomas Manns Vorstellung einer Republik der Gebildeten, die durchaus pluralistisch verfasst ist. Es bleibt Thomas Manns paradoxe Leistung als demokratischer Denker, zu keinem Zeitpunkt als Vorbild der Neuen Rechten vereinnahmt werden zu können, weil sein elitäres Modell sich mit demokratischen Austauschhandlungsprozessen ideologischer Verhärtung verweigert.

---

[7] Irmela von der Lühe: Thomas Mann. Vom unpolitischen Betrachter zum »Wanderredner der Demokratie«, https://gegneranalyse.de/personen/thomas-mann/#6 (Zugriff am 15. Dezember 2022).

[8] https://wiki.staatspolitik.de/index.php?title=Betrachtungen_eines_Unpolitischen (Zugriff am 15. Dezember 2022).

Corina Erk

Die Manns, Europa und die Demokratie

Positionen in Essays, Reden und im *Zauberberg*

1. Die demokratische Wende

»Ja, unbedingt«, (15.1, 984) antwortet Thomas Mann auf die Frage, ob er im Kontext der Pan-Europa-Bewegung Richard Coudenhove-Kalergis,[1] den er 1926 kennenlernte und dessen Pan-Europa-Union er noch im selben Jahr beitrat, die Schaffung der Vereinigten Staaten von Europa für notwendig halte. Offenkundig hat Thomas Mann hier die von ihm noch in den *Betrachtungen eines Unpolitischen* (1915–1918) vertretene nationale, den wilhelminischen Obrigkeitsstaat verteidigende, nachgerade antidemokratische Position[2] verlassen. In einer gleichsam demokratischen Wende,[3] vollzogen in den 1920er-Jahren in und mit der Rede *Von deutscher Republik* (1922) als Bekenntnis zur Weimarer Republik, wandte er sich zugleich »Europa als Kulturgemeinschaft« zu, so die Formulierung in einer Rede aus dem Jahr 1930 beim 2. Pan-Europa-Kongress in Berlin.[4]

Im Folgenden soll eben jenes Eintreten Thomas Manns für die Demokratie wie für ein vereinigtes Europa im Kontext der Erfahrungen der Weimarer Re-

---

[1] Zu Coudenhove-Kalergi vgl. zum Beispiel Christian Pernhorst: Das paneuropäische Verfassungsmodell des Grafen Richard N. Coudenhove-Kalergi, Baden-Baden: Nomos 2008; Anita Ziegerhofer: Botschafter Europas. Richard Nikolaus Coudenhove-Kalergi und die Paneuropa-Bewegung in den zwanziger und dreißiger Jahren, Wien: Böhlau 2004.

[2] Vgl. zu Thomas Manns bisheriger Position Günther Rüther: Thomas Manns Blick auf das Ende Alteuropas im »Großen Krieg«, in: Axel Gotthard u. a. (Hrsg.): Studien zur politischen Kultur Alteuropas, Berlin: Duncker & Humblot 2009 (= Historische Forschungen, Bd. 91), S. 125–145.

[3] Für eine Skizzierung des Wandels der politischen Haltung Thomas Manns vgl. Beate Neuss: Thomas Mann: Demokrat – Europäer – Weltbürger, in: Michael Braun / Birgit Lermen (Hrsg.): »Man erzählt Geschichten, formt die Wahrheit«. Thomas Mann – Deutscher, Europäer, Weltbürger, Frankfurt / Main: Lang 2003, S. 81–101; Theo Stammen: Literatur und Politik. Studien zu ihrem Verhältnis in Deutschland, Würzburg: Ergon 2001 (= Spektrum Politikwissenschaft, Bd. 20), S. 147–177. Zu Thomas Manns Schriften mit Demokratie-Bezug aus juristischer Perspektive vgl. Frank Fechner: Thomas Mann und die Demokratie. Wandel und Kontinuität der demokratierelevanten Äußerungen des Schriftstellers, Berlin: Duncker & Humblot 1990 (= Tübinger Schriften zum Staats- und Verwaltungsrecht, Bd. 9).

[4] Zu Thomas Manns Haltung Europa gegenüber in der Zeit der Weimarer Republik vgl. Friedhelm Marx: »Europa als Kulturgemeinschaft«. Thomas Manns Europa-Bild in der Weimarer Republik, in: Simone Costagli / Francesco Rossi (Hrsg.): Räume und Figuren des Politischen in Thomas Manns Werk, Rom: Istituto italiano di studi germanici 2020, S. 49–58.

publik, des nationalsozialistischen Deutschland sowie des damit verbundenen Exils aufgezeigt werden, und zwar in ausgewählten Essays und Reden ebenso wie im literarischen Werk am Beispiel des Romans *Der Zauberberg*. Da der Konnex Demokratie/Europa nicht nur für Thomas Mann von zentraler Bedeutung war, sondern ebenso auch seinen Bruder Heinrich wie seinen Sohn Klaus Mann in erheblichem Maße beschäftigte, seien auch deren diesbezüglich relevante Äußerungen in die folgenden Überlegungen mit einbezogen.

2. Thomas Mann als Demokrat und sein »Europa als Kultur-gemeinschaft«

Gerade in Thomas Manns Essays lässt sich ein zunehmendes Bekenntnis zu Europa und damit auch zur Demokratie respektive vice versa herauslesen: »Denn je tiefer Deutschland dem Faschismus verfiel, desto überzeugter glaubte er an die Demokratie und für desto notwendiger hielt er die europäische Einigung«,[5] resümiert Elisa Robles. Dies mündete, wie sich zeigen wird, in die Mann'sche Trias Demokratie – Europa – Humanität.[6]

Wie bereits angedeutet, von den Zeitgenoss*innen ebenso wahrgenommen und in der Thomas-Mann-Forschung weithin bekannt, tritt der Schriftsteller 1922 mit der Rede *Von deutscher Republik* erstmals öffentlich für die Demokratie ein, und zwar als konkretes Bekenntnis zur Weimarer Republik nach den Erfahrungen des Ersten Weltkriegs. Mit dieser ersten politischen Rede – den scheinbaren Anlass liefert der 60. Geburtstag von Gerhart Hauptmann, gleichwohl lässt sich die Rede auch im Kontext der Ermordung Walter Rathenaus diskutieren – erfolgt Thomas Manns öffentliche Abkehr von der Haltung als konservativer Nationalist wie auch von der romantisch überformten, schwärmerischen Einstellung dem Krieg gegenüber. Europa sei »zur Republik zu erklären, – sofern die Idee der Republik mit derjenigen nationaler Friedenskultur verbunden ist«. (15.1, 521) In *Von deutscher Republik* stellt Thomas Mann Überlegungen zur Etablierung einer europäischen Union an (vgl. 15.1, 540). Im demokratischen Prozess selbst schreibt er Schriftsteller*innen eine herausgehobene Rolle zu:

---

[5] Elisa Robles: Die Schweiz als Modell für Europa? Stellungnahmen von Thomas Mann, Friedrich Dürrenmatt und Max Frisch, in: Cuadernos de Filología Alemana 3 (2010), S. 229–240, S. 231.

[6] Umso mehr erstaunt es, dass im von Helmut Koopmann herausgegebenen *Thomas-Mann-Handbuch* dem Themenkomplex Europa und/oder Demokratie kein eigenes Kapitel gewidmet ist und dass das Sachregister keinen Eintrag zu Europa aufweist. Vgl. Helmut Koopmann (Hrsg.): Thomas-Mann-Handbuch, 3., aktualisierte Auflage, Stuttgart: Kröner 2001. Auch in Andreas Blödorn/Friedhelm Marx (Hrsg.): Thomas-Mann-Handbuch. Leben – Werk – Wirkung, Stuttgart: Metzler 2015 existiert für den genannten Themenkomplex kein eigener Artikel.

[U]nd nachdem man der Demokratie alles nachgesagt hat, was ihr nachgesagt werden kann, ist festzustellen, daß sie des Landes geistige Spitzen, nach Wegfall der dynastisch-feudalen, der Nation sichtbarer macht: das unmittelbare Ansehen des Schriftstellers steigt im republikanischen Staat, seine unmittelbare Verantwortlichkeit gleichermaßen, – ganz einerlei, ob er persönlich dies je zu den Wünschbarkeiten zählte oder nicht. (15.1, 516)

Bereits hier scheint eine Fokussierung auf das Begriffsnetzwerk Republik, Demokratie, Europa und Humanität durch:

Mein Vorsatz ist, ich sage es offen heraus, euch, sofern das nötig ist, für die Republik zu gewinnen und für das, was Demokratie genannt wird, und was ich Humanität nenne, aus Abneigung gegen die humbughaften Nebengeräusche, die jenem anderen Worte anhaften. (15.1, 522)

Das Eintreten Manns für die Demokratie, dieser neue Ton in seinen Aussagen – »Die Republik, die Demokratie sind heute solche inneren Tatsachen, sind es für uns alle, jeden Einzelnen, und sie leugnen heißt lügen.« (15.1, 524) – gilt dezidiert für Deutschland, für das die Demokratie als politische Form unabdingbar sei (vgl. 15.1, 531).

Nicht immer sind diese Aussagen frei von zumal aus heutiger Sicht eurozentrischen Tönen – eine im Übrigen im 20. Jahrhundert übliche Haltung unter Schriftsteller*innen.[7] Dies betrifft Thomas Manns Einschätzung eines Führungsanspruchs geistiger Eliten, wie er dies beispielsweise in *Europäische Schicksalsgemeinschaft* (1923) artikuliert: »So werden wir geistigen Bildner Europas das Gewissen der Welt sein, gegen das sie eines Tages nicht mehr zu handeln wagen wird.« (15.1, 729) In dieser Haltung ist er, davon wird noch die Rede sein, seinem Bruder Heinrich Mann nicht unähnlich. Nichtsdestotrotz positioniert sich Thomas Mann seit den 1920er-Jahren immer wieder auf der Seite der Demokratie und wendet sich gegen den Nationalismus.

1924 erscheint der für Thomas Manns Denken dieser Zeit wegweisende Roman *Der Zauberberg*,[8] »durchtränkt von [...] Europa-Motivik aller Art«,[9] so Manfred Schmeling. Es handele sich, stellt Gerard Delanty fest, um

---

[7] Vgl. Helmut Scheuer: Nation und Europa. Stellungnahmen deutscher Schriftsteller im 20. Jahrhundert, in: Gerd Langguth (Hrsg.): Autor, Macht, Staat. Literatur und Politik in Deutschland. Ein notwendiger Dialog, Düsseldorf: Droste 1994 (= Droste-Taschenbücher Geschichte, Bd. 918), S. 34–54, hier S. 47.

[8] Knappe 20 Jahre später verhandelt Thomas Mann im und mit dem Roman *Doktor Faustus* (1942) erneut die Frage einer europäischen Identität. Eine kurze Interpretation diesbezüglich findet sich in Paul Michael Lützeler: Neuer Humanismus. Das Europa-Thema in Exilromanen von Thomas und Heinrich Mann, Lion Feuchtwanger und Stefan Zweig, in: William Collins Donahue / Scott D. Denham (Hrsg.): History and Literature. Essays in Honor of Karl S. Guthke, Tübingen: Stauffenburg 1997, S. 303–317.

[9] Manfred Schmeling: Thomas Manns Europäertum im Lichte der deutsch-französischen Beziehungen, in: Revue de littérature comparée, Jg. 72, H. 4, S. 567–588, hier S. 587.

the quintessential novel on European civilisation. [...] In no other work has the idea of a European identity reached the same degree of eloquent expression and self-consciousness. [...] Europe, in Mann's vision, reaches the fullness of self-consciousness in the anticipation of death.[10]

Am heterotopischen Chronotopos des Schweizer Sanatoriums, dem Davoser Berghof, führt Thomas Mann repräsentative Charaktere in einer Experimentkonstellation gesellschaftlicher Stratifikation zusammen, anhand derer die politischen Positionen und Auseinandersetzungen in Europa in der Zeit vor dem Ersten Weltkrieg ausgehandelt werden. Im »Musterland« werden das Europäische und die Demokratie zur Verhandlungssache.[11] Vieles wäre bezüglich dieses Anti-Bildungs- und Verfallsromans festzuhalten, etwa dessen erotische Momente, psychologische Fragestellungen zu Dekadenz und Todesverfallenheit oder die Rolle von Musik respektive Kunst generell. Für den Diskussionskomplex Demokratie/Europa sind jedoch vor allem die beiden Figuren Settembrini und Naphta relevant, anhand derer sich aufzeigen lässt, was es bedeutet, von Europa in dieser Zeit zu sprechen. Das Sanatorium als Metapher für Verfall statt Heilung und der Tod Hans Castorps im Ersten Weltkrieg verheißen dabei nichts Gutes für Europa.

Bei der Parzival-Figur Castorp, einem gleichsam naiven, passiven Hans-im-Glück, handelt es sich um einen Novizen, der, ob seiner »bisherigen Unerfahrenheit« (5.1, 498), eines Mentors in politischen Fragen bedarf, der ihn, den deutschen Parade- und Durchschnittsbürger, auf seinem Weg, changierend zwischen Konservatismus, Demokratie und Radikalität, geleitet. Diese Rollen übernehmen im Roman die beiden Diskutanten, ja Antagonisten Settembrini und Naphta. Ersterer geriert sich als aufgeklärter Europäer und demokratischer Humanist (vgl. 5.1, 96, 151), »ein homo humanus« (5.1, 93), über den es heißt, »er ist doch ein Mensch, der auf sich hält, oder auf die Menschen im allgemeinen« (5.1, 156). Der Italiener Settembrini, als Freimaurer ein Mensch des Geistes, zugleich ein liberaler, am Individualismus des Westens orientierter Intellektueller, spricht sich für die Staatsform der (Welt-)Republik aus. Eine wesentliche Säule seines Denkens ist der Fortschrittsglaube (vgl. 5.1, 369), was nicht verwundert, lässt sich Settembrini doch als Anhänger der Vernunftreligion charakterisieren (vgl. 5.1, 134, 174): »Eine Macht, ein Prinzip aber gibt es, dem meine höchste Bejahung, meine höchste und letzte Ehrerbietung und Liebe gilt, und diese Macht, dieses Prinzip ist der Geist.« (5.1, 378) Ferner votiert er, dem Arbeit als ethisch-moralischer Wert an sich gilt, für eine Vereinigung der Völker, unter anderem mittels Technik »als das verlässigste Mittel,

---

[10] Gerard Delanty: Inventing Europe. Idea, Identity, Reality, Basingstoke: Macmillan 1995, S. 111.
[11] Zur Rolle der Schweiz für das Europa-Bild Thomas Manns vgl. Robles: Schweiz als Modell für Europa? (Anm. 5).

die Völker einander nahe zu bringen, ihre gegenseitige Bekanntschaft zu för-
dern, menschlichen Ausgleich zwischen ihnen anzubahnen, ihre Vorurteile zu
zerstören und endlich ihre allgemeine Vereinigung herbeizuführen.« (5.1, 238)
Europas Errungenschaft, so Settembrini, sei die »Zivilisation« (5.1, 244, vgl.
ebenso 368), Asien gilt ihm als das fremde Andere (vgl. 5.1, 366), was Paul Michael Lützeler dazu veranlasst, ihn als »Eurozentrist«[12] zu bezeichnen. Und
man wird wohl durchaus festhalten müssen, dass Settembrinis Weltbild ein
letztlich dichotomisches ist, geprägt von, aus heutiger Sicht, einem nicht un-
erheblichen Anteil an Orientalismus und Eurozentrismus, sei die Welt doch
vom expandierenden Europa aus gleichsam zu »missionieren«, so zumindest
die Einschätzung dieses »Priesters« der Demokratie (vgl. 5.1, 240 f.) Was Thomas Mann später in den Essays über den »militanten Humanismus« erneut
ausführen wird, deutet sich im *Zauberberg* in der Figur Settembrini bereits an:
die These vom Humanismus als Politik: »Was aber sei denn der Humanismus?
Liebe zum Menschen sei er, nichts weiter, und damit sei er auch Politik, sei er
auch Rebellion gegen alles, was die Idee des Menschen besudele und entwür-
dige.« (5.1, 241) Politischer Humanismus respektive humanistische Politik seien
dabei vor allem durch Literatur zu stiften (vgl. 5.1, 243 f.). Zwar erweist sich
Settembrini als Vertreter der Menschenrechte, dem »die Würde und das Glück
der Menschheit zur Richtschnur« (5.1, 373) gereichen, aber mitunter legt auch
er eine demagogische Haltung an den Tag, was seine Weltauffassung betrifft
(vgl. 5.1, 373). Als Vertreter der »europäischen« Werte besinnt er sich auf deren
Herkunft aus der Antike (vgl. 5.1, 785). Für diesen Verteidiger von Logos und
Kunst zeichnet sich die europäische Identität folglich durch das »Erbe der grie-
chisch-römischen Zivilisation« (5.1, 788) aus. Auch gegenüber der Schaffung
eines Weltbundes erweist er sich als aufgeschlossen (vgl. 5.1, 780). Gleichwohl
betont der Roman an mehreren Stellen, dass auch Settembrinis Vorstellungen
von Demokratie, Europa und Republik letztlich zum Scheitern und zum Tode
verurteilt sind (vgl. 5.1, 299, 377, 540). Auch er und damit seine politische Haltung sind von der Krankheit auf dem Berghof erfasst, sein Europa der Aufklärung wird mit ihm untergehen (vgl. 5.1, 1076).

Mit dem Kirchenmann Naphta steht Settembrini eine Figur gegenüber, die
den positiven Einfluss Asiens auf Europa verteidigt und sich als Anti-Auf-
klärer (vgl. 5.1, 598) und Anti-Humanist gegen Settembrinis demokratische
Position stellt. Die Haltung des Jesuiten Naphta ist vielschichtig: Mal geriert
er sich als reaktionärer Nihilist (vgl. 5.1, 566, 1049), mal als Religionsfanatiker
(vgl. 5.1, 599). Dann wieder vertritt er die Position eines Extremisten, der die
Massen durch Terror beherrschen will und auch vor Gewalteinsatz nicht zu-

[12] Paul Michael Lützeler: Schlafwandler am Zauberberg. Die Europa-Diskussion in Hermann
Brochs und Thomas Manns Zeitromanen, in: TM Jb 14, 2001, 49–62, hier 53.

rückschreckt (vgl. 5.1, 691). Für den Staatsterror plädierend (vgl. 5.1, 604), ist es sein Ziel, »den Gottesstaat, die Weltherrschaft des Übernatürlichen herbeizuführen« (5.1, 676, vgl. ebenso 5.1, 578). Eine kommunistische Haltung vertretend, positioniert er sich als Anti-Kapitalist (vgl. 5.1, 605, 608 f., 611). Der Individualismus sei dem Gemeinwohl zu opfern (vgl. 5.1, 694), Freiheit ein Anachronismus. Auch Nationalismus ist Naphta nicht fremd (vgl. 5.1, 574 f.): »Das Instinktive ist durchaus auf seiten des Nationalen, und Gott selbst hat den Menschen den natürlichen Instinkt eingepflanzt, der die Völker veranlaßt hat, sich in verschiedenen Staaten voneinander zu sondern.« (5.1, 578) Während Naphta sich also insgesamt gegen die »bürgerliche Gesittung« (5.1, 580, vgl. ebenso 773) und für die »national[e] Staatsidee« (5.1, 579) einsetzt, votiert Settembrini für die Überwindung von Nationalstaat und pro Völkerrecht: »Die Hauptsache ist, daß über den positiven Rechten der Nationalstaaten ein höher-gültiges, allgemeines sich erhebt und die Schlichtung strittiger Interessenfragen durch Schiedsgerichte ermöglicht.« (5.1, 579 f.)

Im Kontext Europa ist der selbstdestruktive Naphta folglich der Vertreter des starken Nationalstaats, wie er in der Auseinandersetzung mit Settembrini immer wieder bekennt:

Der nationale Staat ist das Prinzip des Diesseits, das Sie dem Teufel zuschreiben möchten. Machen Sie aber die Nationen frei und gleich, schützen Sie die kleinen und schwachen vor Unterdrückung, schaffen Sie Gerechtigkeit, schaffen Sie nationale Grenzen [...].« (5.1, 576)

Als Basis Europas gilt ihm das Christentum (vgl. 5.1, 569 f.). Trotz seines eigenen heterogenen Weltbilds – einer Mischung aus Anarchie, Faschismus und Kommunismus –, prangert er die aufklärerische Haltung Settembrinis als demagogisch an (vgl. 5.1, 577). Auch Demokratie könnte zur Diktatur werden: »Ich kann auf Ihre Widerrede zur Not verzichten, denn die politische Ideologie der Bürgerlichkeit ist mir bekannt. Ihr Ziel ist das demokratische Imperium, die Selbstübersteigerung des nationalen Staatsprinzips ins Universelle, der Weltstaat.« (5.1, 606) Doch am Ende ist Naphtas Weltbild ebenso wie Settembrinis dem Untergang geweiht (vgl. 5.1, 567).

Im *Zauberberg* offenbaren sich folglich zwei dichotomische Positionen: Während Settembrini für die Demokratie und die Weltrepublik eintritt (vgl. 5.1, 602), geht Naphta von einer Hierarchie der Nationen aus (vgl. 5.1, 583) und argumentiert für die Einordnung in den »Volkskörper« (vgl. 5.1, 603). Diese Dualismen werden im und vom Text nicht aufgelöst. Letztlich bleibt der Roman selbst unentschieden, welche Position Oberhand gewinnen sollte (vgl. 5.1, 746 f.), wobei sich Castorp im Schneetraum offenbart, dass weder Naphtas Glaubensreligion noch Settembrinis Vernunftreligion allein selig machend sind (vgl. 5.1, 748 f.); eine Erkenntnis, die Castorp nach dem Aufwachen sofort wieder vergisst, ganz im Sinne des Anti-Bildungsromans. *Der Zauberberg* mündet im Tod und damit in einer skeptischen Vision des Untergangs, wenngleich nicht von »Europa als Kulturgemeinschaft« insgesamt, so doch zumindest in der Untergangsvision einer europäischen Vorkriegsordnung, die es durch andere politische Konstruktionen zu erneuern respektive zu ersetzen gilt.

Nichtsdestotrotz kommt Thomas Mann auch nach diesem großen Roman-projekt in zahlreichen weiteren Essays immer wieder auf die für ihn grund-legende Trias aus Demokratie – Europa – Humanismus zu sprechen. So fin-det sich auch in *Deutschland und die Demokratie* (1925) die für sein Denken zentrale Engführung von Demokratie und Humanitäts-Begriff der Klassik: *»Demokratie aber ist nur der moderne politische Name für den älteren, klas-sizistischen Begriff der Humanität* – dieses Hochbegriffes, der zwei Welten, die antike und die christliche, zugleich überwölbt.« (15.1, 948, Hervorhebung im Original) Nach einer Frankreichreise, in deren Rahmen es zu einer Be-gegnung mit Coudenhove-Kalergi kommt, von dem er sich im Übrigen sehr angetan zeigt, (vgl. 15.1, 1157) verfasst Thomas Mann die *Pariser Rechenschaft* (1926). In diesem Text reflektiert er die zu überwindende Feindschaft zwischen Deutschland und Frankreich und artikuliert den Gedanken eines Kerneuropas unter deutsch-französischer Führung:

[D]ie Sympathie zwischen den beiden großen Völkern zu stärken und zu befestigen, auf deren Wohlverhältnis der Friede, die Einheit, die Zukunft Europas beruhen, das heiße dem höchsten Gegenstand aller Sympathie, dem Leben selbst, einen Dienst er-weisen. (15.1, 1129)

Wenngleich Thomas Mann, anders als Coudenhove-Kalergi, den Ausschluss Großbritanniens und Russlands aus Europa ablehnt, so gibt es für ihn doch keine Alternative zu Europa. Von dessen Existenznotwendigkeit geht er gleich-sam aus nach dem Motto »Europa wird sein oder nicht« beziehungsweise, wie Thomas Mann es formuliert, es sei »allzu offenbar geworden [...], daß Europa als Ganzes stehe oder falle« (15.1, 1127). Nicht immer eindeutig ist in der *Pari-ser Rechenschaft* Manns Haltung der Demokratie gegenüber. So formuliert er einerseits:

Der Deutsche verhält sich zur Demokratie wie der alte Germane zum Christentum: er fürchtet und muß vielleicht fürchten, durch sie national geschwächt zu werden. Diese Sorge ist den anderen überhaupt unbekannt. Der Grundgedanke meiner ›Be-trachtungen‹, daß Demokratie und Politik ein und dasselbe sind, bleibt mir wahr und unanfechtbar. Leugnet man ihn, so kann man ein hochinteressantes Volk sein, aber man bringt es zu nichts. (15.1, 1186)

Andererseits bekennt er sich doch deutlich zur Demokratie als Regierungsform: »Der Weg ins Vordemokratische zurück ist jedoch ungangbar.« (15.1, 1158)

Drei Jahre vor dem Gang ins Exil verfasst Thomas Mann die bereits erwähnte Rede *Europa als Kulturgemeinschaft* respektive *Die Bäume im Garten: Rede für Pan-Europa* (1930),[13] worin er Antike und Christentum als die
Säulen eben jener europäischen Kulturgemeinschaft skizziert (vgl. XI, 863 f.).
Gängigen Schemata folgend, nutzt Mann darin die Abgrenzung vom Anderen, dem als fremd Empfundenen, zur eigenen Identitätsstiftung, ein aus
heutiger Sicht nicht unproblematisches Vorgehen, was die Charakterisierung
des Ostens/Asiens als das »Dumpf-Barbarische« (XI, 864) betrifft. Deutlich
formuliert er zugleich die Forderung nach europäischer Einheit, gegründet
auf dem Vernunft-Prinzip, sich dabei auf die Metapher vom gemeinsamen
Haus Europa als »politische Heimat« (XI, 869) stützend. Ab 1933 befindet
sich Thomas Mann im Exil, eine Erfahrung, die sein Europa-Bild in erheblichem Maße prägt, denn »[j]e offenkundiger die nationalistischen Strömungen
wurden, desto engagierter plädierte er für ein vereinigtes Europa«.[14] Schon
die imperativische Formulierung des Essaytitels *Achtung, Europa!* (1936) ist
Ausdruck dieser nunmehr neuen Dringlichkeit in seinem Plädoyer für ein vereinigtes Europa, vor dessen Verfall er warnt.[15] Im Angesicht des Hitler-Regi-
mes plädiert Mann in *Achtung, Europa!* für einen »militanten Humanismus«.
Gegen ein Gewaltregime sei, so Mann, der Einsatz von Gewalt das einzige
Mittel zur Überwindung derselben:

In allem Humanismus liegt ein Element der Schwäche, das mit seiner Verachtung des
Fanatismus, seiner Duldsamkeit und seiner Liebe zum Zweifel, kurz: seiner natürlichen
Güte zusammenhängt und ihm unter Umständen zum Verhängnis werden kann. Was
heute nottäte, wäre ein militanter Humanismus, ein Humanismus, der seine Männ-
lichkeit entdeckte und sich mit der Einsicht erfüllte, daß das Prinzip der Freiheit, der
Duldsamkeit und des Zweifels sich nicht von einem Fanatismus, der ohne Scham und
Zweifel ist, ausbeuten und überrennen lassen darf. Ist der europäische Humanismus
einer streitbaren Wiedergeburt seiner Ideen unfähig geworden; vermag er nicht mehr,
sich die eigene Seele in kämpferischer Lebensfrische bewußt zu machen, so wird er
zugrunde gehen, und ein Europa wird sein, das seinen Namen nur noch ganz histori-
scherweise weiterführen wird, und vor dem es besser wäre, sich ins Unbeteiligt-Zeit-
lose zu bergen. (Ess IV, 159 f.)

---

[13] Der Text erschien zuerst in der *Vossischen Zeitung* vom 20. 5. 1930 unter dem Titel *Die
Bäume im Garten* (Nr. 119, Beilage *Das Unterhaltungsblatt*, Nr. 116, S. 1 f.). Unter dem Titel
Europa als Kulturgemeinschaft erschien die Rede geringfügig korrigiert im Juni/Juli-Heft der
Zeitschrift *Paneuropa* (Jg. 6, H. 6/7, S. 239–247 f.).
[14] Marx: »Europa als Kulturgemeinschaft« (Anm. 4), S. 53.
[15] Für eine Analyse des appellativen Charakters des Textes im Vergleich zu Hans-Magnus
Enzensbergers *Ach, Europa!*, das den Mann'schen Titel variierend aufgreift, vgl. Paul Richard
Blum: Europa – ein Appellbegriff, in: Archiv für Begriffsgeschichte 43 (2001), S. 149–171.

Mit der Warnung vor dem Untergang der europäischen Kultur, der Klage über einen »europäische[n] Kulturschwund« (Ess IV, 152) und der Forderung nach Widerstand gegen den Nationalsozialismus auf europäischer Ebene[16] geht folglich die Idee wehrhafter Demokratien in Europa einher. Bevor es sich in Belanglosigkeit verliere, müsse Europa seine Führungsrolle in der Welt wahrnehmen, zumal angesichts der »Überlegenheit« der »europäischen Ideen« (Ess IV, 157), die da lauten: »Wahrheit, Freiheit, Gerechtigkeit« (ebd.). Als Basis für die europäische Identität nennt Thomas Mann immer wieder, so etwa in *Der Humanismus und Europa* (1936), die auch heute noch referierten Säulen Antike und Christentum (vgl. XIII, 633). Zugleich bekräftigt er in diesem Essay, erneut auf die Trias Europa – Demokratie – Humanismus rekurrierend und zum Teil bis in den Wortlaut hinein analog zu *Achtung, Europa!* formulierend, seine Einschätzung, beim militanten Humanismus[17] handele es sich nachgerade um eine Pflicht (vgl. XIII, 635). In dem Maße, wie Thomas Mann die Einheit Europas vertritt, wächst auch sein Eintreten für demokratische Verhältnisse, sodass sich davon sprechen lässt, dass »seine Entwicklung zum Demokraten und Europäer parallel«[18] verläuft. 1938 siedelt Thomas Mann in die USA über und versucht mit seinen Radioansprachen der 1940er-Jahre, die politische Situation in Deutschland und Europa zu beeinflussen.[19] So bekennt er in der Rede *European Listeners*, Deutschland solle »europäisch« werden, die Zukunft Europas bestehe in dessen Einigung und der Etablierung einer europäischen Föderation:

It [the true Europe] will be a federation of free states with equal rights able to cultivate their spiritual independance, their traditional cultures, subject at the same time to a common law of reason and morality, a European federation in the larger frame of economic cooperation of the civilized nations of the world. (XIII, 748)

Aus den Mann'schen Essays lässt sich dennoch, bei allem Bekenntnis zu einem demokratischen, wenngleich nicht pazifistischen Europa – man denke nochmals an die Rede vom »militanten Humanismus« im Sinne einer wehrhaften Demokratie –, kein konkretes Europa-Konzept ableiten. Vielmehr handelt es

---

16 Für politische Pläne des europäischen Widerstands vgl. die Quellensammlung Walter Lipgens (Hrsg.): Europa-Föderationspläne der Widerstandsbewegungen 1940–1945. Eine Dokumentation, München: Oldenbourg 1968 (= Schriften des Forschungsinstituts der Deutschen Gesellschaft für Auswärtige Politik e.V., Bd. 26).

17 Die Idee des militanten Humanismus wurde nicht nur von Thomas Mann vertreten. Sie fand sich beispielsweise auch in den Überlegungen Umberto Campagnolos. Vgl. hierzu Elisabetta Mazzetti: Der Briefwechsel Thomas Mann – Umberto Campagnolo (1949–1955). Die Solidarität der »hommes de culture« und der europäische Gedanke, in: BlTMG 37, S. 8–41.

18 Neuss: Thomas Mann (Anm 3), S. 94.

19 Zu Thomas Mann in den USA vgl. Tobias Boes: Thomas Manns Krieg. Literatur und Politik im amerikanischen Exil, Göttingen: Wallstein 2021.

sich um Reflexionen zur Idee von Europa als Kulturgemeinschaft, die zumal in den 1940er-Jahren über die bloße Idee Europa hinausgehen, und, Bezug nehmend auf Goethe, kosmopolitischer ausgerichtet sind und auf das Globale, auf die Weltdemokratie abzielen – so ist Thomas Mann Ko-Autor des 1940 erschienenen Buches *The City of Man. A Declaration on World Democracy*[20] –, sich damit also von der durch die Exil-Erfahrung geprägten eurozentrischen Haltung entfernen.

3. Heinrich Manns demokratisches Europa

Anders als Thomas Mann, der über einen erheblich längeren Zeitraum eine konservative, national geprägte Haltung an den Tag legt, lässt sich sein Bruder Heinrich Mann als Demokrat und Pazifist mit stark sozialistischer Ausrichtung adressieren,[21] dessen Europa-Idee nicht allein auf die Kulturgemeinschaft ausgerichtet ist. Sein Blick weitet sich schon früh auf Europa als integrative Union. In zahlreichen Essays[22] hat er sich zu Europa geäußert[23] und wird »vor allem Anfang der 1920er-Jahre zum Verfechter der Europa-Idee«,[24] durchläuft dabei also, Doerte Bischoff zufolge, eine Entwicklung »vom frankophilen Kritiker des Wilhelminischen Deutschlands […] zum Verfechter einer die deutsche wie die französische Realität gleichermaßen transzendierenden ›Europa‹-Idee«.[25]

Bei *Der Europäer* aus dem Jahr 1916 handelt es sich mithin um Heinrich Manns ersten Text mit starkem Europa-Bezug.[26] Darin schreibt er gegen den

[20] Vgl. hierzu Paul Michael Lützeler: »The City of Man« (1940). Ein Demokratiebuch amerikanischer und emigrierter europäischer Intellektueller, in: Thomas Koebner / Wulf Köpke / Joachim Radkau (Hrsg.): Erinnerungen ans Exil. Kritische Lektüre der Autobiographien nach 1933 und andere Themen, München: edition text + kritik 1984 (= Exilforschung, Bd. 2), S. 299–309.

[21] Vgl. Anne Kraume: Das Europa der Literatur. Schriftsteller blicken auf den Kontinent 1815–1945, Berlin: de Gruyter 2010 (= Mimesis, Bd. 50), S. 260.

[22] Zu *Henri Quatre* als Roman, der sich auch der Frage einer europäischen Identität widmet, vgl. die knappe Interpretation in Lützeler: Neuer Humanismus (Anm. 8).

[23] Vgl. für einen einführenden historischen Überblick Bernhard Veitenheimer: Europa, in: Andrea Bartl / Ariane Martin / Paul Whitehead (Hrsg.): Heinrich Mann-Handbuch. Leben – Werk – Wirkung, Heidelberg: Metzler 2022, S. 425–430. Zu Manns emotionaler wie rationaler Beziehung zu Europa vgl. ausführlicher Kraume: Europa der Literatur (Anm. 21), S. 251–296.

[24] Leszek Żyliński: Ein wackerer Europäer, ein skeptischer Europäer. Der Heinrich Mann der 1920er Jahre, in: Zeitschrift für mitteleuropäische Germanistik 1.2 (2011), S. 151–160, S. 151.

[25] Doerte Bischoff: Repräsentanten für Europa? Thomas und Heinrich Mann als Grenz-Gänger eines Europa-Diskurses in ihren Essays 1914–1933, in: Jürgen Wertheimer (Hrsg.): Suchbild Europa. Künstlerische Konzepte der Moderne, Amsterdam: Rodopi 1995 (= Internationale Forschungen zur allgemeinen und vergleichenden Literaturwissenschaft, Bd. 12), S. 18–37, S. 20.

[26] Doerte Bischoff wertet diesen Essay als ersten in einer Reihe, neben *Reich über den Reichen* und *VSE*, »mit expressionistischem Pathos herausgeschleuderte[r] Pamphlete«, in denen

Ersten Weltkrieg an und etabliert das geeinte Europa, das Bild vom gemeinsamem Haus Europa als Kontrastfolie. Die von Heinrich Mann Europa zugeschriebene Rolle in der Welt wirkt dabei aus heutiger Sicht, ähnlich wie dies
für die Essays seines Bruders Thomas zutrifft, eurozentrisch.[27] Dies setzt sich
fort in Heinrich Manns Konstruktion der europäischen Identität, dem »Umriß
eines einzigen vielgestaltigen Wesens«[28] Europa in der Abgrenzung vom fremden Anderen, insbesondere im Kulturvergleich zu Asien. Den Europäer selbst
charakterisiert er als bestimmt von »Vernunft und Fleiß«,[29] seine Herkunft
leitet er aus dem römischen Erbe und dem Christentum ab. Auch ein gewisser
imperialistischer Gestus lässt sich aus dem Text herauslesen.[30] Für Heinrich
Mann existiert ein dezidiert »europäisches Wesen«: »Wir sprechen lieber aus,
was nicht gemeinmenschlich, sondern nur europäisch ist; daß wir dort, wo wir
unsere Geschäfte besorgen, immer doch irgendein sittliches Mehr bewirken.«[31]
Die Überlegenheit Europas und die Abgrenzung vom Fremden sind zentral für
den Text und erweisen sich aus heutiger Sicht als problematischer Eurozentrismus.[32] Paul Michael Lützeler spricht in diesem Zusammenhang von Heinrich
Manns »europäische[m] Nationalismus«,[33] wobei sich diese »eurozentristische
Superioritätsattitude«[34] in den 1920er-Jahren verloren habe.

Gleichwohl setzt Heinrich Mann in *Europa, Reich über den Reichen* (1923)
drei (eurozentrische) Fokuspunkte: den Frieden zwischen Deutschland und
Frankreich – man fühlt sich an das Kerneuropa-Konzept erinnert –, die über
das Geistige, nicht via Politik oder Wirtschaft hergestellte Einheit Europas –
Letzteres als heutiger Grundfehler der EU? – und Europas Einheit als »Kirchengründung«, wobei diese sakrale Überhöhung der Europa-Idee in der
Gegenwart geradezu kurios wirkt. Bereits im Essay-Titel klingt das religiöse Pathos an. Die Idee einer Führung Europas durch eine »Intellektuellenkaste« setzt sich bei Heinrich Mann in seinem Bekenntnis zu einem geistigen
Europa fort.[35] Wiederum sei auf Lützeler verwiesen, der Heinrich Mann als

»›Europa‹-Bilder mit außerordentlich grellen Metaphern und historischen Analogien ausgemalt
und beschworen« werden. Bischoff: Repräsentanten für Europa? (Anm. 25), S. 30.

[27] Vgl. Heinrich Mann: Der Europäer, in: ders.: Essays und Publizistik. Kritische Gesamtausgabe. Band 2: Oktober 1904 bis Oktober 1918, hrsg. v. Manfred Hahn, Bielefeld: Aisthesis
2012, S. 212–217, hier S. 213.

[28] Ebd., S. 215.

[29] Ebd., S. 212.

[30] Vgl. ebd., S. 213.

[31] Ebd.

[32] Vgl. ebd., S. 213 f.

[33] Paul Michael Lützeler: Heinrich Manns Europa-Ideen im Exil, in: Heinrich-Mann-Jahrbuch 3 (1985), S. 79–92, hier S. 82.

[34] Ebd.

[35] Vgl. Heinrich Mann: Europa, Reich über den Reichen, in: ders.: Essays und Publizistik.

»Kirchengründer« eines »neuen europäischen Geistglaubens«,[36] einer »Europa-Geist-Religion«[37] bezeichnet. Es lässt sich auch an die Romantiker Novalis oder Friedrich Schlegel denken, die ebenfalls für eine religiöse Neugeburt Europas plädierten. In jedem Fall hat sich der religiös-pathetische, bisweilen radikale Ton in *Europa, Reich über den Reichen* im Vergleich zu *Der Europäer* nochmals gesteigert: »Will Europa denn eins werden: zuerst wir beide! Wir sind die Wurzel. Aus uns der geeinte Kontinent, die anderen können nicht anders als uns folgen. Wir tragen die Verantwortung für uns und für den Rest. Durch uns wird ein Reich sein über den Reichen, und das Reich wird dauern. Oder keine Zukunft gilt mehr für uns, noch für Europa.«[38] Mann plädiert folglich für die europäische Einheit, und zwar unter deutscher und französischer Führung, im Sinne eines geistigen Europas.[39] Die Einheit Europas sei nötig, so Heinrich Mann, um Bedrohungen von außen abzuwehren:

> Entweder wir einen Europa, hören auf, das geeinte Europa für Utopie, Liebhaberei und fernes Zukunftsbild zu halten, erfassen endlich seine dringlichste Lebensnotwendigkeit, – oder dieser Ausläufer Asiens, der so viel lärmenden Aufruhr gewagt hatte, wird still zurückgeholt werden von der großen Mutter.[40]

Das Europa-Bild Heinrich Manns mündet letztlich in die Gründung einer neuen Kirche Europa: »Verbündetes Europa dringendste Notwendigkeit. Wie wird sie erfüllt? Eine Kirche gründen.«[41] Man wird wohl sagen müssen, dass nicht nur diese Idee, sondern gerade der Dualismus das Eigene versus das Fremde nicht mit einem aufgeklärten Demokratieverständnis in Einklang zu bringen ist. Auch ein gewisses europäisches Sendungsbewusstsein kann der Text nicht verhehlen: »Namens ihrer Unsterblichkeit werden unsere Völker Europa, Reich über den Reichen, erobern.«[42] Immer wieder betont Heinrich Mann überdies das Kerneuropa-Konzept der Verbindung von Deutschland und Frankreich, so etwa in *Deutschland und Frankreich. Antwort an Jacques Rivière* (1923).[43] Wie sein Bruder Thomas Mann begrüßt auch er die Pan-

Kritische Gesamtausgabe. Band 3: November 1918–1925, hrsg. v. Bernhard Veitenheimer, Bielefeld: Aisthesis 2015, S. 167–191, hier S. 179f.

[36] Paul Michael Lützeler: Heinrich Mann 1923. Die Europa-Idee zwischen Pragmatik und Religionsersatz, in: Heinrich-Mann-Jahrbuch 7 (1989), S. 85–103, hier S. 96.

[37] Ebd., S. 99.

[38] Mann: Europa, Reich über den Reichen (Anm. 35), S. 184.

[39] Vgl. ebd., S. 183.

[40] Ebd., S. 184.

[41] Ebd., S. 187.

[42] Ebd., S. 191.

[43] Vgl. Heinrich Mann: Deutschland und Frankreich. Antwort an Jacques Rivière, in: ders.: Essays und Publizistik. Kritische Gesamtausgabe. Band 3: November 1918–1925 (Anm. 35), S. 199–207, hier S. 206.

Europa-Union, lehnt aber ebenfalls, beispielsweise in *Problem Europa* (1923),
den Ausschluss Russlands aus derselben ab.[44]

Bei *VSE* (1924) – der Titel stellt einen Bezug zu Victor Hugos Forderung
nach den *Vereinigten Staaten von Europa* her – handelt es sich um Heinrich Manns bekannteste Europa-Schrift. Auch hierin liegt der Fokus auf dem
Frieden zwischen Deutschland und Frankreich, wie später übrigens auch bei
seinem Neffen Klaus Mann. Ebenso wiederholt Mann darin die Hypothese
von der vollständigen Integration Europas angesichts der »Bedrohung« von
außen, insbesondere in der Abgrenzung von Amerika und Asien: »Völker
sterben so einfach nicht. Bevor Europa Wirtschaftskolonie Amerikas oder
Militärkolonie Asiens wird, einigt es sich.«[45] Zudem spricht er sich erneut gegen den Ausschluss Großbritanniens und Russlands in Coudenhove-Kalergis
Plan aus[46] (dieser übertrug Pan-Amerika- statt Pan-Slawismus-Überlegungen und setzte ihnen seine Idee von Pan-Europa entgegen, was realpolitisch
jedoch nie umgesetzt wurde). In *Paneuropa, Traum und Wirklichkeit* (1927)
steigert sich diese Kritik Heinrich Manns, der bekanntlich vom Ehrenmitglied
Pan-Europas zu dessen Kritiker wurde,[47] da er sich deutlich aufgeschlossener
der Sowjetunion gegenüber zeigte als Coudenhove-Kalergi. Pan-Europa sei
zum Spielball der Wirtschaft geworden.[48] Nichtsdestotrotz bleibe der Ansatz
lobenswert.[49] Demgemäß wiederholt Heinrich Mann in *Deutschland und Europa* (1929) die Forderung nach der Einheit Europas, gerade angesichts der
Krise der Demokratie in der Weimarer Republik: »Europa muß sich vereinigen.«[50] Dieses Europa ist bei Heinrich Mann immer noch das Kerneuropa aus
Deutschland und Frankreich,[51] während Amerika als Bedrohung entworfen
wird.[52] Vor dem Hintergrund des erstarkenden Nationalsozialismus wiederholt Heinrich Mann sein demokratisches Plädoyer: »In Europa bildet sich ein
neuer Menschentypus: der objektiv denkende und ideale Ziele verfolgende
Mensch. Für Deutschland können wir mit Sicherheit sagen, der kaiserliche

---

[44] Vgl. Heinrich Mann: Problem Europa, in: ders.: Essays und Publizistik. Kritische Gesamtausgabe. Band 3: November 1918–1925 (Anm. 35), S. 219–225, hier S. 225.

[45] Heinrich Mann: VSE, in: ders.: Essays und Publizistik. Kritische Gesamtausgabe. Band 3:
November 1918–1925 (Anm. 35), S. 251–260, hier S. 253.

[46] Vgl. ebd., S. 257.

[47] Vgl. Heinrich Mann: Paneuropa, Traum und Wirklichkeit, in: ders.: Essays und Publizistik.
Kritische Gesamtausgabe. Band 4: 1926 bis 1929. Teil 1: Texte, hrsg. v. Ariane Martin, Bielefeld:
Aisthesis 2018, S. 60–61, hier S. 60.

[48] Vgl. ebd., S. 61.

[49] Vgl. ebd.

[50] Heinrich Mann: Deutschland und Europa, in: ders.: Essays und Publizistik. Kritische Gesamtausgabe. Band 4: 1926 bis 1929. Teil 1: Texte (Anm. 47), S. 309–312, hier S. 310.

[51] Vgl. ebd., S. 311.

[52] Vgl. ebd.

Untertan ist für immer gestorben. Er ist begraben, und es lebe der freie, denkende, republikanische Bürger!«[53]

1946 erscheinen Heinrich Manns Memoiren *Ein Zeitalter wird besichtigt*.[54] Darin findet sich das »Abschied von Europa« überschriebene 15. Kapitel.[55] Verfasst im Exil in Kalifornien, artikuliert sich darin Heinrich Manns durch die Distanzerfahrung verstärktes inniges Verhältnis zu Europa, wie folgende, vielfach zitierte Passage offenbart:

Deutschland war so lange entbehrlich gewesen: das nunmehr geraubte Europa war es nicht. Der Blick auf Lissabon zeigte mir den Hafen. Es wird der letzte gewesen sein, wenn Europa zurückbleibt. Er erschien mir unbegreiflich schön. Eine verlorene Geliebte ist nicht schöner. Alles, was mir gegeben war, hatte ich an Europa erlebt, Lust und Schmerz eines seiner Zeitalter, das meines war; aber mehreren anderen, die vor meinem Dasein liegen, bin ich auch verbunden. Überaus leidvoll war dieser Abschied.[56]

Wie fällt eine Bilanz hinsichtlich Heinrich Manns Europa-Konzept aus? Die Vorstellung von der europäischen Geistesaristokratie ist nicht nur inspiriert von Coudenhove-Kalergi; sie findet sich bereits in den Europa-Überlegungen Gottfried Wilhelm Leibniz' und dessen Idee einer Gelehrtenrepublik. Bei Europa, so die Überzeugung Heinrich Manns, handele es sich um einen geistigen, von Vernunft geprägten Raum, maßgeblich gestaltet von politisch aktiven Schriftsteller*innen in führenden Rollen. Auch wenn die starke Fokussierung auf Deutschland und Frankreich, das Heinrich Mann als Vorbild für die Demokratie gilt, viele andere europäische Länder in seinem Denken in den Hintergrund treten lässt und auf ein Kerneuropa-Konzept beschränkt bleibt, so lässt sich doch mit einigem Recht konstatieren: »Er war ein Europäer«.[57] Diesbezüglich konstatiert Bernhard Veitenheimer: »Europa ist in den Schriften Heinrich Manns durchweg positiv besetzt: als geschichtlicher Erfahrungsraum, als Formel einer geistig-politischen Haltung, als Chiffre für kulturelle Zusammengehörigkeit und Einheit, als politisches Einigungs- und

---

[53] Ebd., S. 312.
[54] Zum Tagebuch, zunächst unter dem Titel *Zur Zeit von Winston Churchill 1939*, vgl. die knappe Darstellung in Mandy Joachim: »Partir, c'est un peu mourir«. Heinrich Manns Blick zurück auf Europa in *Zur Zeit von Winston Churchill*, in: Heinrich-Mann-Jahrbuch 30 (2012), S. 173–189.
[55] Vgl. hierzu die ausführliche Analyse mit den Dimensionen autobiografisch, zeitgeschichtlich-politisch, ideengeschichtlich und zukunftsorientiert in Bezug auf Europa in Theo Stammen: »Abschied von Europa«. Zeitkritik und politische Ordnungsreflexion bei Heinrich Mann, in: Heinrich-Mann-Jahrbuch 18 (2000), S. 211–240.
[56] Heinrich Mann: Ein Zeitalter wird besichtigt, Frankfurt/Main: Fischer ⁴2007 (= ftb, Bd. 5929), S. 485.
[57] Andrea Bartl/Ariane Martin/Paul Whitehead: Vorwort, in: dies. (Hrsg.): Heinrich Mann-Handbuch. Leben – Werk – Wirkung, Heidelberg: Metzler 2022, S. V–VI, hier S. V.

Friedensprojekt, als Name der Heimat und zuletzt auch als Sehnsuchtsort des Exilanten.«[58] Heinrich Manns Grundidee ist die eines geeinten und, als Steigerungsform, vereinigten Europa, wobei die kulturelle Einheit Europas zur politischen führen könne.

Doch wie so häufig in der Europa-Essayistik finden sich auch in den Schriften Heinrich Manns – dies wurde auch für die Texte seines Bruders Thomas bereits festgestellt – kaum konkrete Hinweise, wie diese europäische Föderation zu erreichen respektive wie dieses Konstrukt grundsätzlich zu gestalten sei: »Die deutsch-französische Verständigung bleibt das einzige wirklich konkret benannte und konkret betriebene Ziel seiner Überlegungen zu Europa – alle anderen Vorstellungen, die er in den Zwanzigerjahren (zum Teil allerdings durchaus auch in Verbindung mit dieser konkreten Idee der deutsch-französischen Verständigung) formuliert, bewegen sich dagegen eher auf der Ebene von Utopien und Träumen, die nicht unbedingt oder nur teilweise in der politischen Wirklichkeit verankert werden.«[59] Gegen Heinrich Mann einwenden lässt sich überdies ein nicht unerheblicher Eurozentrismus, gar »Eurochauvinimus«,[60] wenn er die geistige Überlegenheit Europas »propagiert« und alles Nicht-Europäische als Bedrohung empfindet. Doch auch bei ihm sind die Europa-Figurationen stark von den Zeitläuften geprägt, von einer Krise der Demokratie wie Europas gleichermaßen.

4. Demokratie und Europa im Denken Klaus Manns

Diese beschäftigt auch seinen Neffen Klaus Mann. Dessen Exilerfahrung ab 1933 stärkt seine europäische Identität ebenso wie seine Haltung als Pro-Europäer. Die Extreme Faschismus und Bolschewismus lehnt Klaus Mann ab, nur die Demokratie gilt ihm als geeigneter Mittelweg.[61] Wie sein Vater und sein Onkel ist auch er grundsätzlich gegen den Ausschluss Großbritanniens und Russlands aus der Pan-Europa-Union Coudenhove-Kalergis, wobei Letzterer dies nicht dogmatisch betrachtete, sondern vor allem aufgrund des Umstands, dass Großbritannien bereits dem *Commonwealth of Nations* vorstand und es sich bei Russland nicht um eine parlamentarische Demokratie handelte.

Klaus Manns Europa-Essays sind zahlreich, er tritt in der Reihe der hier vorgestellten Manns am deutlichsten für Europa ein: In *Heute und Morgen. Zur Situation des jungen geistigen Europas* (1927), einem Essay, in dem er sich

[58] Veitenheimer: Europa (Anm. 23), S. 425.
[59] Kraume: Europa der Literatur (Anm. 21), S. 276.
[60] Paul Michael Lützeler: Die Schriftsteller und Europa. Von der Romantik bis zur Gegenwart, Baden-Baden: Piper 1992 ²1998 (= SP, Bd. 1418), S. 246.
[61] Vgl. Kraume: Europa der Literatur (Anm. 21), S. 332.

mutmaßlich erstmals öffentlich zu Europa äußert, beschäftigt sich der Anfang
20-Jährige mit seiner eigenen Generation, insbesondere mit den Literat*innen
und Intellektuellen. Gerade von diesen fordert er, wie bereits Heinrich Mann,
ein Bekenntnis zu Europa und aktives politisches Engagement, ergo eine eindeutige politische Positionierung ein. Die Einheit Europas solle ihnen Pflicht
und Verantwortung zugleich sein: »Das geeinigte Europa entsteht, sei's heute,
sei's morgen –: wenn wir es wollen.«[62] Klaus Mann ist dabei vom Bewusstsein
eines Lebens in »einer gefährlichen Zeit, die uns aufgegeben ist zu bestehen«,[63]
geprägt, woraus er die Erkenntnis ableitet: »Wir sind Mitglied einer höchst
gefährdeten Gemeinschaft, wir sind Europäer – wehe uns, vernachlässigen wir
unsere Pflicht!«[64] Aus Angst vor einem neuen Weltkrieg zeigt sich auch Klaus
Mann inspiriert von Coudenhove-Kalergis Programmschrift *Pan-Europa* aus
dem Jahr 1923 (»Daß wir Paneuropa wollen, ist selbstverständlich.«)[65] und von
der Geistesaristokratie, wobei auch er der Versuchung unterliegt, Europa allein auf der Ebene der Intellektuellengemeinschaft[66] »junge[r] geistige[r] Europäer«[67] zu verhandeln. Als durchaus radikal formuliert erweist sich seine Idee
eines Europas geistiger Eliten: »Zwischen den Kolossalmächten, die die Erde
künftig beherrschen werden, ein freies, geistiges Europa, nicht Diktatur irgendeiner Gewalt, Diktatur des Geistes –: dürfen wir noch darauf hoffen?«[68]
Die 1927/1928 mit seiner Schwester Erika[69] unternommene Weltreise liefert ihm
einen Blick auf Europa von außen, Identitätsstiftung wird demgemäß auch bei
Klaus Mann über die Abgrenzung vom Anderen vollzogen. Wie bei Heinrich
Mann liegt auch Klaus Manns Fokus in *Heute und Morgen* auf der herausgehobenen Bedeutung der Beziehung zwischen Deutschland und Frankreich im
Sinne eines Kerneuropa-Gedankens. So betont Klaus Mann, »daß jedes dieser
beiden Länder ohne das andere verloren ist, daß es für Europa nur Rettung

---

[62] Klaus Mann: Heute und Morgen. Zur Situation des jungen geistigen Europas, in: ders.:
Aufsätze, Reden, Kritiken. Band 1: Die neuen Eltern. 1924–1933, hrsg. v. Uwe Naumann / Michael Töteberg, Reinbek bei Hamburg: Rowohlt 1992 (= rororo, Bd. 12741), S. 131–152, hier S. 147.

[63] Ebd., S. 141.

[64] Ebd., S. 142.

[65] Ebd., S. 143. Wenngleich sich Klaus Mann grundsätzlich zu Pan-Europa bekennt, so lehnt
er doch Coudenhove-Kalergis Anti-Kommunismus ab. Vgl. ebd., S. 144.

[66] Vgl. zum Hintergrund Claude Conter: Die Entwicklung der Intellektuellenkonzeption im
Frühwerk von Klaus Mann, in: Jahrbuch für internationale Germanistik 88 (2007), S. 129–137.

[67] Mann: Heute und Morgen (Anm. 62), S. 133.

[68] Ebd., S. 146.

[69] Erika Mann, ebenso kosmopolitisch eingestellt wie ihr Bruder Klaus, publiziert zusammen
mit diesem 1939 das Buch *Escape to Life*, das erst 1991 in Deutschland erscheint, versehen mit
dem Untertitel *Deutsche Literatur im Exil*. Der Münchner Verlag *Edition Spangenberg* nennt
die Porträtsammlung, so der Klappentext, »ein Who's Who deutscher Kultur im Exil« und charakterisiert das Buch als »Manifest deutscher Kultur vor und während des Exils«, »um der Welt
einen Begriff von wahrer deutscher Kultur zu geben«.

gibt, wenn diese beiden zusammengehen, Deutschland und Frankreich sind ja beinahe Europa.«[70] Auch hinsichtlich seines Plädoyers für eine »erfüllte Demokratie«[71] ähnelt Klaus Mann der Haltung seines Onkels, ebenso dem Pathos in seinem Ruf nach der »Gemeinschaft: Europa!«.[72]

Wie in *Heute und Morgen* denkt Klaus Mann auch in *Die Jugend und Paneuropa* (1930) über den Stand seiner Generation nach. Analog zur Haltung des erstgenannten Textes, kritisiert er in diesem Essay politische Extreme und fordert eine politische wie wirtschaftliche Einigung Europas in Verbindung mit dessen geistiger Einheit. Bezeichnend dabei ist, dass Klaus Mann gleichsam prophetisch den Konstruktionsfehler der EU vorhersieht, wenn er konstatiert, dass die Einigung Europas nicht allein aufgrund wirtschaftlicher Zwänge erfolgen könne: »Europa wird sich aus wirtschaftspolitischen Gründen einigen *müssen* [Hervor. im Orig.]. Diese Einigung wird für uns bedeutungslos bleiben, wenn ihr die geistigen Voraussetzungen fehlen, die sie in einem höheren Sinne erst wirklich machen.«[73] Europa gewinne durch Offenheit, nicht durch Abschottung. Die Herabwürdigung anderer Nationen und Weltteile zur Stärkung einer europäischen Identität lehnt er ebenso ab, wie er zum Verzicht auf Imperialismus aufruft: »Nur ein geeinigtes Europa ist denkbar und wünschbar, das in gutem Bündnis mit den anderen Völkergruppen des Planeten stünde.«[74] Austausch und Kommunikation sind für ihn das Gebot der Stunde: »Wahrhaft europäisch ist nur, was sich zugleich öffnet und bewahrt, was in sich aufnimmt, ohne sich zu verlieren.«[75] Dieses Plädoyer Klaus Manns für Einheit in Vielfalt respektive Vielfalt in Einheit kennt Vorläufer im 18. Jahrhundert, insbesondere Johann Gottfried Herder. Die Forderung nach einem allen Nationalismen eine Absage erteilenden geeinigten Europa – »Daß Europa ungeeinigt zu lassen, Selbstmord wäre, ist eine glatte, unwidersprechliche Tatsache.«[76] –, angeführt von einer geistigen Elite,[77] erinnert, dies wurde bereits für die Essays seines Onkels Heinrich Mann konstatiert, in ihrer Grundausrichtung zudem an Leibniz' Gedanken der Gelehrtenrepublik, wenngleich Klaus Manns Einschätzung im Ton radikaler ausfällt: »Diktator über ein vereinigtes Europa könnte nur das Genie sein.«[78] Klaus Mann ist der festen Überzeugung, dass seine Genera-

[70] Mann: Heute und Morgen (Anm. 62), S. 132.
[71] Ebd., S. 145.
[72] Ebd., S. 152.
[73] Klaus Mann: Die Jugend und Paneuropa, in: ders.: Aufsätze, Reden, Kritiken. Band 1: Die neuen Eltern. 1924–1933, hrsg. v. Uwe Naumann / Michael Töteberg, Reinbek bei Hamburg: Rowohlt 1992 (= rororo, Bd. 12741), S. 254–275, hier S. 256.
[74] Ebd., S. 261.
[75] Ebd., S. 262.
[76] Ebd., S. 274.
[77] Vgl. ebd., S. 256.
[78] Ebd., S. 254.

tion nach den Schrecken des Ersten Weltkriegs ein demokratisches Europa als Raum der Freiheit[79] formen müsse: »Das Europa, das *wir* [Hervor. im Orig.] wollen, ist nicht das der gewaltsamen Verengung und der heimlich fortdauernden Angriffslust.«[80] Dem Vernunftgedanken der Aufklärung verpflichtet, votiert er für die Demokratie als einzig möglicher Staatsform, eine »Demokratie, die, richtig verstanden, die *vernünftige* [Hervor. im Orig.] Staatsform par excellence ist«.[81] Demzufolge gebe es geradezu eine »Notwendigkeit von Paneuropa«.[82] Weitere Essays in dieser Tonlage folgen, etwa die Rezension *Coudenhove-Kalergi: »Europa erwacht!«* (»Die Vereinigten Staaten von Europa wünschen wir alle. Dieses Jahrhundert muß sie bringen, oder es bringt die Vernichtung jedes einzelnen europäischen Landes.«[83]) aus dem Jahr 1935. Auch in *Woran glaubt die europäische Jugend?*, ebenfalls 1935, setzt Klaus Mann auf die Jugend, versteht Europa also als Zukunftsprojekt, wobei es nicht klar sei, wonach eben jene nach dem Ersten Weltkrieg weitgehend orientierungslose Jugend strebe.[84]

Im amerikanischen Exil verstärkt sich Klaus Manns Selbstdefinition als Europäer. So formuliert er etwa in *Europa – Amerika* (1939), die vermeintlichen europäischen Werte idealisierend, das Selbstbekenntnis: »Ich war niemals ein deutscher Nationalist, nie im Leben. Aber ich war einmal ein europäischer Nationalist.«[85] Zugleich bekennt er sich erneut zu einem aktiven Einsatz für die Demokratie:

In der Zwischenzeit hatte ich erkannt, daß Freiheit und sozialer Fortschritt und Zivilisation *keine* selbstverständlichen Dinge sind, die man bequem genießen kann. Ich hatte gelernt, daß diese Ideen und Werte überall bedroht sind und daß es unsere Aufgabe ist, sie zu verteidigen und für sie zu kämpfen. Ich hatte verstanden, daß Demokratie nicht etwas ist, das wir besitzen und worauf wir in aller Ruhe einfach stolz sein können. Wahre Demokratie ist ein Ziel und eine Aufgabe – kein Besitztum; sie ist *unser* Ziel und *unsere* [alle Hervor. im Orig.] Aufgabe. Es geht um unsere Probleme und unsere Zukunft, unseren Kampf und unser Leben.[86]

---

[79] Vgl. ebd., S. 273.

[80] Ebd., S. 262.

[81] Ebd., S. 270.

[82] Ebd., S. 273.

[83] Klaus Mann: Coudenhove-Kalergi: »Europa erwacht!«, in: ders.: Aufsätze, Reden, Kritiken. Band 2: Zahnärzte und Künstler. 1933–1936, hrsg. v. Uwe Naumann / Michael Töteberg, Reinbek bei Hamburg: Rowohlt 1993 (= rororo, Bd. 12742), S. 280–283, hier S. 280.

[84] Vgl. Klaus Mann: Woran glaubt die europäische Jugend?, in: ders.: Aufsätze, Reden, Kritiken. Band 2: Zahnärzte und Künstler. 1933–1936 (Anm. 83), S. 348–369.

[85] Klaus Mann: Europa – Amerika, in: ders.: Aufsätze, Reden, Kritiken. Band 3: Zweimal Deutschland. 1938–1942, hrsg. v. Uwe Naumann / Michael Töteberg, Reinbek bei Hamburg: Rowohlt 1994 (= rororo, Bd. 12743), S. 112–113, hier S. 112.

[86] Ebd., S. 113.

In den 1940er-Jahren wird Klaus Manns Einschätzung der Lage Europas angesichts der Feststellung von dessen Krise deutlich resignativer. So schreibt er im Essay *Das Herz Europas* (1943): »Die Festung Europa ist dem Untergang geweiht. Das Herz Europas jedoch ist unsterblich.«[87] Klassisch bleibt auch bei ihm der Zugriff auf die europäische Identität, die er ableitet vom »heilige[n] Erbe hellenischer Weisheit und christlichen Glaubens«.[88] Dagegen blickt er kritisch auf »das intellektuelle Klima des Kontinents« als »günstige[n] Nährboden für den Bazillus, der mittlerweile auf so mörderische Weise virulent geworden ist«.[89] Zugleich reflektiert Klaus Mann in *Das Herz Europas* die Rolle der Literatur und der Geistesgeschichte an dieser Entwicklung, und wie sie ihr entgegenzuwirken suchten. Europa ist für ihn ein progressives Konstrukt, »ein Kontinent, der sich in ständiger Entwicklung befindet«.[90] Noch immer glaubt Klaus Mann an die Einheit Europas, allerdings erst in der Zukunft, und zwar als ein Europa der Einheit in Vielfalt im Herder'schen Sinn.[91]

Diese Einschätzung Europas als demokratischer Staatenbund im Sinne eines womöglich sogar unrealisierbaren Zukunftsprojekts zeigt sich ferner in *Paneuropa – jetzt? Offener Brief an den Herausgeber von »European World«*, erschienen ein Jahr nach dem Zweiten Weltkrieg. Zwar glaubt Klaus Mann noch immer an die Rechtmäßigkeit der Idee Pan-Europa, angesichts der Erfahrungen des Zweiten Weltkriegs und des sich etablierenden Ost-West-Konflikts ist sich der Autor aber nicht mehr sicher, ob dieser in naher Zukunft zu realisieren sei:

Ich bin ganz und gar einverstanden mit Ihrem langfristigen Ziel der Gründung eines europäischen Staatenbundes, oder besser gesagt, der Vereinigten Staaten von Europa. Von europäischer Herkunft und im europäischen Geist erzogen, war ich mir stets der unauflöslichen Bindungen und Affinitäten bewußt, durch die alle europäischen Nationen miteinander verknüpft sind. Europa ist eine organische Einheit, ein unteilbares Ganzes – das wissen wir alle. Es kann keinen Zweifel geben, daß Graf Coudenhove-Kalergis Paneuropa-Konzept grundsätzlich sinnvoll und berechtigt war. Als junger Mann in den frühen zwanziger Jahren begrüßte ich seine Ideen von ganzem Herzen und versuchte sie durch Vorträge und Artikel zu unterstützen. Doch dann kam Hitler ...[92]

---

[87] Klaus Mann: Das Herz Europas, in: ders.: Aufsätze, Reden, Kritiken. Band 4: Auf verlorenem Posten. 1942–1949, hrsg. v. Uwe Naumann / Michael Töteberg. Reinbek bei Hamburg: Rowohlt 1994 (= rororo, Bd. 12751), S. 50–64, hier S. 50. Es handelt sich hierbei um die Einführung in die Anthologie *Heart of Europe*, die Klaus Mann zusammen mit Hermann Kesten herausgegeben hat.

[88] Ebd., S. 51.

[89] Ebd.

[90] Ebd., S. 62.

[91] Vgl. ebd., S. 63.

[92] Klaus Mann: Paneuropa – jetzt? Offener Brief an den Herausgeber von *European World*, in: ders.: Aufsätze, Reden, Kritiken. Band 4: Auf verlorenem Posten. 1942–1949 (Anm. 87), S. 314–324, hier S. 314f.

Und weiter schreibt Klaus Mann, dies mit der ungünstigen »weltpolitische[n] Lage«[93] begründend:

Ist die gegenwärtige Situation wirklich günstig für die Gründung eines europäischen Superstaats? Sollen wir und können wir für Paneuropa kämpfen – gerade jetzt? Offen gestanden, ich bin nicht dieser Ansicht. Selbstverständlich wird es, früher oder später, Paneuropa geben müssen. Lieber etwas später; auf alle Fälle nicht jetzt – nicht jetzt sofort.[94]

Als Erklärung führt er an: »Meiner Ansicht nach gibt es zwei Hauptfaktoren, welche die Gründung eines europäischen Staatenbundes im Augenblick erschweren oder unmöglich machen. Das eine Hindernis ist das besiegte Deutsche Reich, das andere die siegreiche Sowjetunion.«[95] Als Grundvoraussetzung für einen demokratischen europäischen Staatenbund nennt Klaus Mann Frieden. Erst dann könne ein geeintes Europa realisiert werden. Dies kehrt die Einschätzung der politischen Lage aus dem 18. Jahrhundert um, in dem eine gewisse Einheit der Staaten Europas zur Sicherung eines dauerhaften Friedens unabdingbar schien. Klaus Mann hingegen schreibt: »Laßt uns den Frieden bewahren, und am Ende werden wir Paneuropa haben!«[96]

Endgültig resignativ wird der Ton in *Europe's Search for a New Credo*, einem Essay, der nur wenige Wochen nach seinem Suizid im Juni 1949 in der New Yorker Zeitschrift *Tomorrow* erschien und kurz darauf in einer Übersetzung Erika Manns in der Zürcher *Neuen Rundschau*. Kann es, angesichts des Kalten Kriegs und der Frontstellung zwischen USA und UdSSR, überhaupt noch zu einer Einheit Europas kommen, fragt Klaus Mann darin. Auch die Möglichkeit politischer Einflussnahme durch Schriftsteller*innen zieht er nunmehr erheblich in Zweifel.[97] Ferner rechnet er mit deren Willen zu gemeinsamer Verständigung untereinander ab: »Ein schwacher, dissonanter Chor, begleiten die Stimmen der europäischen Intellektuellen das ungeheure Drama.«[98] Zwar wendet sich Klaus Mann bis zuletzt gegen jede Form politischer Extreme und bestimmt das Europäische als davon unterschieden; er verabschiedet sich in und mit dem Essay *Die Heimsuchung des europäischen Geistes* jedoch »von Europa als eine hehre Idee«.[99]

---

[93] Ebd., S. 314.
[94] Ebd.
[95] Ebd.
[96] Ebd., S. 324.
[97] Vgl. Klaus Mann: Die Heimsuchung des europäischen Geistes, in: ders.: Aufsätze, Reden, Kritiken. Band 4: Auf verlorenem Posten. 1942–1949 (Anm. 87), S. 523–542, hier S. 523 f.
[98] Ebd., S. 540 f.
[99] Leszek Żyliński: Deutsche Schriftsteller und Europa. Reflexionen zur europäischen Idee zwischen 1945 und der Gründung der EWG, Oldenburg: BIS 2011 (= Oldenburger Universitätsreden, Bd. 198), S. 20.

5. Anstelle eines Fazits: Ein Mann'sches Plädoyer

Weder Thomas Manns europäische Kulturgemeinschaft noch Heinrich und Klaus Manns demokratisches Europa geistiger Eliten haben sich in der Gegenwart eingelöst noch wären sie für diese tragfähige Konzepte, zumal sie hinsichtlich einer konkreten Umsetzung ohnehin allenfalls oberflächlich ausgearbeitet waren. Der Ansatz, die europäische Einheit über das Geistige, wie bei Heinrich und Klaus Mann, herzustellen oder sie durch die Idee einer europäischen Kulturgemeinschaft zu stiften, wie bei Thomas Mann, sind in der Gegenwart Europas demnach nicht realisiert. Ebenso wirkt Thomas Manns Weiterentwicklung seiner Europa-Überlegungen zur Weltdemokratie gegenwärtig nicht einlösbar. Nichtsdestotrotz bleibt die Forderung aller drei nach einem aktiven Engagement für Demokratie wie Europa gleichermaßen weiterhin gültig, sie ist auch nachfolgenden Generationen Pflicht und Verantwortung zugleich.

Thomas Pekar

Die Demokratie der Zukunft

Zum fluiden Demokratieverständnis Thomas Manns

>*»Ach, die Demokratie!«*
>Thomas Mann 1916[1]

Einleitung

In seinen *Betrachtungen eines Unpolitischen* schreibt Thomas Mann: »Wenn zwei ›Demokratie‹ sagen, so ist es von vornherein wahrscheinlich, daß sie etwas sehr Verschiedenes meinen [...].« (13.1, 309) In Anlehnung an diesen Satz könnte man sagen: Wenn Thomas Mann »Demokratie« schreibt, so meint er damit immer etwas sehr Verschiedenes, ja es wäre sogar von einem fluiden Demokratiebegriff bei ihm zu sprechen, was heißt, dass sein Verständnis von Demokratie sich zwar zuweilen verdichtete und kristallisierte, sich aber, bei der Beibehaltung von wenigen Konstanten,[2] auch oft in einem nicht abgeschlossenen Veränderungsprozess befand, der in diesem Aufsatz grundsätzlich positiv bewertet wird.[3] Diese prinzipielle Offenheit zeigt sich nicht zuletzt darin, dass

---

[1] In einem Brief an Samuel Fischer (22, 128).

[2] Lörke z. B. spricht davon, dass Thomas Mann durchgängig eine »Meritokratie«, also einer »Herrschaft der Gebildeten« favorisiere. Tim Lörke: Thomas Manns republikanische Wende?, in: TM Jb 29, 2016, 71–86, hier 82.

[3] In neueren Arbeiten wird dieses plurale Demokratieverständnis Thomas Manns in der Regel ebenfalls positiv hervorgehoben; so ist die Rede von »unterschiedlichen Begriffe[n] von Demokratie« (Tim Lörke: Verantwortung und Gesinnung. Thomas Mann, Heinrich Mann und die Annäherung an die Demokratie, in: TM Jb 32, 2019, 71–81, hier 79) oder von »Demokratie-Variationen« (Bernhard Veitenheimer: »Okt. 1918 Die Demokratie wird ihnen eingebläut«. Überlegungen zum Demokratie-Begriff bei Heinrich Mann und Thomas Mann um 1918, in: TM Jb 32, 2019, 125–137, hier 133). Bei Perberschlager sind einige »Konnotationen« aufgelistet, mit denen Thomas Mann »Demokratie« belegt, vgl. Sylvia Perberschlager / Ursula Perberschlager: Politische »Betrachtungen eines Unpolitischen«. Eine Untersuchung zur öffentlichen Sprache an einem Text von Thomas Mann, in: Helmut Bartenstein (Hrsg.): Politische Betrachtungen einer Welt von gestern. Öffentliche Sprache in der Zwischenkriegszeit, Stuttgart: Heinz 1995, S. 220–261, hier S. 233. Zum Demokratiebegriff bei Thomas Mann vgl. weiter diese neueren Arbeiten: Daniel Argelès: Thomas Manns Einstellung zur Demokratie. Der Fall eines »progressiven Konservativen«, in: Manfred Gangl / Gérard Raulet (Hrsg.): Intellektuellendiskurse in der Weimarer Republik. Zur politischen Kultur einer Gemengelage, Frankfurt/Main: Lang 1994, S. 221–231; Reinhard Mehring: Das »Problem der Humanität«. Thomas Manns politische Philosophie, Paderborn: Mentis 2003, S. 55–63; Kathrin Höhl: Der demokratisierende Aristokrat. Thomas Manns Rede

er die Demokratie, neben ihren verwirklichten Formen, als ein noch nicht fertiges Zukunftsprojekt ansieht, wenn er nämlich von einer »Demokratie der Zukunft« (XI, 667) spricht oder bereits in seinen *Betrachtungen* eine »kommende Demokratie« (13.1, 360) ins Auge fasst. Dieses offene und fluid-prozessuale und so auch widersprüchliche Demokratieverständnis bei Thomas Mann wird hier für den Zeitraum von ca. 1918 bis 1942 untersucht, wobei vier für dieses Verständnis wesentliche Kristallisierungen bzw. Textualisierungen im Mittelpunkt stehen, die im Folgenden thematisiert werden. Am Ende des Beitrags stehen einige Überlegungen, die in die Richtung von gegenwärtigen Aktualisierungsmöglichkeiten dieses fluiden Demokratiekonzepts gehen.

Ironie statt Demokratismus – »Betrachtungen eines Unpolitischen« (1918)

Der Satz, den Napoleon Goethe bei ihrer Begegnung in Erfurt 1808 gesagt haben soll, dass »die *Politik* [...] das Schicksal« sei,[4] wird von Hans Blumenberg als »die Grenzformel für alle ästhetischen Bemühungen«[5] spätestens seit dem 19. Jahrhundert angesehen. Thomas Mann rennt mit seinen *Betrachtungen eines Unpolitischen* gegen diese Grenze an, indem von ihm vor allem die Begriffe Politik, Demokratie und Republik, die er weitgehend als deckungsgleich ansieht,[6] mit all dem aufgeladen werden, was er *nicht* will. Eine – unter

---

»Von deutscher Republik«, in: Horst D. Schlosser (Hrsg.): Das Deutsche Reich ist eine Republik. Beiträge zur Kommunikation und Sprache der Weimarer Zeit, Frankfurt/Main: Lang 2003; Jens Nordalm: »Die Demokratie. Wir haben sie ja schon!«. Thomas Manns Bewegung zur Republik in den »Betrachtungen eines Unpolitischen«, in: Literaturwissenschaftliches Jb der Görres-Gesellschaft 47, 2006, S. 253–276; Rolf Zimmermann: Ankommen in der Republik. Thomas Mann, Nietzsche und die Demokratie, Freiburg i.Brsg./München: Verlag Karl Alber 2017 und die umfangreiche Untersuchung Frank Fechner: Thomas Mann und die Demokratie. Wandel und Kontinuität der demokratierelevanten Äußerungen des Schriftstellers, Berlin: Duncker & Humblot 1990; darin wird, wie durchweg in der älteren Forschungsliteratur, ein defizitärer Demokratiebegriff Thomas Manns konstatiert, zum Überblick vgl. ebd., S. 286–291.

[4] »Wir Neueren sagen jetzt besser mit Napoleon: die *Politik* ist das Schicksal.« Johann Peter Eckermann: Gespräche mit Goethe in den letzten Jahren seines Lebens, hrsg. von Christoph Michel, Frankfurt/Main: Dt. Klassiker-Verl. 1999, S. 493.

[5] Hans Blumenberg: Arbeit am Mythos, Frankfurt/Main: Suhrkamp [5]2017, S. 526.

[6] Seit Anfang des 19. Jahrhundert bestand die Tendenz, Demokratie mit Republik gleichzusetzen, vgl. Werner Conze u. a.: Demokratie, in: Otto Brunner u. a. (Hrsg.): Geschichtliche Grundbegriffe. Historisches Lexikon zur politisch-sozialen Sprache in Deutschland. Bd. 1, Stuttgart: Klett, S. 821–899, hier S. 884. Mit Richard Wagner, den, wie der Kommentar besagt, Thomas Mann damals hauptsächlich vermittelt durch Chamberlain rezipierte, was er aber verschweigt (vgl. 13.2, 250f. und 612f.), geht Thomas Mann auch von der »*Identität von Politik und Demokratismus*« (13.1, 133) aus, vgl. dazu auch Fechner: Demokratie (Anm. 3), S. 44 und Mehring: Politische Philosophie (Anm. 3), S. 56.

Hunderten von ähnlichen – in dieser Hinsicht kennzeichnende Bemerkung lautet: »Ich will nicht Politik. Ich will Sachlichkeit, Ordnung und Anstand.« (13.1, 285)[7]

Es mag deshalb auf den ersten Blick ein wenig merkwürdig wirken, wenn ausgerechnet dieser Text in Hinsicht auf seine Potenziale für einen erweiterten, kreativen bzw. fluiden Demokratiebegriff befragt werden soll, und doch ist, wie zu zeigen sein wird, diese Vorgehensweise sinnvoll – und zwar aus drei Gründen: Erstens ruft Thomas Mann in den *Betrachtungen* einige Demokratiemodelle auf, die für die hier angestrebte erweiterte Demokratiediskussion zumindest aus historischer Perspektive bemerkenswert erscheinen. Zweitens anerkennt er die historische Notwendigkeit und Unvermeidlichkeit der Entwicklung zur Demokratie, wenn sich dies später dann auch, mit der nationalsozialistischen Machtergreifung in Deutschland, leider als Täuschung erweisen sollte. Und drittens entwickelt er schließlich unter der Hand, d. h. unterhalb seines Hauptdiskurses der politisch-republikanisch-demokratischen Verurteilungen, ein begriffliches Instrumentarium, welches das Terrain vorbereitet, auf dem sich dann sein späterer pro-republikanischer und pro-demokratischer Diskurs entfalten kann.[8] Zu diesen Punkten im Einzelnen:

1. Demokratiemodelle

Thomas Manns Vorstellungen über eine spezifisch deutsche und antiwestliche Form der Demokratie bleiben in der konkreten Ausformulierung relativ vage: Am deutlichsten benennt er diese »deutsche Demokratie« einmal so: »Ökonomischer Ausgleich zur Freimachung individuell schöpferischer Kräfte« (13.1, 41). Das soll so viel heißen wie: Die staatlichen Aufgaben sollen sich darin erschöpfen, Menschen zu einem unpolitischen Künstlertum zu verhelfen (für das Eichendorffs Taugenichts die Leitfigur ist), indem der Staat sie finanziell unter-

---

[7] Positiv führt er an dieser Stelle kontrastiv dazu aus: »Ich will die Monarchie, ich will eine leidlich unabhängige Regierung, weil nur sie die Gewähr politischer Freiheit, im Geistigen wie im Ökonomischen, bietet.« (13.1, 285) Dass die Monarchie größere Freiräume biete, ist ein Gedanke, den Thomas Mann einem seiner Hauptvorlagentexte für die *Betrachtungen*, nämlich dem Buch *Hauptfragen der modernen Kultur* (1914) von Emil Hammacher, entnahm (vgl. 13.2, 374 f.).

[8] Vgl. ähnlich Nordalm, der davon spricht, dass Thomas Mann in den *Betrachtungen* »schon jene Positionen entwickelt, die ihm die Unterstützung der Republik ermöglichten.« Nordalm: Bewegung zur Republik (Anm. 3), S. 254. Kurzke spricht davon, dass »die Irrläufe«, die Thomas Mann in diesem Text tue, »ihm zu guter Geländekenntnis« verhelfen und »ihn politisch sehr früh gegen die aufsteigende Hitlerbewegung« (13.2, 684) immunisieren würden. Detering zeigt an der Mann'schen Verwendung des Humanismus-Begriffs in den *Betrachtungen* diesen Übergang auf, vgl. Heinrich Detering: Thomas Manns prekärer Humanismus, in: Gregor Maria Hoff (Hrsg.): Prekäre Humanität, Innsbruck: Tyrolia Verl. 2016, S. 213–232, hier S. 220.

stützt – eine recht utopische Vorstellung![9] Thomas Mann greift zur Stützung seiner unspezifischen Idee von einer deutschen Demokratie auf einige Vorbilder zurück, so z. B. auf die von ihm selbst erlebte und in den *Buddenbrooks* geschilderte »selbständige[ ], oligarchische[ ] Stadtdemokratie« (13.1, 152) Lübecks,[10] die als bürgerliches bzw. »patriarchalisch-aristokratische[s]« (13.1, 153) Bild einer spezifisch deutschen Demokratie entworfen wird. Funktion dieses Beispiels ist es nicht zuletzt, die westliche Erscheinungsform der Demokratie auch deshalb ablehnen zu können, weil Demokratie eigentlich schon in dem »Deutschen« inkludiert sei. Die von »außen« (d. h. von Frankreich bzw. dem »Westen«) aufgezwungenen Formen der Demokratie, die innerhalb Deutschlands vom Zivilisationsliteraten propagiert werden, wären mit dem deutschen Volkscharakter unvereinbar und würden ihn zerstören. Damit wird der Begriff der Demokratie nicht *grundsätzlich* abgelehnt; ganz im Gegenteil gibt es in den *Betrachtungen* eine ganze Reihe von positiven Stellungnahmen zur Demokratie.[11] Was Thomas Mann an ihrer positiven Übernahme hindert, ist sein Versuch, sie mit dem »Nationalen« zu verklammern, d. h. eine spezifische Form der Demokratie zu finden. Jedenfalls bereitet dieser Versuch, nach einer nationalen »Entklammerung«, den Boden für eine spätere positive Aufnahme eines allgemeineren Demokratiebegriffs.[12]

[9] Man kann diesbezüglich auch vom »Ideal einer meta-politischen Gemeinschaft« sprechen, »in der sich Volkstümlichkeit und ›natürlicher Aristokratismus‹ des Künstlers vereinen.« Zimmermann: Ankommen in der Republik (Anm. 3), S. 38; zur Metapolitik vgl. ebd., S. 135 f.

[10] An anderer Stelle nennt er Lübeck eine »aristokratische[ ] Stadtdemokratie« (13.1, 80). Zur politischen Organisation Lübecks in der damaligen Zeit vgl. u. a. Fechner: Demokratie (Anm. 3), S. 20 f. und Nils Freytag: Das Wilhelminische Kaiserreich 1890–1914, Paderborn: Ferdinand Schöningh 2018, S. 183–186.

[11] Vgl. z. B. »Die Demokratie nimmt, in gewissen Fällen, die besten deutschen Überlieferungen für sich in Anspruch, sie leitet sich her aus dem deutschen Humanismus, der Weltbürgerlichkeit unserer großen Literaturepoche.« Aber dann heißt es gleich einschränkend: »Aber deutscher Humanismus ist etwas anderes als demokratisches ›Menschenrecht‹.« (13.1, 286 f.) Oder: »Deutschland als res publica – es gibt keinen Widerspruch.« Aber auch wieder einschränkend: »Aber Deutschland als *Republik* [...] – das wäre der Schrecken!« (13.1, 304) Genau diese Einschränkungen werden später wegfallen.

[12] Thomas Mann scheint es schon in den *Betrachtungen* regelrecht zu bedauern, sich nicht zur Demokratie bekennen zu können, wenn er schreibt: »[D]er Kampf Deutschlands gegen den westlichen Demokratismus [erschwert] es dem national Empfindenden aufs äußerste [...], Demokrat zu sein« (13.1, 129).

2. Die (angenommene) Unvermeidlichkeit der demokratischen Entwicklung

Thomas Mann präsentiert sich in den *Betrachtungen* in Hinsicht auf die von ihm als Tatsache hingestellte Unvermeidlichkeit der historischen Entwicklung hin zur Demokratie, d. h. in Hinsicht auf »die *Demokratisierung* Deutschlands« (13.1, 75), als jemand, der in gewisser Weise heroisch auf verlorenem Posten, d. h. in Gegenstellung zu dieser Entwicklung, verharrt. Diese Haltung des verlorenen Postens war verbreitet: Sie ist beispielsweise in Nietzsches Pessimismus der Stärke und seinem Diktum des *amor fati* zu finden oder am stoizistischen Ende von Spenglers *Der Untergang des Abendlandes*. Von der hier von Thomas Mann skizzierten Position wären Anschlussmöglichkeiten an die Konservative Revolution gegeben, die vom »verlorenen Posten« zum »heroischen Realismus« weiterrückte; dass er aber nicht diesen, sondern einen demokratischen Weg einschlägt, mag mit seiner Anerkenntnis der eigenen widersprüchlichen Haltung zusammenhängen, die ihn immer wieder weg von einer radikalen und hin zu einer mittleren Position bringt.[13]

3. Überbrückung der Antithesen

Die Setzung der krassen und verzerrenden Antithesen in den *Betrachtungen* wird von einer gegenläufigen Bewegung durchkreuzt, die das Gelände für spätere Positionierungen Thomas Manns sondiert: Es werden hier Begriffe entwickelt, die, wenn sie nicht schon in den *Betrachtungen* selbst die Antithesen überbrücken, diese überbrückende Funktion dann in späteren Texten vorbereiten. Einer dieser Termini, in Zusammenhang mit »Kosmopolitismus«, ist der »Bürger«, den Thomas Mann innerhalb der Antithese von »Geist und Politik« so bestimmt: »International ist der demokratische Bourgeois [...]; der *Bürger* [...] ist kosmopolitisch, *denn* er ist deutsch [...].« (13.1, 35) Hier fasst Thomas Mann den Begriff des Kosmopolitischen primär kulturell,[14] beschränkt ihn allerdings auf den deutschen und antipolitischen Bürger,[15] was widersprüchlich

---

13 Zu den Vereinnahmungsversuchen der Konservativen Revolution vgl. z. B. den Kommentar 13.2, 129–132 und die Aufsätze zu diesem Thema in Erik Schilling (Hrsg.): Thomas Manns »Betrachtungen eines Unpolitischen« nach 100 Jahren. Neue Perspektiven und Kontexte, Frankfurt/Main: Klostermann 2020 (= TMS LV), S. 151–193.

14 Zur starken Aufladung des Kulturbegriffs bei ihm vgl. u. a. Lörke: Republikanische Wende? (Anm. 2), S. 73 f. und die dort angegebene Literatur sowie Lörke: Verantwortung und Gesinnung (Anm. 3), S. 73 f. Zimmermann: Ankommen in der Republik (Anm. 3), S. 42, schlägt den Terminus »Kulturdemokratie« zur Kennzeichnung des idealtypischen Mann'schen Modells vor.

15 »[D]ieser Mensch [der deutsche Bürger; Anm. TP] [...] war immer und bleibt der Träger deutscher Geistigkeit, Menschlichkeit und Anti-Politik [...].« (13.1, 35).

ist, denn zum einen benennt »Kosmos« bekanntlich die gesamte Welt, Weltordnung bzw. das Universum überhaupt und zum anderen lässt sich der Begriff
wohl kaum aus der politischen Sphäre lösen. Damit sind Kosmopolitismus
und, wie oben ausgeführt, Demokratie, Beispiele für bestimmte begriffliche
Aneignungsversuche, die Thomas Mann in den *Betrachtungen* unternimmt,
um diese Begriffe in seinem Sinne umzudefinieren. Dieses in gewisser Weise
absurde Verfahren der versuchten Begriffsaneignung hat aber den Effekt, dass
er sich im Gebrauch dieser Begriffe einübt, die nach den *Betrachtungen* im
positiv-allgemeinen Sinne für die eigene Positionsbeschreibung verwendet
werden. Wenn die deutsche Bürgerlichkeit bzw. die unpolitische Bürgerkultur
schon in sich humane, kosmopolitische, ja demokratische Elemente trage, so
legt er andererseits Wert darauf, sich von dieser Bürgerlichkeit zugleich zu
distanzieren – und zwar als Künstler. Diese Distanzierung geschieht nicht
so sehr durch die Tatsache des Künstlertums selbst (gibt es doch, wie z. B.
bei Storm oder Keller, auch das bürgerliche Künstlertum), sondern, neben
Hinweisen auf die eigene Abstammung,[16] in erster Linie durch seine Ansicht,
dass sich das Bürgertum in einer Spät- und Verfallszeit befinde, was ihn selbst
zum künstlerischen »Verfallsanalytiker« (13.1, 117) mache und damit aus dem
Bürgertum selbst herausrücke. Diese eigene Sonderstellung, die, mit Nietzsche gesprochen, »doppelte Optik«[17] des Künstlers (bzw. des Literaten)[18] *und*
des Bürgers ergibt einen »innerpersönlichen Zwiespalt[ ] und Widerstreit[ ]«,
dessen »Darstellung« (13.1, 45) die *Betrachtungen* selbst sind. Deshalb ist dieser Essay als eine experimentelle Such- und Selbstbestimmungsbewegung zu
lesen,[19] die zwar ohne konkretes Ergebnis in politischer Hinsicht bleibt,[20] aber
doch mit einer diese Widersprüchlichkeiten gleichsam aushaltenden Einstel-

---

[16] Er nennt »das mütterlich-exotische Blut« (13.1, 126), was auf Manns deutschbrasilianische
Mutter verweist.

[17] Zur Würdigung dieses auf einen Nietzsche-Aphorismus zurückgehenden Ausdrucks, der
für Thomas Mann »zentral wichtig« sei, vgl. 13.2, 237 f.

[18] Literatur – im Sinne der modernen, den bürgerlichen Verfall analysierenden Literatur –
wird von Thomas Mann hier als »demokratisch und zivilisatorisch von Grund aus« bezeichnet;
»sie ist *dasselbe* wie Demokratie und Zivilisation.« (13.1, 45) Und innerhalb der Literatur ist es
dann noch einmal die »Kunstform des Romans«, insbesondere der Gesellschaftsroman, der als
ein »exakte[r] Gradmesser […] für den Fortschritt jenes Prozesses der Literarisierung, Demokratisierung und ›Vermenschlichung‹ Deutschlands« (13.1, 77) anzusehen sei.

[19] So werden die *Betrachtungen* in der Forschung auch verstanden: So liest sie z. B. Honold
als »persönliche Schrift tiefgreifender Selbsterforschung und Selbstrechtfertigung«, Alexander
Honold: »Betrachtungen eines Unpolitischen«, in: TM Hb (2015), 156–162, hier 156. Schilling
thematisiert sie unter dem Aspekt der verschiedenen Sprecherinstanzen, vgl. Erik Schilling: Wer
spricht? Gattungstheoretische und narratologische Überlegungen zu Thomas Manns »Betrachtungen eines Unpolitischen«, in: Schilling: Nach 100 Jahren (Anm. 13), S. 47–61.

[20] Mit Nietzsche fordert er einmal, »daß man endlich auch noch *Etwas in politicis erfände!*«
(13.1, 299).

lung, die mit Begriffen wie »liberal«[21] und »ironisch« angegeben werden kann, abschließt. Diese Einstellung ergibt sich auch daraus, dass selbst ein eindeutiges Plädoyer gegen die Demokratisierung nicht die Kraft habe, diese zu schwächen; so habe z. B. Nietzsche, »unbeschadet der tiefen Deutschheit seines Geistes, durch seinen Europäismus […] zur *Demokratisierung* Deutschlands stärker beigetragen, als irgend jemand«. (13.1, 95) Diese, wenn man so sagen will, mephistophelische Dialektik (weil die Effekte einer Aussage andere als die intendierten sind) ist zutiefst ironisch und wird zur entscheidenden, die eigene Position bezeichnenden Denkfigur in den *Betrachtungen*. Es ist insbesondere der zur Selbstkennzeichnung entwickelte Begriff der erotischen Ironie, der die Brücke zu späteren Stellungnahmen bildet, vor allem in Hinsicht auf die erotisch-emotionale Tiefenverankerung von Republik und Demokratie in seiner späteren Rede *Von deutscher Republik*. Erotische Ironie wird in den *Betrachtungen* spielerisch, ja fast kokett eingeführt, wenn Thomas Mann bemerkt, dass Nietzsches Philosophie »einem großen Dichter […] zum Glücksfall und Glücksfund hätte werden können […]: nämlich zur Quelle einer höchsten, erotisch-verschlagensten, zwischen Leben und Geist spielenden *Ironie* […]« (13.1, 92 f.). Für den, dem hier nicht schon klar geworden sein sollte, dass es diesen Dichter natürlich schon längst gibt und dass es kein anderer als Thomas Mann selbst ist, hat er wenig später den Hinweis parat, dass sein *Tonio Kröger* Ausdruck seiner Haltung der »*erotischen Ironie*« (13.1, 100) sei. Dass dies auch jetzt die *eigene* Position ist, wird am Ende der *Betrachtungen* deutlich, die – widersprüchlich genug als Statement eines *Unpolitischen* – mit einer politischen Selbstpositionierung enden:

Der Geist, welcher liebt, ist nicht fanatisch, er ist geistreich, er ist politisch, er wirbt, und sein Werben ist erotische Ironie. Man hat dafür einen politischen Terminus; er lautet »Konservativismus«. Was ist Konservativismus? Die erotische Ironie des Geistes. (13.1, 618)

So definiert ist der Thomas Mann'sche Konservativismus grundsätzlich als ein dauerhaftes Festhalten an einer offenen, intermediären Position aufzufassen, die er selbst »eine ewige Spannung ohne Lösung« (13.1, 618) nennt.[22] »Konser-

---

21 An Goethe angelehnt, erklärt sich Thomas Mann für »liberal«: »Bin ich liberal, so bin ich es im Sinne der Liberalität und nicht des Liberalismus.« (13.1, 127) Mit dem »Liberalismus« meint er die politische Bewegung, die Ausdruck in der Gründung von liberalen Parteien im 19. Jahrhundert fand; zur Geschichte des deutschen Liberalismus vgl. z. B. Freytag: Kaiserreich (Anm. 10), S. 166–168.

22 In den *Betrachtungen* ist das Paradigma für diese »Spannung« vordergründig das Verhältnis von Leben und Geist; eigentlich geht es jedoch um eine besondere Form der erotischen Spannung, die sich nicht in einer Vereinigung lösen kann, sondern perpetuiert. Eine »Lösung« ist nicht möglich, weil die »Geschlechtspolarität« nicht deutlich ausgeprägt ist (vgl. 13.1, 618). Man könnte fast sagen, dass Thomas Mann hier ein nicht-binäres Herrschafts- bzw. Politikmodell

vativ« bzw. »konservative Ironie« wäre so als der prinzipielle Einspruch und das Festhalten am grundsätzlichen Minderheitenvotum gegen alle Mehrheitspositionen anzusehen, die die Tendenz haben, sich zu radikalisieren und für die »Wahrheit« zu halten.[23] Diese Verfestigung eines an sich offenen, widersprüchlichen, polyphonen[24] (d. h. also »demokratischen«) Prozesses zu der »alleinseligmachende[n] [...] Heilslehre« (13.1, 394) einer geschlossenen Ideologie, zum »Demokratismus«[25], beobachtet Thomas Mann am Beispiel seines Bruders. Er hält sie aber auch als kennzeichnend für die westlichen Staaten, die unter dem Schleier der Demokratie ihre imperialistischen Schandtaten verbergen, die er nicht müde wird, in seinem Essay aufzulisten. Ironie wird dagegen als das »künstlerische[ ] Element« (13.1, 622) schlechthin angesehen, womit die *Betrachtungen* mit dem Hinweis darauf enden, womit sie angefangen haben, nämlich »Künstlerwerk, Künstlerschrift« (13.1, 13) zu sein. Man könnte sogar noch weiter gehen und sagen, dass dieser Essay als eine *polyphone* Künstlerschrift sein eigenes Thema zugleich auch performiert.[26]

basierend auf einer nicht-binären Geschlechtsidentität entwickelt (vgl. dazu auch den letzten Teil dieses Aufsatzes).

[23] Ich erkenne hierin, anders als Kurzke im Kommentar, absolut keine »Metaphysik«; vgl.: »Das Bekenntnis zur Ironie bedeutet [...] nicht Gesellschaftskritik, sondern konservative Metaphysik.« (13.2, 18) Was Thomas Mann mit Ironie verbindet, ist ein sehr konkretes Gesprächsverhalten, eine, wenn man so sagen will, sehr weltliche Diskursethik. Ich schließe mich in Hinsicht auf das Verständnis der Ironie bei Thomas Mann als (literarischen) Wahrheitspluralismus und damit als »Einsicht in eine grundsätzlich pluralistisch verfasste Welt der Moderne« der wegweisenden Forschung von Ewen an. Jens Ewen: Erzählter Pluralismus. Thomas Manns Ironie als Sprache der Moderne, Frankfurt/Main: Klostermann 2017 (= TMS LIV), S. 209; vgl. auch von ihm: Thomas Manns Ironie als literarischer Wahrheitspluralismus, in TM Jb 29, 2016, 45–56.

[24] Er schreibt, dass »das Wort ›Demokratie‹ zum »polyphonen Hören« zwinge, da sich in diesem Wort »viele Stimmen der Zeit« (13.1, 255) vereinigen.

[25] Mit diesem Begriff belegt Thomas Mann in den *Betrachtungen* die ideologische Fixierung und doktrinäre Verfestigung; z.B. spricht er von »dem Demokratismus unseres Zivilisationsliteratentums« (13.1, 128 f.). Veitenheimer spricht dagegen davon, dass dieser Begriff »das Prinzip der Demokratie« nenne, Veitenheimer: Überlegungen zum Demokratie-Begriff (Anm. 3), S. 130.

[26] Schließlich sollen in den *Betrachtungen* »rund 4000 Zitate« von »rund 400 Personen« (13.2, 56) und zahlreiche anonyme Quellen eingearbeitet worden sein; Kurzke spricht anschaulich davon, dass man im Essay »das große Hintergrundrauschen der Zeit selbst« (13.2, 66) hören kann. Mit Sina könnte man die *Betrachtungen* deshalb einen kollektivpoetischen Text – oder auch einen »polyphonen Essay« (Schilling: Nach 100 Jahren (Anm. 13), S. 61) – nennen, da er »die irreduzible Mannigfaltigkeit der Realität« aufnimmt, Kai Sina: Kollektivpoetik. Zu einer Literatur der offenen Gesellschaft in der Moderne mit Studien zu Goethe, Emerson, Whitman und Thomas Mann, Berlin/Boston: de Gruyter 2019, S. 18.

Demokratie und Republik als Schicksal – Thomas Manns Rede »Von deutscher Republik« (1922)

Diese Rede, die Thomas Mann im Oktober 1922 in Berlin hielt, bedeutet gegenüber den *Betrachtungen* eine Realitätsanerkennung, die sich in dem Satz »[W]ir sind der Staat« (15.1, 527) zeigt, der die Anerkenntnis der in den *Betrachtungen* noch verleugneten Tatsache bedeutet, dass es keine politikfreien Zonen mehr gibt bzw. – und dies wäre die Lehre des verlorenen Krieges –, dass es ein Fehler gewesen war, den Staat »Mächte[n], geweiht von Historie« (15.1, 524 f.), wie Thomas Mann hier pathetisch schreibt, zu überlassen, obwohl man es besser hätte wissen müssen. Damit meint er die Herrschaftsform des Wilhelminischen Kaiserreiches. Vor dem Hintergrund dieser historischen Lehre hält Thomas Mann seine Rede, die als seine »erste ausführliche Stellungnahme für die neue Staatsform«[27] der Weimarer Republik gewertet wird. Diese Rede lässt sich insgesamt als eine performative Inszenierung ansehen,[28] d. h. als eine Art Aufführung (mit einigen fiktiven Elemente), die, nicht zuletzt durch diese gewählte Form der Performativität bzw. Theatralität, besonders bei der als antidemokratisch hingestellten akademisch-deutschen Jugend Überzeugungsarbeit für Republik und Demokratie leisten will.[29]

Dass Thomas Mann sich von Anfang der Rede an auf die Romantik und auf Novalis bezieht, geschieht aus dem Grunde, dass er nach einer emotionalen Tiefenverankerung der Republik für seine Zuhörer sucht – und diese in der Romantik gesehen wird, da sie »unserem Herzen in gewissem Maße immer Heimat bleiben wird« (15.1, 537). Der Kronzeuge, den Thomas Mann, neben Novalis, in seiner Rede zur Begründung dieser emotionalen Tiefenverankerung von Republik und Demokratie anruft, ist der amerikanische Dichter Walt Whitman, den er durch die Übersetzung seiner Gedichte und Essays ins Deutsche durch Hans Reisiger näher kennengelernt hatte.[30] Aus zwei Gründen

---

[27] Fechner: Demokratie (Anm. 3), S. 106.

[28] Diesen Aspekt der Performativität betont auch Sina: Kollektivpoetik (Anm. 26), S. 224 und S. 234–239.

[29] Thomas Mann lässt die fiktiv anwesende Jugend sich lautstark durch die Unmutsäußerung des Füßescharrens artikulieren, welches am Anfang der Rede gehäuft auftritt, dann aber nachlässt, so als ob der Redner wirklich diese Jugend nach und nach von seinem republikanischen Standpunkt hätte überzeugen können.

[30] Reisiger gehörte zu den engsten Freunden Thomas Manns, mit dem er, wie es in seinem Tagebuch heißt, u. a. »Gespräche über Whitmans Männerliebe« (Tb, 31. 5. 1921) führte. Zur Bedeutung Whitmans in dieser Rede in Hinsicht auf die homoerotische Dimension liegen zahlreiche Forschungen vor, vgl. z. B.: Hans Wißkirchen: Republikanischer Eros. Zu Walt Whitmans und Hans Blühers Rolle in der politischen Publizistik Thomas Manns, in: Gerhard Härle (Hrsg.): »Heimsuchung und süßes Gift«. Erotik und Poetik bei Thomas Mann, Frankfurt/Main: Fischer-Taschenbuch-Verl. 1992, S. 17–40; neuere Forschungen ergänzen diese Bezüge um andere, grundsätzlich anthropologische Aspekte; vgl. die Hinweise bei Sina: Kollektivpoetik (Anm. 26), S. 223.

ist Whitman für Thomas Mann in Hinsicht auf die Tiefenfundierung der Demokratie wichtig: Zum einen versteht sich Whitman in entscheidender Weise
als ein *être collectif*, als ein Kollektivwesen[31] – ein Gedanke, der sich mit seiner
Idee der Demokratie verbindet. Zum anderen ist bei Whitman eine sexualpolitische Begründung der Demokratie in der männlichen Kameradschaft zu
finden. Bei Whitman kann Thomas Mann die Deckungsgleichheit von Humanität und Demokratie entdecken, d. h. die Verbindung von Demokratie mit
einer modernen, zeitgemäßen Humanität, was sein großes Anliegen ist. Wenn
Thomas Mann in der sozialen Erotik das Band sieht, welches die Menschen in
einer Republik miteinander verknüpft, so hat zu dieser Vorstellung auch Hans
Blühers Konzept »von der staatenbildenden Kraft der Homoerotik« (15.2, 323)
beigetragen, obwohl Blüher selbst antidemokratisch und antirepublikanisch
eingestellt war.

Man kann zusammenfassend feststellen, dass Thomas Mann in dieser Rede
eine in gewisser Weise innovative Verbindung von deutscher Romantik (Novalis) und dem Whitman'schen (homo-)erotischen Vitalismus (unter Einschluss
von Ansichten Blühers über die staatenbildende Kraft von Männerbünden)
herstellt, welche eine emotional-erotische Tiefenfundierung von Demokratie
und Republik leistet,[32] die diese Regierungs- und Staatsform in den Herzen der
deutschen Jugend verankern soll. Dass diese Vorstellung eine ideal-utopische
ist, basierend auf Nahkommunikation, Jugendlichkeit, Kollektivität, Körper-
betonung und Hedonismus, liegt auf der Hand. In seiner Rede ist Thomas
Mann aber realistisch genug, diese Idealvorstellungen bzw. seine »demokratische Schwärmerei« (15.1, 543) in den Rahmen der real existierenden Demokratie
einzufügen, weshalb am Ende der Rede auch sein Bekenntnis zur »positiven
Rechtsform« (15.1, 559) der, dann also Weimarer, Republik steht.

Der patriarchale Geist der Demokratie – »The Coming Victory of Democracy« (1938)

Vergleicht man das Demokratiekonzept der Rede *Von deutscher Republik* mit
demjenigen in Thomas Manns in den USA oft gehaltener Standardrede[33] *The
Coming Victory of Democracy / Vom kommenden Sieg der Demokratie*, so
sind einige Unterschiede auffällig, die sich nicht nur durch die veränderten
Redeorte, Adressaten und den Zeitabstand von sechzehn Jahren erklären las-

---

[31] Zu diesem entscheidenden Whitman-Aspekt vgl. ebd., S. 145–192.

[32] Dies ist von der Thomas-Mann-Forschung schon erkannt worden; eine weitere Dimension
des Whitman-Bezuges hat Sina in Hinsicht auf die »Kollektividee [...] als poetische Chiffre für
Demokratie« entdeckt, Sina: Kollektivpoetik (Anm. 26), S. 11.

[33] Zu seiner Vortragstournee mit dieser Rede 1938 vgl. Hans Rudolf Vaget: Thomas Mann,

sen, sondern vor allem durch die Tatsache, dass Thomas Mann sich Mitte der 1920er-Jahre entschieden hatte, die *Joseph*-Romane zu schreiben. Wegweisend für die Konzeption dieses großen Romanprojektes waren vor allem zwei Essays von ihm aus dieser Zeit, nämlich zum einen *Die Ehe im Übergang* (1925), in dem er sich für die sexualpolitische Konzeption eines dem geistig-patriarchalen Prinzip folgenden und deshalb wesentlich keusch bleibenden Helden entschied, und zum anderen sein Essay *Pariser Rechenschaft* (1926), in dem er sich mythopolitisch positionierte, nämlich in Hinsicht auf die Ausformulierung eines humanen Mythos (was dann die *Joseph*-Romane selbst werden sollten), der im Gegensatz zu den anti-humanen und gewalttätigen faschistischen Mythen stand. Was bedeuten nun diese beiden grundlegenden Weichenstellungen für den Demokratiebegriff in der Rede von 1938? Die sexualpolitische Ausrichtung der *Joseph*-Romane mit ihrem Verzicht auf die gewissermaßen »nutzlose« (homo-)erotische Orientierung[34] impliziert die Absage an den Whitman'schen Kameradschaftsbund als Grundlage der Demokratie. Die antifaschistische mythopolitische Orientierung der Romane legt die Orientierung an Humanität als geistiger Grundlage der Demokratie nahe. Damit gewinnt Thomas Mann die dann für ihn verbindliche Begriffstrias von »Demokratie-Humanität-Geist«, die in dieser Rede sogleich in eine antifaschistische Frontstellung gebracht wird, geht es doch um den »kommenden Sieg der Demokratie« über den Faschismus, wie der programmatische Vortragstitel besagt.

Mit dieser geistigen Ausrichtung der Demokratie tritt Thomas Mann nun ganz ein in den Bereich des patriarchalen amerikanischen Mythos der amerikanischen Gründerväter, der sich problemlos an den geistig-patriarchalen Mythos Bachofens (der für die *Joseph*-Romane grundlegend ist) anschließen lässt. Diese Vorstellung einer von ausgezeichneten Männern geführten Demokratie, einer »Demokratie von oben«, bleibt von nun an für Thomas Mann verbindlich.

Demokratie und Humanismus – »The Theme of the Joseph Novels« (1942)

Schließlich wäre als Ausblick auf mögliche zukünftige Demokratieentwicklungen noch Thomas Manns Rede *The Theme of the Joseph Novels* (1942) zu beachten, in der er von der anfangs erwähnten »democracy of the future« im

---

der Amerikaner. Leben und Werk im amerikanischen Exil, Frankfurt/Main: S. Fischer ²2012, S. 241–247.
    [34] »Nutzlos« jedenfalls in Hinsicht auf die für den Fortbestand der patriarchalen Ordnung notwendige Kinder- und damit Generationenerzeugung, die für die *Joseph*-Romane von entscheidender Bedeutung ist.

Zusammenhang mit einem »new feeling of humanism«[35] spricht. In dieser für Thomas Mann ganz wichtigen Rede,[36] genau 20 Jahre nach seiner demokratischen Einstiegsrede *Von deutscher Republik* gehalten, ist die sexualpolitische Tiefendimension der Demokratie ganz und gar *kein* Thema mehr. Thomas Mann stellt diese Demokratie der Zukunft und den neuen Humanismus zunächst gleichsam als Ergebnis seiner gerade fertig werdenden *Joseph*-Tetralogie vor: Er rekapituliert in der Rede die sich über einen Zeitraum von 16 Jahren erstreckende Entstehungsgeschichte des Romans, der, in Hinsicht auf seine Hauptfigur Joseph, darin münde, dass sich dessen Egozentrizität, sein künstlerisches Ich, im Sozialen auflöse und er »zum Wohltäter und Ernährer fremden Volkes und seiner Nächsten« (XI, 666) werde; in ihm werde der Gegensatz zwischen künstlerischen und bürgerlichen Strebungen, zwischen Isolation und Gemeinschaft, zwischen dem Individuellen und dem Kollektiven »fabulously neutralized«[37], woran Thomas Mann etwas überraschend anschließt: »[A]s according to our hopes and our will, it [d. h. der Gegensatz zwischen dem Individuellen und dem Kollektiven; Anm. TP] must be dissolved in the democracy of the future«.[38] Dies ist gewiss eine bemerkenswerte Festlegung der *Joseph*-Romane auf ihr Schreibziel hin, nämlich nichts Geringeres sein zu wollen als ein »Menschheitssymbol« (XI, 667) für die anvisierte planetarische Herrschaftsform der Demokratie: »Unification«, im Zeichen dieses »neuen Humanismus«, sei »the word and command of the world hour«.[39] Diese globale Vision entspricht vollkommen dem amerikanischen Selbstverständnis, der ganzen Welt *freedom and democracy* zu bringen, welches erst in unserem 21. Jahrhundert nachhaltig erschüttert wurde.[40]

---

[35] Thomas Mann: The Theme of the Joseph Novels, Washington: U.S. Government Printing Office 1943, S. 18 und S. 24; damit nimmt er genau die Formulierung vom »Gefühl der neuen Humanität« (15.1, 494) aus seiner Rede *Von deutscher Republik* auf, allerdings wird dieses Gefühl hier ganz anders begründet.

[36] Sie war wichtig, weil sie zu seinen wenigen Dienstverpflichtungen als Berater bei der Library of Congress gehörte und weil sie eine persönliche Rückschau auf die Arbeit an der *Joseph*-Tetralogie darstellte.

[37] Was im deutschen Text etwas frei und missverständlich mit »hebt sich im Märchen auf« (XI, 667) übersetzt wird.

[38] Mann: The Theme (Anm. 35), S. 18.

[39] Ebd., S. 24.

[40] Tocqueville begriff Demokratie »am nordamerikanischen Modell als universalhistorisches Prinzip der modernen Welt«, Conze: Demokratie (Anm. 6), S. 882. Zur »Weltdemokratie« vgl. auch Fechner: Demokratie (Anm. 3), S. 340–344.

Schluss: Fluide Demokratie heute

Wie könnte ein an Thomas Manns Demokratiewandlungen orientiertes Modell für eine fluide Demokratie heute aussehen? Wie wären zunächst, mit ihm, unverzichtbare demokratische Kernvorstellungen zu benennen und anzuwenden? Ein Kerninhalt von Demokratie ist bei Thomas Mann sicherlich Humanität – und zwar in dem umfassenden Sinn, den er ihr vielleicht am deutlichsten am Ende seiner demokratiebegründenden Rede *Von deutscher Republik* zuspricht, d. h. in einem die Sympathie mit dem Leben *und* mit dem Tode umgreifenden Sinn.[41] Diese Sympathie ist für ihn die »Mitte, das Schön-Menschliche« (15.1, 559)[42], zwischen der ästhetizistischen Todessehnsucht und dem Lebensinteresse, was den »Durchbruch[ ] zum Positiven« (15.1, 558), wie z. B. zu einem gesellschaftlichen, demokratisch-politischen Engagement, bedeuten kann. Ein solches Engagement bewies Thomas Mann in seinem unermüdlichen Kampf gegen den Faschismus in großem Maße.

Was gegenwärtige Diskussionen um eine offene, fluide Demokratie betrifft, so geht es hier weniger um bestimmte Inhalte oder die etablierten Formen der Demokratie, als vielmehr um Möglichkeiten einer erweiterten demokratischen Teilhabe. Man kann dies in einem Demokratiemodell fassen, in dem der *kristalline* Kern der Demokratie[43] *fluid* umhüllt wird.[44] Für die Ausgestaltung dieses fluiden Bereiches, dessen Grundlage in einem »offene[n] Kommunikations- und Willensbildungsprozess«[45] gesehen wird, an dem sich möglichst

---

[41] Ausgehend von Goethes Ausspruch, der »das Klassische [...] das Gesunde, und das Romantische das Kranke« nennt (Eckermann: Gespräche mit Goethe: Sämtliche Werke (Anm. 4), S. 324; vgl. 15.1, 556), löst Thomas Mann diese – allerdings z. T. schon von Goethe selbst aufgelöste – Dichotomie auf, wenn er z. B. auch bei Whitman eine Liebe zum Tode konstatiert, die er in dessen Liebe zum Meer zu erkennen glaubt (vgl. 15.1, 557).

[42] Thomas Mann spricht hier von der »deutsche[n] Mitte« (15.1, 559). Sina nennt Thomas Manns Mitte eine »heterogenitätstolerante[ ] Haltung«, Sina: Kollektivpoetik (Anm. 26), S. 200. Weiter interpretiert er diese Mitte als Intermediarität, was »die Akzeptanz einer Vielheit an Wirklichkeiten, die sich in schlichten Binarismen gerade nicht erschöpft« (ebd., S. 227), benennt.

[43] Solche Kerninhalte wären allgemein »Humanität« bzw., konkreter in Hinsicht auf Demokratie, ihre Minimaldefinition, nämlich die Möglichkeit, die Regierung abzuwählen, und die »klassischen« Merkmale der repräsentativ-parlamentarischen Demokratie, nämlich »Gleichheit und Freiheit der Bürger, Trennung der Gewalten und Garantie der Grundrechte«, Conze: Demokratie (Anm. 6), S. 898.

[44] »Ein *stabiler Kern* sichert das, was in einer Demokratie völlig unverzichtbar ist. Das lässt sich als *kristalline Demokratie* bezeichnen. Um diesen Kern herum gruppieren sich – als *flexible Hülle* – unterschiedlichste Elemente in immer wieder unterschiedlichen Kombinationen – je nachdem, was gerade notwendig ist, um demokratische Legitimation im konkreten Einzelfall zu erreichen. Das ist der *fluide Aspekt* der Demokratie.« Volker Boehme-Neßler: Das Ende der Demokratie? Effekte der Digitalisierung aus rechtlicher, politologischer und psychologischer Sicht, Berlin: Springer 2018, S. 115.

[45] Ebd., S. 133.

viele Menschen beteiligen sollen,[46] könnten die Überlegungen Thomas Manns besonders in Hinsicht auf – wie oben ausgeführt – Polyphonie und erotische Ironie als entscheidende Grundlagen für diese neue, fluide Demokratie eingeführt werden.[47] Aufbauend auf diesen beiden nicht-binären Prinzipien könnten nicht-binäre Politikformen entwickelt werden.[48] Die konkrete Entwicklung solcher Formen wäre allerdings eine Aufgabe, die von einem Literaten bzw. einem seiner Interpreten nicht mehr erwartet werden kann.

[46] Hier wäre auch an die Beteiligung von Menschen zu denken, die, weil sie z. B. nicht Bürger eines Staates sind, bei den offiziellen Wahlen keine Beteiligungsmöglichkeit haben, wie etwa Migranten. Diese Diskussionen um die »Teilhabe von marginalisierten gesellschaftlichen Gruppen« (Naika Foroutan: Die postmigrantische Gesellschaft. Ein Versprechen der pluralen Demokratie, Bielefeld: transcript 2019, S. 30) wird gegenwärtig unter dem Stichwort der »pluralen Demokratie« geführt, vgl. dazu auch u. a. Marc Hill / Erol Yildiz (Hrsg.): Postmigrantische Visionen. Erfahrungen – Ideen – Reflexionen, Bielefeld: transcript 2018.

[47] Ganz ähnlich liest Sina die Rede *Von deutscher Republik* »als entschiedenes Plädoyer für eine demokratische Polyphonie«, Sina: Kolletivpoetik (Anm. 26), S. 12.

[48] Die Forderung nach nicht-binären Demokratieformen wird vor allem in Hinsicht auf Überlegungen zur pluralen Demokratie erhoben; vgl. z. B.: »Wie gelangen wir über die hierarchisierende Demarkationslinie hinaus, die Gesellschaften in Migrant*innen und Nichtmigrant*innen binär codiert? Also: Wie nähern wir uns dem Ziel, in pluralen Gesellschaften gleichberechtigt zusammenzuleben?«, Foroutan: Die postmigrantische Gesellschaft (Anm. 46), S. 55.

Jakob Lenz und Erik Schilling

Gipfelblick – und dann zurück

Intertextuelle Reflexionen auf Räume, Erkenntnis und Politik
in Thomas Manns *Zauberberg* und Platons *Politeia*[1]

Der Zauberberg lässt sich als ein Höhe- und Wendepunkt in Thomas Manns
Œuvre verstehen, der Muster aus früheren Werken zitiert und modifiziert. Ein
Beispiel dafür ist die Novellen-Struktur, mit der der Roman – als »humoristisches Gegenstück« zum *Tod in Venedig* – ursprünglich angelegt werden
sollte. Zudem sind die binären Elemente des Frühwerks verarbeitet und verändert, etwa der Nord-Süd-Gegensatz und die Polarität von Männlichem und
Weiblichem aus *Tonio Kröger*, die im *Zauberberg* in neue räumliche und geschlechtliche Ordnungen übergehen. Darüber hinaus kann der *Zauberberg* als
wichtiger Schritt einer politischen Entwicklung gelten, die Thomas Mann von
der Vorkriegszeit bis zur Weimarer Republik in seinen Schriften vollzieht: Sie
reicht von der literarischen Darstellung einzelner weltanschaulicher Konflikte
der Kaiserzeit etwa in *Gladius dei* über die publizistische Kommentierung des
Ersten Weltkriegs, insbesondere in den *Betrachtungen eines Unpolitischen*, bis
zum Plädoyer der Rede *Von deutscher Republik*, die Weimarer Verfassung zu
akzeptieren, aber zugleich Kontinuitäten mit der alten politischen Ordnung
zu sehen. *Der Zauberberg* bietet ein literarisches Forum, um die *Polyphonie*
solcher Tendenzen *im Widerstreit miteinander (und sich selbst)* darzustellen.[2]

Den Rang der *Politeia* in Platons Œuvre kann man ähnlich bestimmen und
von den Dialogen der Frühzeit abgrenzen:[3] Diese gelten oft abstrakten Qualitäten (wie »Tapferkeit« oder »Frömmigkeit«), zeigen Sokrates mit einem ver-

---

[1] Für intensive Diskussionen und wertvolle Anregungen zum Vergleich von Platon und Thomas Mann danken wir den Teilnehmerinnen und Teilnehmern eines Bamberger Blockseminars
im Januar 2020 mit Friedhelm Marx und Sabine Vogt sowie einer Studienstiftungs-Akademiegruppe in St. Johann im August 2021 mit Reinhard Zimmermann als *spiritus rector* am dortigen
»Zauberberg«.
[2] Mit Kai Sina: Kollektivpoetik. Zu einer Literatur der offenen Gesellschaft in der Moderne.
Mit Studien zu Goethe, Emerson, Whitman und Thomas Mann, Berlin / Boston: de Gruyter 2019,
S. 201 kann man für den *Zauberberg* von »einer für die Figurenkonzeption charakteristischen
inneren Polyphonie« sprechen.
[3] Als Überblicksbände zu Platon ragen heraus: Michael Erler: Platon, Basel: Schwabe 2007
(= Ueberwegs Grundriss der Geschichte der Philosophie. Die Philosophie der Antike, Bd. 2.2),
und Christoph Horn / Jörn Müller / Joachim Söder (Hrsg.): Platon-Handbuch. Leben, Werk, Wirkung, Stuttgart: Metzler ²2017.

meintlichen Experten, suchen geeignete Definitionen oder Systematiken für ein Problemfeld – und scheitern, wenn die Gesprächspartner vor der sokratischen Kritik kapitulieren. Zu diesem Muster bietet die *Politeia* einen Höhe- und Wendepunkt:[4] Der Dialog fragt nach dem Wesen der »Gerechtigkeit« und naht schon früh einer Aporie. Doch Sokrates unternimmt einen neuen und konstruktiven Anlauf: Er entwirft das Portrait einer idealen Polis und erörtert dazu den Rang von Kunst und Medien im idealen Gemeinwesen, den analogen Aufbau von Ständestaat und menschlicher Seele, die Ausbildung der besten Herrscher sowie die Struktur der Wirklichkeit und ihrer rationalen Erkennbarkeit. Zur *Polyphonie* der *Politeia* tragen diese Themen und auch die vielfältigen Darstellungsformen bei: Sie verbinden dialogische und monologische, rhetorische und dialektische, konstruktive und kritische, anschauliche und abstrakte Muster. Das macht die *Politeia* zum größten Dialog aus Platons Mittelperiode: Nach der Niederlage Athens im Peloponnesischen Krieg und mit dem Niedergang der klassisch-attischen Demokratie werden in Griechenland und im Mittelmeerraum alternative Polis-, Lebens- und Erkenntnis-Gemeinschaften gesucht; dafür steht als reale Ausprägung die nach 387 etablierte platonische Akademie – und als mediale Ausprägung der literarische Staatsentwurf der *Politeia*.

Platons *Politeia* und Manns *Zauberberg* ähneln sich somit als zwei monumentale Werke, die jeweils ihre Epoche überstrahlen, um ein Verhältnis von monarchischer und demokratischer Ordnung ringen, literarische Weltentwürfe als Foren der politischen Reflexion entwickeln – und markante Parallelen in der Makro- und Mikro-Struktur wie auch in der Motivik aufweisen. Dies zeigt die folgende Doppellektüre. Sie geht von den jeweiligen literarischen Szenarien aus, greift das *Schnee*-Kapitel bzw. das *Höhlengleichnis* als zentrale Stellen auf und gilt dann primär drei parallelen Motiv-Komplexen: einer semantisch konnotierten *Räumlichkeit und Bewegung* im literarischen Szenario, dem Zusammenhang von *Sichtbarkeit und Erkenntnis* sowie der Entwicklung von *Gemeinschaftlichkeit und Politik* in der Figureninteraktion. Das ist gerahmt durch einleitende Hinweise zur Forschung zu Thomas Mann und Platon – und durch abschließende Folgerungen zu *Intertextualität* allgemein.

---

[4] Einführungen zur *Politeia* bieten die Handbücher (Anm. 3) und z.B. Otfried Höffe: Einführung in Platons »Politeia«, in: ders. (Hrsg.): Platon. Politeia. 3., bearbeitete Auflage, Berlin: Akademie 2011 (= Klassiker Auslegen, Bd. 7), S. 1–19 und Thomas Alexander Szlezák im Band der *Sammlung Tusculum*: Platon. Der Staat. Politeia. Griechisch-Deutsch. Übers. v. Rudolf Rufener. Einführung, Erläuterungen, Inhaltsübersicht u. Literaturhinweise von dems., Düsseldorf/Zürich: Artemis & Winkler 2000, S. 891–940 oder Kommentare von Andreas Schubert: Platon. »Der Staat«. Ein einführender Kommentar, Paderborn: Schöningh 1995 und Alexander Becker: Platons »Politeia«. Ein systematischer Kommentar, Stuttgart: Reclam 2017.

Forschungsüberblick

Das Werk Thomas Manns steht Philosophen wie Schopenhauer und Nietzsche näher als Platon; einige platonische Bezüge sind für Mann allerdings etabliert. Das gilt besonders für den *Tod in Venedig* mit jenen Passagen, in denen Aschenbach am Strand liegt, Tadzio betrachtet und an »die alte Platane unfern den Mauern Athens« denkt, unter der »Sokrates den Phaidros über Sehnsucht und Tugend« (2.1, 554) belehrt: »Manns Hauptquellen zu diesem Thema sind Platons Dialoge *Gastmahl* und *Phaidros*, die er in der Übersetzung von Rudolf Kassner liest« (TM Hb (2015), 127). Für den *Zauberberg* hingegen wurde primär auf Naphtas Selbstverortung in der platonisch inspirierten Philosophie hingewiesen.[5]

Eine ausführliche Rekonstruktion der Rolle Platons für das Werk Thomas Manns hat Mathias Mayer unternommen:[6] Aus Thomas Manns homoerotischem Interesse, einer »biografischen ›Unmöglichkeit‹«, entwickle sich erstens die »Problematisierung zugleich etablierter wie auch gefährdeter Künstlerschaft«; diese wiederum werde zweitens »mit einer unter anderem an Platon angelehnten Philosophie der Liebe« verschränkt und drittens »durch eine subtil eingespielte Ironie der Zersetzung« gesteigert.[7] Insgesamt werde Platon für Mann zum »Angelpunkt einer Kunstkonzeption«: »Die Faszination durch männliche Schönheit wird zu einer Alternative zur Norm der Heterosexualität, ja zum Angelpunkt eines Zwischenzustandes, einer Mitte, die einerseits durch das Phänomen der Ironie, andererseits durch das künstlerischer Kreativität besetzt ist.«[8] Also tragen die Platon-Referenzen dazu bei, Sexualität und Kunst, Ernsthaftigkeit und Ironie zu verbinden – im Sinne der »erotische[n] Ironie des Geistes« (13.1, 618) aus den *Betrachtungen eines Unpolitischen*.[9]

Der vorliegende Beitrag erweitert Mayers Überlegungen hinsichtlich der Methoden, Themen und Texte: Biografische Bezüge auf Thomas Mann und werkgenetische Ausführungen bleiben außen vor. Während Mayer Schönheit, Erotik und Ironie betont, gilt der Fokus hier der Raumsemantik, der Visualität und der politischen Gemeinschaftsbildung. Dies verbindet *Zauberberg* und *Politeia* jeweils in der Makro-Struktur der Gesamttexte und in der Mikro-

---

[5] Manfred Lossau: Ein Tempel für Athene. Graecolatinitas in der Figurenkonzeption Thomas Manns, in: Literaturwissenschaftliches Jahrbuch, Jg. 2017, H. 58, S. 349–376, hier S. 361 f.

[6] Mathias Mayer: Der Kobold der erotischen Ironie. Platon-Lektüren mit Thomas Mann, in: German Life and Letters, Jg. 2020, H. 73, S. 621–641.

[7] Ebd., S. 625.

[8] Ebd., S. 631.

[9] Vgl. dazu auch Erik Schilling: Wer spricht? Gattungstheoretische und narratologische Überlegungen zu Thomas Manns »Betrachtungen eines Unpolitischen«, in: ders. (Hrsg.): Thomas Manns »Betrachtungen eines Unpolitischen« nach 100 Jahren. Neue Perspektiven und Kontexte. Frankfurt/Main: Klostermann 2020, S. 47–61, v. a. S. 57–60.

Struktur von *Höhlengleichnis* und *Schnee*-Kapitel. Eine vergleichende Lektüre lohnt also, auch wenn die *Politeia* gerade *nicht* als Standard-Vorlage zum *Zauberberg* gilt.

Die Makro-Struktur von »Zauberberg« und »Politeia« anhand ihrer Expositionen

Die Makro-Struktur des *Zauberbergs*

Räumlichkeit und Bewegung. Die Reise Hans Castorps beginnt im Norden in Hamburg und führt gen Süden nach Davos. Der vom frühen Thomas Mann etablierte Nord-Süd-Gegensatz ist erweitert um eine Logik von Unten und Oben sowie von Innen und Außen: Der Berg bildet einen Gegenpol zum Flachland,[10] und das Sanatorium folgt eigenen kulturellen Normen. In dieser Heterotopie lernt Hans Castorp insbesondere ein neues Verständnis von Zeit und von Krankheit kennen.[11] Auch innerhalb des Sanatoriums sind verschiedene räumliche Sphären abgrenzbar: Auf dem Weg in die Durchleuchtungskammer steigt Castorp in die »Unterwelt« des Sanatoriums hinab und erreicht damit quasi den tiefsten Punkt einer Jenseitsreise, die mit der styx-artigen Überfahrt über den Bodensee begonnen hatte. Der *räumliche Tiefpunkt* hält zudem *besondere Erkenntnisse* bereit, die sich von denen in Hans Castorps bisherigem Leben wesentlich unterscheiden.

Sichtbarkeit und Erkenntnis. Der Keller jener Berghof-Heterotopie erlaubt die Durchleuchtung der eigenen Hand, die den lebenden Castorp seinen eigenen Tod sehen lässt, und einen Blick auf das Herz seines Vetters Joachim. Dieses Sehen besorgt eine Art Feuer (»Irgendwo knisterte ein Blitz«, 5.1, 330); es erzeugt eine zweidimensionale Form durch eine »Scheibe, die Einblick in eines Menschen organisches Inneres gewährte« (ebd.). Nimmt man Hans Castorps entsetzt-emphatische Ausrufe hinzu, lässt sich die Durchleuchtung als Höhepunkt der Erkenntnis fassen, die der Berghof zu bieten hat: »Ich sehe dein Herz!« (5.1, 331), sagt er zu Joachim, und dann, verallgemeinernd: »Jawohl, jawohl, ich sehe [...]. Mein Gott, ich sehe!« (5.1, 332). Der erste Höhepunkt des

---

[10] Elisabeth Galvan: Nord-südliches Gelände. Zur Topographie des »Zauberberg«, in: Helmut Koopmann/Thomas Sprecher (Hrsg.): Lebenstraum und Todesnähe. Thomas Manns Roman »Der Zauberberg«. Frankfurt/Main: Klostermann 2015, S. 135–147, hier S. 136: »Hans Castorps Raumerfahrung [ist] nicht primär durch die Himmelsrichtung Nord/Süd bestimmt, sondern durch die binäre Wahrnehmung unten/oben [...].«

[11] Rainer Warning: Heterotopien als Räume ästhetischer Erfahrung, Paderborn: Fink 2009, v.a. S. 216 f.

Erkenntnisprozesses im *Zauberberg* beruht also auf einem besonderen Aspekt von Visualität und auf einer markanten Form des Sehens: Die abweichenden Bedingungen der Berggesellschaft und die Unterstützung durch technische Vorrichtungen lassen Hans Castorp tiefer blicken als die Flachlandbewohner.

Gemeinschaftlichkeit und Politik. Zudem ermöglicht der Mikrokosmos des Berghofs Hans Castorp auch politische Erkenntnisprozesse: Während Politik in seiner Hamburger Familie eine eher nüchtern-pragmatische Funktion hat, gewinnt sie auf dem »Zauberberg« ein weltanschaulich-erkenntnistheoretisches Profil. Dafür stehen vor allem die Debatten zwischen Naphta und Settembrini, die den politischen Makrokosmos des ausgehenden Kaiserreiches spiegeln. Wie verschiedentlich gezeigt wurde,[12] stehen sich Naphta und Settembrini nicht als Vertreter klar geschiedener Haltungen gegenüber, sondern nähern sich im Laufe der Debatten zunehmend an und tauschen manche Positionen sogar aus. Als teilnehmender Beobachter solcher Debatten kann Castorp inhaltliche Positionen, aber auch die Unmöglichkeit einer eindeutigen politischen Haltung nachvollziehen. Dies bildet die Polyphonie der politischen Debatten des Kaiserreiches, des Ersten Weltkriegs und der Weimarer Republik ab, die ähnlich polyphon aus Thomas Manns politischen Essays sprechen.[13]

Die Makro-Struktur der *Politeia*

Räumlichkeit und Bewegung. Platons *Politeia* beginnt mit einer sparsamen Skizze des Dialog-Szenarios, die maßgebliche Motive verankert. Dazu faltet Sokrates' berühmtes χατέβην, *»ich ging hinab«,* den Handlungsraum auf und führt die Logik von *Abstieg* und *Aufstieg* ein:[14]

327a Κατέβην χθὲς εἰς Πειραιᾶ μετὰ Γλαύκωνος τοῦ Ἀρίστωνος προσευξόμενός τε τῇ θεῷ καὶ ἅμα τὴν ἑορτὴν βουλόμενος θεάσασθαι τίνα τρόπον ποιήσουσιν ἄτε νῦν πρῶτον ἄγοντες.	(327a) Ich ging gestern mit Glaukon, dem Sohne des Ariston, zum Peiraieus hinab, um zu der Göttin zu beten, und gleichzeitig wollte ich sehen, wie sie das Fest durchführen, das sie ja jetzt zum erstenmal begehen.

---

[12] Vgl. den Verweis auf Sina: Kollektivpoetik (Anm. 2). Friedrich Vollhardt: Kultur / Zivilisation. Weltanschauliche Denkmuster in Thomas Manns Essay und im Roman »Der Zauberberg«, in: Schilling: Thomas Manns »Betrachtungen« (Anm. 9), S. 15–31, hier S. 30f. betont: »An die Stelle dogmatischer Festlegungen tritt [im *Zauberberg*] die Einsicht in die Begrenztheit unseres Erkenntnisvermögens, ein Denken unter Vorbehalt, das den Irrtum akzeptiert und Neuorientierungen zulässt.«
[13] Zum Begriff des »polyphonen Essays« vgl. Schilling: Wer spricht? (Anm. 9), v. a. S. 53.
[14] Text und Übersetzung folgen der Ausgabe von Szlezák / Rufener (Anm. 4).

Von *oben* aus der Stadt Athen kamen Sokrates und Glaukon halb als Beteiligte am Kult und halb als Besucher der Kuriosität eines neuen Götterfestes *hinab* zum Piräus-Hafen. Auf dem Rückweg *hinauf* nach Athen ruft sie Polemarchos zu sich, um sie *unten* im Piräus zu halten und zu einer abendlichen Gesellschaft bei Kephalos einzuladen. Auch Adeimantos übt sanften Zwang aus, indem er auf die interessante Gesellschaft junger Leute und auf den sehenswerten Fackelzug abends im Piräus hinweist. Der Weg hinab führt also weg von Athen und hinein in das unbekannte Szenario in Kephalos' Haus. Dort kehrt Sokrates zunächst als Gast ein; doch er wird ins Gespräch verwickelt, kommt nicht mehr los und bringt sich in einen Dialog ein, der den zeitlichen Rahmen des Abends sprengt und seine räumliche Bindung vergessen lässt.

Sichtbarkeit und Erkenntnis. Mit der *Räumlichkeit* ist auch die *Sichtbarkeit* als sachlich und symbolisch lesbares Leitmotiv eingeführt: Das *Sehen* und *Kennenlernen* des neuen Festzugs hatte den Abstieg in den Piräus motiviert; und Sokrates' offenkundige *Unkenntnis* über das weitere Spektakel nutzt Adeimantos aus, um Sokrates und Glaukon zum Bleiben zu bewegen:

328a Καὶ ὁ Ἀδείμαντος, Ἀρά γε, ἦ δ' ὅς, οὐδ' ἴστε ὅτι λαμπὰς ἔσται πρὸς ἑσπέραν ἀφ' ἵππων τῇ θεῷ; – Ἀφ' ἵππων; ἦν δ' ἐγώ· καινόν γε τοῦτο. λαμπάδια ἔχοντες διαδώσουσιν ἀλλήλοις ἁμιλλώμενοι τοῖς ἵπποις; ἢ πῶς λέγεις; – Οὕτως, ἔφη ὁ Πολέμαρχος. καὶ πρός γε παννυχίδα ποιήσουσιν, ἣν ἄξιον θεάσασθαι· ἐξαναστησόμεθα γὰρ μετὰ τὸ δεῖπνον καὶ τὴν παννυχίδα θεασόμεθα. καὶ συνεσόμεθά τε πολλοῖς τῶν νέων αὐτόθι καὶ διαλεξόμεθα.

(328a) Da sagte Adeimantos: »Wißt ihr am Ende nicht einmal, daß gegen Abend zu Ehren der Göttin noch ein Fackellauf zu Pferde stattfindet?« – Zu Pferde? rief ich. Das ist neu. Sie halten also Fackeln in der Hand und geben sie einander weiter und reiten so um die Wette? Oder wie meinst du das? – »Gerade so«, antwortete Polemarchos, »und außerdem veranstalten sie eine nächtliche Feier, die man gesehen haben muß; wir wollen also nach dem Abendessen aufbrechen und diesem nächtlichen Fest zuschauen. Wir treffen dort auch mit vielen jungen Leuten zusammen und unterhalten uns mit ihnen. […]«

Im Lauf des Festes soll also noch mehr Sehenswertes folgen, das es kennenzulernen gilt – insbesondere jener Staffellauf, bei dem man reihum und in wechselseitiger Konkurrenz eine helle Fackel durch die dunkle Nacht trägt. In übertragener Funktion taugt der Fackellauf als Bild des Dialogs, in dem die Beteiligten im wechselseitigen Abtausch um *Klarheit*, *Hellsichtigkeit* und *Erkenntnis* ringen.

Gemeinschaftlichkeit und Politik. Damit tritt die *Gemeinschaftlichkeit* nicht nur als späteres Hauptthema, sondern auch als eine Voraussetzung des Dialogs hervor: Eingangs verließen Sokrates und Glaukon die Polis Athen, wurden unter den Festzuschauern erkannt, von Polemarchos eingeladen und auf eine festliche Gesellschaft mit jungen Leuten eingestimmt: Dazu gehören etwa auch der Sophist Thrasymachos, der für das Recht des Stärkeren argumentiert, der Logograph Lysias und andere Figuren aus der athenischen Gesellschaft und dem sokratisch-platonischen Freundeskreis.[15] Sie bilden in Kephalos' Haus eine zur Polis und zum Fest draußen abgegrenzte Gemeinschaft eigenen Werts, bei der zunächst der alte Kephalos im Mittelpunkt steht: Er scheut den beschwerlichen Weg hinauf nach Athen und sehnt sich nach Gesellschaft unten im eigenen Haus. Indem Sokrates den Kephalos und überhaupt den Erfahrungs-Vorsprung von alten Leuten lobt, verwandelt er die räumliche Semantik von oben/unten oder innen/außen in eine Logik von *vorne/hinten* auf dem *Lebensweg* – und eröffnet den Dialog als Vehikel zu besonderer Erkenntnis:

328e Καὶ μήν, ἦν δ᾽ ἐγώ, ὦ Κέφαλε, χαίρω γε διαλεγόμενος τοῖς σφόδρα πρεσβύταις· δοκεῖ γάρ μοι χρῆναι παρ᾽ αὐτῶν πυνθάνεσθαι, ὥσπερ τινὰ ὁδὸν προεληλυθότων ἣν καὶ ἡμᾶς ἴσως δεήσει πορεύεσθαι, ποία τίς ἐστιν, τραχεῖα καὶ χαλεπή, ἢ ῥᾳδία καὶ εὔπορος.

(328e) Auch ich, Kephalos, erwiderte ich, unterhalte mich ja wirklich gern mit ganz alten Leuten. Sie sind uns doch gewissermaßen auf einem Weg vorangegangen, den vielleicht auch wir gehen müssen, und darum, glaube ich, sollten wir sie danach fragen, wie dieser Weg wohl ist, ob rauh [und] schwierig oder leicht und gangbar.

Die Motivik des *Vorausgehens auf ambivalenten Wegen* baut später das *Höhlengleichnis* aus.

Die Mikro-Struktur von »Höhlengleichnis« und »Schnee«-Kapitel

Die Mikro-Struktur des *Höhlengleichnisses*

Der Weg zu einer Definition von »Gerechtigkeit« erweist sich im Gespräch mit Kephalos und Thrasymachos zunächst als schwierig. Da schlägt Sokrates vor, gedanklich eine ideale Polis zu bauen und dabei allerlei relevante Fragen der Politik zu bedenken. Aus dem Gesprächsverlauf ragen die berühmten Gleichnisse zur *Erkennbarkeit* der Wirklichkeit und zur *Erkenntnisfähigkeit* der Menschen heraus.[16] Den Höhepunkt bildet das *Höhlengleichnis*.[17] Es in-

---

15 Die Figuren des platonischen Dialog-Universums präsentiert mit philologischen, philosophischen und historischen Kontexten Debra Nails: The People of Plato. A Prosopography of Plato and other Socratics, Indianapolis/Cambridge: Hackett 2002.

16 *Linien-* und *Sonnengleichnis* bereiten Aspekte des *Höhlengleichnisses* vor (und bieten selbst Interpretationsprobleme); einführend Hans Krämer: Die Idee des Guten. Sonnen- und Liniengleichnis (Buch VI 504a–511e), in: Höffe: »Politeia« (Anm. 4), S. 135–153.

17 Die philosophisch-politischen Themen des *Höhlengleichnisses* skizziert Thomas Alexander Szlezák: Das Höhlengleichnis (Buch VII 514a–521b und 539d–541b), in: Höffe: »Politeia«

szeniert die Erkenntnis-Karriere einer Einzelperson in mehreren Stufen – und kombiniert dabei erneut die Leitmotive der *Räumlichkeit*, *Sichtbarkeit* und *Gemeinschaftlichkeit*.

Phase 1: Kollektives Schein-Sehen in der Höhle. Sokrates' *Höhlen*-Konstruktion ist berühmt:

514a ἰδὲ γὰρ ἀνθρώπους οἷον ἐν κατα-γείῳ οἰκήσει σπηλαιώδει, [...] ἐν ταύτῃ ἐκ παίδων ὄντας ἐν δεσμοῖς καὶ τὰ σκέλη καὶ τοὺς αὐχένας, ὥστε μένειν τε αὐτοὺς εἴς τε τὸ (b) πρόσθεν μόνον ὁρᾶν, κύκλῳ δὲ τὰς κεφαλὰς ὑπὸ τοῦ δεσμοῦ ἀδυνάτους περιάγειν, φῶς δὲ αὐτοῖς πυρὸς ἄνωθεν καὶ πόρρωθεν καόμενον ὄπισθεν αὐτῶν, μεταξὺ δὲ τοῦ πυρὸς καὶ τῶν δεσμωτῶν ἐπάνω ὁδόν, παρ' ἣν ἰδὲ τειχίον παρῳκοδομημένον [...].

(514a) Stelle dir Menschen vor in einer unterirdischen, höhlenartigen Behausung [...]. In dieser Höhle sind sie von Kind auf, gefesselt an Schenkeln und Nacken, so daß sie an Ort und Stelle bleiben und immer nur (b) geradeaus schauen; ihrer Fesseln wegen können sie den Kopf nicht herumdrehen. Licht aber erhalten sie von einem Feuer, das hinter ihnen weit oben in der Ferne brennt. Zwischen dem Feuer und den Gefesselten aber führt oben ein Weg hin; dem entlang denke dir eine kleine Mauer errichtet [...].

Der Raum ist nach Innen-/Außen-, Oben-/Unten- und Vorne-/Hinten-Gegensätzen gebaut: Die unten und innen gefesselten Menschen sind nach vorne orientiert und blind gegen die Verhältnisse außen, hinter der Mauer und dem Weg nach oben. Das Erkennen ist wiederum visuell konnotiert: Die Sphäre der eigentlichen Erkenntnis liegt oben/außen im Tageslicht; und vom Feuer als sekundärer Licht-Quelle unten/innen bleiben nur Schatten an der Wand:

514c Ὅρα τοίνυν παρὰ τοῦτο τὸ τειχίον φέροντας ἀνθρώπους σκεύη τε παντο-δαπὰ ὑπερέχοντα τοῦ τειχίου καὶ ἀνδρι-άντας (515a) καὶ ἄλλα ζῷα λίθινά τε καὶ ξύλινα καὶ παντοῖα εἰργασμένα [...].

515c Παντάπασι δή, ἦν δ' ἐγώ, οἱ τοιοῦτοι οὐκ ἂν ἄλλο τι νομίζοιεν τὸ ἀληθὲς ἢ τὰς τῶν σκευαστῶν σκιάς.

(514c) Stelle dir nun längs der kleinen Mauer Menschen vor, die allerhand Geräte vorübertragen, so, daß diese über die Mauer hinausragen, Statuen von Menschen (515a) und anderen Lebewesen aus Stein und aus Holz und in mannigfacher Ausführung [...].

(515c) Auf keinen Fall, fuhr ich fort, könnten solche Menschen irgend etwas anderes für das Wahre halten als die Schatten jener künstlichen Gegenstände.

Die Gefesselten bilden also eine abgegrenzte Gemeinschaft; ihre Wahrnehmungs-Routinen sind zwar gegenüber der Außenwelt verfälscht und fragwürdig, aber in sich verlässlich.

(Anm. 4), S. 155–173; andere *Höhlengleichnisse* seit der antiken Literatur präsentiert Wilhelm Blum: Höhlengleichnisse. Thema mit Variationen, Bielefeld: Aisthesis 2004.

Phase 2: Individuelle Befreiung, Aufstieg und Sonnen-Schau. Die Grenzen dieser hermetischen Wirklichkeit werden durchbrochen, indem jemand entfesselt, aus der Höhle entlassen und mit Gewalt in die blendende Außenwelt eingeführt wird. Der Betroffene ist nicht näher charakterisiert; er fungiert als besonderer, aber unspezifischer Repräsentant für eine allgemeingültige Erfahrung. Sein Aufstieg wirkt zunächst vereinsamend, schmerzlich, desillusionierend und regelrecht dysfunktional: In der Überfülle des Lichts ist weniger zu erkennen als im Höhlendunkel. Die neue Wahrnehmungswelt muss daher mühsam sortiert werden:

516a καὶ πρῶτον μὲν τὰς σκιὰς ἂν ῥᾷστα καθορῷ, καὶ μετὰ τοῦτο [...] τά τε τῶν ἀνθρώπων καὶ τὰ τῶν ἄλλων εἴδωλα, ὕστερον δὲ αὐτά· ἐκ δὲ τούτων τὰ ἐν τῷ οὐρανῷ καὶ αὐτὸν τὸν οὐρανὸν νύκτωρ ἂν ῥᾷον θεάσαιτο, προσβλέπων τὸ τῶν (b) ἄστρων τε καὶ σελήνης φῶς, ἢ μεθ' ἡμέραν τὸν ἥλιόν τε καὶ τὸ τοῦ ἡλίου. [...] Τελευταῖον δὴ οἶμαι τὸν ἥλιον, οὐκ [...] ἐν ἀλλοτρίᾳ ἕδρᾳ φαντάσματα αὐτοῦ, ἀλλ' αὐτὸν καθ' αὑτὸν ἐν τῇ αὑτοῦ χώρᾳ δύναιτ' ἂν κατιδεῖν καὶ θεάσασθαι οἷός ἐστιν.	(516a) Zuerst würde er wohl am leichtesten die Schatten erkennen, dann die Spiegelbilder der Menschen und der anderen Gegenstände [...], und dann erst sie selbst. Und daraufhin könnte er dann das betrachten, was am Himmel ist, und den Himmel selbst, und zwar leichter bei Nacht, indem er zum Licht (b) der Sterne und des Mondes aufblickte, als am Tage zur Sonne und zum Licht der Sonne. [...] Zuletzt aber, denke ich, würde er die Sonne, nicht ihre Spiegelbilder [...] anderswo, sondern sie selbst, an sich, an ihrem eigenen Platz ansehen und sie so betrachten können, wie sie wirklich ist.

Die Konstruktion ist idealistisch und optimistisch, denn sie sieht eine verbindliche, absolute und erkennbare Quelle des Lichts, der Wahrnehmung und der Wahrheit vor. Diese Quelle ist ganz oben, außerhalb des gemeinsamen Handlungsraums und nur für das abgesonderte Individuum sichtbar; dessen Widerwille, die Verwirrtheit, die allmähliche Gewöhnung und die sukzessive, über Reflexionsfolien vermittelte Annäherung an die Lichtquelle sind Teil des Erkenntnisprozesses. Doch das Ergebnis lohnt den Aufwand, denn die so gesehene Sonne bildet das physisch-visuelle und zugleich das philosophisch-konzeptionelle Zentrum: Als »Idee des Guten« organisiert sie die Wirklichkeit im Ganzen – und ist eine Voraussetzung für die gute *politische* Ordnung. Wer ein Gemeinwesen gestalten soll, muss über ein reflektiertes Verständnis von den abstrakten Ordnungsmustern verfügen (und jene »Sonne« geschaut haben). So bereitet die Metaphorik des *Höhlengleichnisses* auch die Logik der Philosophenherrschaft im idealen Staat vor.

Phase 3: Probleme, Rückkehr – und Wiedereingliederung? Der optimistische Aufstiegsgestus kippt allerdings noch im Gleichnis selbst, als das besondere Individuum in die frühere Gesellschaft der Höhle zurückkehren soll: Seine hellsichtigen Augen sind unbrauchbar geworden für das dortige Schattensehen;

und sein aufklärerischer Impetus scheitert an den Wahrnehmungs-Routinen und dem beschränkten Wirklichkeits-Sinn der Gefesselten:

516e Τὰς δὲ δὴ σκιὰς ἐκείνας πάλιν εἰ δέοι αὐτὸν γνωματεύοντα διαμιλλᾶσθαι τοῖς ἀεὶ δεσμώταις ἐκείνοις, ἐν ᾧ ἀμβλυώττει, (517a) πρὶν καταστῆναι τὰ ὄμματα, οὗτος δ' ὁ χρόνος μὴ πάνυ ὀλίγος εἴη τῆς συνηθείας, ἆρ' οὐ γέλωτ' ἂν παράσχοι, καὶ λέγοιτο ἂν περὶ αὐτοῦ ὡς ἀναβὰς ἄνω διεφθαρμένος ἥκει τὰ ὄμματα, καὶ ὅτι οὐκ ἄξιον οὐδὲ πειρᾶσθαι ἄνω ἰέναι; καὶ τὸν ἐπιχειροῦντα λύειν τε καὶ ἀνάγειν, εἴ πως ἐν ταῖς χερσὶ δύναιντο λαβεῖν καὶ ἀποκτείνειν, ἀποκτεινύναι ἄν;

(516e) Wenn er dann aber wieder versuchen müßte, im Wettstreit mit denen, die immer dort gefesselt waren, jene Schatten zu beurteilen, während seine Augen noch geblendet sind (517a) und sich noch nicht wieder umgestellt haben (und diese Zeit der Umgewöhnung dürfte ziemlich lange dauern), so würde man ihn gewiß auslachen und von ihm sagen, er komme von seinem Aufstieg mit verdorbenen Augen zurück und es lohne sich nicht, auch nur versuchsweise dort hinaufzugehen. Wer aber Hand anlegte, um sie zu befreien und hinaufzuführen, den würden sie wohl umbringen, wenn sie nur seiner habhaft werden und ihn töten könnten.

So kehrt das hellsichtige Individuum in die Gewohnheits-Gesellschaft zurück. Unter den dortigen Bedingungen kann es sich weder selbst behaupten noch andere für die jenseitige Erkenntnis begeistern; denn man reagiert unwillig und letztlich gewalttätig gegen die Aufklärung und den Aufstiegsimpuls. Gerade diese Schlusswendung macht den individuell Erleuchteten vergleichbar zu Sokrates: Als *historische* Figur vom Athener Gericht zum Tode verurteilt, hätte Sokrates als *literarische* Figur hier das eigene Schicksal vorweggenommen.

Insgesamt verbindet das *Höhlengleichnis* also den optimistischen Idealismus, dass eine Quelle der absoluten Erkenntnis vorhanden und verfügbar ist, mit einer pessimistischen Skepsis, dass die überlegene Erkenntnis für eine Gesellschaft der ewig Gefesselten unfruchtbar bleibt. Dennoch dürfen die von der überlegenen Wahrnehmung inspirierten Individuen nicht apolitisch werden, sondern müssen gerade die Verantwortung für das Gemeinwesen übernehmen:

519c Ἡμέτερον δὴ ἔργον, ἦν δ' ἐγώ, τῶν οἰκιστῶν τάς τε βελτίστας φύσεις ἀναγκάσαι [...] ἰδεῖν τε τὸ ἀγαθὸν (d) καὶ ἀναβῆναι ἐκείνην τὴν ἀνάβασιν, καὶ ἐπειδὰν ἀναβάντες ἱκανῶς ἴδωσι, μὴ ἐπιτρέπειν αὐτοῖς [...] [τ]ὸ αὐτοῦ, ἦν δ' ἐγώ, καταμένειν καὶ μὴ ἐθέλειν πάλιν καταβαίνειν παρ' ἐκείνους τοὺς δεσμώτας μηδὲ μετέχειν τῶν παρ' ἐκείνοις πόνων τε καὶ τιμῶν, εἴτε φαυλότεραι εἴτε σπουδαιότεραι.

(519c) Wir als die Gründer der Stadt, fuhr ich fort, haben also die Aufgabe, die besten Naturen zu nötigen [...], das Gute zu schauen (d) und jenen Weg hinaufzusteigen. Wenn sie es dann dort oben zur Genüge gesehen haben, dürfen wir ihnen das nicht erlauben, [...] [d]ort oben zu bleiben, sagte ich, und nicht wieder zu jenen Gefesselten hinabzusteigen und nicht teilhaben zu wollen an ihren Mühen und an ihren Ehren, seien diese nun mehr oder weniger geringfügig oder bedeutend.

Die Mikro-Struktur des *Schnee*-Kapitels

Phase 1: Kollektives Schein-Sehen in der Höhle. Für den *Zauberberg* ließ sich
mit dem Geschehen im Röntgen-Keller des Sanatoriums ein erster Höhepunkt
des Erkenntnisprozesses, den Hans Castorp durchlebt, diagnostizieren. Es
handelt sich zugleich auch um einen »Höhlen-Punkt«, wenn man den Durch-
leuchtungsraum als Höhle beschreibt, in der Hans Castorp sich zunächst, wie
er sagt, »[…] die Augen mit Finsternis waschen [muss], um […] zu sehen […]«
(5.1, 329 f.). Tiefer hinab geht es nicht; was die Höhle des Sanatoriums ihm zu
bieten hatte, hat Castorp durchmessen. Und so lässt sich das Ausbrechen im
Schnee-Kapitel, das gegen den expliziten Rat des Hofrats geschieht, als Versuch
verstehen, in einem neuen Raum neue Dinge zu sehen – so wie nach Dantes
Höllenfahrt der Aufstieg auf den Purgatoriumsberg bzw. im Höhlengleichnis
das Verlassen der Höhle folgen.[18]
    Doch dieser Erweiterung der Perspektive geht auch im *Schnee*-Kapitel zu-
nächst eine Begrenzung der Wahrnehmung voran: Der Schnee reduziert den
dreidimensionalen Raum auf einen zweidimensionalen (analog zu den Schatten
der Gegenstände auf der Höhlen-Wand): Die »übermannshohen Schneewände[ ]
zu beiden Seiten« der Wege nutzen die Gäste des Berghofs zum »Schreiben
und Zeichnen« (5.1, 708), also gewissermaßen zur Kommunikation in der Flä-
che, wo der Schnee keine Tiefe mehr erkennen lässt. Nur manchmal geben die
vorbeiziehenden Wolken den Blick in die Ferne frei; das Wechselspiel wird als
»Schleier-Phantasmagorie« (5.1, 711) beschrieben. Wie die Höhle durch ihre
Dunkelheit gleichermaßen ver- und durch ihr Durchleuchtungs-Feuer entbirgt,
verbirgt der Schnee die gewohnte Perspektive, um sodann eine neue zu erlauben. Schon früh gehen somit im Schnee die gewohnten Ordnungen verloren,[19]
was die Basis für Sehen und Erkennen im Schnee bereitet.

Phase 2: Individuelle Befreiung, Aufstieg und Sonnen-Schau. Das *Schnee*-Ka-
pitel setzt ein mit einer Klage der Sanatoriumsbewohner über die »[g]ewalti-
ge[n] Ausfälle an Sonne« im »Hochgebirgswinter« (5.1, 706). In der »Höhle«
des Sanatoriums wird ein »neuer Apparat für ›künstliche Höhensonne‹« an-
geschafft (ebd.). Auch als Castorp zu seinem Skiausflug aufbricht, ist »[d]er
Stand der Sonne […] kaum zu erkennen« (5.1, 722). Als dann ein Schneesturm

---

[18] Warning: Heterotopien (Anm. 11), S. 217 zufolge ist das Schnee-Kapitel angelegt »nach
Art einer rituellen Passage, eines Durchgangs durch höllische Ängste«, es sei »ein Abstieg in
die Unterwelt«.
[19] Dies wird für Castorp später ins Extrem getrieben, zunächst im Blick auf den Raum
(»schien es Hans Castorp bald, als sei mit dem Grund und Boden nicht alles in Ordnung«, 5.1,
728), dann auch hinsichtlich der Zeit (»Sollte er glauben, daß sein Herumirren kaum eine Vier-
telstunde gedauert hatte?«, 5.1, 735).

einsetzt, ist explizit von Castorps »Blindheit« (5.1, 727) die Rede, »da die dichte
Verschleierung des Blickfeldes und die Blendung durch all das Weiß den Ge-
sichtssinn ohnedies fast völlig ausschalteten« (5.1, 727 f.). In dieser doppelten
Verfinsterung tauchen »gespenstische Schatten der Erscheinungswelt« (5.1,
728) auf. Wie nach der individuellen Befreiung im Höhlengleichnis schmerzen
Castorp zudem seine Augen: »Die verkrampften Lider zu trennen und aus-
zuspähen, war eine Anstrengung, deren erprobte Nutzlosigkeit wenig dazu
ermutigte, sie auf sich zu nehmen« (5.1, 733).

Zu Beginn von Castorps Schnee-Traum kehrt das Schleier-Motiv zurück:
»Schleier auf Schleier, den vorher niemand wahrgenommen, war gleichsam
davon abgesunken – ein letzter noch, der nun denn doch, so glaubte man, das
äußerste und reinste Licht enthüllt hatte, und dann ein aller- und dann ein
unwahrscheinlich aberletzter [...]« (5.1, 739). Hinter den Schleiern kommt die
Sonne zum Vorschein: »Oh, oh, genug, ganz unverdient, was war denn das für
eine Seligkeit von Licht, von tiefer Himmelsreinheit, von sonniger Wasserfri-
sche!« (5.1, 740) In diesem Passus wird das Wort »Sonne« sechsmal genannt,
kulminierend in den »Sonnenleute[n]« (5.1, 742), die Castorp im Traum beobachtet. Dass es um mehr geht als nur einen Traum, zeigt die Problematik des
Schauens, die Castorp selbst erkennt: »Er wurde des Schauens nicht satt und
fragte sich dennoch beklommen, ob ihm das Schauen denn auch erlaubt sei
[...]« (5.1, 743). Wie bei Platon führt das Betrachten der Phänomene zu einem
»tieferen« Schauen und einer Erkenntnis dessen, was hinter dem Schein, hinter
dem Schleier liegt: eine arkadische Welt, deren Bewohner »hübsch, gesund und
klug und glücklich [...] und liebenswürdig von innen heraus« (5.1, 742) sind und
damit als Personifikationen der philosophischen »Ideenlehre« aus Ästhetik,
Ethik und Erkenntnistheorie gelten können.

Phase 3: Probleme, Rückkehr – und Wiedereingliederung? Doch anders als
bei Platon sind bei Mann nicht nur harmonische Begebenheiten geschildert,
sondern auch die hinter dem Schleier verborgenen Schattenseiten menschlicher
Existenz: »Zwei graue Weiber, halbnackt, zottelhaarig, [...] zerrissen [...] ein
kleines Kind, zerrissen es in wilder Stille mit den Händen [...] und verschlan-
gen die Stücke, daß die spröden Knöchlein ihnen im Maule knackten und das
Blut von ihren wüsten Lippen troff« (5.1, 745). Castorps Erkenntnisprozess
umfasst also nicht nur die (apollinischen) Ideen, sondern auch das (dionysische)
Triebhafte, das mit Freud[20] und C. G. Jung[21] in Verbindung gebracht werden
kann.

---

[20] Vgl. dazu Luca Crescenzi: Schneetraum. Von Hans Castorps Ethik und vom Eros im »Zauberberg«, in: Études germaniques, Jg. 2017, H. 72, S. 597–610, hier S. 609.
[21] Manfred Dierks: »Ein schöner Unsinn«. Hans Castorps Träume im »Zauberberg«, in:
Hanne Castein / Rüdiger Görner (Hrsg.): Dream Images in German, Austrian and Swiss Literature and Culture. München: Iudicium 2002, S. 112–127, hier S. 126.

Von hier aus führt ein Bogen zurück zur Politik. Das Umschlagen von Schönheit in Gewalt, von Geist in Körperlichkeit, von Diskussion in Tat inszeniert der *Zauberberg* mehrfach in vergleichbarer Weise zu Castorps Schneetraum. In der Berghof-Welt mündet etwa das Ende der politischen Debatten zwischen Naphta und Settembrini in jenes Duell, bei dem sich Naphta suizidiert, als Settembrini sich zu schießen weigert: Wo der Streit der Weltanschauungen sich totgelaufen hat, folgt der lebensweltliche Tod. Auch für die *Zauberberg*-Welt insgesamt lässt sich ein solcher Kipp-Punkt identifizieren: der Beginn des Ersten Weltkriegs als »Donnerschlag«, der »den Zauberberg sprengt« (5.1, 1075). So bietet der Schneetraum eine philosophische »Schau« hinter die »Schleier-Phantasmagorie[n]« und zugleich eine Vorausdeutung auf die Wendungen, die die politischen Debatten nehmen werden.[22]

Man könnte vermuten, dass Hans Castorp, geschult durch die im Sonnenlicht des ewigen Schnees erlangten Erkenntnisse, gereift und verändert in das Sanatorium zurückkehrt. Entsprechend bewertet Rainer Warning das Schneeabenteuer als »Passage«.[23] Doch gegen eine solche Lesart steht das nüchtern-vernichtende Fazit des Erzählers, der Castorps Verhalten nach der Rückkehr kommentiert: »Die hochzivilisierte Atmosphäre des ›Berghofs‹ umschmeichelte ihn eine Stunde später. Beim Diner griff er gewaltig zu. Was er geträumt, war im Verbleichen begriffen. Was er gedacht, verstand er schon diesen Abend nicht mehr so recht« (5.1, 751).

Das Resultat des *Schnee*-Kapitels ist also nicht dasjenige einer Passage, die den Protagonisten von Grund auf verändert, sondern es gleicht der Erfolglosigkeit aus dem *Höhlengleichnis*, auch wenn sich die Bedingungen unterscheiden: Platon zeigt die übrigen Menschen als unwillig oder unfähig, neue Erkenntnisse in ihr Weltbild zu integrieren. Thomas Mann lässt Castorp selbst aus Genussfreude, Bequemlichkeit und geistiger Trägheit schon kurz nach dem exzeptionellen Erlebnis in den Berghof-Trott zurücksinken. Ihn ändern weder die Voraussicht auf den eigenen Tod in der Durchleuchtungskammer noch der eng damit verbundene Vorsatz aus dem Schneetraum (»*Der Mensch soll um der Güte und Liebe willen dem Tode keine Herrschaft einräumen über seine Gedanken*«, 5.1, 748). Castorp bleibt der mittelmäßige Durchschnittsbürger, der er – als Parodie auf den Helden des Bildungsromans – von Anfang an gewesen war, und dies passt wiederum in die politischen Kontexte der Weimarer Republik: Aus der Perspektive Thomas Manns in den frühen 1920er-Jahren

---

[22] Castorp wacht zweimal auf, zunächst nur halb. Der Traum setzt sich auf andere Weise fort. Nun geht es um einen Abstraktionsprozess, vom Individuum zum Kollektiv und vom einzelnen Traum zum Leben als Traum. Im Anschluss daran hat Luca Crescenzi: Traummystik und Romantik. Eine Vision im »Zauberberg«, in: TM Jb 24, 2011, 105–118, hier 114 vorgeschlagen, den *Zauberberg* insgesamt als Traum zu lesen.

[23] Warning: Heterotopien (Anm. 11), S. 217.

kann diese vielleicht als eine »mittelmäßige Durchschnittsrepublik« gelten, zu der man sich nicht aus innerer Überzeugung bekennt, sondern nur, wie es in der *Republik*-Rede heißt, weil sie »ein Schicksal« ist, »und zwar eines, zu dem ›amor fati‹ das einzig richtige Verhalten ist« (15.1, 525).

Zusammenfassung und Ausblick: Konsequenzen für Kulturen der Intertextualität

Die vergleichende Lektüre von *Zauberberg* und *Politeia* konnte für beide Texte hermeneutische Erträge liefern und die gemeinsamen Themenkomplexe *Räumlichkeit und Bewegung, Sichtbarkeit und Erkenntnis* sowie *Gemeinschaftlichkeit und Politik* beleuchten: Beide Werke schaffen von ihrer Umgebung abgegrenzte Handlungsräume, in denen die Protagonisten erst vorübergehend zu Gast und dann langfristig absorbiert sind. Ihre Interaktionspartner repräsentieren bestimmte Lebens- und Denk-Formen und bieten als Gemeinschaft ein vielstimmiges Forum für philosophisch-politische Debatten. All dies verspricht Erkenntnisse, die immer wieder als Formen besonderen Sehens inszeniert sind.

Im konkreten Textverlauf fallen das *Schnee*-Kapitel und das *Höhlengleichnis* als vergleichbare Reflexions-Passagen auf: Sie inszenieren abgegrenzte Handlungsräume zweiter Ordnung. Darin löst sich ein besonderes, aber »mittleres« Individuum aus dem umgrenzten (Höhlen-)Raum und aus der bisherigen Gemeinschaft, um in höhere Sphären und letztlich ans Licht der Sonne bzw. Erkenntnis aufzusteigen. Dieser Aufstieg ist eine graduelle Bewegung, die immer wieder schmerzt und verwirrt, die Sicht unterwegs eher behindert als befördert, sie dann aber sukzessive aufklärt und dadurch ideale Formen des guten Lebens erfasst. Doch im literarischen Szenario bleibt das zunächst folgenlos. Denn als beide Individuen wieder absteigen und in ihre frühere Gemeinschaft zurückkehren, können sie die höhere Einsicht nicht weitervermitteln oder fruchtbar machen.

Die vergleichende Lektüre erschließt somit Besonderheiten beider Texte; darüber hinaus kann sie sich für Theorie und Praxis von Intertextualität als ergiebig erweisen. Oft wird »Intertextualität« als *Abhängigkeit* eines späteren Textes von einem früheren verstanden: Man betreibt den philologischen Vergleich des Wortbestandes und eine historisch-biografische Suche nach Lesespuren, Selbstauskünften oder Rezeptionsdokumenten, um *Anspielungen* eines Textes auf Vorlagen zu diagnostizieren. Das hier vorgeschlagene Verständnis von *Zwischen-Text-Verhältnis* betont demgegenüber nur die Ähnlichkeit der Texte und die hermeneutische Ergiebigkeit der Parallel-Lektüre für das Werkverständnis. Das vermeidet Debatten darüber, welche Bezüge *bewusst* oder *unbewusst, gewollt* oder *ungewollt* sein mögen; denn gerade auch Texte, die scheinbar *fern* und *fremd* zueinanderstehen, können *Ähnlichkeiten* teilen und sich gut zum Vergleich eignen. Ein solcher Vergleich vermehrt das abstrakt Denkbare und schärft den Blick auf das konkret Dargestellte. Vor diesem Hintergrund sind das *Schnee*-Kapitel im *Zauberberg* und das *Höhlengleichnis* der *Politeia* zwei Texte, die nicht voneinander *abhängig*, sondern zueinander so *ähnlich* sind, dass sie die Lektüre wechselseitig erhellen und einander dadurch umso lesenswerter machen.

Yahya Elsaghe

Zu Thomas Manns fiktionalen Darstellungen der Weimarer Republik

I

Der sich am 13. Oktober 1922 zu deutscher Republik bekannte, war ein Mann von bald einmal fünfzig Jahren. Guter Nietzscheaner, hatte er ehedem für Demokratie und Republikanismus nichts als Verachtung übrig. Besonders vollmundigen und großsprecherischen Ausdruck hatte er seiner Geringschätzung der Demokratie und ihres »femininen Einschlag[s]« (13.1, 335) in dem berüchtigten Großessay verliehen, der seiner Rede *Von deutscher Republik* noch ziemlich unmittelbar vorangegangen war.

Wie schlecht sich die *Betrachtungen eines Unpolitischen* und ihre *expresso verbo* »antidemokratische[ ]« (XII, 639) Gesinnung mit dem Bild vertragen, das Thomas Mann der Welt oder Nachwelt wenig später von sich selbst zu machen begann, zeigt schon die Überlieferungsgeschichte dieses mittlerweile anstößigen Elaborats. Denn den Text der ersten Nachkriegsauflage, so dann auch in eine erste Werkausgabe übernommen, kürzte der Verfasser schon einmal »stillschweigend[ ]« (TMS XXII, 158) um ein paar gepfefferte Ausfälle gegen die Demokratie; ein etwas hilfloser Bereinigungs- oder Abmilderungsversuch, dessen Opportunismus Arthur Hübscher zwar bald einmal durchschaute (ebd., 157 f.), den man aber in der Thomas-Mann-Gemeinde unbeirrt mit waghalsigen bis halsbrecherischen Gegenargumenten in Schutz zu nehmen keine Mühe scheut. So noch der bisher letzte Editor des Texts: Hübscher könne »schon deswegen nicht« recht haben, »weil die Kürzungen bereits im Herbst 1921 vorgenommen worden waren, also ein Jahr vor Thomas Manns öffentlichem Bekenntnis zur Weimarer Republik« (13.2, 84). Als ob die »Wandlung vom konservativen Monarchisten zum Republikaner«[1] auf den einen »Oktoberabend« (15.1, 583) genau datierbar wäre! Und als ob Thomas Mann nicht seine Zeit gebraucht haben dürfte, bis er in aller Öffentlichkeit den Mut zu einer Huldigungsrede aufbrachte, die er im Übrigen schon in den »Sommertagen« (ebd.) niederschreiben und danach erst einmal in einer Generalprobe *pro domo* austesten sollte.

Schon die Aufführungsgeschichte der Rede also oder dann jedenfalls diese selbst gibt zu erkennen, dass der Redner sehr wohl wusste, was für ein Wagnis

---

[1] Hermann Kurzke: Thomas Mann. Epoche – Werk – Wirkung, München: Beck 1985, S. 171.

er mit seinem Bekenntnis einging. Um einer antizipierbaren Skepsis gegenüber diesem und gegenüber der Unverzüglichkeit vorzubeugen, mit der er es ablegte, versuchte er den Begriff »deutscher Republik« neu zu fassen. Diese sei gerade kein »Geschöpf der Niederlage« (15.1, 528). Als »innere Tatsache« (ebd.) datiere sie nicht vom Ende, sondern vom Anfang des Kriegs, da sich bereits in den Schützengräben von Langemarck und anderswo ein standes- oder klassenloses Gemeinschaftsgefühl eingestellt habe.

War Manns Argumentationsmanöver darauf kalkuliert, den Abstand zu überspielen, in den er mit seiner Rede zu »dem Buche des ›Unpolitischen‹« (15.1, 584) und seinen anderen kriegspropagandistischen Schriften geriet, so ging die Rechnung nicht auf. Wie schon dem ersten integralen Separatdruck der Rede zu entnehmen, erregte diese »viel Lärm auf der Gasse« (15.1, 583). In einem *Vorwort*, das er der Druckfassung voranzustellen sich deshalb genötigt sah, verwahrte sich der Autor gegen die Kritik, die »unbewegliche Meinungswächter« (ebd.) an seinem *u-turn* übten – oder wie immer sie es nennen mochten, »Bruch«, »Umfall«, »Ueberläuferei«, »Gesinnungswechsel«, »Sinnesänderung« (ebd.). Dem hielt der Angegriffene eine Unterscheidung entgegen, von der er freilich selber konzedieren musste, dass sie reichlich »sophistisch klingen« würde: Er habe, »vielleicht«, seine »Gedanken geändert«, nicht aber seinen »Sinn« (ebd.).

Diese Schutzbehauptung, die mit ihr stipulierte Konstanz eines tiefer liegenden »Sinn[s]«, sei nun einmal wörtlicher genommen, als sie ihr Absender gemeint haben kann; in dem »Sinn« nämlich, dass es möglicherweise gar nicht so weit her war mit der republikanischen Wende, die »gerade dieser Verfasser« (ebd.) *coram publico* vollführte. Dessen fiktional-literarische Texte hat man zu solchem Zweck daraufhin zu befragen, wie sie sich zu deutscher Republik und zu deren faktual-diskursiver Akklamation durch denselben oder eben auch nicht ganz denselben Verfasser verhalten. Bilden sie den radikalen Seitenwechsel ab, den der Redner 1922 in seiner Festansprache derart prompt vollzog? Oder lassen sie nach wie vor gewisse Ressentiments erkennen, die der vormals Unpolitische dem Republikanismus gegenüber vielleicht nie so ganz abzulegen vermochte, und sei es auch unterhalb der Bewusstseinsschwelle, dort also, wohin *per definitionem* keine »Entwicklung des Denkens« mehr hinabreicht?

Zugrunde liegt der so gestellten Frage mit anderen Worten die psychologisch wohl nicht allzu gewagte Hypothese, dass eine dermaßen spät erfolgte Konversion schwerlich gleich alle Vorbehalte überschrieben haben wird, die der Spätkonvertit lange Jahrzehnte hindurch gegenüber der Demokratie hegte. Fragestellung und Arbeitshypothese sind naturgemäß in erster Linie, wenn auch nicht ausschließlich,[2] an diejenigen Texte oder Textpartien des fiktionalen

---

[2] Vgl. z. B. Yahya Elsaghe: »Die vertauschten Köpfe« und Thomas Manns politische Bach-

Gesamtwerks heranzutragen, die für ihren Teil von deutscher Republik handeln. In der Reihenfolge der Entstehungschronologie sind das erstens *Unordnung und frühes Leid*, zweitens die Kapitel XXXIII bis XLVII des *Doktor Faustus*, drittens *Die Betrogene*.

In summa: Von allen Romanen, die Thomas Mann seit Ausrufung der Republik veröffentlichte, sechs oder neun an der Zahl (je nachdem, wie man die Josephstetralogie verrechnet), gilt nur gerade mal einer der Republik; und selbst der nur zur deutlich kleineren Hälfte, nicht einmal einem Drittel, 14 seiner 47 Kapitel, rund 250 von den 765 Druckseiten der Erstausgabe. Und von den fünf bis sieben Erzählungen, die nach dem Ersten Weltkrieg erschienen (je nachdem, ob man *Wälsungenblut* oder *Herr und Hund* mitzählt), sind es bloß deren zwei.

Schon diese quantitativen Befunde sind bemerkenswert. Wenn das *sample* so erstaunlich dürftig ausfällt, dann kann das an sich schon symptomatisch sein für die liebe Not, die der »Vernunftrepublikaner«[3] mit deutscher Republik hatte. Dass er dieser gegenüber gewisse Berührungsängste auch nach 1922 nicht loswurde, darauf deuten ebenso die entstehungsgeschichtlichen Daten. Die Texte des ohnehin schmalen Untersuchungskorpus sind zum größeren Teil nicht in der Epoche der jeweils erzählten Zeit entstanden, sondern aus einem beträchtlichen Sicherheitsabstand dazu.

Im Fall der *Betrogenen* beläuft sich der auf beinahe drei Jahrzehnte. Und den *Doktor Faustus* schrieb Thomas Mann immerhin zehn und mehr Jahre, nachdem die Weimarer Republik untergegangen war. Dabei wird das Wissen um ihren stattgehabten Untergang hier laufend wachgehalten. Es überschattet das Erzählen von ihr und entzieht ihr in eins damit gewissermaßen ihr historisches Eigenrecht. Die betreffenden Romankapitel, ihrer fiktiven Erzählzeit nach im letzten Biennium des Zweiten Weltkriegs angesiedelt, sind immer schon auf das bezogen, was der »demokratische[n] Republik« (10.1, 530) unmittelbar folgen würde. »Die Zeit, von der« er »schreibe«, setzt Zeitblom in diesen Kapiteln wiederholt zu der Zeit in Beziehung, »in der« er »schreibe« (10.1, 488). Die Zeit beispielshalber der »völlig verrückten [...] Währungsinflation« habe »schon viel von [...] dem nie für möglich Gehaltenen« der Zeit »seit 1933« oder »gar seit 1939« (10.1, 562).[4]

Nur gerade *ein* Text des Korpus ist in den Tagen deutscher Republik auch entstanden. Und streng genommen entstand nicht einmal der zur in ihm er-

---

ofen-Rezeption, in: ders./Ulrich Boss/Florian Heiniger (Hrsg.): Matriarchatsfiktionen. Johann Jakob Bachofen und die deutsche Literatur des 20. Jahrhunderts, Basel: Schwabe 2018 (= Schwabe interdisziplinär, Bd. 11), S. 221–245, hier S. 244.

[3] Friedrich Meinecke: Verfassung und Verwaltung der deutschen Republik, in: ders.: Politische Schriften und Reden, Bd. 2, hrsg. v. Georg Kotowski, Darmstadt: Toeche-Mittler 1958, S. 280–298, hier S. 281.

[4] Vgl. auch die 6.2, 59 nachgewiesene Note Golo Manns.

zählten Zeit, sondern ein, zwei, aber alles entscheidende Jahre später. Die in
Unordnung und frühes Leid erzählte Zeit hat man auf das Krisenjahr schlechthin zu datieren, 1923, noch genauer auf dessen November (vgl. TMS XLVI,
175): wahrscheinlich kurz vor Hitlers Putschversuch, sofern eine *argumentatio
e silentio* hier gelten darf; und jedenfalls nur wenige Tage vor der Währungsreform. Geschrieben jedoch wurde die »Inflationsnovelle« (XI, 118), obwohl
durchweg im Präsens gehalten, erst im Frühjahr des übernächsten Jahres (vgl.
6.2, 61), das aber heißt unter auch geldwirtschaftlich konsolidierten Bedingungen. Die Unordnung des Währungsverfalls war bereits Geschichte. Die republikanischen Verhältnisse kommen mithin in der Fiktionalität des präsentisch
Erzählten unnötig schlecht weg, will sagen längst nicht so gut, wie sie *realiter*
bereits geworden waren.

II

Um das fiktionale Werk auch des späteren und späten Thomas Mann auf Spuren oder Reste eingefleischter Widerstände gegen Republik und Demokratie
abzutasten, bietet sich ein bestimmter Aspekt ganz von selbst an. Diesen hat
Mann bereits selber vorgegeben, als er in den *Betrachtungen* gegen einen femininen Einschlag der Demokratie vom Leder zog, nicht von ungefähr. Demokratie nämlich, als Gleichheit aller, heißt schon seit Platon[5] oder Aristoteles[6]
und hieß zumal in der Weimarer Republik Gleichheit auch von Mann und
Frau. An den Wahlen zum republikanischen Reichstag durften erstmals auch
die deutschen Frauen teilnehmen; ein Recht, das sie weidlich nutzten. So viele
weibliche Abgeordnete wie 1919 würden prozentual erst wieder in den ersten
Wahlen zur Volkskammer gewählt werden respektive in der Wahl des sage und
schreibe schon zehnten Bundestags.

Wer nun also das definierte Textkorpus solch einem Suchgraben entlang auf
die Geschlechterverhältnisse und deren Kulturalisationsformen hin sichtet, der
gerät tatsächlich auf Schritt und Tritt an verheerende *gender troubles*. In der
Inflationsnovelle erfasst die Unordnung auch oder gerade *sex* und *gender*. Das
frühe Leid rührt davon her, dass »die weiblichen Triebe« (6.1, 207) lange vor
der Zeit durchbrechen. So nicht nur die Worte einer verächtlichen Domestikin,

---

[5] Platon: The Republic. Books VI–X, hrsg. v. Paul Shorey, Cambridge (Mass.)/London:
Harvard University Press/William Heinemann [10]2006 (= Loeb Classical Library, Bd. 276; Plato,
Bd. 6), S. 308 (VIII, 563b).

[6] Aristoteles: The Nicomachean Ethics, hrsg. v. Harris Rackham, Cambridge (Mass.)/Lon-
don: Harvard University Press/William Heinemann [9]1975 (= Loeb Classical Library, Bd. 73;
Aristotle, Bd. 19), S. 492 (VIII, x.4–xi.1; 1161a); ders.: Politics, hrsg. v. Harris Rackham, ebd. [7]1977
(= Loeb Classical Library, Bd. 264; Aristotle, Bd. 21), S. 462 (V, ix.5–7; 1313b).

sondern auch die mimetischen Sätze des Erzählers: Ein sechsjähriges Mädchen verliebt sich sterblich in einen erwachsenen Mann.

Die jungen Männer tragen lange Haare, schminken sich, tanzen »sogar« (vgl. 6.1, 100) miteinander wie die jungen Frauen.[7] Die Tänze »der wilden Neuzeit« (6.1, 201), »soweit man es Tanzen nennen kann« und soweit sie, »den Unterleib vorgedrückt« (6.1, 199), überhaupt noch eine nennenswerte *Sublimation* des Paarungsverhaltens darstellen, – solcherlei Tänze schüren nicht einfach nur bildungsbürgerliche Überfremdungsängste, wie sie der Erzähler bis zum Verlust der ethnischen, ja der menschlichen Identität artikuliert, indem er intern über Professor Abel Cornelius fokalisiert, eine schon *ex praenomine* die Sympathie der Leserschaft auf sich ziehende und aller ironischen Distanzierung entzogene Figur: »*Fox*trotts und [...] Double *Fox, Afrikanische[ ]* Shimmys, *Java* dances und Polka *Creolas* – [...] *Neger*-Amüsement« (6.1, 200; Hervorhebungen Y. E.). Die wildneuzeitlichen Tänze sind es zuletzt auch, mit nur leichter Überspitzung gesagt, die das frühe Leid bedingen. Dieses nimmt seinen Anfang bei den Tanzbewegungen, die ein gunstbeflissener oder liebedienerischer stud. ing. vor den Augen der Sechsjährigen aufführt, um endlich mit ihr selber zu tanzen, der erst von jetzt an so bitterlich Leidenden.

Wie ihr Begehren hier *a limine* zu nichts führen kann, so erweist sich die Republik auch im *Doktor Faustus* insgesamt als eine Zeit, da die weiblichen Triebe in keine institutionell gefestigten Formen mehr finden. Die patriarchale Familie hat ausgedient. Heiraten kommen gar nicht mehr erst zustande oder allenfalls nur eine einzige; und selbst die nur dann, wenn man Manns eigenwillige Vordatierung der Republik mit einfaktoriert und dieser also auch schon die Kriegsjahre hinzuschlägt. Dabei bestätigt die eine im Krieg eingegangene Ehe sogar noch die Regel, deren Ausnahme sie zu bilden nur scheint. Denn kaum geschlossen, wird sie von der Ehefrau auch schon gebrochen.

Die Männer geben einmal mehr erbärmliche Figuren ab. So gut wie alle sind sie dienstuntauglich und körperlich versehrt, mit Zahnfäule geschlagen, mit Darm- und Magenkatarrhen oder auch ernsthaften Defizienzen der inneren Organe. So Rudi Schwerdtfeger, Adrian Leverkühns zeitweiliger und der Geliebte auch jener notorischen Ehebrecherin. Es fehlt ihm eine Niere.

Söhne vermögen die »Männchen« (10.1, 420, 555, 668) allesamt keine mehr zu zeugen. Und wenn die fortgesetzt untreue Gattin im Ehebett von ihrem *epitheto constante* »kleinen« (10.1, 417, 480, 508, 653, 726) Gatten wenigstens Töchter empfängt, so nur, um es in Zeitbloms schauerliches Bild dafür zu fassen: »abgewandten Gesichtes« (10.1, 480). – Ein »Familiensöhnchen« (10.1, 557)

---

[7] Zur »ungeschminkten« Homosexualität auch des »Wandervogel-Typ[s]« (6.1, 188) vgl. 15.1, 1030f., mit Sander L. Gilman: Franz Kafka. The Jewish Patient, New York / London: Routledge 1995, S. 158.

lässt unter dem Druck der Seinen eine Verlobung platzen, nachdem sie ein ausgesprochener Schuft hintertrieben hat. Die Braut *in* oder vielmehr *sine spe* vergiftet sich. Dies, so steht es in den ältesten Entwurfsnotizen zum Roman, »um das Jahr 1920« herum.

Kläglich scheitert sodann der Versuch des Protagonisten, sich aus seiner Bindung an – einander buchstäblich aufs Haar gleichende – Mutterfiguren zu lösen. Den einzigen Heiratsantrag seines Lebens macht der ewige Muttersohn einer Frau – Marie mit Namen, *dem* mütterlichen Vornamen schlechthin –, deren Stimm-»*Material*« (10.1, 609; Hervorhebung Y. E.) der Stimme seiner leiblichen Mutter wiederum buchstäblich zum Verwechseln ähnelt. Und Schwerdtfeger, der den Antrag in seinem, Leverkühns, Namen zu überbringen hat, stellt ihn endlich *for himself* – ein Shakespeare'sches Komödienmotiv.[8] Gar nicht komisch sind indessen die mörderischen Folgen seiner Verlobung mit der im Dreieck Begehrten. Mit einem Revolver erschießt den »[a]rme[n] Rudi« (10.1, 604) aus Eifersucht die geschädigte Vierte, die mit ihm ihre abgewandten Gesichts vollzogene Ehe zu brechen pflegte, die Schwester jener Suizidentin. Man schreibt den »Winter[ ]« »des Jahres 1925«, »ungefähr« »Februar« (10.1, 648, 610, 656).

Sowohl das Kapitaldelikt dieser einen als auch der Suizid jener anderen Schwester sind also mehr oder weniger präzis, aber beide eindeutig auf die Jahre der Republik datiert, und zwar ganz gezielt hochdatiert. Denn die familiengeschichtlichen bzw. lokalhistorischen Vorgaben für das eine wie für den anderen gehörten noch der Vorkriegszeit an. Carla Mann nahm sich auf dieselbe Art und offenbar aus denselben Gründen das Leben, aber schon ein Jahrzehnt früher, 1910. Und der sogenannte Trambahnmord von Dresden ereignete sich auf dieselbe spektakuläre Weise, aber schon ein Vierteljahrhundert früher, März 1901, verübt deshalb an einem noch »*Königl.* Kammermusikus«,[9] im Übrigen auch mittels eines ebensolchen *corpus delicti* (»Revolver […] 9 Millimeter Kaliber, also absolut tödtlich«[10]).

Die im *Doktor Faustus* gewahrte Grobschlächtigkeit der phallischen Tatwaffe ist hier Teil und Ausdruck einer genderpolitisch skandalösen »Verkehrung«, die das ehebrecherische Verhältnis von allem Anfang an bestimmt. Auf explizit diesen Begriff bringt es der »kastrierte« Geliebte selber, wohlgemerkt in den ersten Wochen der Weimarer Republik, an einem »Januar-Tag des Jah-

---

[8] William Shakespeare: Much Ado About Nothing, in: ders.: The Norton Shakespeare. Based on the Oxford Edition, hrsg. v. Stephen Greenblatt, New York / London: Norton 1997, S. 1381–1444, hier S. 1401 (II.1). Vgl. Yahya Elsaghe: Adrian Leverkühns »Love's Labour Lost« als Interpretament für Thomas Manns »Doktor Faustus«, in: Sprachkunst, Jg. 2012, Bd. 43.1/2, Wien: Österreichische Akademie der Wissenschaften, S. 67–89, hier S. 69 f.

[9] Neueste Nachrichten [Dresden], 22. März 1901, Nr. 81, S. 2; Hervorhebung Y. E.

[10] Ebd.

res 1919« (10.1, 507): »Es verkehre irgendwie das Besitzverhältnis und führe zu einem unerfreulichen Übergewicht der Frau«. Die Frau »gehe mit [...] seinem Körper um, wie eigentlich und richtigerweise der Mann umgehe mit dem einer Frau« (10.1, 509).

III

Wie die fatalen *gender troubles* des *Doktor Faustus* in die Zeit der Republik fallen, zu fallen *haben*, so beginnt *Die Betrogene* von vornherein mit einer entsprechenden Zeitangabe: »In den zwanziger Jahren unseres«, das heißt natürlich des zwanzigsten »Jahrhunderts« (6.1, 458). In die Jahre deutscher Republik fällt sogar schon die Vorgeschichte der Erzählung, soweit sie hier Erwähnung findet und sofern man sie wiederum mit Manns eigensinniger Phasenverschiebung der historischen Perioden liest. Denn diese Vorgeschichte setzt mit dem Kriegsausbruch ein, mit der Verwitwung der Protagonistin. Deren Mann, ein hoher Militär, sei »ganz zu Anfang des Krieges [...] ums Leben gekommen« (ebd.).

Von der Nachgeschichte indessen, wenn man so sagen darf, ahnt der Erzähler der *Betrogenen* nichts, ganz im Gegensatz zu Serenus Zeitblom. Mochten »Drittes Reich« und Zweiter Weltkrieg Thomas Mann und den Seinen auch in noch so frischer Erinnerung geblieben sein – in der *Betrogenen* werfen sie keinerlei Schatten voraus, als wüsste der Erzähler so wenig davon wie noch der Autor zu der Zeit, da er *Unordnung und frühes Leid* schrieb.

In just dieser oder besser »um« die Zeit, in der er seine Erzählung von der Unordnung und dem Leid des damals allbereits gründlich ausgestandenen Krisenjahrs geschrieben hatte, ließ er *Die Betrogene* spielen, während *nota bene* das anekdotische Geschehen, das ihn hierzu inspirierte, sich nach seinem Dafürhalten wiederum schon um die Jahrhundert*wende* zugetragen haben musste (vgl. 6.2, 280). Die neuerliche Hochdatierung also auch dieses Geschehens nahm er so schon in seinen Entwurfsnotizen vor: »Handlung spielt um 1925.«

Eine solche Datierbarkeit, also nicht bloß auf das Jahrzehnt des Jahrhunderts, sondern auf das eine Jahr 1925 genau, wird im ausformulierten Novellentext gleich mehrfach sichergestellt. Verschiedentlich flicht der Erzähler etwa Hinweise auf die Jahre mit ein, auf die sich das Alter dieser oder jener Figur zu diesem oder jenem Zeitpunkt der Handlung oder ihrer Vorgeschichte beläuft bzw. belief. Zum Beispiel soll die Protagonistin, nachdem die »damals erst vierzigjährige[ ] Frau« (6.1, 458) »ganz zu Anfang des Krieges« und vor »mehr als einem Jahrzehnt« (ebd.) Witwe geworden sei, zuletzt »ihr fünfzigstes Wiegenfest [...] begangen« haben (6.1, 459).

Angaben solcher Sorte sind so zahlreich und dem Erzähler oder Autor so wichtig, dass er sich damit einige Unstimmigkeiten einhandelt. Je nachdem, an welche Informationen man sich hält, beginnen die etwa zehn Monate der Handlung erst im Mai 1925, oder aber sie enden schon Wochen früher, im März 1925; ein Widerspruch, der gewissermaßen den Handlungsspielraum ausreizt, den jene vage und dennoch auch wieder annalistisch konzise Entwurfsnotiz freihält. So oder so spielt die Handlung »um« 1925. Auf dieses Jahr und seine Identifizierbarkeit legt der Erzähler oder Autor offenbar höheren Wert als auf die Konsistenz seiner immer wieder darauf abzielenden Andeutungen.

Das bereits auf der ältesten Konzeptionsstufe fixierte Jahr 1925, wie allenfalls auch schon das Jahr 1924, in dem die Handlung je nachdem bereits einsetzen könnte, aber eindeutiger als dieses – und ganz anders als jenes Krisenjahr oder als ein jedes noch frühere Jahr der Dekade –, »1925« also meint den Anfang des sprichwörtlich goldenen Lustrums, der »zweiten Hälfte« der »zwanziger Jahre[ ]«, die auch in Zeitbloms Chronik scharf gegen die krisengeschüttelte erste absticht (10.1, 563). Insofern versteht es sich von selbst, warum die Erzählinstanz in der *Betrogenen* leicht reden hat und weshalb sie sich nunmehr aufgeräumter geben darf als noch im *Doktor Faustus* oder in *Unordnung und frühes Leid*. Während ein entsetzter Zeitblom die Republik, beispielsweise eben den Wertesturz, auf ihre Vernichtung vorausbezieht oder während der wehmütige Erzähler der Inflationsnovelle vor der allgemeinen Unordnung schlicht und einfach resigniert, scheint derjenige der *Betrogenen* noch nicht einmal von dieser Unordnung der soeben vergangenen Jahre Kenntnis zu haben oder zu nehmen. Wenn es hochkommt, streift er Unordnung und Geldentwertung allenfalls im ersten Satz seiner Erzählung, nur ganz flüchtig, andeutungsweise und als etwas seit der Währungsreform Behobenes. Eine Kriegswitwe – denn Rentner oder Rentnerinnen waren ja von der Hyperinflation am schwersten betroffen gewesen – darf mittlerweile wieder »in bequemen, wenn auch nicht üppigen Verhältnissen« leben (6.1, 458).

Was jedoch die Geschlechterverhältnisse angeht, so lässt schon die besagte Vorgeschichte Schlimmes befürchten. Der unwiderruflich absente *paterfamilias* ist nicht wirklich gefallen. Gestorben ist er »nicht im Gefecht, sondern auf recht sinnlose Weise durch einen Automobilunfall, doch *konnte* man *trotzdem* sagen: auf dem Felde der Ehre« (ebd.; Hervorhebungen Y. E.).

In der mit solch einem halbbatzigen Heldentod eröffneten Erzählung erweist sich die heteronormative Ordnung der Geschlechter als ebenso nachhaltig gestört wie in jenen Kapiteln des *Doktor Faustus* oder wie in *Unordnung und frühes Leid*. Wie sich dort ein Mädchen lange vor der Geschlechtsreife, doch leidenschaftlich in einen jungen Mann verliebt, so ist es in der *Betrogenen* eine Witwe in den Wechseljahren; und der von ihr Begehrte teilt mit dem Opfer der rabiaten Mörderin aus dem *Doktor Faustus* auch noch einen ausgefallenen und desto auffälligeren Defekt. Auch ihm fehlt eine Niere. Das *hier* als Kastrationssymbol zu interpretieren, hat man in der Forschung denn auch nicht gezögert (vgl. TM Jb 3, 1990, 125); eine Interpretation übrigens, die hübsch zu der Todesart und Organdetumeszenz passt, die Mann einmal für den Gatten der Protagonistin vorgesehen hatte, bevor er ihn, obwohl damals schon »Rittmeister[ ]«, auf dem Felde der Ehre ein gleichwohl dubioses Ende nehmen ließ: »Schrumpfnieren«.

Die, wie sich Zeitblom auszudrücken windet: »Begehrungen« der »Weiblichkeit« (10.1, 551) sind in der *Betrogenen* noch ungleich augenfälliger an die Republik gebunden als vorher. So beruft sich die verliebte Frau, von ihrer Tochter zur Rede gestellt, auf eine ausdrücklich »republikanische[ ] Auflockerung der Sitten«, wie sie sich in der Mode der weit heraushängenden Stecktücher zu erkennen gebe (6.1, 514). Die republikanisch laxen Bekleidungsstandards verschaffen ihr zuvor auch einen Blick auf den teilweise entblößten Mann (dessen im Übrigen eingeräumte »Durchschnittlichkeit« sie vor einem wieder ausdrücklich »demokratischen […] Hintergrunde« wahrnimmt und zu schätzen weiß (6.1, 499)). Da erst bricht ihr Begehren voll durch, wird sie sich desselben bewusst oder gesteht sie sich ein, dass es ihr »ganzes Inneres überströmt, überschwemmt« (6.1, 485).

»[D]ies Überströmt-, Überschwemmtwerden ihres Inneren« (6.1, 494), nachdem es auch der innensichtige Erzähler einmal mit denselben Fließmetaphern so bezeichnet hat, erfährt am Ende der Erzählung eine zynische Wiederverwörtlichung. In makaber vereigentlichter Bedeutung erscheinen die beiden *verba fluendi* nochmals in der Diagnose, die ein abgebrühter Professor über dem geöffneten Körper der Krebspatientin zum Besten gibt: »mit Estrogenhormonen überschüttet, überströmt, überschwemmt« (6.1, 539).

Von hier aus betrachtet, erweist sich das weibliche Begehren zu »guter« Letzt als ein krankhaftes. Es war der trügerische Effekt eines pathologisch erhöhten Hormonspiegels. Die finale Krankheit aber, welche die Östrogenausschüttung freigesetzt hat, scheint untergründig mit dem Gesellschaftssystem zu kommunizieren, unter dem sie ausbricht.

IV

Als Mann seine Betrogene an einem Ovarialkarzinom erkranken ließ, war die Angst vor dem Krebstod womöglich noch gravierender als heutzutage. Sukzessive besetzte sie das Feld, das die alten Ansteckungsängste seit der bakteriologischen Revolution und mit den chemotherapeutischen Erfolgen der Pharmazeutik eine nach der anderen geräumt hatten. Denn anders als die Infektionskrankheiten war der Krebs zur Entstehungszeit der *Betrogenen* ein Rätsel wie eh und je, so unverstanden wie zur dort erzählten Zeit. In dieser muss selbst ein Prof. Dr. med. vor der Onkogenese schlechterdings kapitulieren. Die unter

dem Figurenpersonal höchste Fachautorität, indem sie die ätiologische Erklärung für den nur eben diagnostizierbaren Befund dem Allwissen eines floskel-
haft berufenen Gottes anheimstellt – »durch Gott weiß welchen Reizvorgang«
(ebd.) –, darf es sich leisten, ihr Verständnisdefizit unumwunden zuzugeben.

Desto wilder konnten die Spekulationen ins Kraut schießen, zu denen die
noch weit klaffende Wissenslücke Philosophen, Psychologen oder allerhand
Esoteriker herausfordern musste. Auch Manns *Betrogene* lässt sich als ein Ver-
such lesen, die Fragen zu bearbeiten, mit denen der zusehends perhorreszierte
Krankheitstyp ihn und seinesgleichen konfrontierte. Angebahnt war dieser
Versuch von langer Hand.

Das hierfür älteste Zeugnis datiert ein paar wenige Jahre nach der Zeit, zu
der *Die Betrogene* spielt. Es ist ein Essay über Theodor Storm. Storm, obwohl
oder vielmehr weil *in medicalibus* für einen Laien überdurchschnittlich gut
informiert – nicht anders als Thomas Mann –, hatte den Krebs, dem er selber
erliegen würde, in seinem berühmten *Schimmelreiter* als »Krankheit unserer
Marschen« bezeichnet.[11] Als verstünde sich das ganz von selbst, erklärte er den
Krebs damit zu einer Sumpfkrankheit, wie die in seiner Heimatregion lange
endemische Malaria eine war, die daher ja auch ihre romanischen Namen hat,
paludisme, paludismo.

Allein schon die Bedenkenlosigkeit, mit der Storm auch den Krebs als eine
Art Paludismus hinzustellen keinerlei Anstand nahm, lässt erkennen, dass er
hier, wenn keine *communis opinio*, so immerhin eine salonfähige Theorie ab-
rief. Dass Krebsinzidenz und Feuchtigkeitsgrad des Erdbodens korrelationiert
seien, diese Meinung zirkulierte auch unter Fachleuten noch weit über Storms
späte oder Manns formative Jahre hinaus,[12] bis tief ins zwanzigste Jahrhundert
hinein.[13] Das eben scheint auch aus jenem Essay hervorzugehen, namentlich
aus der Stelle, die von Storms Sterben handelt. Storm, heißt es da wiederum
mit dem Gestus vollkommener Selbstverständlichkeit, sei dem »Marschenübel«
zum Opfer gefallen (IX, 266).

Die fachwissenschaftlich gedeckten Vorstellungen vom Krebs als Marschenübel und Sumpfkrankheit, die vermutlich aus der Infektiologie verschleppt
waren und die nur noch einmal bezeugen, wie hilflos die Grundlagenforschung
hier vor ihren ungelösten Aufgaben stand, – solche Vorstellungen konnten nun
bequem mit einer bestimmten Richtung zusammenfinden, welche die phäno-

---

[11] Theodor Storm: Der Schimmelreiter, in: ders.: Sämtliche Werke, Bd. 3: Novellen 1881–1888,
hrsg. v. Karl Ernst Laage, Frankfurt/Main: Deutscher Klassiker Verlag 1988 (= Bibliothek deutscher Klassiker, Bd. 30), S. 634–756, hier S. 676.

[12] Vgl. z. B. Jacob Wolff: Die Lehre von der Krebskrankheit von den ältesten Zeiten bis zur
Gegenwart, Bd. 3, Abt. 1, Jena: Gustav Fischer 1913, S. 3–15.

[13] Vgl. Yahya Elsaghe: Max Frisch und das zweite Gebot. Relektüren von »Andorra« und
»Homo faber«, Bielefeld: Aisthesis 2014 (= Figurationen des Anderen, Bd. 3), S. 318–326.

menologischen Spekulationen über die neu ins kollektive Bewusstsein getretene Krankheit seinerzeit einschlugen. Im Krebs, als einer Emanzipation der Einzelzelle gegenüber der »Zentralkraft des Organismus«,[14] konnte man auch noch etwas ganz anderes sehen als die genuin moderne Zivilisationskrankheit, als die ihn der globale Norden in der Nachkriegszeit je länger, desto panischer zu fürchten lernte (wobei die Spezialisten die zulegenden Inzidenzwerte schon immer mit verfeinerten Diagnosemethoden[15] und der höheren Lebenserwartung[16] abzugleichen wussten). Krebs, qua hemmungslose Vermehrung, ließ sich auch als zellulärer Atavismus verstehen, als Regression gleichsam auf die irreguläre Fertilität des Sumpfs, mit dem er ja auch seitens der Fachzunft in einen Kausalzusammenhang gebracht worden war.

Wie weit der Verfasser der *Betrogenen* von dergleichen Spekulationen wusste oder ob er *sponte sua* auf einen entsprechenden Einfall kam, das bleibt unklar. Ein hier als Quelle in Betracht kommendes Buch steht zwar in seiner Nachlassbibliothek. Nur weist es keinerlei Lesespuren auf – wie freilich noch ein weiteres desselben Autors, das er sorgfältig studiert haben muss und dessen Studium in der *Betrogenen* erwiesenermaßen tiefe Spuren hinterlassen sollte.[17]

Die Rede ist vom »bedeutendste[n] Jung-Schüler«,[18] Erich Neumann, von seiner *Ursprungsgeschichte des Bewußtseins*, von deren zweitem Kapitel. Schon auf der ersten Seite dieses Kapitels, in dem es um die Große Mutter und das »erwachende[ ] Menschheits-Ich« geht,[19] stößt man auf einen für *Die Betro-*

---

[14] Günther Anders: Die Antiquiertheit des Menschen, Bd. 1: Über die Seele im Zeitalter der zweiten industriellen Revolution, München: Beck [7]1992 [[1]1956], S. 337, Anm. [zu S. 138].

[15] Vgl. z. B. William Silberschmidt: Verbreitung und soziale Bedeutung des Krebses, in: Die Krebskrankheit und ihre Bekämpfung. Sechs gemeinverständliche Aufsätze, hrsg. v. der Schweizerischen Vereinigung für Krebsbekämpfung, Zürich: Rascher [2]1926, S. 29–50, hier S. 29–31; Otto Stiner: Die Verbreitung des Magenkrebses in der Schweiz in den Jahren 1901–1930, in: Bulletin der Schweizerischen Vereinigung für Krebsbekämpfung, Jg. 1934, H. 2.1, Bern: Huber, S. 114–130, hier S. 118 f.

[16] Vgl. z. B. Hans Hunziker: Wissen, Glaube und Aberglaube in der Krebsfrage, in: Bulletin der Schweizerischen Vereinigung für Krebsbekämpfung, Jg. 1933, H. 1.1, Bern: Huber, S. 5–24, hier S. 16; Stiner: Verbreitung des Magenkrebses (Anm. 15), S. 119; Alfred Jahn / Martin Schulz: Die Veränderung der Krebssterblichkeit unter eingehender Berücksichtigung der krebserkrankten Organe, 1933–1954 in Berlin, in: Zeitschrift für Krebsforschung, Jg. 1956, H. 61.2, Berlin / Heidelberg: Springer, S. 152–164, hier S. 154–156.

[17] Erich Neumann: Eros und Psyche. Ein Beitrag zur seelischen Entwicklung des Weiblichen, in: Apuleius: Amor und Psyche, übers. v. Albrecht Schaeffer, Zürich: Rascher 1951 (= Das Erbe der Antike), S. 75–201. Vgl. Yahya Elsaghe: Krankheit und Matriarchat. Thomas Manns »Betrogene« im Kontext, Berlin / New York: de Gruyter 2010 (= Quellen und Forschungen zur Literatur- und Kulturgeschichte, Bd. 53 [287]), S. 191–193, 216–222.

[18] Micha Neumann: »Neumann, Erich«, in: Neue Deutsche Biographie, hrsg. v. der Historischen Kommission bei der Bayerischen Akademie der Wissenschaften, Bd. 19, Berlin: Duncker & Humblot 1999, S. 142 f., hier S. 143.

[19] Erich Neumann: Ursprungsgeschichte des Bewußtseins, Zürich: Rascher 1949, S. 53.

gene einschlägigen Passus – ob seine Einschlägigkeit nun quellenphilologisch als Resultat eines Aneignungsvorgangs zu beschreiben oder diskursanalytisch bloß als Beleg für die Eigengesetzlichkeiten der Wissens- und Spekulationsgeschichte zu werten sei. Den »Krebs, der den Organismus zerfrißt«, assoziiert Neumann dort mit dem »Sumpf«, der »zeugt, gebiert und tötet«, den Sumpf aber nochmals mit der »Welt des *Bachofen*schen Matriarchats«.[20]

Was Neumann hierunter verstand, lässt sich nur noch erraten. Denn in dieser Form oder unter diesem Titel kann es ein Bachofen'sches Matriarchat gar nicht geben. Weder hat Bachofen den Terminus Matriarchat selber benutzt, noch auch sind die Begriffe, deren er sich an dessen statt bediente (Mutterrecht, Weiberrecht, Gynaikokratie),[21] bei ihm mit dem Sumpf verbunden. Mit der »wilden Sumpfvegetation«[22] pflegte Bachofen nicht die bei ihm intermediäre Entwicklungsphase des Mutterrechts zu identifizieren – vermittelnd zwischen Vaterrecht und einer noch totalen Promiskuität aller –, sondern ebendiesen promisken, animalisch-vorkulturellen Urzustand, den von ihm so genannten Hetärismus.

Mit der Verwechslung oder Vermengung der beiden präpaternitären Kulturstadien befand sich Neumann in großer und teils guter Gesellschaft.[23] Zu dieser scheint nicht zuletzt auch Thomas Mann zu gehören, gerade mit der *Betrogenen* oder dem *Doktor Faustus*, wenn auch noch nicht mit seiner Inflationsnovelle. Denn die war schon seit ein paar wenigen Monaten erschienen, als er Bachofen in einer ersten Neuausgabe in die Hände bekam und dort unversehens Antworten auf die Fragen fand, die er in seiner Novelle nur mehr aufgeworfen hatte.

Die Betrogene aber ist eine Matrone von der Art, wie sie Bachofen für das »lunarische« Mutterrecht für typisch hielt.[24] Zum Beispiel bevorzugt sie ihre Tochter gegenüber deren Bruder,[25] einem vaterlosen Muttersohn. Dieser übri-

---

[20] Ebd.; Hervorhebung im Original.

[21] Vgl. Yahya Elsaghe: »Mutterrecht«, »Weiberrecht« und »Gynaikokratie«. Zur Begrifflichkeit der Bachofen'schen Matriarchatstheorie, in: Archiv für Begriffsgeschichte, Jg. 2021, Bd. 63.1, Hamburg: Meiner, S. 75–104.

[22] Johann Jakob Bachofen: Urreligion und antike Symbole. Systematisch angeordnete Auswahl aus seinen Werken […], hrsg. v. Carl Albrecht Bernoulli, Leipzig: Reclam 1926, Bd. 1, S. 120.

[23] Vgl. Peter Davies: Yahya Elsaghe: Krankheit und Matriarchat. Thomas Manns »Betrogene« im Kontext [Rezension], in: Modern Language Review, Jg. 2012, Bd. 107.4, London: Modern Humanities Research Association, S. 1288 f., hier S. 1288.

[24] Vgl. Johann Jakob Bachofen: Gesammelte Werke, hrsg. v. Karl Meuli et al., Basel: Schwabe 1943–2020, Bd. 2, S. 107, 245, 311; Bd. 3, S. 584, 590 f., 662–664, 693, 697, 840; Bd. 4, S. 258 f.; Bd. 5, S. 51; Bd. 6, S. 28, 57, 263, 273, 283, 297, 403; Bd. 7, S. 136, 146, 274; Bd. 8, S. 28, 57, 263–269, 273, 283, 297, 403; ders.: Antiquarische Briefe. Vornehmlich zur Kenntniss der ältesten Verwandtschaftsbegriffe. Bd. 2: XXXI–LXI, Straßburg: Karl J. Trübner 1886, S. 78–81, 83 f., 86, 90.

[25] Vgl. ders.: Gesammelte Werke (Anm. 24), Bd. 2, S. 394, 433, 441; Bd. 3, S. 545 f., 611, 659, 670, 700 f., 703, 724, 728, 736, 751, 767, 863, 877, 944 f., 972, 989 f.

gens hätte in den Entwurfsnotizen zunächst nicht schon »6 Jahre vor«, sondern erst »nach dem Tode [...] des Rittmeisters [...] zur Welt [...] kommen«, einen Vater also gar nie kennen sollen. Und indem seine Mutter einem viel jüngeren Mann Avancen macht, ihn angeht »wie ein Mann [...] das junge Weib seiner Wahl« (6.1, 486), verhält sie sich nach dem Code, nach dem Bachofen das Mutterrecht in seinem so betitelten Hauptwerk geradezu definierte. Die Stelle hat Mann in jener Ausgabe unter- und angestrichen: »Die Herrschaft des Weibes beginnt mit ihrer eigenen Wahl. Das Weib wirbt, nicht der Mann.«[26]

Doch der Krebs, der die Betrogene befällt, entspricht gerade nicht der Logik solchen Mutterrechts, unter dem *sex* und *gender* eben sehr wohl schon, nur einfach anders reguliert sind als unter dem »solarischen« Vaterrecht. Vielmehr unterliegt er in seiner außer Rand und Band geratenen Wucherungswut dem Gesetz oder der Gesetzlosigkeit des »chthonischen« Hetärismus. Diesem und seinem lichtlosen »Tellurismus« hat man übrigens auch schon die szenischen Umstände zuzuordnen, unter denen im *Doktor Faustus* jenes Wort vom – nun allerdings wiederum mutterrechtlich – verkehrten Besitzverhältnis fällt, nämlich in einem verdunkelten und »zu ebener Erde« gelegenen Zimmer (10.1, 285, 308).

Eine Isotopie gewählten Dunkels, geschlossener Augen und herabgewürdigten »Tageslicht[s]« (6.1, 499) läuft auch durch den Text der *Betrogenen*,[27] ebenso wie eine solche des »Sumpf[s] und seine[r] Gewächse« – um es auf die Formel der Überschrift zu bringen, unter der Mann eine Einführung in die »natursymbolischen« Vergegenwärtigungen des Hetärismus nachweislich, nämlich wieder mit dem Bleistift las.[28] Und zwar sind die auf dieser Isotopieebene versammelten Textelemente ausnahmslos gesucht und gewollt. Kein einziges hat Mann seinem wie immer so weidlich ausgeschlachteten Quellenmaterial entnehmen können, weder den »feuchten Wiesenweg« noch das »schleimige[ ] Gewässer« noch auch »die kalifornische[ ] [...] Sumpfzypresse« (6.1, 529f.).[29]

Hinzuerfunden sind auch die Linden an der »nach Peter von Cornelius benannten Villenstraße« (6.1, 458), wohin die Witwe nach dem Verkehrsunfall ihres Mannes verzogen sein soll. Nach Ausweis zeitgenössischer Aufnahmen war die Düsseldorfer Cornelius-Straße, die Mann aus den Zwanzigerjahren gut bekannt sein musste, keinesfalls »mit Linden bepflanzt[ ]« (ebd.), sondern entweder mit Ahornbäumen oder mit Pappeln, deren »Baumblüte« (6.1, 466)

---

[26] Ders.: Der Mythus von Orient und Occident. Eine Metaphysik der alten Welt. Aus den Werken [...]. Mit einer Einleitung von Alfred Baeumler, hrsg. v. Manfred Schröter, München: Beck 1926, S. 209. Vgl. auch ders.: Urreligion und antike Symbole (Anm. 22), Bd. 2, S. 353; hier in keinem der beiden Exemplare, in denen er diese Ausgabe besaß, Lesespuren Thomas Manns.

[27] Vgl. Elsaghe: Krankheit und Matriarchat (Anm. 17), S. 178–190, 308–311.

[28] Bachofen: Urreligion und antike Symbole (Anm. 22), Bd. 1, S. 353.

[29] Vgl. Elsaghe: Krankheit und Matriarchat (Anm. 17), S. 218–222.

dem stark ausgebildeten, ontogenetisch seinerseits besonders urtümlichen Geruchssinn der Protagonistin nicht ebenso weit entgegenkommen wäre wie der »wundervolle[ ] Blütenduft« (10.1, 736) der hierher phantasierten Linden. Und im Unterschied zum Ahorn sind Linden »zweihäusige‹ Gewächse« (6.1, 466). Das hiermit gegebene Phänomen der Windbestäubung, die sich »zur Zeit der Lindenblüte« also förmlich vor ihren Fenstern oder unter ihrer Nase abspielen muss, hat die Betrogene ausdrücklich beim Namen zu nennen – trotz ihrer supplierbar bescheidenen Schulbildung; was der Erzähler, dem weibliche Hochschulreife noch bei der Generation ihrer Tochter eine eigene Erwähnung wert ist, zu rechtfertigen sich eigens die Mühe macht. »Rosalie«, versichert er, »wußte genug Botanik, um die Tochter belehren zu können«: »Sie sprach [...] vom Liebesdienste des Zephirs [...], seinem gefälligen Hintragen des Blütenstaubes auf die keusch wartende weibliche Narbe, – eine Art der Befruchtung, die ihr besonders anmutig schien.« (ebd.)

Nicht umsonst greift Rosalie hier zu unüberlesbar humanerotischen Sexualmetaphern. Denn aleatorisch oder wahllos, wie sie erfolgt, bildet die metaphorisch anthropomorphisierte Art der Befruchtung ihrerseits wieder ein botanisches Pendant des Hetärismus. Somit nehmen die Linden vor Rosalies »Häuschen« (6.1, 458) einen anderen Bedeutungswert an, als man vom Gesamtwerk her voraussetzen könnte. Sie stehen für etwas anderes als der »alte« und »exemplarisch« deutsche, »Lindenbaum‹« des *Zauberbergs* (5.1, 985, 987) oder erst recht die »alte Linde« vor Leverkühns und seines älteren Bruders Vaterhaus (10.1, 736).

Von diesem »Lindenbaum« erfährt man bei erstbester Gelegenheit, »daß stets der Erbsohn in jungen Jahren seine Beseitigung [...] gegen den Vater verfocht, um ihn eines Tages, als Herr des Hofes, gegen das Ansinnen des eigenen Sohnes in Schutz zu nehmen« (10.1, 22). Die Linde auf Hof Buchel steht für eine Integrität vaterrechtlicher Verhältnisse, wie sie während deutscher Republik verloren gehen und Bachofen zufolge verloren gehen müssen. Denn die drei großen Kulturstufen, die er postulierte, hatten in seinen und vor allem auch in den Augen seiner Adepten ihre herrschaftstheoretischen Weiterungen. Vaterrechtlichkeit war mit steilen Machthierarchien korreliert, etwa dem Kaisertum. Die »Sumpfstufe«[30] des Hetärismus hingegen, als Egalitarität ohne die geringsten Sozialnuancen, hatte ihre Entsprechung in der Demokratie, die der Basler Patrizier für seine Person tödlich hasste.

Im Kreis der Konservativen Revolutionäre, über den Thomas Mann allererst zu Bachofen fand,[31] mussten solche Ana- oder Homologisierungen von Geschlechterverhältnissen und Verfassungsformen auf offene Ohren treffen.

---

[30] Neumann: Ursprungsgeschichte des Bewußtseins (Anm. 19), S. 40.
[31] Vgl. Elsaghe: Krankheit und Matriarchat (Anm. 17), S. 263.

Sie ließen sich spielend in die Polemik gegen die hier gerne so geschmähte »Sumpfkultur«[32] der Weimarer Republik integrieren; und zwar deswegen, weil Bachofen den Gang der Kulturgeschichte nicht einfach im Sinne eines planen Fortschrittsnarrativs konzipiert hatte.

Nach Bachofen wurde der stetige Fortschritt zum immer Besseren durch zweierlei Faktoren konterkariert. Der eine, sozusagen klassisch-mechanische, gehorchte dem Gesetz von Aktion und Reaktion. Aus besonders starken Evolutionsschüben Richtung Vaterrecht resultierten proportional heftige Rückschläge.

Der andere Faktor unterlag zyklischen Konzepten des Geschichtsverlaufs, wie sie zu Bachofens Lebzeiten etwa auch bei dessen vormaligem Schützling wieder aufkamen, bei Manns Leibphilosophen, in Nietzsches ewiger Wiederkehr des Gleichen. Eine Rückkehr des *chaos antiquum* sah auch Bachofen am Ende der Geschichte voraus. Die hierfür wichtigste Stelle des *Mutterrechts* hat sich Mann in ebenjener Ausgabe wiederum angestrichen, in der er seinen Bachofen zu lesen begann – angeleitet durch einen Meinungsführer der Konservativen Revolution, der in seiner *Einleitung* nicht versäumte, die grassierende Frauenemanzipation aufs Korn seiner Kulturkritik zu nehmen[33] – »Das Ende der staatlichen Entwicklung gleicht dem Beginn des menschlichen Daseins. Die ursprüngliche Gleichheit kehrt zuletzt wieder.«[34]

Die Heraufkunft der Demokratie als einer Gleichheit auch der Geschlechter war so verstanden zwar noch immer nicht begrüßenswert, im Gegenteil. Aber sie war wenigstens ein bisschen leichter hinzunehmen, als etwas, das halt so kommen *musste*. – Vor der Kulisse dieses Denkmusters, das heißt der modernen Demokratie als eines phylogenetischen Rückfalls auf den Hetärismus, bekommt nun aber auch die Krankheit der Betrogenen eine hinterhältig ideologische Bedeutsamkeit; insofern eben, als sich Krebs für sein Teil als Regression in die primitive Fruchtbarkeit des Sumpfs auffassen lässt, wie ihn Bachofen regelmäßig mit dem Hetärismus zu assoziieren pflegt.

Nicht nur also, dass es die republikanisch gelockerten Sitten auf der pragmatisch-syntagmatischen Textachse den Frauen so leicht machen, den »Begehrungen ihrer Weiblichkeit« nachzugeben und sich damit über die vaterrechtlichen Normen hinwegzusetzen: Das staatliche System, unter dem die weiblichen Triebe mit der Betrogenen durchgehen, bevor sie endlich sterben muss, gerät

---

[32] Vgl. Hildegard Brenner: Die Kunstpolitik des Nationalsozialismus, Reinbek bei Hamburg: Rowohlt 1963, S. 12.

[33] Alfred Baeumler: Einleitung. Bachofen der Mythologe der Romantik, in: Bachofen: Der Mythus von Orient und Occident (Anm. 26), S. XXV–CCXCIV, hier S. CCXCII f.

[34] Bachofen: Der Mythus von Orient und Occident (Anm. 26), S. 247 f.; vgl. ders.: Urreligion und antike Symbole (Anm. 22), Bd. 2, S. 399; hier in keinem der beiden Exemplare, in denen er diese Ausgabe besaß, Lesespuren Thomas Manns.

jetzt auch in ein allegorisch-paradigmatisches Äquivalenzverhältnis zu der or-
ganischen Ursache des einen wie des anderen, des ausbrechenden Begehrens
wie des eintretenden Todes. Republik und Demokratie werden dadurch nicht
mehr nur mit wie gehabt gynophoben Reflexen versehen; sondern sie sind
nunmehr sogar mit den bis heute schlimmsten Krankheits- und Todesängsten
belegt.

Michael Navratil

Ironischer Elitarismus

Menschlicher und erzählerischer Rang in Thomas Manns
Der Erwählte und *Die Bekenntnisse des Hochstaplers Felix Krull*

I. Republikanische Wende – demokratische Ästhetik?

Die Geschichte von Thomas Manns republikanischer Wende ist oft erzählt worden.[1] War Thomas Mann bis zum Beginn des Ersten Weltkriegs Nationalist, Monarchist und dann im Kriege selbst Verteidiger der deutschen Aggression gegenüber Frankreich gewesen – beredtes Zeugnis dieser frühen politischen Haltung legen die *Betrachtungen eines Unpolitischen* ab –, so wandelte sich seine politische Einstellung mit dem Ende des Krieges und dem Beginn der Weimarer Republik zusehends in Richtung eines liberalen Republikanismus. Als öffentliches Bekenntnis zur neuen, demokratischen Staatsform gilt gemeinhin die Rede *Von deutscher Republik* aus dem Jahre 1922. Dem prinzipiellen Bekenntnis zur Demokratie blieb Thomas Mann den Rest seines Lebens über treu, namentlich auch während der Zeit der Nazi-Diktatur, in der Thomas Mann als einer der prominentesten Gegner Hitler-Deutschlands öffentlich in Erscheinung trat. Thomas Manns Einsatz für Republikanismus, Demokratie und Humanität lässt sich ab Beginn der 1920er-Jahre anhand seiner Reden, Essays, Radioansprachen und sonstigen politischen Einlassungen bruchlos nachverfolgen.[2]

Weit weniger eindeutig gestaltet sich die Beantwortung der Frage nach dem etwaigen politischen Gehalt von Thomas Manns literarischem Werk. Kam Thomas Mann spätestens seit den 1920er-Jahren und dann verstärkt während der Exilzeit die Rolle einer öffentlichen politischen Persönlichkeit, eines *public*

---

[1] Siehe exemplarisch Hans Rudolf Vaget: Ein unwissender Magier? Noch einmal der politische Thomas Mann, in: Vom Nachruhm. Beiträge zur Lübecker Festwoche 2005 aus Anlass des 50. Todestages von Thomas Mann, hrsg. v. Ruprecht Wimmer und Hans Wißkirchen, Frankfurt/ Main: Klostermann 2007, S. 131–152; Wilfried Opitz: »Literatur ist demokratisch«. Kontinuität und Wandel im politischen Denken Thomas Manns, Göttingen: Cuvillier 2009.

[2] Thomas Mann verwendet Begriffe der politischen Theorie oftmals in einem recht vagen Sinne. So gab er etwa als Ziel seiner Rede *Von deutscher Republik* an, die Jugend »für die Republik zu gewinnen und für das, was Demokratie genannt wird, und was ich Humanität nenne« (15.1, 522). Auch im Folgenden wird zwischen Begriffen wie Republikanismus, Demokratie und Liberalismus nicht derart streng unterschieden, wie es in einem anderen Kontext möglich und nötig wäre.

intellectual zu, so wird man seine fiktionalen Texte wohl kaum der politischen Literatur im engeren Sinne zurechnen wollen, also dem für ein klares politisches Ziel engagierten Schrifttum. Zwar spielen politische Fragestellungen – verschiedene Staatsformen, Ökonomie, militärische Auseinandersetzungen etc. – in zahlreichen Romanen Thomas Manns eine Rolle. Eindeutige inhaltliche Bekenntnisse zu einer bestimmten politischen Position, die einen unvermittelten Anschluss der fiktionalen Texte an die Realität ihrer Entstehung sowie die politischen Überzeugungen des Autors erlauben würden, finden sich in Thomas Manns literarischen Texten allerdings kaum. Seine Romane und Erzählungen bilden nicht oder doch gewiss nicht in erster Linie aktive Einmischungen ins politische Geschehen, sondern bieten – nebst vielem anderen – künstlerische *Gestaltungen* politischer Themen. Zu fragen ist mithin weniger nach dem expliziten politischen Gehalt seiner fiktionalen Texte, sondern eher nach den Möglichkeiten und Ausprägungen einer demokratischen *Ästhetik*.

Blickt man auf jene literarischen Werke, die nach Thomas Manns republikanischer Wende entstanden sind, so lassen sich in der Tat vielfältige Spielarten einer solchen demokratischen Ästhetik beobachten. Bereits der *Zauberberg* ist – in weit höherem Grade als die frühen Romane *Buddenbrooks* und *Königliche Hoheit*[3] – ein (politisch) vielstimmiger Roman, in dem unterschiedliche weltanschauliche Positionen einander gegenübergestellt werden. Als Vertreter des zentralen politischen Antagonismus im *Zauberberg*, nämlich demjenigen zwischen republikanischem Individualismus und kollektivistischem Totalitarismus, werden im Text der Literat Settembrini und der Jesuit Naphta aufgebaut, und zwar als theoretisch gleichrangige Antipoden. Mit Blick auf den Roman als ganzen besteht allerdings kaum ein Zweifel, dass den Positionen Settembrinis eine größere Legitimität attestiert wird als denjenigen Naphtas (wiewohl auch Settembrinis Positionen in ihrem starren Dogmatismus nicht der kritiklosen Nachahmung anempfohlen werden). Der *Josephs*-Roman so-

---

³ Thomas Manns Frühwerk ist insgesamt bestimmt von nicht nur erzählstrukturellen, sondern auch wertungsmäßigen Hierarchisierungen menschlichen Lebens. Wolfgang Schneider bemerkt hierzu: »Als elementares Beschreibungsprinzip des Frühwerks konnte eine Hierarchie in der Menschendarstellung festgestellt werden, die kaum mittlere Abstufungen kennt: Auf der einen Seite die schwierige, feinfühlige, geistig stigmatisierte Ausnahmeexistenz mit ihrem ›bevorzugten Innenleben‹ (I, 266 f.), auf der anderen die Gewöhnlichen und Verschrobenen, deren Schicksal in konsequenter Wahrung der distanzierten Außenperspektive auf ›Komik und Elend‹ beschränkt blieb. Eine Hierarchie, die auch dadurch, daß dem ›Menschlichen‹ dann mit programmatischer ›Bürgerliebe‹ begegnet werden sollte, nicht an Schärfe verlor. Während der vordringende Realismus oft ›beliebige Personen des täglichen Lebens […] zu Gegenständen ernster, problematischer, ja sogar tragischer Darstellung‹ [Zitat aus Erich Auerbachs *Mimesis* – M. N.] machte, ließ Thomas Mann in seinen Werken weiterhin eine strenge, der beschriebenen Rangordnung entsprechende ›Stiltrennung‹ herrschen.« Wolfgang Schneider: Lebensfreundlichkeit und Pessimismus. Thomas Manns Figurendarstellung. Frankfurt/Main: Vittorio Klostermann 1999, S. 199.

dann erhebt in einer Zeit des wachsenden Antisemitismus ausgerechnet eine Figur des jüdischen Mythos zum herausgehobenen Beispiel menschlicher Entwicklung sowie einer Entwicklung hin zur Menschlichkeit: Der Narzisst Joseph geht durch harte Prüfungen hindurch, stellt seine außergewöhnlichen Fähigkeiten schlussendlich jedoch in den Dienst der Gemeinschaft. Der Roman *Lotte in Weimar* bietet nicht nur im Hinblick auf sein historisches Sujet sowie als bedeutendes Werk der deutschsprachigen Exilliteratur die Behauptung einer anderen, besseren deutschen Kultur zur Zeit der Nazi-Barbarei; durch seine polyperspektivische Anlage bildet der Roman bereits qua Form ein Plädoyer für die Pluralität der Meinungen und ein Geltenlassen divergierender Positionen. Der *Doktor Faustus* schließlich deutet in der biografischen Großallegorie vom Lebensweg des deutschen Tonsetzers Adrian Leverkühn die Wendung der Deutschen hin zum Faschismus als Pakt mit dem Teufel, der letzten Endes nur auf Zerstörung, Verzweiflung und Wahnsinn hinauslaufen kann. Aufgewertet werden Freiheit, Menschlichkeit und Demokratie hier gleichsam *ex negativo*, nämlich durch die ästhetische Präsentation der schauerlichen Folgen einer Verschreibung an ihr Gegenteil.

Kommt der *Doktor Faustus*, mit seiner klar anti-nazistischen Stoßrichtung, innerhalb von Thomas Manns Werk der Definition eines politischen Romans wohl am nächsten (wiewohl man von einem im eigentlichen Sinne *engagierten* Roman auch hier wohl kaum wird sprechen können), so scheinen politischer Gehalt und demokratische Ästhetik in Thomas Manns beiden letzten Romanen *Der Erwählte* und *Die Bekenntnisse des Hochstaplers Felix Krull* wieder merklich zurückgenommen. Beide Texte spielen in einer der Gegenwart deutlich entrückten Zeit, der erste in einem nicht genau zu datierenden, weitgehend fantastischen Mittelalter,[4] der zweite in den letzten Jahrzehnten des 19. Jahrhunderts. Die stark polyperspektivische Erzählanlage, die in Thomas Manns Romanwerk vom *Zauberberg* bis zum *Doktor Faustus* dominiert hatte, wird in den beiden letzten Romanen abgelöst durch souveräne, mitunter recht monomanische Erzählinstanzen, die jeweils oszillieren zwischen intradiegetischem Involvement in die erzählte Welt (der Mönch Clemens respektive der erlebende Felix) und extradiegetischem, quasi nullfokalisiertem Überblick (der Geist der Erzählung respektive der gealterte Felix, welcher zum retrospektiven Überblick über sein gesamtes bisheriges Leben befähigt ist). Vor allem aber

---

[4] Im Essay *Bemerkungen zu dem Roman »Der Erwählte«* charakterisiert Thomas Mann Ort und Zeit seines Romans wie folgt: »Den Schauplatz verlegte ich aus dem ›Aquitanien‹ der Legende in ein scheinhistorisches Herzogtum Flandern-Artois und erfand mir ein zeitlich ziemlich unbestimmtes übernational-abendländisches Mittelalter mit einem Sprachraum, worin das Archaische und das Moderne, Altdeutsche, Altfranzösische, gelegentlich englische Elemente sich humoristisch mischen.« (Ess VI, 204) Siehe auch Ruprecht Wimmer: Schwer datierbares Mittelalter. Epoche und Zeit in Thomas Manns »Erwähltem«, in: TM Jb 25, 2012, 99–114.

stellen beide Romane ein glücklich erwähltes Individuum in den Mittelpunkt ihrer Handlung, nämlich den titelgebend »Erwählten« Gregorius respektive den bereits namensmäßig als »Glücklichen« klassifizierten Felix Krull, fokussieren also ganz dezidiert positive Ausnahmeerscheinungen des Menschlichen. Gregorius wird trotz seiner übergroßen Sünden letztlich zum Statthalter Christi erwählt und spendet als »sehr große[r] Papst« (11.1, 268) Segen und Heil über die gesamte Christenheit. Felix Krulls Vorzüge hingegen sind ganz und gar diesseitiger Natur:[5] Ein »Sonntagskind« und »Vorzugskind des Himmels« (12.1, 15) ist Felix mit Blick auf sein überaus ansprechendes Äußeres ebenso sehr wie hinsichtlich seiner anderweitigen Befähigungen, das Gefallen seiner Mitwelt zu erregen. Die Idee des exzeptionellen sowie exzeptionell beglückten Individuums hatte bereits im *Josephs*-Roman sowie in *Lotte in Weimar* eine Rolle gespielt. In Thomas Manns letzten beiden Romanen jedoch erreicht die Idee des menschlich Elitären, der singulären Auserwähltheit in Gnade und Glück einen werkgeschichtlichen Höhepunkt. Die Feier des Exzeptionellen geht hier oftmals so weit, dass sie mit einer deutlichen Abwertung des menschlich nur Durchschnittlichen korrespondiert.

Nun mag man fragen, wie sich eine derart nachdrückliche Betonung der Hierarchien menschlichen Lebens verträgt mit den demokratisch-liberalen Überzeugungen, denen Thomas Mann seit den 1920er-Jahren sowie insbesondere in seiner öffentlichen politischen Frontstellung gegen Hitler immer wieder Ausdruck verliehen hatte und denen er auch nach Ende des Zweiten Weltkriegs treu blieb. Wie konnte ein Autor, der etwa in seinen BBC-Reden *Deutsche Hörer!* den Nazismus als »Pest mörderischer Überheblichkeit«[6] gebrandmarkt und angesichts der Befreiung der Konzentrationslager 1945 die Nazi-Ideologie als »lästerlichen Wahn von Rassensuperiorität, Erwähltheit und Recht auf Gewalt« (Ess VI, 13) charakterisiert hatte –; wie konnte ein solcher Autor etwa im *Felix Krull* monetär minderbemittelte Zugreisende als »drittklassige Glieder der Gesellschaft« (12.1, 146) bezeichnen, die dem Beobachter einen »Anblick menschlichen Kroppzeugs« (12.1, 141) böten; wie konnte er wiederum im *Erwählten* seinen Erzähler die Überlegung anstellen lassen, dass es um bestimmte Opfer eines Krieges nicht sehr schade sei, handele es sich bei diesen ja schließlich um bloße »Nebenpersonen« (11.1, 136, 166)? Die Liste derartiger dehumanisierend anmutender Formulierungen ließe sich leicht fortsetzen.

Dass auch das Werk des demokratisch »geläuterten« Thomas Mann nicht frei von ideologisch bedenklichem, anti-egalitärem Denken – etwa misogynen,

---

[5] Siehe zu den divergierenden Semantiken der Rechtfertigung in Thomas Manns letzten beiden Romanen Karl-Josef Kuschel: Lob der Gnade – Lob der Vergänglichkeit. Zum doppelten Ausgang des Werkes von Thomas Mann, in: TM Jb 25, 2012, 201–222.

[6] Thomas Mann: Deutsche Hörer! Radiosendungen nach Deutschland aus den Jahren 1940 bis 1945, Frankfurt/Main: Fischer 1987, S. 55.

rassistischen oder antisemitischen Gepräges – ist, hat die Forschung überzeugend herausgearbeitet.[7] Wenn nun aber Thomas Manns Werk heutigen politischen Gleichheitsstandards nicht durchgängig gerecht wird (was freilich ein anachronistischer Vorwurf ist, der auch einen Großteil der Werke seiner Zeitgenossen träfe), so sollte über diesem Umstand nicht übersehen werden, dass die Behauptung unterschiedlichen menschlichen Ranges in seinen Romanen und Erzählungen oftmals durch die spezifische ästhetische Präsentation dieser Behauptung eine Relativierung erfährt. So kann mit Blick auf Thomas Manns letzte beide Romane gezeigt werden, dass die vordergründige Hypostasierung einer Rangordnung menschlichen Lebens durch vielfältige Verfahren ästhetischer Einklammerung und ironischer Subversion wo nicht zurückgenommen, so doch gegen eine umstandslose Übertragung auf reale politische, gesellschaftliche oder zwischenmenschliche Verhältnisse immunisiert wird. Die Behauptung menschlichen Ranges in den genannten Texten lässt sich mithin allein unter Berücksichtigung ihrer ästhetischen »Gemachtheit« adäquat bewerten, inklusive jener Hierarchisierungen, die mit der Praxis literarischen Erzählens selbst einhergehen. Eben diesen Spielarten eines ironischen Elitarismus in Thomas Manns »Spätest-Werk« (nach dem *Doktor Faustus*) soll im Folgenden nachgespürt werden.

II. Der Erwählte (1951)

Durch seine Zeugung im Geschwisterinzest ist Gregorius, der Held von Thomas Manns letztem abgeschlossenen Roman *Der Erwählte*, von Geburt an von der Gemeinschaft der gewöhnlichen Menschen ausgeschlossen. Die prinzipielle Erbsünde des Menschen findet sich in seinem Fall durch eine irreguläre Zeugung – in welcher freilich ironisch die irreguläre Elternschaft Christi anklingt – ins Individuelle konkretisiert. Noch einmal potenziert wird diese individuelle Sündhaftigkeit, wenn Gregorius, zum Jüngling gereift, die eigene Mutter (und Tante) unbewusst-wissentlich ehelicht und mit ihr Kinder zeugt (welche ihre Mutter gleichzeitig zur Großmutter und ihren Vater zum Bruder haben).

Ist Gregorius ein Individuum von exzeptioneller Sündhaftigkeit, so ist er zugleich mit einer Reihe außergewöhnlicher Talente begabt; ja überhaupt tendiert sein Leben zum Extremen. Bereits als Knabe im Kloster ist Gregorius ausneh-

---

[7] Vgl. Yahya Elsaghe: Thomas Mann und die kleinen Unterschiede. Zur erzählerischen Imagination des Anderen, Köln: Böhlau 2004; ders.: Apokryphe Juden und apokrypher Antisemitismus in Thomas Mann spätem und spätestem Erzählwerk, in: Apokrypher Avantgardismus. Thomas Mann und die Klassische Moderne, hrsg. v. Stefan Börnchen und Claudia Liebrand, München: Fink 2008, S. 225–242.

mend ansehnlich, ausgestattet mit überlegenen Geistesgaben sowie geschickt im körperlichen Wettstreit. Als später offenbar wird, dass Gregorius in doppelt inzestuöser Ehe mit seiner Mutter lebt, nimmt er eine besonders krasse Buße auf sich, indem er volle 17 Jahre auf einem einsamen Felsen ausharrt, ehe er von Gott selbst – respektive einem Gott vertretenden visionären Lamm – zum Papst erwählt wird: ein Amt, dem sich Gregorius aufgrund seiner besonderen persönlichen Talente, seiner klösterlichen Erziehung sowie nicht zuletzt der gewaltigen Gnade, die ihm als einem besonderen Exemplum menschlicher Sündhaftigkeit zuteilwurde, gewachsen fühlen darf – und das er dann als sehr großer Papst auch tatsächlich höchst souverän versieht.

Die Idee menschlicher Überlegenheit wird im *Erwählten* allerdings nicht nur in Bezug auf die Talente des jungen Gregorius sowie auf seine schlussendliche Erwählung zum Papst thematisiert. Eine besonders markante, weil auf der Textoberfläche leitmotivisch repetierte Verhandlung dieser Idee findet sich im Kontext von Gregorius' Ritterfahrt. Als er und seine Schiffsmannschaft sich der Stadt Brügge nähern, werden sie zunächst für feindliche Eindringlinge gehalten und von den Wachmannschaften der Stadt beschossen: »Ihr Boot war feurig angekohlt, und zweie der Mannschaft hatten von Würfen blutige Köpfe. Doch waren sie ja nur Nebenpersonen.« (II.1, 136) Die letztstehende Formulierung findet sich wörtlich wiederholt an jener Textstelle, da Gregorius mit festhaltender Hand seinen Kampfesgegner und kriegerischen Werber um die Hand Sibyllas hinter das Stadttor zu zerren vermag, welches sich sogleich hinter den beiden schließt: »Nicht wenige städtische Streiter waren leider ausgesperrt, die wurden wohl erschlagen. Aber sie waren ja nur Nebenpersonen, und Roger, der Spitzbart, war gefangen.« (II.1, 166)

Das »ja nur« in der stehenden Formulierung scheint dabei jeweils auf eine voreingeführte Sichtweise hinzudeuten. Tatsächlich findet sich der Erstbeleg des Gedankens von den Haupt- und Nebenpersonen früher im Text, wenn auch zunächst noch ohne die festgefügte Formulierung, nämlich als von der zielungewissen Fahrt des Ritters Gregorius berichtet wird, welche dieser zur »Buße für die Greuel seiner Geburt« unternimmt – zusammen jedoch mit einer Mannschaft, welcher ihrerseits an einer derartigen Buße kaum gelegen sein kann:

Daß seine Schiffsleute, schlecht und recht geboren wie sie waren, gar nichts hatten, wofür zu büßen ihnen angelegen sein konnte, darüber dachte er gleichmütig hinweg, da er in sich den Helden einer Geschichte, in jenen aber nur gleichgültiges Beiwerk sah. Unwillkürlich tue auch ich das und tadle mich dafür – mich, aber nicht ihn, denn wer mag mit der Vorsehung in Widerstreit geraten? (II.1, 134 f.)

Es lohnt, den zahlreichen metareflexiven Wendungen dieser Passage genauer nachzuspüren. Der Feststellung, dass erstens die Schiffsleute im Grunde keiner

Buße bedürften und dass sich zweitens Gregorius um diesen Sachverhalt wenig bekümmert, folgt eine Begründung dieser Sichtweise: dass sich nämlich Gregorius als »den Helden einer Geschichte« begreift. Damit legt die Figur ein Fiktionsbewusstsein an den Tag, welches mit dem sonstigen Realismus der Passage unvereinbar ist. In einem metaleptischen, die ontologischen (Erzähl-)Ebenen durchbrechenden Sprung nimmt Gregorius hier einerseits als erlebende Person am Geschehen teil, scheint sich aber andererseits seines Status als Figur in einer literarisch-fiktionalen Erzählung durchaus bewusst zu sein. Diese beiden Sichtweisen sind nun aber nicht nur logisch unvereinbar; sie verweisen auch auf eine Differenz in der Sache, insofern die Gesetzmäßigkeiten des literarischen Erzählens nun einmal nicht den Strukturen der realen oder auch der erzählten Welt entsprechen. Während es nämlich einerseits im Hinblick auf eine Personengruppe wie die beschriebene Schiffsmannschaft wenig einleuchtend erscheint, dass die »schlecht und recht Geborenen« für die sündhafte Geburt des Einen sollten zu leiden haben, so ist andererseits eine Privilegierung des Einzelnen, seines Erlebens und seiner Beteiligung am berichteten Geschehen eine fast unvermeidliche Struktureigenschaft literarischen Erzählens. In der zitierten Passage sowie auch in den beiden nachfolgenden Textstellen, welche intertextuell auf die zitierte Passage rückverweisen, werden diese beiden Sichtweisen in augenzwinkernder Weise miteinander vermischt, wenn die genuin narrative Privilegierung des Helden einer Geschichte – zumal einer Rittergeschichte – zur Rechtfertigung des diegetischen Geschehens, nämlich der körperlichen Schädigung der »Nebenpersonen«, herangezogen wird.

Wenn im Folgenden dann die »Vorsehung« ins Spiel gebracht wird, so tritt neben die Regeln der realen/erzählten Welt sowie die Gesetzmäßigkeiten des Erzählens auch noch die Dimension der göttlichen Schicksalsbestimmung, welche ihrerseits wiederum sowohl das reale (oder, wenn man das nicht glauben mag, zumindest das diegetische) Geschehen beeinflusst als auch mit der Lenkung des Geschehens durch den Erzähler korrespondiert: Kann nämlich der Erzähler, einem Topos der Renaissance folgend, als *alter deus* angesehen werden, so lässt sich das Wirken Gottes umgekehrt als dasjenige eines *alter narrator* begreifen, welcher aus (ästhetischer) Willkür – oder eben aus Gnade – einzelne Menschen in der Welt*geschichte* zu privilegieren das göttliche Prärogativ besitzt. Vordergründig paradox sind es in der zitierten Stelle denn auch eher der junge Gregorius und Gott, die sich in der Privilegierung des ersteren untereinander einig wissen, als Gott und der amtliche Gottesdiener, nämlich der Mönch und Erzähler Clemens, welcher hier eher das christliche Ideal der Gleichwertigkeit aller Menschen hochhält. Die Figur Gregorius scheint momentweise über klarere Einsicht in das eigene, göttlich vorbestimmte Schicksal zu verfügen als der Erzähler, welcher doch – wie er im Verlauf des Textes zu betonen nicht müde wird – den gesamten Handlungsgang überblickt.

Der Erzähler freilich bildet im Roman durchgehend eine ambivalente Figur, insofern er sowohl in der Verkörperung des Mönchs Clemens im Text erscheint wie auch als abstrakter »Geist der Erzählung«, der im Erzählakt selbst das Erzählte performativ realisiert (und sich damit wiederum Gott als *alter narrator* des Weltgeschehens annähert): »Denn wie es der Geist der Erzählung ist, der die Glocken läutet, wenn sie von selber läuten, so ist er es auch, der tötet, die da im Liede sterben.« (11.1, 69) Diese Aussage, welche sich im konkreten Textzusammenhang auf den Tod von Wiligis, Gregorius' Vater, bezieht, hat Gültigkeit für alle Tode und überhaupt für alles Geschehen im Roman: Indem der Text verschiedentlich die eigene Fiktionalität metareflexiv ausstellt sowie die Fiktivität des beschriebenen Geschehens betont, behauptet er zugleich seine spezifischen Fiktionslizenzen in der Verhandlung von Leben und Tod. Bezeichnenderweise gehört die oben zitierte Rede von den »Nebenpersonen« weniger einem militärischen als einem erzähltheoretischen Vokabular an. Eingebunden ist sie in ein komplexes metafiktionales Verweissystem, in welchem unterschiedliche thematische Bereiche sowie ontologische Ebenen teils vermischt, teils aufeinander bezogen werden.[8] Als starke anthropologische – und mithin im konkreten Fall letztlich ideologische – Aussage würde die Rede von Gregorius' Reisebegleitern als bloßen »Nebenpersonen« und »gleichgültigem Beiwerk« jedenfalls gründlich missverstanden.

Die inhaltlich bedeutendste Relativierung einer Hierarchisierung menschlichen Lebens im Roman bildet freilich die titelgebende Idee der Erwählung und die anhängige Idee der Gnade, wie sie in Thomas Manns spätester Schaffensphase überhaupt an Bedeutung gewinnt.[9] Wirksam kann diese exzeptionelle Gnade nur werden, weil sie sich an einem exzeptionellen Sünder zu erweisen vermag. Erwählt ist Gregorius in doppeltem Sinne: nicht nur zum heiligen Mann, sondern auch zum Mann der größten Sünde: »Denn einen Menschen, dermaßen in Sünde getaucht wie mich, gab es auf Erden nie oder ganz selten, – ich sage es ohne Überheblichkeit.« (11.1, 206) Erweist Papst Gregorius eine ungewöhnliche, streckenweise geradezu blasphemisch anmutende Duldsamkeit gegenüber unchristlichem Handeln, so ist diese übergroße Neigung zur Vergebung der Sünden wesentlich in seiner eigenen Erfahrung der krassen

---

[8] Ähnliche dialektisch intrikate Verschränkungen von figuralem Fiktionsbewusstsein, göttlicher Vorsehung und erzählerischer Metareflexion finden sich bereits im *Josephs*-Roman. Vgl. Heinrich Detering: Das Werk und die Gnade: Zu Religion und Kunstreligion in der Poetik Thomas Manns, in: Der ungläubige Thomas. Zur Religion in Thomas Manns Romanen, hrsg. v. Niklaus Peter und Thomas Sprecher, Frankfurt/Main: Vittorio Klostermann 2012, S. 149–165, hier S. 159f.

[9] So etwa auch in den Essays *Meine Zeit* (1950), *Versuch über Tschechow* (1954), der *Ansprache vor Hamburger Studenten* (1953) oder der letzten großen Rede *Versuch über Schiller* (1955). Vgl. Kuschel: Lob der Gnade – Lob der Vergänglichkeit (Anm. 5); Detering: Das Werk und die Gnade (Anm. 8).

Sündhaftigkeit und darauffolgenden göttlichen Gnade begründet. Die Forderung etwa der afrikanischen Donatisten, welche »das priesterliche Amt nur in den Händen von unbefleckter Reinheit für wirksam erachten wollten« (11.1, 273), weist Gregorius aufs Schärfste zurück: »Denn er sagte, würdig sei keiner, und er selbst sei von Fleisches wegen seiner Würde am allerunwürdigsten und nur durch eine Erwählung, die an Willkür grenze, zu ihr erhoben worden.« (11.1, 273) Vor Gott und Welt gerechtfertigt erscheint Gregorius' »willkürliche« Erwählung und Erhebung über die Menschheit dabei in zweifachem Sinne: erstens durch seine Vertrautheit mit der Fehlbarkeit des Menschen infolge eigener, allzumenschlicher Verstrickung in Sündhaftigkeit (für die er sich freilich eine besonders schwere Buße auferlegt); und zweitens durch den Segen, den er von seiner erhobenen Position aus der gesamten Christenheit – seiner Mutterbraut Sibylla inklusive – zu spenden weiß. Im und am Wirken des sehr großen Papstes erweist sich somit jene dialektische Doppelnatur der Gnade, die Thomas Mann im Jahr 1950, dem Jahr der Fertigstellung des Manuskripts von *Der Erwählte*, am Ende eines Bittbriefes an Walter Ulbricht für Verurteilte der DDR auf die Formel brachte: »Wer aber Gnade übt, der wird Gnade finden.« (Ess VI, 218)

III. Die Bekenntnisse des Hochstaplers Felix Krull (1954)

Bietet die Idee der glücklichen Erwählung des Einzelindividuums qua *deus* (respektive *agnus*) *ex machina* einen Ausweg aus der Sündenverstrickung des Gregorius am Ende der Geschichte vom *Erwählten*, so ist der Protagonist der *Bekenntnisse des Hochstaplers Felix Krull* von Anfang an und durchgängig ein vom Schicksal Begünstigter. Bereits in früher Kindheit wird Felix bewusst, dass er

… aus edlerem Stoffe gebildet oder, wie man zu sagen pflegt, aus feinerem Holz geschnitzt war als meinesgleichen, und ich fürchte dabei durchaus nicht den Vorwurf der Selbstgefälligkeit. Das ist mir ganz einerlei, ob dieser oder jener mich der Selbstgefälligkeit anklagt, denn ich müßte ein Dummkopf oder Heuchler sein, wollte ich mich für Dutzendware ausgeben, und der Wahrheit gemäß wiederhole ich, daß ich aus dem feinsten Holze geschnitzt bin. (12.1, 18)

Die Problematik des persönlichen Verdiensts, welches den Stolz auf die eigenen Vorzüge allenfalls moralisch zu rechtfertigen vermöchte, wird im *Felix Krull* ähnlich komplex behandelt wie im *Erwählten*. War es dort eine kuriose Mischung aus persönlicher Bußbereitschaft und himmlischer Willkür gewesen, welche die Erwählung von Gregorius zum Papst legitimierte, so besteht Felix Krull darauf, dass seine körperlichen Vorzüge zum wesentlichen Teil

Effekte einer existenziellen Wahl und mithin keineswegs Zufälligkeiten der
Natur, sondern vielmehr – um eine goethesche, von Thomas Mann vielfach auf-
gegriffene Wendung aus *Dichtung und Wahrheit* zu zitieren[10] – »angeborene
Verdienste« seien: »Sollte ich wirklich an der Ausbildung dieser Vorzüge innerlich so ganz unbeteiligt gewesen sein? Oder versichert mich nicht vielmehr
ein untrügliches Gefühl, daß sie bis zu einem bedeutenden Grade mein eigen
Werk sind […]? Wer die Welt recht liebt, der bildet sich ihr gefällig.« (12.1, 79 f.)[11]

Ist Felix einerseits der Meinung, an der Ausbildung seiner natürlichen Gaben
persönlich nicht unbeteiligt gewesen zu sein, so ist er andererseits überzeugt,
dass das, was man mit harten Worten seine »Verbrechen« nennen könnte, gar
nicht sehr ins Gewicht falle, seien seine Taten doch nun einmal einem ganz besonderen Individuum zuzurechnen. Seine jugendlichen Diebereien im lokalen
Delikatessenladen etwa rechtfertigt Felix damit, dass das, »[w]as ich je getan
habe, […] in hervorragendem Maße *meine* Tat […], nicht die von Krethi und
Plethi« gewesen sei, sodass eine »unnatürliche Gleichstellung« des »Gunst-
kind[s] der schaffenden Macht« (12.1, 57) mit all den anderen, welche möglicherweise eine ähnliche Tat verübt haben, durchaus unzulässig wäre. Den
außermoralischen Bereich des Natürlichen weiß Felix also mit dem Anspruch
persönlichen Verdiensts zu belegen, während er seine nüchtern betrachtet
unmoralischen – oder zumindest widergesetzlichen – Handlungen durch die
Exzeptionalität seiner Person als hinreichend legitimiert ansieht. Sein aus-
geprägter Narzissmus jedoch macht Felix weder in den Augen der anderen
Romanfiguren noch auch in denjenigen seiner Leserinnen und Leser zum Un-
sympathen (sehr im Gegensatz zum *Erwählten* war *Felix Krull* von Anfang
an ein Liebling der Kritik sowie des Publikums). Vielmehr scheint das Gefallen, welches Felix an sich selbst findet, die Basis abzugeben für jenes Gefallen,
welches die Welt ihm entgegenbringt: *mundus vult decipi*. Dass Felix seine
Dienste einer Welt erweist, welche nun einmal gern betrogen sein will, stellt
ihm in der Logik des Romans den Generalpardon aus für all seine Taten, ganz
ähnlich wie im *Erwählten* das Walten des Gregorius als sehr großer Papst seine
eigenen Sünden sowie selbst noch die Sünden seiner Eltern (die ihm zugleich
Onkel und Tante sind) in göttlicher Gnade aufzulösen vermag.

Konkret gestalten sich Felix' narzisstisch-vergnügliche Vergehen an der Welt
etwa so, dass er dem Reisegepäck der Industriellengattin Madame Houpflé
ein Kästchen mit Preziosen entwendet, sich der wohlhabenden Dame dann

---

[10] Siehe für die Belegstellen den Kommentar in 12.2, 337. Die goethesche Formulierung findet
sich kurz zuvor im Primärtext zu »[n]atürliche Gaben, angeborene Vorzüge« (12.1, 78) variiert.

[11] Auch im *Erwählten* findet sich bereits die kuriose Verbindung von persönlicher Wahl und
natürlicher Anlage, etwa wenn Flann seinem Stiefbruder Gregorius vorwirft: »Du […] bist was
andres als wir, nach Leib und Leben, was unerträglich anderes, der Teufel weiß, was, und *hast
dir erlaubt, aus der Art zu schlagen* ins Feinere, Höhere« (11.1, 111 – Hervorhebung M. N.).

allerdings später als Liebesdiener zur Verfügung stellt, wobei eine für beide Beteiligten besonders opportune Pikanterie darin besteht, dass Madame Houpflé die eigene Erniedrigung sadomasochistisch fetischisiert. Der niedere Stand sowie die verbrecherischen Handlungen ihres Geliebten mit dem zeitweisen *nom de plume* »Armand« halten Diane Houpflé entsprechend nicht nur nicht vom sexuellen Akt zurück, sondern verleihen diesem im Gegenteil sogar besondere Würze. In ihrer – Felix nur zum Teil verständlichen – Dankbarkeit für die köstliche Erniedrigung ist Madame Houpflé dann gerne bereit, dem Geliebten noch ein wenig mehr Schmuck und auch Bargeld zu verehren – respektive von diesem kitzligerweise entwenden zu lassen. Felix' persönliche Anmaßung, zum Juwelendiebstahl berechtigt zu sein, wird also nicht bestraft, sondern im Gegenteil von der Bestohlenen lüstern goutiert und letztlich sogar zusätzlich honoriert.

Die konkreten Textstellen, an denen Felix' Superiorität im Verhältnis zu seiner Umwelt verhandelt wird, sind zu zahlreich, als dass sie hier annähernd vollständig angeführt werden könnten. Exemplarisch seien zwei Passagen herausgegriffen, eine, in der sich Felix explizit über seine Mitmenschen erhebt, und eine, in der er sich einem gesellschaftlich zweifellos Höherstehenden, nämlich dem König von Portugal, gefällig zu machen sucht.

Eine besonders krasse Behauptung der Differenzen menschlichen Ranges findet sich im Kontext der Beschreibung von Felix' Zugreise nach Paris, welche er antritt in einem »Waggon dritter Klasse mit gelben Holzbänken, auf denen eine ungleich verteilte Anzahl bis zum Trübsinn belangloser Mitreisender geringen Schlages während des ganzen Tages ihr Wesen trieben, schnarchten, schmatzten, schwatzten und Karten spielten.« (12.1, 141) Wenig später ist, in metonymischer Übertragung von der Abteilart auf die darin Reisenden, von »drittklassige[n] Glieder[n] der Gesellschaft« (12.1, 146), ja gar vom »Anblick menschlichen Kroppzeugs« (12.1, 141) die Rede.[12]

Diese wohl krasseste Disqualifizierung minderprivilegierter Personen im gesamten Roman erfährt allerdings sogleich eine Relativierung:

Sehr wohl weiß ich, daß diese Leute nichts können für ihre Häßlichkeit; daß sie ihre kleinen Freuden und oft schweren Sorgen haben, kurz, kreatürlich lieben, leiden und am Leben tragen. Unter dem sittlichen Gesichtspunkt hat zweifellos jeder von ihnen Anspruch auf Teilnahme. Ein so durstiger wie verletzlicher Schönheitssinn jedoch, den die Natur in mich gelegt, zwingt meine Augen, sich von ihnen abzuwenden. [...]

---

[12] Bereits in *Mario und der Zauberer* findet sich eine ähnliche Formulierung. Von der italienischen »Mittelklasse« heißt es da: »[M]an sah unter der Jugend viel Wohlschaffenheit und gesunde Anmut, war aber unvermeidlich doch auch umringt von menschlicher Mediokrität und bürgerlichem Kroppzeug, das, geben Sie es zu, von dieser Zone geprägt nicht reizender ist als unter unserem Himmel.« (VIII, 665)

Übrigens will ich, gewissermaßen auch zur Beruhigung des Lesers, hier einflechten, daß dies für immer das letzte Mal war, daß ich dritter Klasse, als Fahrtgenosse der Unerquicklichkeit, reiste. (12.1, 141 f.)

Die Abqualifizierung der Reisenden dritter Klasse erfährt hier eine doppelte Relativierung. Erstens wird der Vorbehalt gegen das »menschliche Kroppzeug« strikt auf den ästhetischen Bereich beschränkt; unter dem »sittlichen Gesichtspunkt« hingegen seien die Mitreisenden aller Anteilnahme würdig. Diese Privilegierung ästhetischer Wertungskategorien wird sodann metareflexiv auf den Bericht des Ich-Erzählers rückbezogen, welcher die Leserinnen und Leser mit der Ankündigung beruhigt, er werde kein weiteres Mal dritter Klasse reisen und ihnen mithin auch kein weiteres Mal eine Beschreibung der »Unerquicklichkeit« zumuten. Ähnlich wie im *Erwählten* die Diskriminierung unterschiedlicher Kriegsteilnehmer auf die strukturellen Regularitäten literarischen Erzählens, mit seinen Haupt- und Nebenpersonen, rückverweist, so wird auch im *Felix Krull* der gesteigerte Schönheitssinn des Protagonisten metafiktional an die projizierte Erwartung der Leserinnen und Leser rückgebunden, die Erwartung nämlich, eine angenehme Geschichte mit ansehnlichen Figuren in ansprechenden Interieurs zu lesen zu bekommen. Erneut korrespondiert hier (vermeintlicher) menschlicher Rang mit erzählerischem Rang, ja löst sich gewissermaßen in letzterem auf – und verliert damit sehr weitgehend sein etwaiges moralisches, politisches oder ideologisches Provokationspotenzial.

An späterer Stelle im Roman lässt sich Felix, der mittlerweile die Maske des Marquis de Venosta trägt, während seiner Audienz beim portugiesischen König Dom Carlos I. kritisch über die politische Idee der Gleichheit aus. Zu den sozialrevolutionär-antiroyalistischen Kräften innerhalb der Gesellschaft äußert er sich wie folgt:

Sie nennen sich die Männer des Volkes, obgleich ihre einzige Beziehung zum Volke darin besteht, daß sie dessen gesunde Instinkte zersetzen und es, zu seinem Unglück, seines natürlichen Glaubens an die Notwendigkeit einer wohlgestuften Gesellschaftsordnung berauben. Wodurch? Indem sie ihm die ganz und gar widernatürliche und darum auch volksfremde Idee der Gleichheit einimpfen und es durch ein plattes Rednertum zu dem Wahn verführen, es sei notwendig oder auch nur im geringsten wünschenswert – von der Möglichkeit ganz zu schweigen –, die Unterschiede der Geburt, des Geblüts, die Unterschiede von Reich und Arm, Vornehm und Gering einzuebnen, Unterschiede, zu deren ewiger Erhaltung die Natur sich mit der Schönheit verbindet. Der in Lumpen gehüllte Bettler leistet durch sein Dasein denselben Beitrag zum farbigen Bilde der Welt wie der große Herr, der in die demütig ausgestreckte Hand, deren Berührung er allerdings tunlichst vermeidet, ein Almosen legt, – und, Ew. Majestät, der Bettler weiß es; er ist sich der sonderlichen Würde bewußt, welche die Weltordnung ihm zuteilt, und will im tiefsten Herzen nichts anders, als es ist. Die Aufwiegelung durch Übelgesinnte ist nötig, ihn an seiner malerischen Rolle irrezumachen und ihm die empörerische Schrulle in den Kopf zu setzen, die Menschen müßten gleich sein. Sie sind es nicht, und sie sind geboren, das einzusehen. (12.1, 387 f.)

Wenig überraschend nimmt der König dieses Lob einer hierarchischen Gesellschaftsordnung, an deren Spitze er selbst steht, wohlgefällig auf. Den Leserinnen und Lesern des Romans hingegen, welche um Herkunft und Vergangenheit des vermummten Felix wissen, mögen Zweifel an der Glaubhaftigkeit dieses Lobs der Ständeordnung kommen.[13] Man beachte die Konstruktion: Der Marquis de Venosta verteidigt gegenüber Dom Carlos I. die gottgegebenen Privilegien des Adels. Nur handelt es sich bei ihm eben gar nicht um den Marquis de Venosta, sondern um den Hochstapler Felix Krull, welcher die vermeintliche Natürlichkeit der Ständeordnung gerade dadurch als bloßes Phantasma entlarvt, dass er, ein verarmter Bürgerlicher, derart gekonnt den Adligen zu mimen versteht, dass selbst der König von Portugal auf die Mimikry hereinfällt.
Neben dieser kontextuellen Infragestellung der Ernsthaftigkeit von Felix' alias Marquis de Venostas monarchistischem Bekenntnis gibt es auch innerhalb der zitierten Textstelle selbst wiederum zahlreiche Hinweise darauf, dass die getroffenen Aussagen zumindest politisch nicht vollkommen ernst zu nehmen sind. Die Begriffe nämlich, mit denen Felix hier die Unterschiede zwischen Arm und Reich rechtfertigt, sind nicht etwa solche sozialökonomischen, genealogischen oder anthropologischen Gepräges, sondern wiederum dezidiert ästhetischer Natur: Da ist die Rede von der natürlichen »Schönheit« der Gesellschaftsordnung, vom »farbigen Bild der Welt«, zu dem auch der Bettler seinen Beitrag leiste, sowie von dessen »malerische[r] Rolle«. Diese Privilegierung des Ästhetischen vor dem Moralischen, Politischen oder Sozialen lässt sich erneut auf die Wirkintentionen des *Felix Krull*-Romans selbst beziehen. Bedeutender ist im gegebenen Zusammenhang aber wohl der Scherz, den sich Felix mit dem portugiesischen König erlaubt, indem er ihm geflissentlich nach dem Munde redet. Dass Dom Carlos I. im Roman – übrigens in Übereinstimmung mit seinem historischen Vorbild (vgl. 12.2, 634) – als dilettierender Maler erscheint, mag ihn für ästhetische Blickwinkel auch im politisch-gesellschaftlichen Bereich besonders prädisponieren, ihn zugleich aber blind machen für die Beschränktheit derartiger Perspektiven. So betont der König, dass Felix / Marquis de Venosta dessen aristokratische Überzeugungen »durchaus zu Gesichte stehen« (12.1, 388) – und sagt damit mehr, als ihm bewusst sein kann, nämlich dass sich die Aristokratie der Person hinlänglich im äußeren Ansehen erweist,

---

[13] Siehe allgemein zur Ironie als Mittel der Gesellschaftskritik im *Felix Krull* Dennis Grabowsky: Vorzugskind des Himmels. Aspekte der Ironie in Thomas Manns »Felix Krull«, Marburg: Tectum 2008, S. 79–87.

welches mit Titeln oder monetären Mitteln in keinem zwingenden Verhältnis steht, wie der Mock-Marquis Felix ja gerade beweist.

Erfreut zeigt sich Dom Carlos I. schließlich auch darüber, dass die »Gewandheit des Wortes« einmal einem konservativ-erhaltenden Kopf zu Gebote stehe, finde sich diese, so meint der König, doch »unglücklicherweise [...] ganz vorwiegend bei [...] Aposteln des Liberalismus und Feinden der bestehenden Ordnung« (12.1, 389). Dass der König es in seinem Gegenüber mit just einem solchen Feind der Ordnung, oder, wenn das zu viel gesagt ist, so doch mit einem betrügerischen Nutznießer derselben zu tun hat, ahnt er freilich nicht. Über diese binnenfiktionale Pointe hinaus scheint auch hier ein metafiktionaler Wink an die Leserinnen und Leser des Romans zu ergehen. Der reale Autor dieser Zeilen nämlich hatte sich zum Zeitpunkt ihrer Niederschrift längst zu Demokratie, Freiheit, ja gar zu einem liberalen Sozialismus bekannt.[14] Wenn der fiktionalisierte Dom Carlos I. den Marquis de Venosta für seine adelsuntypische Redegewandtheit lobt, so gratuliert er nicht nur unwissentlich dem Hochstapler Felix Krull zu seiner glänzenden Täuschung; in einer ironisch-metaleptischen Wendung reicht er auch ihrer beider Autor, dem »Apostel des Liberalismus« Thomas Mann, über die Grenze der fiktionalen Welt hinweg die Palme.[15]

IV. Schlussbetrachtung

Besteht nun, so kann abschließend gefragt werden, eine lückenlose Kontinuität in Thomas Manns »demokratischer Ästhetik« von seiner republikanischen Wende in den 1920er-Jahren bis zu seinem Lebensende? Diese Frage kann im Rahmen einer kurzen Einzelstudie kaum befriedigend beantwortet werden. Einige wenige Fingerzeige seien aber immerhin gegeben.

Eine explizite Distanzierung von demokratisch-liberalen Werten lässt sich in Thomas Manns literarischem Werk ab dem *Zauberberg* gewiss nirgends finden. Gleichwohl ist zu konstatieren, dass die »Dichte« politischer Gehalte im Übergang vom mittleren und späten hin zum spätesten Werk abnimmt. Die zentrale Bedeutung politischer Fragestellungen im *Zauberberg* sowie im *Doktor Faustus* ist offenkundig, und auch den *Josephs*-Romanen sowie *Lotte*

---

[14] Man beachte etwa die erstaunliche Passage aus dem späten Essay *Meine Zeit*: »[W]enn Goethe gegen das Ende seines Lebens erklärte, jeder vernünftige Mensch sei doch ein gemäßigter Liberaler, so heißt das Wort heute: Jeder vernünftige Mensch ist ein gemäßigter Sozialist.« (Ess VI, 180)

[15] Aufgegriffen wird hier die Idee einer natürlichen Verbindung von Republikanismus, Humanismus und schönem Stil, deren entschiedenster Vertreter innerhalb von Thomas Manns Werk Lodovico Settembrini aus dem bereits 30 Jahre zuvor erschienenen *Zauberberg* ist.

in Weimar lässt sich im Bewusstsein ihrer (partiellen) Entstehung zur Zeit des Hitler-Faschismus leicht eine politische, konkreter anti-nazistische Stoßrichtung attestieren: im Falle der *Josephs*-Romane in Richtung eines jüdischen, dabei zugleich überkonfessionellen und übernationalen Menschheitsmythos; im Falle von *Lotte in Weimar* in Richtung der Behauptung eines anderen, besseren Deutschlands. Solche starken politischen Lesarten lassen sich für das Spätest-Werk nur noch sehr viel schwerer plausibel machen. Thomas Manns immer wieder geäußertes Unbehagen mit den eigenen literarischen Erzeugnissen nach dem *Doktor Faustus* mag unter anderem darin seinen Grund haben, dass diese Werke in der Tat eine nur mehr geringere ethische und anhängig auch politische Dringlichkeit für sich in Anspruch nehmen können als weite Teile des vorangegangenen Werks.[16] Während *Der Erwählte* sich allenfalls noch als historisierend-vermummtes Petitum für einen europäischen Nachkriegs-Multikulturalismus – und damit als Einspruch gegen nationalistische, militaristische oder ideologische Verhärtungen der Völker und Nationen – deuten lässt, so erweisen sich der *Felix Krull* sowie auch die letzte große Erzählung *Die Betrogene* als gänzlich untauglich, um als positive politische Modelle irgendeiner Art zu dienen. Als aktive Einmischungen in konkrete politische Fragestellungen lassen sich Thomas Manns literarische Werke generell nur sehr eingeschränkt, die spätesten Werke aber fast gar nicht mehr verstehen.[17]

Thomas Mann selbst hat zum Ende seines Lebens verschiedentlich darauf aufmerksam gemacht, dass er seine Aufgabe als Schriftsteller vor allem darin sehe, der Welt »etwas höhere Heiterkeit zu bringen«.[18] Ein Rückzug des realen Autors aus politischen Kontexten ist in dieser Betonung der »bloß« erheiternden Funktion seines literarischen Werkes freilich kaum angezeigt, bedenkt man, dass Thomas Mann auch nach dem Ende des Zweiten Weltkriegs mit seinen Reden, Vortragsreisen und Essays als politischer *public intellectual* aktiv blieb. Tatsächlich lassen sich die relative politische Enthaltsamkeit innerhalb der Fiktion einerseits und das politische Engagement des Autors in der Realität

---

[16] So schreibt Thomas Mann im März 1948 an Otto Basler: »Eigentlich aber muß ich gestehen, daß mir nach dem Faustus alles fade vorkommt, und das Gefühl beherrscht mich, daß es sich nur noch um Nachspiele und Zeitvertreib handeln kann.« Thomas Mann: Selbstkommentare: »Der Erwählte«, Frankfurt/Main: Fischer, S. 12. Eine ähnliche Formulierung verwendet Thomas Mann im November 1950 in einem Brief an Paul Amann mit Blick auf den *Erwählten*: »Es ist nichts Besonders, ein Nachspiel. Die Zeit der Zauberberge und Faustusse ist vorüber. Gut, daß es sie wenigstens gab. Nun unterhält man sich nur noch weiter, so gut es geht.« (Ebd., S. 41)

[17] In ähnlicher Weise konstatiert Xenia Goślicka: »Die Vorgängerromane des *Erwählten* stellen sich den ›geschichtlichen Erschütterungen‹ ihrer Zeit explizit. Anders steht es im Fall des *Erwählten*, dessen Zeit von Anfang an entlegen, dessen Geltungsanspruch fragwürdig scheinen.« Xenia Goślicka: Der »Wille zur Zukunft«. Thomas Manns Poetik der Auserwählung und sein Spätwerk »Der Erwählte«, in: TM Jb 29, 2016, 145–161, hier 147.

[18] Mann: Selbstkommentare (Anm. 16), S. 41.

andererseits als zwei Seiten derselben Medaille betrachten, wobei die eine Seite die jeweils andere eben dadurch legitimiert, dass sie diese in ihrem je eigenen Geltungsanspruch bestehen lässt. Thomas Mann, welcher sich selbst in seiner vor-demokratischen Phase titelweise als »unpolitisch« bezeichnet hatte, war dies in seinen öffentlichen Äußerungen bis zum Ende seines Lebens keineswegs. Am politischen Gehalt seines ganz späten literarischen Werks hingegen mag man durchaus Zweifel anmelden.

Möglicherweise liegen die Dinge aber noch ein Stück weit komplizierter: Ein derart vages Konzept wie dasjenige des »Politischen« lässt immerhin auch im Hinblick auf seine ästhetischen Ausformungen höchst unterschiedliche Füllungen zu. So mag es zwar richtig sein, dass Thomas Manns Spätest-Werk sich noch viel weniger als sein früheres Werk als eine Form engagierter politischer Literatur deuten lässt, welche mehr oder weniger explizit für Demokratie, Verträglichkeit und Humanismus einträte. Auch mag man den Umstand, dass ausgerechnet die letzten beiden Romane Thomas Manns zugleich seine humoristischsten sind, als Ausdruck des ästhetischen Eskapismus angesichts einer verzweifelten Weltlage ansehen (eine Deutung, die sich auf nicht wenige Selbstaussagen Thomas Manns stützen könnte). Allerdings kann man in der Heiterkeit, gesteigerten Ironie und zum Teil genüsslichen Frivolität der ganz späten Romane durchaus auch eine gewandelte Form demokratischer Ästhetik erblicken, insofern die Absage an Dogmatismus, starre Weltanschauungen und Anti-Liberalismus hier verstärkt in die ästhetische Form selbst hineingenommen wird. Während in Thomas Manns Reden und Essays auch nach dem Ende des Zweiten Weltkriegs das Bekenntnis zu Humanität, Freiheit und Demokratie ungebrochen fortbesteht, findet im literarischen Werk eine tendenzielle Verschiebung von explizit-politischen Inhalten zu einer mehr formalen Verteidigung von Pluralität, Anti-Dogmatismus und menschlicher Duldsamkeit statt. Solchermaßen verstanden ließe sich die heitere Poetik von Thomas Manns Spätest-Werk möglicherweise sogar als Vorausdeutung auf Positionen der Postmoderne begreifen, welche die zentrale Aufgabe des politischen Denkens – sehr im Gegensatz zu weiten Teilen der Moderne – eben nicht in der Etablierung starker Oppositionen, sondern vielmehr in deren Verflüssigung, subversiven Ironisierung und ästhetischen Dekonstruktion verorten.

Der im vorliegenden Aufsatz verhandelte ironische Elitarismus von Thomas Manns letzten beiden Romanen bildet just eine solche, gleichsam proto-postmoderne Ausprägung einer vor allem formalen Subversion normativer Verhärtungen, weltanschaulicher Oppositionsbildungen und starrer Ideologeme. Der problematischen Vorstellung einer Hierarchisierung menschlichen Lebens ebenso wie dem Vokabular einer solchen Hierarchisierung wird in Thomas Manns Spätest-Werk keineswegs ausgewichen: »Politisch korrekt« im heutigen Sinne sind Thomas Manns späte Texte gewiss nicht. Gleichwohl werden diese Vorstellung und dieses Vokabular nur noch aufgerufen, um im Medium der Kunst ironisiert, zum Lachen frei- und damit teilweise auch der Lächerlichkeit preisgegeben zu werden. Ähnlich wie bereits im *Erwählten* erweisen sich auch im *Felix Krull* die verschiedentlichen Hypostasierungen menschlichen Ranges als aufs Engste verbunden mit der ästhetischen Anlage des Textes. In Thomas Manns letzten beiden Romanen erscheinen die Behauptungen unterschiedlicher menschlicher Wertigkeiten *erstens* als immanente Effekte literarischen Erzählens, *zweitens* als Bekenntnisse binnenfiktionaler Figuren von nur eingeschränkter Glaubwürdigkeit, *drittens* als Aussagen, die einzig unter einem ästhetischen Blickwinkel Gültigkeit beanspruchen können, und schließlich *viertens* als häufig bereits innertextuell ironisiert und subvertiert. Zieht man diese Spielarten eines ironischen Elitarismus in Betracht, so erweisen sich Thomas Manns letzte beiden Romane weder als Rückfall hinter bereits erreichte liberal-egalitäre Überzeugungen noch auch als Beispiele eines politischen Eskapismus. Im Gegenteil erscheint gerade der ironische Elitarismus von Thomas Manns Spätest-Werk als eine genuin künstlerische Gestaltungsform demokratischen Denkens.

Alexander Pappe

Zur Thomas-Mann-Rezeption in den Reden der deutschen Bundespräsidenten[1]

Die Eindeutigkeit des Grundgesetzes setzt der formalen Macht des Bundespräsidenten klare Grenzen[2] und schließt dabei die unmittelbar wirksame Politik aus.[3] Die oft damit in Verbindung gebrachte Überparteilichkeit wird im gesetzlichen Rahmen zwar nicht erwähnt, doch ist sie mit den Erwartungen an das Staatsoberhaupt und dessen Amtsführung verknüpft.[4] Es drängt sich in diesem Zusammenhang die Frage auf, inwiefern das deutsche Staatsoberhaupt überhaupt wirken kann. Geschieht dies durch Gesten und durch Besuche? Welche Rolle spielen die bundespräsidialen Reden? Ist der deutsche Bundespräsident, da er als ein »Herr der Worte«[5] bezeichnet wird, qua dieser Definition geradezu prädestiniert, literarische Vorlagen von Schreibenden wie z.B. Thomas Mann in seine Ansprachen aufzunehmen, um eine Lenkung der Aufmerksamkeit und eine latente Stellungnahme zu gestalten? Diesen Fragen will der vorliegende Beitrag nachgehen. Nach einem überblicksartigen Einstieg zur Bedeutung der bundespräsidialen Reden wird anschließend das Korpus einer quantitativen Analyse unterzogen, um die Dimensionen der Thomas-Mann-Rezeption in den Reden des deutschen Staatsoberhauptes aufzuzeigen. Der qualitative Hauptteil widmet sich den konkreten Bezugnahmen auf Mann und greift exemplarisch einige auf. Diese sollen unter die drei Schwerpunkte *Thomas Mann als literarischer Autor*, *Thomas Mann als Gegner des Nationalsozialismus* sowie *Thomas Manns Eintreten für die Demokratie* eingeordnet werden. Untersucht werden dabei ebenso rhetorische Aspekte.

---

[1] Der vorliegende Aufsatz ist aus Anregungen im Rahmen des Seminars *Präsidiale Rhetorik. Zur politischen Rhetorik der deutschen Bundespräsidenten* unter der Leitung von Prof. Dr. Dirk von Petersdorff (FSU Jena) und Prof. Dr. Norbert Frei (FSU Jena) entstanden.

[2] Vgl. Karl-Rudolf Korte: Gesichter der Macht. Über die Gestaltungspotenziale der Bundespräsidenten. Ein Essay, Frankfurt/Main, New York: Campus 2019, S. 11.

[3] Vgl. Stefan Ulrich Pieper/Georg Schmidt: Das Bundespräsidialamt, in: Robert Chr. van Ooyen/Martin H.W. Möllers (Hrsg.): Der Bundespräsident im politischen System, Wiesbaden: Springer VS 2012, S. 99–110, hier S. 105.

[4] Vgl. Korte: Gesichter der Macht (Anm. 2), S. 36 f.

[5] Ebd., S. 47.

I. Zur Bedeutung der bundespräsidialen Reden

Mit der sogenannten *smart power*, jenen Normen und Ideen, welche sich in den Reden, Statements und produzierten Bilder erkennen lassen, kann der Bundespräsident Themen benennen, Deutungen anstreben, Erklärungen abgeben sowie Präferenzen in verschiedenen Diskursen setzen[6] – als indirekte, latente Form der Einflussnahme. Vor allem zu moralischen und ethischen Streitpunkten, gesellschaftspolitischen Fragen sowie staatsexistenziellen Diskussionen wird eine Stellungnahme erwartet:[7] »[E]r soll mahnen und ermahnen, warnen und Mut machen, zum Nachdenken anregen und auf Nachhaltigkeit drängen«[8]. Dieses Setzen von Akzenten und der Hinweis auf Werte kann als eine *pouvoir neutre* beschrieben werden.[9] Das Gewicht, mit welchem bundespräsidiale Reden auf das Meinungsklima, politische Amtsträger und Verfassungsorgane wirken, ist je nach Anlass, Amtsperiode und Persönlichkeit des Amtsinhabers unterschiedlich.[10] So weisen bereits Differenzen in der sprachlichen und rhetorischen Gestaltungskraft auf die unterschiedliche Macht der bundespräsidialen Worte in ihrer jeweiligen Zeit hin. Auch sollte die mediale Wirkung nicht unterschätzt werden.[11] Ebenso differiert der politische Einfluss je nach zeitlicher Phase und aktueller Situation. Erkennbar ist dies an der medialen Entwicklung: Der von Druckschriften, dem direkten Auftritt und dem Rundfunk abhängige Theodor Heuss ist schwer vergleichbar mit Frank-Walter Steinmeier, der zunehmend auf soziale Kanäle angewiesen ist.

Das deutsche Staatsoberhaupt kann also mit seinen Reden eigene Akzente setzen und in einer von politischen, ökonomischen sowie gesellschaftlichen Interessen bestimmten Demokratie eine bedeutende Rolle innehaben:[12] »[Die Bundespräsidenten stellen] [...] eine übergeordnete Instanz dar, die gehört wird und die [...] nicht auf einzelne gesellschaftliche oder politische Tendenzen zu reduzieren ist.«[13] Durch die Reden generiert er Aufmerksamkeit, Widerspruch usw. für und zu bestimmten Themen sowie Personen. Trotz des oftmals sehr diplomatischen Ausdrucks der präsidialen Reden erreicht das deutsche Staatsoberhaupt mit seinen ungefähr 150 Ansprachen pro Jahr eine gewisse Präsenz.[14]

---

[6] Vgl. ebd., S. 43.
[7] Vgl. Pieper / Schmidt: Das Bundespräsidialamt (Anm. 3), S. 105.
[8] Ebd., S. 105.
[9] Vgl. Horst Möller: Das Amt des Bundespräsidenten. Über Institutionen, Funktionen und Persönlichkeiten, in: Die politische Meinung, Jg. 54, H. 474, Osnabrück: Fromm, S. 47–53, hier S. 53.
[10] Vgl. ebd., S. 50.
[11] Vgl. ebd., S. 50.
[12] Vgl. ebd., S. 53.
[13] Ebd., S. 53.
[14] Vgl. Korte: Gesichter der Macht (Anm. 2), S. 47, 67, 144.

Über die bloßen Worte hinaus wirken die Aussagen des Bundespräsidenten und nicht selten folgt auf sie ein öffentliches Echo.[15]

II. Quantitative Auswertung des Textkorpus

An dieser Stelle soll ein kurzer Blick auf den quantitativen Umfang des Textkorpus geworfen werden. Insgesamt wurden im Korpus 59 bundespräsidiale Reden/Ansprachen untersucht. Folgende Anzahl an Reden bzw. Ansprachen, in denen Thomas Mann in unterschiedlichen Kontexten/Rollen vorkommt, ergibt sich für die bisherigen Staatsoberhäupter: Theodor Heuss: 2; Walter Scheel: 2; Karl Carstens: 2; Richard von Weizsäcker: 2; Roman Herzog: 3; Johannes Rau: 7; Horst Köhler: 11; Christian Wulff: 1; Joachim Gauck: 13; Frank-Walter Steinmeier: 16.[16] Hingewiesen sei auf zwei Besonderheiten. Bei der Durchsicht der gesammelten Reden Gustav Heinemanns konnte kein Bezug zu Thomas Mann gefunden werden. Dieser Befund bestätigt die eher zurückhaltende Thomas-Mann-Rezeption bis hinein in die 1980er-Jahre des vergangenen Jahrhunderts (vgl. TM Hb (2015), 382). Die Literaturlage zu Bundespräsident Heinrich Lübke stellt sich als recht schwierig dar, denn bisher ist kein Sammelband aller gehaltenen Ansprachen bzw. Reden erschienen. Nach ausführlichen Recherchen ist auch kein Projekt gefunden worden, welches sich damit in naher Zukunft beschäftigen wird.

Auffällig bei bloßer Betrachtung der Zahlen ist, dass mit zeitlichem Fortschreiten Richtung Gegenwart die Menge der Erwähnungen zunimmt. Dies fügt sich in die Rezeptionsgeschichte Thomas Manns und seiner Werke sowohl in der Bonner als auch in der Berliner Republik ein, welche erst in den 1980er-Jahren einen entscheidenden Wendepunkt nimmt. Auslöser für die unerwartete Veränderung ist die Veröffentlichung von Manns Tagebüchern, die eine andere Seite des Schriftstellers abseits der Legende Thomas Mann zeigen (vgl. ebd.). Es ist deutlich sichtbar, dass seit der Präsidentschaft Raus in den Reden nicht nur der Literat, sondern auch die Person des Schriftstellers an sich sowie sein Umfeld thematisiert werden. Den bisherigen Höhepunkt bildet Bundespräsident Steinmeiers Rede 2018 im Rahmen der Eröffnung des Thomas-Mann-Hauses in Los Angeles/USA und der daran anschließenden Konferenz (siehe Abschnitt V).

---

[15] Vgl. ebd., S. 77.
[16] Endpunkt für die Untersuchung war der 9. April 2021. Danach veröffentlichte Reden wurden nicht mehr berücksichtigt.

III. Thomas Mann als literarischer Autor

Die Erwähnungen Thomas Manns als Schriftsteller geschehen häufig mit Verweis auf seine Position als herausragender Vertreter deutscher Kultur. Er wird damit gleichsam zu einer Art kulturellem Leuchtturm stilisiert. Dies lässt sich bei einer Gesamtanalyse aller Reden von Heuss bis Steinmeier beobachten. Dabei wird Mann sowohl allein als auch in Verbindung mit anderen Autorinnen und Autoren wie bspw. Schiller, Herder und Herta Müller rezipiert.

In seinem Grußwort zur Wiedereröffnung des Buddenbrook-Hauses sowie zu Thomas Manns 125. Geburtstag betont Johannes Rau den »große[n] Tag für Deutschland und für die deutsche Sprache«[17]. Mit den gleich zu Beginn genannten Funktionen Manns als Schriftsteller sowie politisch Interessierter versucht der Redner seine Aussage, dass »Deutschland […] sich mit den nationalen Traditionen bekanntlich schwer […] [tut und] gute Gründe [dafür hat]« (RGW 2000, I), abzumildern. Gleichzeitig leitet ein Komparativ zu einer Opposition – der positiven Seite der deutschen Vergangenheit – über: Es sei »besser[, …] [sich] von Zeit zu Zeit des kulturellen […] [sowie] politischen […] Erbes [zu] erinnern« (ebd.). Entsprechend dem Anlass entwickelt das Staatsoberhaupt an den *Buddenbrooks* seinen Leitgedanken: »[W]ir [ehren] nicht nur Thomas Mann und sein Werk, sondern wir erinnern uns vielmehr an das, was sein Werk uns gibt oder geben kann.« (ebd.) Als Funktion des Erkenntnisinteresses wird das Erinnern und Sammeln von Erfahrungen angegeben. Dies verknüpft Rau mit »[der] Pflicht der Kenner und Liebhaber, darauf hinzuweisen, welches Vergnügen und welcher Erfahrungsgewinn einem möglicherweise entgeht, wenn man Thomas Mann nicht liest« (RGW 2000, II). Einerseits mahnt der Amtsinhaber zur Weitergabe der Lektüreerfahrungen, andererseits deutet er mit »Erfahrungsgewinn« und »Vergnügen« bereits zwei eher generelle Antworten auf sein Erkenntnisinteresse an. Direkter erscheint dahingehend die Aufgabe des Buddenbrook-Hauses: »Lust auf Lektüre […] machen« (ebd.). Etwas ungeschickt formuliert ist der anschließende Appell, die Distanz zwischen »den Erfahrungsräumen und den Lebensbedingungen dieser Autoren« (ebd.) und der Gegenwart anzuerkennen, da sonst die Mühe zum Erhalt des kulturellen Erbes, der »Werke der literarischen Familie Mann« (ebd.), keinen Sinn ergebe.

Besondere Beachtung findet das junge Alter Thomas Manns während der Entstehung der *Buddenbrooks* (vgl. RGW 2000, III). Die Gründe für dieses literarische Gelingen sieht Rau in Folgendem: der »große[n], […] unvergleichliche[n] schriftstellerische[n] Begabung« (ebd.), was in einem »ungewöhnlichen

---

[17] Bundespräsidialamt, https://www.bundespraesident.de/SharedDocs/Reden/DE/Johannes-Rau/Reden/2000/06/20000606_Rede.html, I (Zugriff am 10.08.2022), nachfolgend zitiert als RGW 2000.

sprachlichen Feingefühl« (ebd.) mündet. Als zweiten Grund nennt der Redner das Umfeld des Autors: Detailliert geht er dabei auf das literarische Bildungs-programm des gutbürgerlichen Hauses ein, greift bisher sowohl direkt als auch indirekt erwähnte Begriffe wie »Klassiker« und »literarische Bildung« (ebd.) auf. Daraufhin entsteht ein Bruch im Gedankengang der Rede, welcher von einem Bildungsthema zur speziellen Thematik der *Buddenbrooks* überleitet. Die Rückkehr zum Roman ist ein Verweis auf den Erfolg des Werkes; gleich-zeitig jedoch ebenfalls eine Erinnerung daran, die Veränderungen der Zeit, denen ebenso die Traditionsliteratur unterliegt, auch während der Lektüre zu erkennen sowie die Differenzen zur Gegenwart nicht zu vergessen (vgl. ebd.). Durch die Erwähnung des internationalen Erfolges des Werkes betont Rau den großbürgerlichen Kosmopolitismus und zieht von dieser Weltoffenheit Paralle-len zum Zusammenwachsen Europas (vgl. RGW 2000, IV). Als Kontrast wird der in einigen Teilen des Bürgertums verbreitete Nationalismus genannt. Selbst Mann habe trotz der Internationalität seines Werkes und seiner Bildung den Ersten Weltkrieg in einer nationalistischen Manier begrüßt (vgl. ebd.).

Dem biografischen Leitfaden folgend, thematisiert der Redner anschließend die Exilzeit Thomas Manns, der trotz seiner Verdienste um die Literatur flie-hen musste (vgl. RGW 2000, V). Mann wird dabei als einer der »bedeutendsten kreativen Köpfe« Deutschlands (ebd.) bezeichnet. Im Zusammenhang mit dem Exil führt der Bundespräsident den Wandel des Autors zu einem Republikaner und zu einem Gegner der Nationalsozialisten aus (vgl. ebd.), wobei das Wort »Barbarei« (ebd.) genutzt wird.[18] Wie seine Vorgänger und Nachfolger geht Jo-hannes Rau auf die Position Manns als moralische Instanz im amerikanischen Exil sowie als Repräsentant Deutschlands ein (vgl. ebd.). Der Nobelpreisträger, so der Redner, »war sich dessen bewusst. Er hat diese Rolle angenommen, und er hat sie ausgefüllt.« (ebd.) Von dieser Position entstehe eine Traditionslinie, in der Schriftstellerinnen und Schriftsteller in Deutschland bis in die Gegenwart immer wieder zu moralischen Themen Stellung beziehen (vgl. ebd.).

Horst Köhlers Lobrede zum 50. Todestag des Nobelpreisträgers vereint intellektuelle und affektive Momente; neben der Position Manns als Gegner des Nationalsozialismus spielen die Frage nach der deutschen Schuld sowie die Kulturvermittlung eine wichtige Rolle. Mit einem Verweis auf die Rund-funkansprachen Manns mit dem Titel *Deutsche Hörer!* begründet Köhler zu Beginn seiner Rede die Position des Literaten als »moralische[...] Maßstäbe« setzende Instanz, welche »die Unterscheidung von Gut und Böse, von Recht

---

[18] Es scheint, als seien mit dem Begriff »Barbarei« in einem gewissen Zeitraum die Verbre-chen des nationalsozialistischen Regimes bezeichnet worden. Wo dies seinen Ursprung hat und in welchem Verhältnis das Wort zu den damit verbundenen Gewalttaten steht, bedarf einer ge-sonderten Untersuchung.

und Unrecht«[19] in den Köpfen seiner Landsleute aufrechterhalten wollte. Die Tätigkeit des Autors als Mahner aus dem Exil heraus dürfte allgemein bekannt gewesen sein, doch speziell jene Rede nach der Bombardierung Lübecks sowie das vom deutschen Staatsoberhaupt genutzte Zitat daraus könnten den wenigsten Zuhörenden geläufig gewesen sein. Gerade dieser Ausschnitt mag bei vielen zeitgenössischen Zuhörenden auf wenig Verständnis gestoßen sein, doch aus gegenwärtiger Perspektive, mit einem veränderten Bild auf die Geschichte, wandelt sich das Verstehen jener Passage: »Aber ich denke an Coventry und habe nichts einzuwenden gegen die Lehre, daß alles bezahlt werden muß.« (Ess V, 181) Auch Horst Köhler spricht den moralischen Gedanken des Schriftstellers, das Verhältnis von Aktion und Reaktion, aus: »Das hört sich fast mitleidslos an. Aber Thomas Mann formuliert nichts weiter als die glasklare Erkenntnis, dass das Volk, von dem so großes Unrecht ausgegangen ist, nicht straflos davonkommt – wie unterschiedlich die Schuld eines jeden Einzelnen auch ist.« (KFT 2005, 20)

Daraufhin wendet sich das Staatsoberhaupt der literarischen Bedeutung und der Wichtigkeit des Autors für die deutsche Kultur zu. Köhler betont die enge Verbindung des schriftstellerischen Werkes mit Deutschland, aber gleichzeitig auch Manns Flucht ins Exil. Auffällig hierbei ist die Anhäufung des Adjektivs »deutsch« in Verbindung mit verschiedenen positiv und negativ konnotierten Nomen: »deutsche[...] Kultur, deutsche[...] Kunst, deutsche[...] Musik, deutsche[s] Bürgertum, deutsche[...] Innerlichkeit und spezifisch deutsche[s] Versagen« (ebd.). Die Wiederholungen vermitteln ein Bild des Nobelpreisträgers als dominante Persönlichkeit in vielen Bereichen, stilistisch jedoch entsteht ein hölzerner und etwas zu einschränkender Eindruck. Weiterhin ist nicht ersichtlich, was Köhler im 21. Jahrhundert unter »Bürgertum« und »Innerlichkeit« versteht. Die erste Rückkehr Manns nach Deutschland 1949 vermischt Köhler mit Selbstbeschreibungen des Autors und Charakterisierungen von außen, welche das Selbstbewusstsein des Literaten, die deutsche Kultur zu vertreten und deren Mittelpunkt zu sein, betonen (vgl. KFT 2005, 21). Dies gipfelt in einem Interview (New York Times 1938), in dem er »so trotzig und so souverän [...] formuliert hatte: ›Wo ich bin, ist Deutschland. Ich trage die deutsche Kultur in mir.‹« (ebd.), was dem nationalsozialistischen Regime jede kulturelle Autorität abspricht. Damit geht Horst Köhler zum eigentlichen Thema seiner Rede über: zur Frage, »was Thomas Mann, was sein Erbe für uns heute bedeuten kann« (ebd.).

---

[19] Horst Köhler: Ansprache bei der Festveranstaltung zum 50. Todestag von Thomas Mann in Lübeck. 13. August 2005, in: Bundespräsidialamt (Hrsg.): Bundespräsident Horst Köhler. Reden und Interviews. Band 2. 1. Juli 2005 – 5. Juli 2006, Berlin: Bundespräsidialamt 2006, S. 19–25, hier S. 19, nachfolgend zitiert als KFT 2005.

Als wichtigsten Bestandteil im Mannschen Erbe sieht der Redner dessen Reichtum, den er in einer paarweisen Aufzählung skizziert: »De[n] Reichtum an Themen und Figuren, an Stoffen und Gedanken, an Wahrheiten und Irrtümern.« (KFT 2005, 22) Den gespannten »Bogen – von der eigenen Familiengeschichte [...] in den ›Buddenbrooks‹ bis hin zu dem alttestamentlichen Stoff in den Josephromanen« (ebd.) bezeichnet Köhler in seinem Umfang und seiner Komplexität als »Universum [...], das seinesgleichen sucht« (ebd.). Diese Skizzierung wird mit einem Appell verbunden, die »geistigen und kulturellen Schätze« (ebd.) von Generation zu Generation weiter zu vermitteln. Nachdruck verleiht dieser Forderung das Verb »müssen«. Geradezu eine gewisse Dramatik legt der Bundespräsident in seine Worte, wenn er von einer »Verpflichtung« (ebd.), einer »Zielsetzung aller kulturpolitischen Bemühungen« (ebd.) spricht, um »die deutsche Kultur in ihrem so großen Reichtum in den Herzen und Köpfen der Menschen, und besonders der jungen Menschen, lebendig« (ebd.) zu halten. Die mit Pathos und Überhöhung gefüllte Aussage, die eine sehr durchsetzungsfähige Kulturpolitik andeutet, relativiert das deutsche Staatsoberhaupt gleich darauf mit einem Verweis, »dass Kulturen voneinander lernen [...,] sich so weiterentwickeln« (KFT 2005, 23), und gerade die junge Generation eine Aufgeschlossenheit gegenüber anderen Kulturen praktiziert (vgl. ebd.). Die Bewahrung der Kultur sieht der Bundespräsident appellhaft als Voraussetzung für die Identitätsfindung (vgl. KFT 2005, 23 f.): »Wer wir sind, wissen wir nur dann, wenn wir wissen, woher wir kommen.« (KFT 2005, 23) Diese durch eine Alliteration gekennzeichnete Sentenz, für die Mann und sein Werk nach Ansichten Köhlers eine prädestinierte Vorlage bilden (vgl. ebd.), erneuert der Amtsinhaber durch einen indirekten Appel: »Wir werden selber ärmer, wenn wir dieses Erbe durch Nicht-Benutzen verschleudern.« (ebd.)

Am Schluss kontrastiert der Redner Manns nicht erfolgte Rückkehr nach Deutschland mit dessen Widerstand gegen die Vereinnahmung seiner Person durch einen der beiden deutschen Staaten sowie der Unmöglichkeit der Aneignung des Autors (vgl. KFT 2005, 24 f.): »[W]ir können und sollen das auch nicht [...].« (KFT 2005, 25) Das Verb »sollen« vermittelt hier den Eindruck eines Verbotes, »können« zeigt die Ausweglosigkeit des Vereinnahmungsversuches. Den Plural »wir« nimmt der Bundespräsident zu Beginn und am Ende einer darauffolgenden Würdigung, fast schon Glorifizierung Thomas Manns mit dem Pronomen »uns« erneut auf und betont die Universalität des Mannschen Werkes: »Er hat uns Deutschen so viel geschenkt, er hat in der Welt die deutsche Kultur auf so einzigartige Weise verkörpert – aber er gehört uns nicht. Sein Werk ist Weltliteratur in jedem Sinne – auch im Sinne der universalen Humanität.« (ebd.) Der Schriftsteller wird damit zu einem universellen kulturellen Vorbild stilisiert, das die deutsche Kultur auf der gesamten Welt repräsentiert. Köhler gestaltet ihn – vor allem in kultureller Hinsicht – zu einem gebenden Individuum.

Gleichzeitig stehen das Werk und der Autor selbst nicht nur für Deutschland, sondern für eine gewisse Universalität, Globalität sowie Zeitlosigkeit. Dem entgegen scheint die Häufung des Adjektivs »deutsch« zu stehen (vgl. KFT 2005, 20). Das Wort »Humanität« eröffnet eine weitere Perspektive, für welche Manns Werk, neben dem sehr umfangreich ausgeführten kulturellen Aspekt, steht. Den Abschluss bildet eine fast pathetisch klingende, sehr ritualhafte Formel, welche den Kern der Ansprache – die Bedeutung Thomas Manns – anklingen lässt: »Wir verneigen uns in Dankbarkeit.« (KFT 2005, 25) Neben dem Nobelpreisträger als Verfechter der Demokratie und eines geeinten Deutschlands steht die deutsche Kultur sowie deren Bewahrung in der Gegenwart für eine zukünftige Generation sehr stark im Fokus der Ansprache. Thomas Mann dient sowohl als Ausgangspunkt als auch übergroßes kulturelles Symbol.

IV. Thomas Mann als Gegner des Nationalsozialismus

Anlässlich der Verleihung der Ehrenbürgerwürde der Stadt Bonn bezieht sich Johannes Rau auf Thomas Mann als Gegner der Nationalsozialisten. Erst gegen Ende seiner Ausführungen geht das Staatsoberhaupt recht knapp auf den »Zivilisationsbruch der Nazi-Jahre«[20] ein und erinnert an die Deportation jüdischer Mitbürger sowie die »schnöde Behandlung von Thomas Mann und Karl Barth durch die Universität«[21]. Neben der Kürze dieser Erwähnung erscheint vor allem die Wortwahl »Zivilisationsbruch« und »Nazi-Jahre«, welche nur ansatzweise die Folgen des nationalsozialistischen Regimes andeutet, sonderbar und im Rahmen einer solchen Veranstaltung unpassend. Ebenso strahlt das Wort »schnöde« eine gewisse Beliebigkeit aus und der Name Karl Barth ist sehr voraussetzungsreich. Eine zwar ähnlich knappe Anführung, jedoch anders kontextualisiert und dadurch mit einer stärkeren Bedeutung verbunden, erfährt *Doktor Faustus* durch ein Zitat in einer Gedenkrede 2002 – anlässlich des 1944 verübten Massakers in Marzabotto – als Ausdruck einer Geste der Versöhnung: »Und doch, so hat es Thomas Mann gesagt, hat ›aus letzter Hoffnungslosigkeit ein Wunder, das über den Glauben geht, das Licht der Hoffnung‹ getragen.«[22]

---

[20] Johannes Rau: Rede bei der Verleihung der Ehrenbürgerwürde der Stadt Bonn in Bonn. 29. Juni 2001, in: Presse- und Informationsamt der Bundesregierung (Hrsg.): Bundepräsident Johannes Rau. Reden und Interviews. Band 2.2. 1. Januar – 30. Juni 2001, Berlin: Presse- und Informationsamt der Bundesregierung 2001, S. 335–341, hier S. 340.

[21] Ebd., S. 340.

[22] Johannes Rau: Ansprache in Marzabotto. 17. April 2002, in: Presse- und Informationsamt der Bundesregierung (Hrsg.): Bundespräsident Johannes Rau. Reden und Interviews. Band 3.2: 1. Januar – 30. Juni 2002, Berlin: Presse- und Informationsamt der Bundesregierung 2002, S. 245–246, hier S. 246.

Rau betont das einem Wunder gleichkommende Aufeinanderzugehen – gerade nach dem durch die Wehrmacht verübten Massaker im nördlichen Teil Italiens. Der Schriftsteller dient hier mit seinem 1949 erschienenen Roman als Vorbote der Hoffnung auf ein Ende der Gewaltherrschaft und einen Beginn der Versöhnung. Ebenso zeigt sich in dieser Textauswahl die literarische Opposition Manns, eines Deutschen, gegenüber den Nationalsozialisten.[23]

Auch bei Joachim Gauck ist eine Vermischung der Positionen Manns als Literat sowie Exilant zu finden, während er auf die Exilzeit des Autors in Zürich eingeht. Die Schweizer Stadt ist hierbei nur Teil einer Aufzählung: Der Bundespräsident nennt München als Ausgangsort der Flucht, Lübeck als Geburtsort und Zürich als Ankunftsort. Dabei betont Gauck durch ein Zitat die Dankbarkeit des Nobelpreisträgers und unterstreicht mit einem indirekten Kompliment die hervorstechende literarische Qualität der Schweizer Eidgenossenschaft: »Er war, in seinen eigenen Worten, ›der literarischen Schweiz – aber das ist die Schweiz überhaupt – ungeheuer dankbar‹.«[24] Ob es sich bei dem Einschub um eine floskelhafte Bekräftigung der positiven Schweizer Eigenschaften oder einen Bezug zu vorher genannten Künstlern handelt, wird aus dem Text nicht ersichtlich. Einen stark gegenwartsbezogenen Zusammenhang schafft das Staatsoberhaupt zwischen der Flüchtlingskrise 2015 und der Exilzeit deutscher Intellektueller: Neben Hannah Arendt wird auch Thomas Mann aufgezählt. Anhand dieser exemplarischen Personen, die für viele Zuhörende greifbarer sind als der vage Begriff »die Flüchtlinge«, versucht Gauck die Wichtigkeit eines funktionierenden Asylrechts, für welches die Bundesrepublik historisch begründet eine moralische Verantwortung trägt, zu betonen:[25] »Die Geschichte hat sich uns eingeprägt. Sie schwingt mit, wenn wir heute Flüchtlingen Schutz gewähren, wenn wir politisch Verfolgten Asyl bieten.«[26] Die Wortwahl »Flüchtlinge« bietet eine breite Diskussionsbasis an. Gaucks eher oberflächliche Parallele erscheint wie eine Art Instrumentalisierung, die grundsätzliche Differenzen außer Acht lässt. Mann und Arendt konnten im Exil ein geordnetes Leben fortsetzen, was auf Flüchtende eher weniger zutrifft.

Frank-Walter Steinmeier bezieht sich in einem Vergleich auf Mann: Thomas Mann habe dem Faschismus widerstanden, Lech Kaczyński dem Kommunis-

---

[23] Vgl. ebd., S. 245 f.

[24] Bundespräsidialamt, https://www.bundespraesident.de/SharedDocs/Downloads/DE/Reden/2014/04/-140401-Grundsatzrede-Bern-Schweiz.pdf?__blob=publicationFile (Zugriff am 10.08.2022), S. 2.

[25] Vgl. Joachim Gauck: »Unser Herz ist weit. Doch unsere Möglichkeiten, sie sind endlich.« Auftakt der 40. Interkulturellen Woche. 27. September 2015, Mainz, in: Bundespräsidialamt (Hrsg.): Band 4: Joachim Gauck. Reden und Interviews. 27. Januar 2015 – 20. Januar 2016, Berlin: Bundespräsidialamt 2016, S. 273–293, hier S. 279.

[26] Ebd., S. 279.

mus. Neben dieser Parallele wird in einer Art Verbindung zu den zwei genannten Herrschaftsformen die Aufklärung ins Spiel gebracht, gerade so, als sei sie
eine Voraussetzung für die gegenwärtige demokratische Ordnung. Das Staatsoberhaupt betont dabei die Wichtigkeit und Bedeutung der aufklärerischen
Gedanken für die europäische Identität.[27] Zum Widerstand Thomas Manns
gegen die Nationalsozialisten tritt im Rahmen der Gedenkfeier zum 80. Jahrestag des Kriegsbeginns ein neuer Aspekt hinzu: die Frage nach der Schuld der
Deutschen.[28] Bezogen auf die Kriegsverbrechen der Deutschen in Polen erinnert Steinmeier an die Feststellung Manns, dass man sowohl mit Deutschland
als auch mit deutscher Schuld zu tun habe, wenn man in Deutschland geboren
sei.[29] Mit seinem Zitat berührt der Bundespräsident einen Kernpunkt aktueller
Debatten: den Umgang gegenwärtiger Generationen mit deutscher Schuld. Die
Wahl der Aussage bildet den Auftakt für einen Appell des Staatsoberhauptes,
die nicht vergehende Verantwortung anzunehmen. Der Redner betont, dass
die Deutschen zu ihrer Verantwortung stünden und entschuldigt sich für die
Verbrechen der Vergangenheit auf Deutsch sowie – entsprechend dem Anlass
und der angesprochenen Personen – auf Polnisch.[30]

V. *Thomas Manns Eintreten für die Demokratie*

Mit seiner Lobrede zur Eröffnung des Thomas-Mann-Hauses in Los Ange-
les beginnt Frank-Walter Steinmeier eine zweitägige Auseinandersetzung mit
Thomas Mann als Verfechter der Demokratie. Das Haus wird vom Redner in
Anlehnung an seine verschiedenen Funktionen für die Familie Mann als Weißes
Haus, Familienheim, Ort des Schreibens und Denkens und – der Höhepunkt

---

[27] Vgl. Frank-Walter Steinmeier: »Dank der Literatur lernen wir uns kennen – und immer
wieder neu kennen«. Besuch der Warschauer Buchmesse. 19. Mai 2017, Warschau/Polen, in:
Bundespräsidialamt (Hrsg.): Frank-Walter Steinmeier: »Die Demokratie ist die Staatsform der
Mutigen«. Reden und Interviews. Band 1: 12. Februar – 25. Dezember 2017, Berlin: Bundespräsidialamt 2018, S. 93–99, hier S. 97 f.
[28] Siehe dazu allgemein bspw. Norbert Frei: Von deutscher Erfindungskraft oder: Die Kollek-
tivschuldthese in der Nachkriegszeit, in: Gary Smith (Hrsg.): Hannah Arendt Revisited: »Eich-
mann in Jerusalem« und die Folgen, Frankfurt/Main: Suhrkamp 2000, S. 163–176. Speziell zu
Mann: Manfred Görtemaker: Thomas Mann und die Politik, Frankfurt/Main: S. Fischer 2005,
besonders S. 193–205.
[29] Vgl. Frank-Walter Steinmeier: »Ich bitte um Vergebung. Proszę o przebaczenie«. Gedenkfeier zum 80. Jahrestag des Beginns des Zweiten Weltkrieges in der Stadt Wieluń. 1. September
2019, Wieluń/Polen, in: Bundespräsidialamt (Hrsg.): Frank-Walter Steinmeier: »Sie alle sind Teil
dieser Demokratie.« Reden und Interviews. Band 3: 15. Januar – 25. Dezember 2019, Berlin: Bundespräsidialamt 2020, S. 253–259, hier S. 256.
[30] Vgl. ebd., S. 256.

der Aufzählung – als »Weimar am Pazifik« bezeichnet.[31] Den Zuhörenden, als »transatlantische Gemeinschaft« (SEH 2018, 1) bezeichnet, wird so neben einem kulturellen Zentrum auch eine politische Dimension aufgezeigt. Vom metaphorisch für die Demokratie stehenden Weißen Haus als Bauwerk und seinem Zentrum, dem Oval Office, zieht Steinmeier Parallelen zum Haus der Manns als »Oval Office der Exil-Opposition gegen Hitlers Terrorherrschaft in Berlin« (ebd.). An die zukünftigen Fellows richtet der deutsche Bundespräsident einen eindringlichen Appell, der die Wichtigkeit ihrer Verständigung skizziert: »Ihre Arbeit hier wird wichtig sein. Sie unternehmen diese transatlantische Reise in einer Zeit der politischen Turbulenzen – Turbulenzen auf beiden Seiten des Atlantiks, aber auch zwischen unseren beiden Ländern.« (SEH 2018, 2) Gleich dem Stellen einer Arbeitsaufgabe verweist der Amtsinhaber so auf die zu dem Zeitpunkt angespannten Beziehungen zwischen Deutschland und den USA, welche auch für Thomas Mann von großer Bedeutung waren. Den Arbeitshorizont der ersten Bewohnenden des Thomas-Mann-Hauses beschreibt Steinmeier mit einem Zitat des Autors (vgl. SEH 2018, 3), in welchem dieser eine »Wandlung des geistigen Klimas, ein neues Gefühl für die Schwierigkeit und den Adel des Mensch-seins« (19.1, 267–268) als vordringlichste Notwendigkeit ansieht.

In einer Hinwendung zum Publikum stellt das deutsche Staatsoberhaupt die rhetorische Frage nach der passenden Staatsform für diesen Wandel (vgl. SEH 2018, 3) und gibt darauffolgend die Antwort: »eine freie und demokratische Gesellschaft« (ebd.). Dies sei genau jenes Band, welches Deutschland und die USA verbinde und welches zum Erwerb des Hauses geführt habe (vgl. ebd.). Die Anrede »Liebe Freunde« (ebd.) an die Zuhörenden überwindet verbal die protokollarische Distanz, die Steinmeier zu Beginn durch seine Selbstcharakterisierung »als Bundespräsident der Bundesrepublik Deutschland« (SEH 2018, 2) schafft. Den Abschluss bildet ein erneuter Appell an das für den Redner wichtige Thema: das Gedeihen der Demokratie (vgl. SEH 2018, 3).

Diesen Gedanken nimmt das deutsche Staatsoberhaupt in seiner Lobrede anlässlich einer sich an die Eröffnung des Mann-Hauses anschließenden Konferenz in Los Angeles erneut auf. Die Ansprache, welche sich sowohl intellektuell als auch affektiv an das Publikum richtet, teilt sich in zwei große Teile: einen biografischen Abschnitt zum Demokratieverständnis des Literaturnobelpreisträgers sowie einen Appellteil.[32] Gleich zu Beginn verdeutlicht der Bundespräsident sein Ziel: »Es ist Zeit […], neu und grundsätzlich danach

---

[31] Vgl. Bundespräsidialamt, https://www.bundespraesident.de/SharedDocs/Downloads/DE/Reden/2018/06/-180619-USA-Thomas-Mann-Haus.-pdf?__blob=publicationFile (Zugriff am 10.08.2021), S. 1, nachfolgend zitiert als SEH 2018.

[32] Vgl. Frank-Walter Steinmeier: »Ohne Vernunft ist Demokratie auch in Zukunft nicht zu machen«. Konferenz »The Struggle für Democracy« anlässlich der Eröffnung des Thomas-Mann-Hauses. 19. Juni 2018, Los Angeles/USA, in: Bundespräsidialamt (Hrsg.): Frank-Walter Stein-

zu fragen, was uns auch heute diesseits und jenseits des Atlantiks im Inneren verbindet.« (SKD 2018, 153) Das Pronomen »uns« scheint ein Gemeinschaftsgefühl schaffen zu sollen. Dadurch sind nicht nur alle Personen im Saal angesprochen, sondern der Redner knüpft damit ein imaginiertes Band zwischen den indirekt bezeichneten Ländern Deutschland und den USA. Dies eröffnet das Gedankenfeld der gemeinsamen Vergangenheit, Gegenwart und Zukunft. Zur Darstellung dieser Verbindung nutzt der Redner den Autor Mann, der neben seiner Verbindung zu beiden Staaten auch »in besonderer und durchaus ambivalenter Weise für unsere demokratische Verbindung steht« (ebd.). Den Verweis auf die literarische Größe des Schriftstellers verbindet der Amtsinhaber mit einer Erinnerung daran, dass auch der Literat nicht von Anfang an ein Demokrat gewesen sei und mehrere politische Veränderungen durchlebt habe (vgl. ebd.). Geradezu programmatisch scheint hier der Konferenztitel *The Struggle for Democracy* zu sein. Das bereits erwähnt Reflexivpronomen »uns« wird erneut aufgenommen und spezifiziert: »Thomas Manns […] Weg zur Demokratie steht in mancher Hinsicht symbolhaft für unseren, für Deutschlands Weg zur Demokratie.« (SKD 2018, 153 f.) Indirekt gibt der Redner durch das Wort »symbolhaft« eine Begründung für die Wahl der zentralen Person. Den von mehreren Bundespräsidenten gebrauchten Satz zur Person des Autors als Mittelpunkt deutscher Kultur führt Steinmeier fort, steigert ihn gar: »Wohin er [Thomas Mann] sich aufgemacht hat, dort ist Deutschland schließlich angekommen.« (SKD 2018, 154)

Damit leitet Steinmeier zu einer Darstellung der demokratischen Entwicklung Thomas Manns über, die in Teilen mit literarischen Werken verbunden ist. Dies beginnt mit der Kaiserzeit (*Königliche Hoheit*) und leitet über zum Kriegsbeginn 1914 und Manns Begeisterung (vgl. ebd.): »Der Krieg bricht aus – und aus Thomas Mann brechen nationalistische und autoritäre, völkische und offen rassistische Töne.« (ebd.) Damit skizziert der Bundespräsident die Ausgangslage für die Entwicklung des Literaten hin zum Demokraten. Der große Bruch findet gleich einem Erwachen in der Weimarer Republik statt: »Im Zauberberg lässt er das Aufgeklärt-Rationale des Settembrini und das Völkisch-Irrationale des Naphta zum imaginären Wettstreit […] antreten.« (SKD 2018, 155) Gleichzeitig betont der Redner, dass bereits in dieser Zeit Manns Auseinandersetzung mit der Demokratie Amerikas beginnt. Diese Beschäftigung lässt den Schriftsteller den fundamentalen Unterschied der Demokratie – nämlich die Zugehörigkeit durch ein Bekenntnis zur Verfassung – und die Vorbildlichkeit der Vereinigten Staaten erkennen (vgl. SKD 2018, 155 f.). Diese generelle Veränderung skizziert Steinmeier an einem Beispiel (*Von deutscher Republik*)

meier: »Wir müssen Reden!« Reden und Interviews. Band 2: 13. Januar – 25. Dezember 2018, Berlin: Bundespräsidialamt 2019, S. 153–171, nachfolgend zitiert als SKD 2018.

und den Reaktionen darauf (vgl. SKD 2018, 155). Daran schließt der Bundespräsident einen ersten Appell mit einem kollektivierenden »uns« an: »Heute
ist es an uns, nicht zuzulassen, dass die Verächtlichmachung von Demokratie
wieder bequemer wird als für sie einzustehen!« (SKD 2018, 156) Ein Bruch in
der Struktur lenkt die Ausführungen zurück zum historischen Geschehen. Die
Anhäufung von Begriffen wie »Machtergreifung«, »Hass auf Hitler« und »Wut
auf die Nationalsozialisten« (ebd.) veranschaulicht lexikalisch die Gründe für
die Flucht des Literaten.

Zentral für die Exilzeit in den Vereinigten Staaten ist die Wandlung des Literaturnobelpreisträgers »vom Vernunft-Demokraten zum Herzens-Demokra-
ten« (ebd.). Eine wichtige Rollte spiele Franklin D. Roosevelt, »der Inbegriff
demokratischer Autorität« (SKD 2018, 157). Diesem politischen Vorbild setzt
der Autor ein literarisches Denkmal in seiner Roman-Tetralogie *Joseph und
seine Brüder* (vgl. ebd.). Als Resultat der Veränderung nennt Steinmeier das
politische Engagement Manns gegen das nationalsozialistische Deutschland
und betont dabei besonders seine Radioansprachen *Deutsche Hörer!* (vgl. ebd.).
Diese mit positiver Konnotation verbundene, zuvor beschriebene Entwicklung
fasst der Bundespräsident mit dem Satz »Hier in Amerika hat Thomas Mann
die Stärke und Mobilisierungskraft der Demokratie erleben und erlernen dürfen.« (ebd.) zusammen. In Opposition dazu tritt die Beschreibung der Zeit nach
Roosevelt, welche mit ihrem politischen Klima für einen Umzug Manns in das
Schweizer Exil sorgt (vgl. SKD 2018, 158). Damit zeigt Steinmeier auch eine
Kehrseite der bis dato positiv skizzierten amerikanischen Demokratie auf. Die
von ihm angeführten Urteile der US-amerikanischen Medien, welche zwar die
literarische Tätigkeit Manns würdigen, doch seine Loyalität bezweifeln (vgl.
ebd.), weisen Parallelen zur Mannschen Rezeptionsgeschichte im Nachkriegs-
deutschland auf (vgl. TM Hb (2015), 380 ff.).

Das Thema Demokratie eröffnet das Staatsoberhaupt mit einer Demutsbe-
kundung vor der demokratischen Entwicklung des Schriftstellers (vgl. SKD
2018, 159). Die nachfolgenden, teils abwägend anmutenden Passagen, die von
verschiedenen Zitaten Manns unterbrochen werden, münden immer wieder in
Appelle für eine starke transatlantische Partnerschaft. Rhetorisch interessant
erscheint die Akkumulation des Verbes »möge«, welche den Aufforderungen
des Redners zur Unterstützung der Partnerschaft eine besondere Nachdring-
lichkeit verleiht (vgl. SKD 2018, 168). Im Abschluss verbindet der deutsche
Bundespräsident mit einem Rückgriff auf Walt Whitmans *Democratic Vistas*
fast formelhaft die Nationalität Thomas Manns und seine Demokratiefindung
in den USA, welche bereits in der Weimarer Republik begann: »Amerika und
Demokratie sind Synonyme. So fand Thomas Mann, als er 1944 amerikanischer
Staatsbürger wurde, darin auch nie einen Widerspruch zu einem Deutsch-Sein,
sondern lediglich die Vollendung seines Demokrat-Seins.« (SKD 2018, 169)

VI. Abschließende Bemerkung

Der vorliegende Beitrag hat versucht, die Rezeption Thomas Manns in den bundespräsidialen Reden zu skizzieren. Bereits die quantitative Analyse des Korpus hat aufgrund der steigenden Anzahl der Ansprachen eine Veränderung bis hinein in die Gegenwart gezeigt. Die inhaltliche Untersuchung ließ eine starke Verschränkung der Positionen des Autors als Literat, Exilant sowie Gegner des Nationalsozialismus erkennen, weswegen die Einordnung der präsidialen Reden in die jeweiligen Kategorien teilweise nicht eindeutig erfolgen konnte. Die vollumfängliche Analyse aller Reden lässt die Schlussfolgerung zu, dass der Fokus der Rezeption in den ersten Jahrzehnten der deutschen Bundespräsidenten auf Mann als Schriftsteller lag. Dies verschob sich während der Präsidentschaft Frank-Walter Steinmeiers zur Person des Autors als Demokrat.

Im Rahmen der inhaltlichen Analyse lassen sich die beschriebenen Gestaltungsmöglichkeiten in den bundespräsidialen Reden erkennen (siehe Abschnitt I). So erinnern die Amtsinhaber bspw. an die Bekämpfung des nationalsozialistischen Regimes durch Radioansprachen und Vorträge sowie die Vertreibung ins Exil. Joachim Gauck schlägt sogar eine Verbindung von der Flucht der Familie Mann in die Gegenwart zur Flüchtlingskrise, welche seine Amtszeit stark dominierte. Die moralische Intention Gaucks – mehr Verständnis für die Menschen – tritt in der Ansprache deutlich hervor. Auch Thomas Manns Selbstcharakterisierung als moralische Instanz spielt eine wichtige Rolle. Die Bundespräsidenten werben geradezu für mehr Humanität und eine breitere Unterstützung der Demokratie. In allen untersuchten Reden tritt der vorbildliche Repräsentant deutscher Kultur hervor. Stellvertretend wird dafür Bezug genommen auf die Verleihung des Literaturnobelpreises, das internationale Renommee sowie auf einige Werke Manns (*Buddenbrooks*, *Der Zauberberg*, *Doktor Faustus* ...). Auffällig ist die Beschäftigung Steinmeiers mit dem Demokraten Thomas Mann. Der gegenwärtige Bundespräsident referiert in vielen seiner Reden, auch in Form von Appellen zur Stärkung der Demokratie, auf die demokratische Entwicklung des Literaten und die dadurch entstandene Vorbildhaftigkeit. Es hat den Anschein, als sei das Thema »Demokratie« der zentrale Kernpunkt der Präsidentschaft – auch in Anbetracht der nationalen sowie internationalen Veränderungen.

Frido Mann

Von deutscher Republik 1922/2022[1]

Der Kampfruf »Democracy will win«, den Thomas Mann Anfang 1938 bei einem Interview auf der Schiffsüberfahrt in die USA seiner dortigen mehrmonatigen Lecture Tour vorausschickte, galt damals dem gemeinsamen Widerstand aller demokratisch gebliebenen Staaten besonders gegen das bedrohlich zum Krieg aufrüstende nationalsozialistische Deutschland. Thomas Manns erkennbar strukturierter und in sich geschlossen wirkender Vortrag *The coming Victory of Democracy* war vor allem an die amerikanische Bevölkerung gerichtet, welche renitent in ihrer isolationistischen Tendenz und ihrer Skepsis gegenüber einem Krieg gegen Hitler verharrte. Nach seinem relativ späten Wandel vom Monarchisten zum überzeugten Demokraten ging es Thomas Mann im amerikanischen Exil vor allem darum, an der Seite von Präsident Roosevelt diese Zweifel auszuräumen und seine Hörer von der Wichtigkeit eines Kriegseintritts gegen Hitler zu überzeugen.

Sehr anders stellt sich Thomas Manns grundlegende, demokratische Neuorientierung nur vier Jahre nach dem Untergang der Monarchie in seiner besonders an die junge Generation in Deutschland gerichteten Rede *Von deutscher Republik* vom Sommer 1922 dar. Deren erster Anstoß erfolgte durch Manns Auseinandersetzung mit dem Werk des amerikanischen Dichters, Essayisten und Journalisten Walt Whitman, einem der einflussreichsten amerikanischen Lyriker des 19. Jahrhunderts. Mann kannte Whitmans Schriften nur aus der kommentierten deutschen Übersetzung seines Freundes Hans Reisiger. Thomas Mann ließ sich durch Whitmans Lektüre auf Anhieb in den Bann der transatlantischen »Gegenwelt« zu der sich neu formierenden und noch tief in den Kinderschuhen steckenden jungen Demokratie Deutschlands ziehen. Dabei spürte er in Deutschlands Dämmerzustand zwischen Monarchie und Demokratie rasch, dass die Neue Welt als Verfechterin eines neuen Menschenbildes ohne monarchistische Bevormundung inzwischen ein grundlegend wichtiges Vorbild für Deutschland sein könnte. Hatte er doch bereits in den *Betrachtungen eines Unpolitischen* hellseherisch vorausgesagt, dass das fragile Europa und insbesondere Deutschland nach dessen Niederlage im Ersten Weltkrieg Gefahr liefen, bald in ein politisch verderbliches Fahrwasser zu geraten, so wie dies ja dann auch in horrender Weise geschah.

---

[1] Vortrag gehalten am 18. September 2022 bei den Lübecker Thomas Mann-Tagen »Demokratie – ›eine innere Tatsache‹?«

Der Auslöser für eine eigene Stellungnahme Thomas Manns zu Whitmans neuartiger Gedankenwelt war ein Ereignis, welches die noch sehr junge Weimarer Republik zutiefst erschütterte und ein großes Stück weit auf sich selbst zurückwarf. Es war die Ermordung des liberalen Politikers und Reichsaußenministers Walther Rathenau durch rechtsradikale Antisemiten am 24. Juni 1922. Thomas Mann wollte in seinem Schock den reaktionären Kräften etwas Grundlegendes über Humanität und Demokratie entgegensetzen. In den kommenden Sommermonaten entstand die Rede *Von deutscher Republik*. Sie sollte als Beitrag zu einer Festschrift zum 60. Geburtstag von Gerhart Hauptmann im November erscheinen. Mann trug den Text etwa einen Monat vorher im Berliner Beethovensaal öffentlich vor.

Von deutscher Republik war der Versuch, sich denjenigen Kritikern entgegenzustellen, die Manns Abkehr von den *Betrachtungen eines Unpolitischen* als Gesinnungswandel ablehnten. Dagegen beteuerte der Autor, er setze mit seinem Plädoyer für die republikanische Idee von Walt Whitman die Linie der *Betrachtungen* konsequent und ohne Bruch in die Gegenwart fort, und er bezeichnete sich selber weiterhin als »Konservativen«.

Nichtsdestoweniger schien der ungewohnt neue Begriff »Republik« bei so manchen früheren politischen Weggenossen Thomas Manns, besonders bei den sich der nationalsozialistischen Position Annähernden, Anstoß zu erregen, so wie ihm umgekehrt seitens der Sozialdemokraten viele Sympathien entgegenflogen. Was Thomas Mann mit »Republik« oder »republikanisch« meinte, zeigte sich besonders an den Stellen, an denen er sich auf Walt Whitman berief. »Republikanisch« war das politische Thema der Stunde, im Kontrast zu dem im Ersten Weltkrieg untergegangen Feudalismus. Die wahrscheinlich für die größte Empörung von Rechts sorgende, geradezu klassische Stelle der Rede lautete dementsprechend: »Die ›Mächte‹ sind fort, der Staat ist unser aller Angelegenheit geworden, *wir sind der Staat*« (15.1, 527, Hervorhebung F. M.), wobei mit »Staat« nicht so etwas wie ein überindividueller Ameisenstaat gemeint war. Er stellte, mit dem Blick auf die USA, zumindest ansatzweise, die freie Verbindung freier, individueller Menschen dar, so wie dies in der Präambel der US-amerikanischen Verfassung steht: *We the people*. Dementsprechend wurden in der Rede auch die Begriffe »Republik« und »Demokratie« fast synonym verwendet. »Mein Vorsatz ist«, so hieß es, »ich sage es offen heraus, euch, sofern das nötig ist, für die Republik zu gewinnen und für das, was Demokratie genannt wird, und was ich Humanität nenne« (15.1, 522), und was, wie es bald heißt, so wenig wie die Demokratie geleugnet werden darf wie jede »innere Tatsache« (15.1, 527, 528).

Dennoch wird deutlich: Manns sich neu formendes Bekenntnis zu der in Weimar noch morgendlich dämmernden Demokratie begründet Thomas Mann – ähnlich wie noch in den *Betrachtungen eines Unpolitischen* – immer noch nicht wirklich politisch, sondern vor allem humanistisch und kulturästhetisch. Er argumentiert nicht mit der Novemberrevolution von 1918 und nicht mit der Tradition der Aufklärung und ihm ist auch noch nicht der am Ende seines *Democracy*-Vortrags von 1938 aufscheinende praktische und soziale Aspekt der amerikanischen Staatsführung durch deren Präsidenten Roosevelt präsent, der mit seiner Politik des sozialen Einschlages dafür garantiert, dass, wie es dann 1938 heißt, »die soziale Erneuerung der Demokratie die Bedingung und Gewähr ihres Sieges ist«. Der Text *Von deutscher Republik* dagegen ist inhaltlich noch sehr viel stärker durchdrungen von der innerlich reflektierenden Ebene, ähnlich wie die *Betrachtungen eines Unpolitischen*, vom Geist des Ästhetizismus (George), des Vitalismus (Whitman) und der Romantik (Novalis). Dort treffen wir noch nicht wie 1938 in *The Coming Victory of Democracy* die etwas verwegen überschießende Bezeichnung »Endsieg der Demokratie« an und auch noch nichts von einer über allem schwebenden Zeitlosigkeit derselben. Die ganze Republikrede ist ein mutiges, großangelegtes Zeichen des demokratischen Aufbruchs und Neuanfangs mit allen damit verbundenen Unsicherheiten, suchend, tastend, aber dafür umso lebendiger und mehr affektbetont. Die gärende Phase einer Versuchs-Republik wird nicht nur im Sinne der Gesetze der Logik auf der Bewusstseinsebene reflektiert, sondern diese Reflexion wird auch gesteuert durch die aus unserem Vorbewusstsein stammende, mehr emotional getönte Intuition und Inspiration.

Was sagt uns der tastende und verhalten leidenschaftliche Aufbruchcharakter dieser bemerkenswerten Rede heute, genau hundert Jahre nach deren Abfassung? Ich denke, gerade jetzt nach dem Zeitenbruch am 24. Februar 2022 sagt sie uns vielleicht sogar wieder mehr und Deutlicheres aus als zuvor, nicht nur in Deutschland, sondern weltweit. Das liegt daran, dass wir an diesem schwarzen Tag des 24. Februar schockartig aus der Komfortzone der Demokratie in eine wahrhaft geopolitisch pandemische Bedrohung hinauskatapultiert oder, wenn Sie so wollen, hinauskata-putiniert worden sind. Nichts ist seitdem, wie es vorher war. Erinnert es, ungeachtet aller entscheidenden Unterschiede zwischen Weimar und heute, nicht doch wieder etwas mehr an den schwankend unsicheren Zustand der neuen gefährdeten Republik inmitten eines schon in den frühen Zwanzigerjahren von nationalistischem Gift durchseuchten Europas?

Schlagartig seit jenem Spätwintertag 2022 tobt gegenwärtig, nach achtzig Jahren Friedensillusion, in Europa ein totaler Krieg von Tod und Verwüstung gegen ein Deutschland fast benachbartes Land, wobei dieser Krieg keineswegs nur dem einen Land, der Republik Ukraine, gilt. Er wird vielmehr stellvertretend, sozusagen als Vorposten von ganz Europa, letztlich sogar gegen die ganze freie westliche Welt geführt. Es ist ein *Krieg gegen die Demokratie, ja, gegen die menschliche Zivilisation schlechthin*. Der zweite Aspekt dieses

Zeitenbruchs besteht in unserer seitdem schlagartig radikal und unumkehr-
bar veränderten Beziehung zum Aggressor Russland. Wir wissen jetzt endlich,
dass und vor allem warum dieser Aggressor diesen Krieg stellvertretend gegen
uns alle führt angesichts »der inneren Tatsache« unseres unser ganzes Denken bestimmenden humanistischen Menschen- und Weltbilds. Und wir wissen
auch, dass wir uns jahrzehntelang von diesem neoimperialen Aggressor und
wohl auch von uns selbst haben blenden und gängeln lassen, auch aus eigener
Schwäche, aus einem Knäuel unentwirrbarer Ursachen und Motive: erstens
wohlstandsbedingte Arglosigkeit und Blauäugigkeit. Zweitens ökonomisches
Profitstreben nach preisgünstiger Energie im Sinn von »Wandel durch Handel« oder richtiger »Wandel durch Misshandel«. Und drittens schließlich spielt
unterschwellig immer noch eine nicht zu unterschätzende Rolle unser auch
nach achtzig Jahren uns lähmendes Schuldbewusstsein wegen unserer Schuld,
sogar Doppelschuld gegenüber Russland *und*, sogar besonders, gegenüber der
Ukraine und Weißrussland als westliche Einfallsschneisen zu Hitlers gesamt-
sowjetrussischem Vernichtungskrieg mit zusammengenommen 27 Millionen
Opfern durch den Nazi-Überfall am 22. Juni 1941.

Zum besonderen Fokus heute auf die Republik Ukraine gehört vor allem
das dortige gegenwärtige leidensvoll dramatische Geschehen sowie dessen
einschneidende historische Hintergründe – dabei herausragend die Massen-
kundgebungen zwischen November 2013 und Februar 2014 auf dem *Euro-
maidan,* dem Platz der Unabhängigkeit in der Ukrainischen Hauptstadt Kiew,
zeitgleich mit dem Beginn des russischen Krieges in der Ostukraine und der
russischen Annexion der Halbinsel Krim zu einer Zeit, als wir hier im Westen
alle noch ahnungslos mit Russland als politischem Partner Handel trieben und
freundschaftlich verkehrten. Denn auf jener sich durch Monate hinziehen-
den Massenkundgebung 2013/14 wurde nicht nur gegen den korrupten und
russlandtreuen Präsidenten Janukowytsch protestiert, mit Straßenschlachten
mit der Polizei, die Tote und Verletzte forderten. Die unzähligen, namenlos
bleibenden Menschen aus der ganzen Ukraine fühlten sich so wie bereits viel
früher aufgrund ihres Nationalstolzes und Unabhängigkeitsstrebens generell
alle eng miteinander verbunden. Sie lebten während dieser langen Zeit der Pro-
testbewegung auf dem Maidan eng zusammen. Sie verpflegten sich gegenseitig,
diskutierten, rezitierten, lasen, sangen und musizierten. Und sie verharrten,
anders als wir Wohlstandsbürger hierzulande, in einer Stimmung angespann-
ter Kriegsangst und unerschütterlicher, aber bewegter Zukunftshoffnung. Es
war eine breite einheitliche Bewegung und es waren trotzdem lauter einzelne
Menschen, die sich gegenseitig schützten und stützten, einander mit Essen ver-
sorgten und einander Mut machten. Jeder Einzelne in diesem Zusammenhalt
zählte. Jede und jeder. Wirkliche Demokratie beginnt immer im Kleinen, bevor
sie geopolitische Dimensionen annimmt.

Deshalb ist es nicht weiter abwegig sich vorzustellen, dass und wie die dort damals versammelten Jugendlichen Thomas Manns *Von deutscher Republik* gelesen und verstanden hätten. Möglicherweise fühlten sie, ähnlich wie es Thomas Mann selber 1922 angesichts des sich auf dünnem Eis bewegenden demokratischen Nachkriegs-Deutschlands empfunden hatte. Der fast schwärmerisch wirkende Satz in Manns Rede drückt es deutlich aus: »... daß Humanität mir kein erlesener und gedachter, sondern erlebter Gedanke ist [...], daß man große Dinge in kleinem Maßstabe erleben [...] kann. Ich habe Kunde gegeben von dem Geheimnis meines Herzens.« (15.1, 535 f.) Und dann weiter: »Das Bedürfnis des Staats ist das dringendste Bedürfnis für den Menschen; um Mensch zu werden und zu bleiben bedarf es eines Staats.« (15.1, 538)

Ganz ähnlich ist es auch vorstellbar, dass 1949, als nach den Jahren des Zurückgeworfenseins, des Überlebenskampfes und der Neuorientierung nach dem Ende des Zweiten Weltkriegs, unser aus heftigen internen Kämpfen in den Bonner parlamentarischen Ausschüssen hervorgehendes neues demokratisches Grundgesetz als Geschenk an uns neue Staatsbürger empfunden wurde. Und wieder vierzig Jahre später, in einem vergleichbaren Flow, als im Zuge des jahrzehntelangen Ausbaus und der Festigung der Demokratie in der Bundesrepublik auch das Wagnis der sogenannten »Montagsdemonstrationen« im ostdeutschen Leipzig, welche, knapp vorbei an einem Massaker wie dem vier Monate zuvor auf dem Pekinger »Platz des himmlischen Friedens«, den Weg zur Demokratisierung Ostdeutschlands und ganz Osteuropas mit ebnete und mit vorbahnte.

Aber dann, spätestens 2015 nach dem Scheitern des Arabischen Frühlings und dem Beginn der Flüchtlingsbewegung aus dem Nahen Osten schienen die Sternstunden der vergangenen Jahrzehnte doch einmal ein Ende zu haben. Es erfolgte die große Umkehrung, aus der heraus sich alles wieder rückläufig gegen demokratisches Denken und Handeln entwickelte. Neue, viel zu lang versteckt gebliebene politische Entwicklungen in Russland nach dem Untergang der Sowjetunion haben der bisher frei gebliebenen Welt gefährlich schleichende ökonomische Abhängigkeiten und Verflechtungen und ideologische Infiltrierungen durch besonders perfide Wühlarbeit aus dem Spinnennetz des Kreml beschert, durch Wahlmanipulation, Cyberattacken und Fake News und durch die von dieser Seite weltweite versteckte Finanzierung rechtsextremer Parteien in Frankreich, Deutschland, England und Holland. Und in der schon lange zunehmenden Verwahrlosung der US-amerikanischen Demokratie wäre ohne Putins Zutun ein pathologischer Parvenu wie Donald Trump nie Präsident geworden – mitsamt den bis heute unabsehbaren Schäden durch die Ende 2020 gestoppte Katastrophe seiner vierjährigen Präsidentschaft.

Der amerikanische Historiker Timothy Snyder weiß diese deprimierende Rückwärtsbewegung unserer Demokratie in seinem 2018 erschienenen Welt-

bestseller *Der Weg in die Unfreiheit. Russland, Europa, Amerika*[2] kennt-
nisreich, brillant, abei auch tief beunruhigend aufzurollen. Die Chronik der
schleichenden Manipulation und Vergiftung unserer Gesellschaft beginnt in
den Jahren 1999 und 2000, dem Ende der innenpolitisch chaotischen Zwi-
schenepoche Russlands unter Michail Gorbatschow und Boris Jelzin nach
der Auflösung der Sowjetunion. Als tonangebender Hauptakteur tritt nun
die Figur des anfangs mausgrau unauffälligen KGB-Offiziers in Dresden mit
dem Spitznamen »Giftzwerg«, Wladimir Wladimirowitsch Putin, auf den
Plan. Gemeinsam mit seinen »Silowiki«, seinen aus ehemaligen KGB-Genos-
sen, Mafiosi und »Treuhändern« und alten Seilschaften skrupelloser Handels-
unternehmer, Privatbanker und sonstiger Geschäftsleute bestehenden »harten
Männern« schafft der neue Machthaber Putin mithilfe eines weitverzweig-
ten Oligarchennetzes und eines Geflechts aus Korruption, Lüge, Gewalt und
Machtbesessenheit einen expansiven KGB-Kapitalismus, um damit Amtsträger
im Westen zu kaufen und gefügig zu machen.[3]

Putins Grund, wenige Jahre nach seinem Amtsantritt im Jahr 2000 mehrere ehemalige Sowjetstaaten militärisch anzugreifen – 2008 Georgien und
seit 2014 dauerhaft die Ukraine, und die Kaukasusrepublik Tschetschenien
sogar von 2000 durchgehend bis 2009 –, war Putins Antwort auf den unbeug-
samen Willen der betreffenden Staaten nach Unabhängigkeit und Eigenstän-
digkeit. Putins Idee, die vor Jahrzehnten untergegangene Sowjetunion nicht
nur wiederherzustellen, sondern sie mit beträchtlichen Gebietserweiterungen
zum neoimperialistischen Klassenstaat eines einheitlichen und großen heiligen
Russlands auszubauen, geisterte wahrscheinlich schon seit dem Untergang der
Sowjetunion in seinem Kopf. Jedenfalls bezeichnete er bereits 2005 das Ende
der Sowjetunion als »die größte geopolitische Katastrophe« des Zwanzigsten
Jahrhunderts: »Das was wir uns in 1000 Jahren erarbeitet haben, war zu einem
bedeutenden Teil verloren.«

Dieses Schulbeispiel des zum pseudoklerikalen Polizeistaat heruntergekom-
menen Russland – außer zur Zeit der Sowjetunion immer unter der Knute
der unheiligen Allianz zwischen Zar und Patriarch der russisch-orthodoxen
Kirche – macht die simple und starre Grundstruktur einer Autokratie besonders deutlich: Autokratie ist ein monolithischer Herrschaftsapparat, erweitert
durch ein scheinparlamentarisches Einparteien-System ohne erkennbare Ge-
waltenteilung. Es ist das Gegenstück zur Demokratie schlechthin. Denn das
entscheidende Merkmal der Demokratie ist, dass diese nicht wie die Auto-
kratien nur aus einem *Mantel,* einem Herrscherapparat aus Gesetzen und Be-

---

[2] Timothy Snyder: Der Weg in die Unfreiheit. Russland, Europa, Amerika, München: C.H.
Beck 2018.
[3] Vgl. dazu auch Catherine Belton: Putins Netz. Wie sich der KGB Russland zurückholte und
dann den Westen ins Auge fasste, Hamburg: HarperCollins, 2022.

stimmungen und aus den sie verwaltenden und ausübenden Herrschaftsorganen besteht. Demokratie zeichnet sich besonders durch ihren *menschlich und politisch wirksamen inneren Kern* aus.

Dieser *innere Kern* besteht sowohl aus der historischen, philosophischen, ethisch religiösen und wissenschaftlich psychologisch begründeten *freien und wirksamen bzw. selbstwirksamen Willensbildung* aller zu einer Demokratie gehörigen Staatsbürger.

Thomas Mann hat nur vier Jahre nach dem Ende des Ersten Weltkriegs auch für Deutschland und das europäische Festland den Weg weg von der autokratischen Unausweichlichkeit zu Freiheit und zum demokratischen Wandel mitsamt seinen Chancen und Risiken vorgezeichnet.

Wenn wir uns bei der heutigen massiven weltweiten Herausforderung und Bedrohung unserer Demokratien von außen und von innen unserer immensen Verantwortung voll bewusst werden wollen, dann sind wir – hundert Jahre nach Thomas Manns Rede erst recht – dazu verpflichtet, uns nicht nur auf die Betonung der Sonnenseiten der Geschichte der Demokratie zu beschränken. Wir müssen auch den Mut aufbringen, uns schonungslos zu deren bisher weitgehend tabuisierten Schattenseiten zu bekennen. Ich meine einmal damit, dass die »Amerikanische Revolution« der glorreichen ältesten demokratischen Verfassung moralisch teuer erkauft worden ist mit dem über Jahrhunderte verübten Massaker an Millionen von indigenen Einwohnern sowie mit dem Unrecht der sukzessiven Enteignung von deren gigantischen Lebensräumen von Küste zu Küste. Als gleichermaßen menschenverachtend hat sich die Kolonialpolitik der europäischen Staaten auch noch nach deren Wechsel zur humanistisch demokratischen Lebensform erwiesen, bis diese Staaten nach und nach allesamt dazu gezwungen wurden, ihre Kolonien zu räumen. Auch jetzt nach der Jahrtausendwende ist zwar neu, dass sich besonders in der jungen Generation der meisten westlichen Länder das Bewusstsein ausbreitet, dass der durch die Industriestaaten verschuldete Klimawandel und die Umweltverschmutzung ein zu hoher Preis sind für die angeblich unverzichtbare Aufrechterhaltung unseres anspruchsvollen Lebensluxus', und dass die Folgen unserer Überproduktion vor allem in Afrika den absehbaren Tod von Millionen von Menschen durch Hunger und Seuchen fordern werden. Niemand hat bisher eine Idee, wie diese Katastrophe rechtzeitig abgewendet werden könnte. Aber gerade dieser Widerspruch zwischen dem humanitären Anspruch und der menschlich allzu menschlichen Wirklichkeit dürfte die sich vom »freien« Westen alleingelassen und verraten fühlenden Völker der »Dritten Welt« umso leichter in die Arme verbrecherischer, neoimperialer Staatenblöcke treiben, wenn sich bei unseren »Demokratien« nicht etwas drastisch ändert.

Die beschämende Geschichte der tiefen Schuld, die sich die Pioniere der großen demokratischen Idee, aber ohne ausreichend gelebten Bezug zu tiefenexistenziellen Werten aufgeladen haben, zeigt, wie anfechtbar diese wunderbare und an sich heute mehr denn je lebenswichtige Idee gegenüber menschlichen Unzulänglichkeiten ist.

Deshalb ist es das Gebot der Stunde, dass wir bei unserem geschlossenen Widerstand gegen nationalistischen und rassistischen Überlegenheitswahn, Hass und Gewalt ganz bei uns selbst anfangen, im Kleinen, Alltäglichen, dass wir vor unserer eigenen Türe kehren, auch an andere denken und nicht nur an uns selbst, und dass wir immer wieder neu Geduld, Demut und Selbstbesinnung aufbringen müssen und immerfort lernbereit bleiben. So muss jeder Einzelne in seiner Mitverantwortung füreinander und für unseren Globus immer im Verbund aller an unserer Baustelle Demokratie so lange nach Kräften mitarbeiten, bis wir alle irgendwann doch noch etwas einigermaßen Glaubwürdiges zustande bringen, das den Namen »Demokratie« verdient.

Angesichts unserer realen Situation sah sich Winston Churchill bald nach dem Ende des Zweiten Weltkriegs dazu veranlasst, in seiner berühmten Rede im britischen Unterhaus die Demokratie als die »schlechteste aller Regierungsformen« zu bezeichnen, »abgesehen von all den anderen Formen, die von Zeit zu Zeit ausprobiert worden sind«.

Dieser geistreichen, aber doch etwas statisch anmutenden Wendung möchte ich eine mehr pragmatische, aus drei an sich einfach klingenden Schritten bestehende Lösungsformel hinzufügen: *Democracy must learn. Democracy must change. Democracy will win.*

Michael Maar

Der Kontrakt des Dichters

Laudatio auf Jonathan Franzen zur Verleihung
des Thomas Mann-Preises[1]

Meine sehr geehrten Damen und Herren,

In seinem vor zwanzig Jahren geschrieben Essay über William Gaddis'
Mr. Difficult unterscheidet Jonathan Franzen zwei verschiedene Arten davon,
wie der Autor mit seiner Leserschaft kommuniziert. Die eine, und der rechnet er Gaddis zu, folgt dem Status-Modell: Der Autor will seiner Vision treu
bleiben und schert sich nicht um den Leser, der im Zweifelsfall ein Banause ist.
Der Status-Autor dichtet sich möglichst gegen Verständlichkeit ab und pflegt
den Nimbus des einsamen Sehers. Das entgegengesetzte Modell ist das Kon-
trakt-Modell. Der Autor fühlt sich an einen ungeschriebenen Vertrag mit der
Leserschaft gebunden: Er muss ihr Vertrauen gewinnen, sie muss sich auf ihn
verlassen können, und es ist kein ästhetischer Makel, wenn er ihr Vergnügen
bereitet. Anders und mit dem unfehlbaren Borges gesagt: Wenn der Leser dem
Autor nicht folgen kann, ist es ein Fehler des Autors.

Franzen ist eindeutig ein Kontrakt-Autor und kein Mr. Difficult. Man muss
sich nicht zwingen, ihn zu lesen, man liest, ja verschlingt ihn mit Genuss. Das
heißt aber nicht, daß der Kontrakt-Autor auf literarisches Raffinement und
Tiefe verzichten muss – ganz im Gegenteil. Friedrich Nietzsche nannte es: *In
Ketten tanzen*: Es sich schwer machen und dann die Täuschung der Leichtig-
keit darüberbreiten – das sei das Kunststück, welches die Dichter uns zeigen
wollten.

Franzen hat uns dieses Kunststück schon mit dem 2001 veröffentlichten
Roman *Die Korrekturen* vorgeführt, der ihn weltberühmt gemacht hat. Man
könnte die *Corrections* Franzens *Buddenbrooks* nennen, und tatsächlich gibt
es literarkritische Studien – oder jedenfalls eine –, die diese beiden Werke zu-
sammen- und engführen wollen. Es gibt allerdings zwei Gründe, dieser Spur
nicht zu folgen, einen unwichtigen und einen wichtigen. Der unwichtige ist,
dass Franzen die *Buddenbrooks* erst nach dem Abschluss der *Corrections* gelesen hat. Der wichtige ist ein grundlegender struktureller Unterschied. Thomas
Manns Familien- und Dekadenzroman handelt vom Wechsel der Generationen,
dieser Wechsel ist sein eigentliches Thema. In Franzens *Korrekturen* spielt

---

[1] Gehalten am 16. November 2022 im Theater Lübeck, Originalfassung des Autors.

sich alles innerhalb eines Haushalts mit den Eltern und den in alle Richtungen entfliehenden Kindern ab.

Dass der Familienroman Franzens große Force ist, sei damit nicht bestritten. Seinen jüngsten Roman *Crossroads* halte ich dabei für den Gipfel- und Höhepunkt. Es ist mir klar, dass dieser heute verliehene Preis einem Lebenswerk gilt (was auch steuerlich wichtig ist). Und ich möchte keinesfalls Franzens frühere großen Romane wie *Freedom* oder *Purity* schmälern. Dennoch möchte ich mich hier auf sein letztes Werk konzentrieren, das mich mit einem einzigen Gefühl zurücklässt: dem der Bewunderung. Dieses Gefühl will ich im Folgenden etwas entfalten und ausfächern.

Um mit einer Qualität zu beginnen, die mir bei Franzen etwas unterbewertet scheint: Wie Thomas Mann ist er ein Meister der versteckten Komik. Man muss auf jeder zweiten Seite schmunzeln. Es ist eine sehr sublime, wie Thomas Mann gesagt haben würde: unterteufte Komik, nichts offen zutage Liegendes. Und doch …

Aber das sind schwer nachzuweisende Qualitäten, genau wie die von Franzens Sinn für Rhythmus, für Tempo, für Namensgebung. Er hat die simple Grundregel der Literatur verinnerlicht: Schreibe jeden Satz so, dass man den nächsten weiterlesen will. Auch wenn man sich nicht die Bohne interessiert für die moralischen Konflikte einer protestantisch geprägten Pfarrersfamilie in der amerikanischen Provinz der siebziger Jahre: Das *Wie* besiegt das *Was*, wie immer in der Kunst, und wir folgen gebannt.

Doch worum geht es, zunächst einmal? Den Inhalt des achthundert Seiten starken Romans kann ich bei meinem Publikum voraussetzen, dennoch ganz kurz zur Anlage: Der Titel *Crossroads*, nach einem Song der Gruppe *Cream*, bezieht sich auf den Namen einer kirchlichen betreuten regelmäßigen Zusammenkunft von Jugendlichen. Ein Gemeindepastor, früher waren es zwei, leitet diese Zusammenkünfte, in denen er die Schüler, sie seien gläubig oder nicht, auf einen gewissen Verhaltenskodex einschwören möchte. Aus der Sicht von Perry, einem Sohn des früheren *Crossroads*-Leiters Russ Hildebrandt, der von seinem Nachfolger Ambrose verdrängt wurde: »An einem langweiligen Sommernachmittag war er mit dem Kugelschreiber in der Hand eine der religiösen Zeitschriften seines Vaters durchgegangen und hatte aus Jux und Tollerei überall, wo ›Gott‹ stand, ›Steve‹ hingeschrieben. (Wer war Steve? Warum redeten an und für sich vernünftig scheinende Leute ununterbrochen von Steve?) Doch Ambrose vertrat eine so elegante Theorie, dass Perry überlegte, ob nicht tatsächlich etwas daran sein könnte. Die Theorie war die, dass Gott nicht etwa in der Liturgie oder der rituellen Handlung, sondern in Beziehungen zu finden sei und dass man ihm am besten huldige und näherkomme, indem man Christus in dessen Beziehungen zu seinen Jüngern nacheifere, sprich, sich in Ehrlichkeit, Konfrontation und bedingungsloser Liebe übe.« Dies also der Korps-Geist in

Crossroads. Man kann sie sich ungefähr als Pfadfinder vorstellen, Gitarre und Lagerfeuer inklusive, in diesem Fall bei den Najavos, in deren Reservat die *Crossroads*-Jugend pilgert, um durch praktische, wenn auch unerwünschte Hilfe Abbitte zu leisten.

Der Ort der Handlung: der fiktive Ort New Prospect, amerikanische Provinz, in der Nähe von Chicago. Wann spielt das Ganze? Es fällt keine Jahreszahl, aber im Fernsehen wird von Watergate berichtet und der älteste Sohn des Pfarrers will sich in letzter Minute freiwillig zum Vietnamkrieg melden. Die Frauenbewegung wird stärker. Man geht für Bürgerrechte auf die Straße. Man erinnert sich daran, welches Erbe man mit dem Mord an der indigenen Bevölkerung auf sich geladen hat.

Das ist die Großwetterlage. Sie schlägt sich nieder im Mikroklima, den Atmosphäre-Partikeln. Man liest Castaneda. Man hört Folk und *Yes.* Man trägt Latzhosen und Stirnbänder. In den Pickups baumeln Plastik-Snoopys. Man steigt um von Gras auf Koks. Psychosen werden mit Elektroschock behandelt.

Diese beiden, die Großwetterlage und das Mikroklima, erzählerisch zu verschmelzen, war schon immer die Aufgabe des groß gedachten Romans. In Prousts *Recherche* ist die politische Großwetterlage, die weite Teile des Romans bestimmt, die Dreyfus-Affäre und wie sie die Gesellschaft spaltet. Das Mikro-Klima sind die Konversationen bei den Verdurins. Ein anderes Beispiel wäre *Krieg und Frieden* – und ich sage Ihnen, auch wenn es mich mit einer leichten Gänsehaut überzieht, dass mich Franzen oft eher an Tolstoi erinnert als an unseren geistigen Hausherren in Lübeck.

Er tut das auch in seinem polyperspektivischen Erzählen. Franzens Roman handelt von einer Familie: der mennonitisch erzogene Pfarrer-Vater Russ Hildebrandt, der mit seinem Gewissen ringt, weil er sich in eine schöne Witwe verliebt; die frustrierte bipolare Mutter Marion, die unter Gewichtsproblemen leidet und ihrerseits an eine alte Affäre anknüpft; drei Söhne, eine Tochter. Jedes Kapitel wird abwechselnd aus der Sicht einer dieser Hauptfiguren erzählt. Jedesmal fällt dadurch ein anderes Licht auf denselben Sachverhalt. Wir erfahren, was jeder vom jeweils anderen denkt. Wenn wir den jüngsten Sohn weglassen und auch die Innensicht dazu nehmen, kommen wir damit rechnerisch auf fünfundzwanzig verschiedene Perspektiven.

Franzen selbst ist dabei wie der Flaubert'sche Erzählgott: überall anwesend, nirgends sichtbar. Was er vorführt, oder worüber er dirigiert, ist kein mechanisch-chronologisches Herunterzupfen, sondern ein kunstvolles Zeit-Glissando. Die Ehe der Hildebrandts zum Beispiel sehen wir zuerst im Zustand der Zerrüttung, die leidenschaftlichen Anfänge erst danach.

Wie sind sie, diese Hildebrandts? Ein Freund sagte mir nach der *Crossroads*-Lektüre, ich möge den Autor doch fragen, ob es wirklich nötig sei, einen Roman ohne eine einzige sympathische Hauptfigur zu schreiben. Ich habe darüber nachgedacht. Erstens stimmt es nicht, weil es ein paar durchweg sympathische Figuren gibt. Zweitens ist es kein Argument. Wer ist bei Proust durchweg sympathisch, angefangen beim Erzähler Marcel? Wer bei Virginia Woolf oder auch bei Thomas Mann wäre rundum sympathisch?

Menschen, und nach ihnen gezeichnete Figuren, sind eben nichts »rundum«. Oder anders gesagt: umgekehrt. Franzen gibt uns keine Karikaturen, er gibt uns Vollplastiken. Man kann um die Figur herumgehen und findet immer neue Risse, Scharten und Seelenfältelungen. Literatur hält sich an diese Wirklichkeit der Menschen, wenn sie nicht Erbauungs- oder Lehrmaterial sein will. Und auch die Gefühle und Motive der Figuren sind verwickelt, sie sind, um das Bild zu wechseln, Myzele. Franzen führt alle ihre zarten Stränge vor, von denen am Ende immer einer am nackten Ego-Kern klebt. Die verflochtenen, komplizierten Motive, das ist eine andere der Spezialstärken dieses Autors.

Die Figuren müssen nun in einem Plot interagieren. Ohne Plot kein Kontrakt-Roman. Bei *Finnegans Wake* fragt man besser nicht danach. Franzens *Crossroads* ist rasend gut geplottet. Das könnte ich Ihnen im Detail nachweisen, aber das müssen Sie mir jetzt einfach glauben. Höchstens einen kurzen Moment lang fürchtet man, er könnte gegen das Gesetz der Sherlock-Holmes-Gesellschaft verstoßen. Was nach den Statuten der Londoner Sherlock-Holmes-Gesellschaft streng verboten sei: im letzten Kapitel einen fremden Chinesen oder ein unbekanntes Gift einzuführen. In Franzens Fall wäre das Gift das Kokain, dem der Sohn Perry verfällt, und der Chinese wäre der Najavo. Aber es stimmt nicht, es war von Anfang an alles angelegt und es geht sich alles aus. Die Innensicht des hyperintelligenten Sohnes Perry übrigens, der im Kokainrausch in eine Psychose gerät, in der ihm die Welt zerfällt, bevor er einen Najavo-Geräteschuppen in Brand setzt, was seine Familie an den Rand des Ruins treiben wird: Das nannte man früher Bravourstück, nennen wir es einfach meisterhaft. *Crossroads*: Das ist ein Spinnengewebe von Plotfäden, das erst im Gegenlicht der beendeten Lektüre zu glitzern beginnt.

Aber woran erinnert man sich nach der Lektüre, an den Plot? Man erinnert sich an Details. Franzen ist ein Meister des Details, in jedem Kapitel findet sich ein Dutzend, um das man ihn ehrlich beneidet.

Es sind Winzigkeiten, per Definition. In ihrer Therapiestunde blickt Marion Hildebrandt nach draußen. Schnee fällt auf die Schienen vor dem Fenster. »Durch die halbgeschlossenen Lamellen der Jalousien hindurch erweckten die weißen Flocken den Eindruck, beschleunigt zu sein.« Gut gesehen. In derselben Therapiestunde erinnert sich Marion an einen Restaurantbesuch mit ihrer Tante, die unmäßig von ihrer Tochter Shirley schwärmt. Marion findet, irgend jemand, wahrscheinlich sie, sollte sowohl Shirley als auch ihre Mutter ermorden. »Als ein Kellner ihr gebratenen Sandbutt brachte [...], achtete sie darauf.« Es sind diese kleinen Gesten, die es machen. Als Marions über alles geliebter

Sohn Perry nach seinem Zusammenbruch in der Klinik landet, heißt es nur mit einem Satz: »Und so begann der Rest ihres Lebens.«

Wie seine Mutter, von der er die Bipolarität geerbt hat, ist Perry ein bizarres *Brain*. Auf Drogenakquise steht er an einer Tankstelle vor einem eisigen Münztelefon. »Sich die Telefonnummer 241 – 7642 zu merken war ein Kinderspiel, denn die vierte Zahl war die Summe der ersten drei, die außerdem im dezimalen Kehrwert der vierten wieder auftauchten, und die letzte zweistellige Zahl war das Produkt der zwei vorausgehenden Ganzzahlen.« 241 – 7642. Ganz einfach, oder? Rechnen Sie nach: Zwei plus vier plus eins ist sieben. Sechs mal sieben ist zweiundvierzig. Sehen Sie, das ist Franzens leicht *nerd*-hafter Humor, den er hier auf Sohn Perry überträgt.

Dass Franzen überdies auch noch ein Landschafts- und Naturmaler ist, der seinesgleichen sucht, streift das Ärgerliche: Gibt es *etwas*, was er nicht kann?! Freilich hat er diese Fähigkeit, diese Kunst der Beobachtung, als *Birdwatcher* geschult: Da kann es von einer feinen Schattierung abhängen, ob ein Vogel zu dieser oder zu jener Gattung zählt. Unterscheiden Sie mal den Zwergschnäpper vom Rotkehlchen! Oder die Nachtigall vom Sprosser. Der letztere (*Thrush Nightingale*) sieht der Nachtigall sehr ähnlich, hat aber eine wolkigere Brust und eine im Ganzen schlichtere, grauere Färbung, der das warme Braunrot der Nachtigall fehlt. Tja, Franzen wüsste es. Er könnte uns anschließend auch erklären, welche Vögel es sind, die durch die Hochebene der Anden fliegen, wohin es den ältesten Sohn Clem verschlagen hat; in einer Passage, die ich nur deshalb nicht vortragen möchte, weil ich unseren Preisträger nicht zu lange warten lassen will. Er beschreibt darin die Harthölzer oberhalb der Baumgrenze, mit ihren kleinen, silbrigen Blättern, von Flechten verkrusteten Zweigen und mit Epiphyten behaarten Ästen, auf die Clem nur widerwillig mit seiner Machete einhackt.

Die halbtoten Bäume erinnerten auch an die menschlichen Ansiedlungen: Auf jede Behausung in gutem Zustand kamen mehrere verfallene, manche waren nur noch Steinhaufen, vermutlich aus der Zeit der Inkas; die Vögel, die er aus den Bäumen aufscheuchte, waren wie die Ponchos der Frauen aus dem Dorf, golden und blau, schwarz und karmesinrot.

Anschließend fährt Clem zurück in seine Heimatstadt, und dort sieht es anders aus: »Die Bäume von New Prospect, von ihrer makellosen Rinde eifersüchtig umklammert, waren zu hundert Prozent lebendig, und jedes Haus sah aus wie ein Palast.« Bitte achten Sie auf das Adverb: »eifersüchtig« umklammert die Rinde die properen Bäume. Franzen ist auch ein sparsam-präziser Metaphoriker, und auch hier schimmert wieder die Komik auf.

Man darf nun vor lauter Bäumen nicht den Wald übersehen: die große Anlage. Franzen denkt groß. Ein anderer Autor hätte aus jeder einzelnen dieser

Figurensichten in *Crossroads* einen eigenen Roman gemacht. Franzen hat – ich will Sie jetzt nicht mit zu Tode zitierten Theorien Georg Lukács' langweilen – Franzen hat die Totalität des Romans im Blick. Es liegt darin etwas Paradoxes oder Schein-Paradoxes. Einerseits schildert Franzen akribisch genau und mit allen Schwebeteilchen des Zeitgeists eine bestimmte amerikanische Dekade. Andererseits ist er dabei höchst unzeitgemäß. Es ist unzeitgemäß, den Roman als komponierte Großform ernst zu nehmen und nicht zerfallen zu lassen in einzelne Segmente. Und noch unzeitgemäßer ist es, in der Epoche der »transzendentalen Obdachlosigkeit«, wie besagter Lukács sie nannte, einen Roman zu schreiben, der es tiefernst meint mit der Religion.

Crossroads spannt sich halbsymbolisch auf zwischen Advent und Ostern, die Titel der beiden Hauptteile. Mit einer Ausnahme sind alle Hauptfiguren gläubig und haben diverse Erweckungserlebnisse. Und, meine Damen und Herren, hier lauern die Dämonen: Erbaulichkeit, Thesentum, literarisch unaufgelöster Rest. Selbst Tolstoi entkam diesen Dämonen nicht immer. Franzen bannt sie sämtlich, und das ist fast das Erstaunlichste. Allein, was er in der Mitte des Romans wagt. Hier kommt es zu einer Szene, die nacherzählt wie der reine Kitsch klingt. Unser Held Russ Hildebrandt hat jenen Konkurrenten, der ihn schwer gedemütigt hat: den Pfarrer Rick Ambrose, der anders als Russ bei den Jugendlichen beliebt ist. In einem Moment der Besinnung entscheidet sich Russ, nachdem er ihm jahrelang aus dem Weg ging, bei Ambrose zu klopfen und ihn zur Rede zu stellen. Sie können einander nicht riechen, daran wird sich auch nach dem Gespräch nichts ändern, aber was macht sein Erzfeind? Er wäscht Russ in seinem Büro die Füße. Ja, es klingt nach Kitsch, aber es ist eine der ergreifendsten Szenen des Romans.

Und das muss man sich trauen. Ich meine: nicht als Pfarrer, sondern als Autor.

Jonathan Franzen, meine Damen und Herren, war immer mutig, hat sich immer alles getraut. Das ist keine ästhetische Kategorie, werden Sie einwenden. Aber ich bin mir da nicht so sicher.

Wie viele guten Romane hat auch *Crossroads* ein offenes Ende. Clem, der älteste Sohn, mit dem wir eben schon in Peru waren, ist die erwähnte Ausnahme, er ist der einzige Atheist der Familie. Er steht nun vor der Entscheidung, ob er nach seiner Heimkehr in die Provinzstadt der Einladung seiner geliebten Schwester folgen soll, das Osterfest mit ihr zu verbringen, oder ob er es mit seinen ungeliebten Eltern verbringt, mit denen die Schwester verkracht ist. Er hat seine Entscheidung getroffen, damit endet das Buch: »»Lass mich darüber nachdenken‹, sagte er, obwohl er schon wusste, was er tun würde.«

Franzen teilt uns diesen Entschluss nicht mit. Vielleicht entscheidet sich der einzige Nicht-Christ für die christliche Caritas? Und verbringt Ostern mit seinen armen, trostbedürftigen Eltern? Wir wissen es nicht. Gibt es Moral auch ohne Gott beziehungsweise *Steve*?

Es ist ein, kann man sagen, agnostisch-paradoxes Ende. Und darin nun dennoch auf verzwickte, nicht leicht zu erklärende Weise dem nur scheinbar eindeutigen Finale der *Buddenbrooks* vergleichbar, dem Ihnen allen bekannten
Ausruf der kleinen, strafenden Prophetin Sesemi Weichbrodt: »*Es ist so!*«

Jonathan Franzen

Rede anlässlich der Verleihung des Thomas Mann-Preises[1]

Wenn meine Lebensgefährtin Kathy und ich Gäste zum Abendessen bei uns haben, zwingen wir sie oft zu ein paar Runden Scharade. Um die Sache zu beschleunigen, verwenden wir Scharade-Karten, die Kathy in einem Spielzeugladen gefunden hat. Auf den Karten stehen Begriffe, die man den anderen vorspielen muss, ohne zu sprechen – Film- und Buchtitel, Titel von Songs und Fernsehsendungen und, am amüsantesten, Oxymora. Die Karten kommen aus China, und dem Hersteller scheint die Bedeutung des Wortes »Oxymoron« nicht ganz klar gewesen zu sein. Manche der Begriffe, etwa »junger Erwachsener«, sind gar keine Oxymora. Andere sind grausame kleine Zwei-Wort-Scherze: »äthiopisches Essen« oder »sowjetische Ökonomie«. Weil so viele Karten in der Schachtel sind, haben Kathy und ich noch nicht alle verwendet, und es würde mich nicht wundern, wenn wir eines Abends eine Karte umdrehten, auf der, als grausamer kleiner Scherz, »amerikanische Kultur« steht.

Europäer des 19. Jahrhunderts hätten den Begriff »amerikanische Kultur« mit Sicherheit für ein Oxymoron gehalten. Amerika war noch ein raues Land, zu jung, um einen umfänglichen Bestand an Literatur, Philosophie oder Musik ausgebildet zu haben. Es unterschied sich deutlich von Europa, aber dieser Unterschied wurde meistens mit einem zusätzlichen Adjektiv ausgedrückt: amerikanische *politische* Kultur. Wir hatten eine Verfassung, in der die repräsentative Demokratie verankert war (zumindest für Weiße), Zusatzartikel, die die Geschichte unserer Rebellion gegen die Tyrannei widerspiegelten (und den Besitz von Sklaven keineswegs ausschlossen), und ein eindeutiges Bekenntnis zum Gleichheitsprinzip: keine Könige, kein erblicher Adel, keine automatische Unterwerfung eines Weißen unter einen anderen Weißen.

Im 20. Jahrhundert kam noch eine nähere Bestimmung ins Spiel: amerikanische *Pop*kultur. Das schiere Konzept von Popkultur ist, so kann man wohl behaupten, eine amerikanische Erfindung. Es wurde zum »Markenzeichen« unseres Landes, zu unserem wirkungsvollsten Exportgut, und seine Wurzeln waren vielfältig. Da war die afro-amerikanische Musik, mit Blues und Jazz, aus der dann der Rock-and-Roll hervorging und die Welt eroberte. Da waren das kommerzielle Kino, Massenunterhaltung für eine große und gutgestellte Bevölkerung, und das kommerzielle Fernsehen mit einer größeren Reichweite als Hollywood. Und da war, allgemeiner gesprochen, der nackte Kommerz des

[1] Gehalten am 16. November 2022 im Theater Lübeck.

amerikanischen Lebens. Wir haben den modernen Warenmarkt erfunden, und als Massenunterhaltung technisch möglich wurde, verwandelten wir sie flugs in eine Ware und tauften sie Popkultur.

Zu keiner Zeit aber – nicht in der Vergangenheit und noch nicht einmal heute – ist das Begriffspaar »amerikanische Kultur« gebräuchlich gewesen. Zwar mag es für niemanden außer einem chinesischen Spielehersteller ein waschechtes Oxymoron sein, aber ohne ein einschränkendes Adjektiv ergeben die beiden Wörter im Grunde keinen Sinn. Tatsächlich habe ich, soweit ich mich erinnern kann, noch nie jemanden den Begriff »amerikanische Kultur« äußern hören.

Heute Abend, da wir zum Gedenken an Thomas Mann und sein Werk hier versammelt sind, wird mir der Kontrast zwischen dem vagen Charakter der Kultur in Amerika und ihrer soliden Beschaffenheit in Deutschland besonders bewusst. Was es ideell bedeutet, deutsch zu sein, *fängt* mit Kultur *an*: mit Goethe und Kant, mit Beethoven und Schiller. Als Thomas Mann aufhörte, »unpolitisch« zu sein, und die Nazis verurteilte, konnte er ihr Unwesen als Angriff auf die deutsche Kultur beschreiben, als Perversion deutscher Kultur oder als Verrat an ihr, weil die »deutsche Kultur« ontologischen Rang hatte, etwas war, worauf es Anspruch zu erheben galt. Mann war selbst Erbe und Erweiterer dieser Kultur und wusste es sehr genau. Als junger, aufstrebender Schriftsteller arbeitete er nicht nur in einer Tradition, die sich auf das Werk eines Giganten gründete, Goethe, er konnte auch davon ausgehen, dass das Publikum, für das er schrieb, ihn im Rahmen dieser Tradition zu würdigen wüsste – und zwar sowohl die klassische Schönheit seiner Prosa als auch die Art und Weise, wie er die Tradition veränderte, indem er seine ausgeprägt moderne Ironie, seinen Humor ins Spiel brachte und der idealistischen Tradition deutschen philosophischen Denkens das Nietzscheanische Paradox entgegensetzte, den Nietzscheanischen Blick für die dunkle Psychologie des Künstlers. Der Geist – und muss ich erwähnen, dass es ein deutscher Philosoph war, der den Begriff *Geist* überhaupt erst prägte? – entwickelte sich in Gestalt von Thomas Mann weiter, und Thomas Mann konnte das spüren. Dass er aus seinem Heimatland ins Exil gezwungen wurde, war zwar ein dunkler Moment für den Geist. Aber Thomas Mann hatte die tröstliche Gewissheit, dass der Geist mit ihm ging. Seine Präsenz in ihm selbst – das Vertrauen in diese Präsenz – ist in Manns immer entschiedeneren öffentlichen Äußerungen gegen die Mächte der Unkultur, sowohl der deutschen wie der amerikanischen, deutlich zu hören.

In Amerika haben wir keinen Gründungsgoethe, keinen Beethoven, keinen Kant. Und wir haben auch kein Äquivalent des Thomas Mann-Preises, denn uns fehlt die historische Infrastruktur, die einen solchen Preis tragen könnte. Unser größter Literaturpreis ist der Pulitzer, benannt nach einem Zeitungsverleger, und üblicherweise wird er für ein Werk verliehen, das den Geschmack von Zeitungsleuten trifft. Es gibt den PEN/Faulkner-Preis, der jedes Jahr ein herausragendes literarisches Werk auszeichnet, benannt nach dem größten Romanautor, den unser Land hervorgebracht hat. Aber es ist bemerkenswert, dass Faulkner, noch heute, als Südstaatenautor gilt und nicht per se als amerikanischer Autor. In den USA ist der Ausdruck »Südstaatenkultur« in der Tat wesentlich gebräuchlicher als »amerikanische Kultur«.

Es gibt auch einen Fitzgerald-Preis, benannt nach dem Autor des einen unbestreitbar »großen amerikanischen Romans«. Hier sollte ich gestehen, dass mir der Ausdruck »Great American Novel«, bezogen auf jedes Buch, das nicht *Der große Gatsby* ist, missfällt. Man könnte meinen, der Ausdruck verweise auf das Vorhandensein einer amerikanischen Kultur. Aber so, wie er gemeinhin verwendet wird, suggeriert er beinahe das Gegenteil. Er suggeriert, dass die amerikanische Realität kolossal und überwältigend sei, ja nahezu unbegreiflich, und dass die Aufgabe des amerikanischen Romanschriftstellers darin bestehe, diese gesellschaftliche Realität einzufangen und begreiflich zu machen. Beachten Sie, was das impliziert: Anders als in Deutschland, wo die »deutsche Kultur« der Entstehung eines deutschen Nationalstaats vorausging (und sie vielleicht sogar erforderte), ist es in Amerika der Nationalstaat, als Erfahrung wie auch als Idee, der der Kultur vorausgeht. America first! Culture second, wenn überhaupt.

Das Phänomen des Trumpismus, der viele der Merkmale des Faschismus hat, wird zurecht als Bedrohung der amerikanischen Demokratie gebrandmarkt, das heißt, als Angriff auf die grundamerikanische politische Kultur, während es zugleich den Triumph der amerikanischen *Pop*kultur markiert. Wir haben eine Figur des Boulevards zum Präsidenten gewählt, einen Reality-TV-Star, weil ein entscheidender Prozentsatz der Wählerschaft ihn unterhaltsamer fand als seinen demokratischen Gegenspieler. (Und was immer man sonst über Donald Trump sagen kann, unterhaltsam ist er unbestreitbar.) Aber niemand in Amerika würde je aufstehen, wie Thomas Mann es damals gegen die Nazis getan hat, und den Trumpismus als Verrat an der »amerikanischen Kultur« anprangern. Es gibt keine solche Kultur zu verraten.

Das ist das wurzellose Land, in dem ich Schriftsteller geworden bin. Anstelle einer Tradition, anstelle einer unverwechselbaren und einzigartigen Nationalkultur, hatte ich nur die Bücher, die ich liebte, und die Bücher, die ich liebte und hasste. *Der Zauberberg* gehörte zu denen, die ich liebte und hasste – liebte, weil es ein so großartiges Buch war, hasste, weil es mich zu sehr an mein übermäßig analytisches junges Ich erinnerte. Aus ähnlichen Gründen liebte/hasste ich viele postmoderne amerikanische Romane, die damals in der Gunst der Literaturkritik standen, insbesondere Pynchons *Gravity's Rainbow* (*Die Enden der Parabel*). Auch wenn ich es niemals zugegeben hätte – mein Ehrgeiz war es, den »großen amerikanischen Roman« zu schreiben, denn das ist es, wovon jeder ehrgeizige junge amerikanische Romanautor träumt. Aber trotz dieses ehrgeizigen Ziels hatte ich keineswegs im Sinn, für ein kulturell anspruchsvolles Publikum zu schreiben. Ich vereinfache die Dinge nur ein wenig, wenn ich sage, dass mein Ehrgeiz darin bestand, deutsche Literatur – bedeutungsvoll, intellektuell präzise, ohne Angst vor Symbolik – für ein Popkulturpublikum zu schreiben. Ich hatte keine andere Wahl, als auf die Popkultur zu zielen, weil sie alles war, was ich hatte.

Daraus folgte unter anderem – und ich glaube, das trifft auf viele amerikanische Schriftsteller zu –, dass Literatur für mich immer *persönlich* war. Kulturelle Denkmäler zu errichten, in einem Land, in dem es, vielleicht mit Ausnahme der Welt der akademischen Literaturkritik, die ich sowieso nie mochte, gar keine Kultur gab, die das zu würdigen gewusst hätte, war zwecklos. Stattdessen schrieb ich Romane als Antwort auf die Bücher, die mir persönlich am meisten bedeuteten. Bücher von Kafka, Faulkner, Don DeLillo. In Ermangelung einer zusammenhängenden nationalen Tradition gewann ich virtuelle literarische Freunde, aus vielen verschiedenen Regionen und Ländern. Und als ich später, in den 1990ern, einen finsteren Wald betrat und den Begriff des »großen amerikanischen Romans« selbst in Frage stellte – die Annahme, dass es meine Aufgabe als Romanschriftsteller sei, der gesellschaftlichen Realität auf die Spur zu kommen –, war das neue Konzept, das daraus erwuchs, sogar noch persönlicher: Ich schrieb nicht für eine Kultur, nicht für eine Gesellschaft, die der Selbsterforschung bedurfte, und ganz sicher nicht für akademische Kritiker. Ich schrieb für eine Gemeinschaft von Lesern, deren Beziehung zur Literatur ebenfalls zutiefst persönlich war. In den seither vergangenen Jahrzehnten ist mein Bekenntnis zu dieser Gemeinschaft nur noch stärker geworden. Abgesehen davon, dass ich glücklicher bin – glücklicher als Mensch –, wenn ich einen Roman schreibe, als wenn ich keinen schreibe, stehe ich vor allem deshalb jeden Morgen auf und mache mich an die Arbeit, weil ich es jener Gemeinschaft virtueller Freunde schuldig zu sein glaube.

Und hier bin ich nun, wieder einmal im Land der *Dichter und Denker*, und fühle mich von der Kultur, die hinter dem Thomas Mann-Preis steht, willkommen geheißen. Diesen Preis zu erhalten, als wurzelloser Amerikaner, ist eine enorme Ehre, und ich habe Ego genug, die damit verbundene Aufmerksamkeit und das Lob zu genießen. Und doch ist das alles sehr merkwürdig. Wenn ich Sie hier alle betrachte, dann sehe ich keine Kultur. Ich sehe einzelne menschliche Gesichter. Ich bin jedem von Ihnen persönlich dankbar dafür, dass Sie heute Abend hier sind.

Dankbar bin ich auch der Jury des Thomas Mann-Preises, die mir diese Ehrung zuteilwerden lässt, und insbesondere Friedhelm Marx für seinen behutsamen Umgang mit mir. Ich danke Michael Maar, der meine Arbeit schon so lange unterstützt und die nicht unbeträchtliche Mühe auf sich genommen hat, eine Laudatio zu schreiben und sie heute Abend zu halten. Ich danke auch den herausragenden Übersetzern, Eike Schönfeldt, Wieland Freund und besonders Bettina Abarbanell, die mein Werk so wunderbar und präzise ins Deutsche gebracht haben. Ich danke meinem langjährigen Verlag Rowohlt, heute hier vertreten durch Nicola Bartels, die die erfolgreiche Publikation von *Crossroads* verantwortet hat, und durch Regina Steinicke, nicht nur eine Weltklasse-Pressefrau, sondern auch eine gute Freundin. Ich danke meinem Agenten Michael Meller, der mir immer zwei Schritte voraus ist und immer Geduld mit meiner Langsamkeit hat. Und schließlich danke ich Alexander Fest und Ulrike Schieder, auch sie sehr gute Freunde, die mein Werk einer deutschen Leserschaft zugänglich gemacht haben. Wenn ich irgendeinen kleinen Seitenanspruch darauf erheben kann, etwas zur deutschen Kultur beigetragen zu haben, dann ist es ihnen zu verdanken.

Ihnen allen vielen herzlichen Dank, und gute Nacht.

Alexander Košenina

Heimsuchung durch das Leben

Hofmannsthals *Der Tor und der Tod* und Thomas Manns *Tristan*

Klaus Heinrich, der nicht nur durch eine verkümmerte linke Hand vom Leben verabsäumte Prinz in Thomas Manns zweitem Roman *Königliche Hoheit*
(1909), wirkt wie aus einer märchenhaften, anderen Welt. Seit fünfzehn Generationen werden die Thronfolger im Kleinstaat Grimmburg auf dem gleichen
Schloss geboren, doch der »hohe Beruf« (4.1, 175) des Prinzen in einem solchen
abgeschirmten Fürstenhaus bringt viel Einsamkeit, Lebensferne und Melan-
cholie mit sich. Auch wenn Grimmburg deutliche Züge des Großherzogtums
Mecklenburg-Schwerin trägt, Prinz Klaus Heinrich seine verkrüppelte Hand
mit dem preußischen Kaiser Wilhelm II. teilt und nicht zuletzt sein Name
diejenigen von Thomas Manns ältestem Sohn und seinem Bruder verbindet,
so stehen gewiss nicht die Wirklichkeitsbezüge im Vordergrund, sondern der
Zauber einer verwunschenen, altehrwürdigen Prinzenwelt. Auch Hanno Buddenbrook wird schon als Prinz des dekadenten Verfalls geschildert, und Felix
Krull versteigt sich später in die Fiktion, ein Prinz namens Karl zu sein, um
dann als hochstapelnder Marquis de Venosta bis Lissabon zu reisen.

Thomas Mann, Spross einer wohlhabenden Lübecker Kaufmanns- und Se-
natorenfamilie, hatte schon immer eine Schwäche für solche Spielarten ahnen-
reicher Hoheit. Hugo von Hofmannsthal verkörperte sie in idealer Weise, erstens durch seine adlige, auf eine jüdisch-lombardische Familientradition grün-
dende Herkunft, zweitens aber durch seine Geistesaristokratie und erlesene
Dichtung. Ähnelt etwa das *Märchen der 672. Nacht* (1895; als Buch 1905) mit
seinem reichen, des Lebens überdrüssigen Kaufmannssohn, der sich mit seinen
vier Dienern in völlige Einsamkeit zurückgezogen hat, atmosphärisch nicht
stark der freudlosen Scheinexistenz des Prinzen Klaus Heinrich auf seiner
Grimmburg? Der Zufall will, dass die Erstbegegnung der beiden in Rodaun
1908 mit dem Abschluss von *Königliche Hoheit* zusammenfällt.

Thomas Mann reiste am 24. November zu einer Lesung aus dem fast fertig-
gestellten Roman nach Wien, wo Jakob Wassermann ihn sogleich mit Arthur
Schnitzler zusammenbrachte. Tage später folgte der Besuch bei Hofmannsthal,
der zum »Haupterlebnis« (21, 400) der Reise wurde und lange im Gedächtnis
blieb. In »dem schönen, fast bühnenbildhaften Barocksalon seines Heims, der
den Blick auf den Gartenplatz gewährt« (Ess III, 157), glaubt Thomas Mann
einen »Prinz« zu finden und fügt hinzu: »Und der Prinzentypus ist es ja, der

mich augenblicklich besonders interessiert.« (21, 404) Ähnlich schwärmt er
von Hofmannsthal gegenüber Samuel Lublinski, der diesen weniger schätzte:
»Ein Prinz! Ein rührend angespannt und hoch lebender kleiner Mensch. Ich
habe eine Schwäche für solche Existenzen.« (21, 399) Zurück in München dankt
Thomas Mann am Tag vor Weihnachten dem nur ein knappes Jahr älteren »Liebe[n] Herr[n] von Hofmannsthal« mit großer Herzenswärme: »Ich kam nach
Rodaun, um den Autor von Kunstwerken zu begrüßen, deren Intensität und
moderne Größe ich seit Langem bewunderte. Und ich fand einen freundwilli-
gen und liebenswürdigen Menschen, dessen Bekanntschaft gemacht zu haben,
mir einen Herzensgewinn bedeutet.« (21, 401) Das Bild vom »geistesprinzli-
che[n] Knabe[n]«, der sich noch auf dem Sterbebett »verjüngte«, die Einheit von
»Verewigung – Entalterung« (Ess III, 159 f.), erhält sich noch bis zum Nachruf
1929. Thomas Manns Schwäche »für den spätgeborenen Aristokratismus des
geadelten Halb-Juden« Hofmannsthal ist unübersehbar.[1]

Das hohe Lob dieses vornehmen Prinzen betraf indes nicht nur die persönliche Hoheit, sondern mindestens ebenso das Werk. Die Notizbücher verraten
bis 1905 zwar keine konkreten Lebensspuren, Hofmannsthal war aber in aller
Hände und Munde. Natürlich nahm Thomas Mann – seit 1893 im Jugendstil
Münchens zuhause – die Wiener Moderne und ihre ästhetizistische Ausrichtung zwischen Traum und Wirklichkeit wahr.[2] Es ist die Gruppierung um
Leopold von Andrian, Richard Beer-Hofmann und Arthur Schnitzler, die den
knabenhaften Hofmannsthal, der als 16-jähriges Wunderkind »Loris« die Li-
teraturbühne betritt, in ihre Mitte nehmen. Von Anfang an ist Leben bei ihm
eine sehnsuchtsvolle Inszenierung der Einsamkeit, Weltabgewandtheit und
renaissancistischen Künstlichkeit. »Mit 8 Jahren« – heißt es 1891 in der autobiografischen Erzählung *Age of Innocence* – »fand er den größten Reiz am
Duft halbvergessener Tage«. (SW XXIX, 19)[3] Vergänglichkeit und *Gestern*,
Gier nach dem vorbeiziehenden Leben, künstliche Reizung und Täuschung der
Sinne sind Leitmotive von Hofmannsthals früher Lyrik und lyrischen Dra-
men,[4] die zu den schönsten der deutschen Sprache überhaupt zählen.

Das darin ausgedrückte Gefühl fasst Hofmannsthal für seine ganze Generation im Essay über *Gabriele d'Annunzio* (1893) als »Flucht vor dem Leben«

---

[1] So urteilt Franz Zeder: Thomas Mann, Hugo von Hofmannsthal und Stefan Zweig. Konstellationen der Brüderlichkeit zwischen Koinzidenz und Konkurrenz, in: BlTMG, 34, 2010/11,
S. 20–38, hier S. 24.

[2] Wie stark das seit der ersten Reise nach Wien 1896 gilt, zeigt Franz Zeder: Thomas Mann
in Österreich, Siegen: Carl Böschen 2001.

[3] Zitate Hofmannsthals werden wie hier nach der *Historisch-kritischen Ausgabe* (Frankfurt/
Main: S. Fischer 1975–2022) im Text nachgewiesen.

[4] Vgl. Alexander Košenina: Hugo von Hofmannsthal (1874–1929). In: Deutschsprachige Lyriker des 20. Jahrhunderts, hrsg. v. Ursula Heukenkamp u. Peter Geist, Berlin: Erich Schmidt
2006, S. 51–60.

zusammen: »Wir haben gleichsam keine Wurzeln im Leben und streichen, hellsichtige und doch tagblinde Schatten, zwischen den Kindern des Lebens umher.« (SW XXXII, 100) Lyrisch fasst das noch prägnanter der *Prolog zu dem Buch »Anatol«* von 1892 zusammen. Die Ästheten und Dandys des Jungen Wien sind »Frühgereift und zart und traurig« (SW I, 25): Dazu gehören Leopold von Andrians Fürstensohn Erwin, Richard Beer-Hofmanns sterbender *Georg* oder Arthur Schnitzlers *Anatol* (1890). Hofmannsthal situiert sie in seinem lyrischen Prolog hinter hohen Gittern und »Taxushecken« (SW I, 24). Jenseits dieser Abschirmungen von der gewöhnlichen Wirklichkeit öffnet sich ein künstliches Gartenparadies mit Amoretten, Delfinen, Goldfischen, Jasmin und Flieder, Kaskaden, Marmorvasen, Muschelbecken, Nixen, Oleandern, parfümierten Sänften, Salamandern (Tritonen), Schäferszenen, Weinranken. Die artifiziell geschnittenen Hecken und Sträucher geben eine Naturbühne frei, auf der die ganze Szene wie ein in die Wirklichkeit eingefügtes Theater erscheint, fast wie ein barockes *Theatrum mundi*:

Eine Laube statt der Bühne,
Sommersonne statt der Lampen,
Also spielen wir Theater,
Spielen uns're eig'nen Stücke,
Frühgereift und zart und traurig.
Die Komödie uns'rer Seele,
Uns'res Fühlen's Heut' und Gestern,
[...]
Und ein Bologneserhündchen
Bellt verwundert einen Pfau an. (SW I, 25)

Natürlich denkt man sogleich an die Anfangszeilen aus dem *Lebenslied* (1896): »Den Erben lass verschwenden | An Adler, Lamm und Pfau | Das Salböl aus den Händen | Der todten alten Frau!« (SW I, 63) Robert Musil kanzelte es als »sinnloses Gedicht« ab, »weil ohne Hilfsmittel durchaus nicht zu erraten ist, was der Dichter eigentlich sagen wollte«.[5] Wenn man aber erfährt, dass dahinter das Erlebnis von Alice Morrison in Indien steckt, die in einem nächtlichen Anfall pantheistischer Allvereinigung das kostbare Parfüm ihrer verstorbenen Großmutter auf exotische Tiere vor ihrer Terrasse herabträufelte, dann erhält man eine Ahnung von dem verzweifelten Übermut, auf das Leben zuzugehen und es doch nie zu erreichen (vgl. SW I, 295 f.).

---

[5] Robert Musil: Literat und Literatur. Randbemerkungen dazu [1931], in: Gesammelte Werke II: Essays und Reden. Kritik, hrsg. von Adolf Frisé, Reinbek bei Hamburg: Rowohlt 1983, S. 1203–1225, hier S. 1215.

Genau von dieser Paradoxie oder Dialektik handelt auch Hofmannsthals ly-
risches Drama *Der Tor und der Tod* (1894). Claudio, »ein Edelmann« (SW III,
62), wie er im Personenverzeichnis genannt wird, sehen wir in dieser »Todten-
tanzcomödie« (SW III, 764) mit dem ursprünglichen Titel »Der neue Todten-
tanz« (SW III, 429), vom Tod heimgesucht und zur Rechenschaft gezogen.
Dieser Claudio, »im Innern stummgeboren« (SW III, 65) und vom Leben noch
völlig ahnungslos – »Was weiß denn ich vom Menschenleben« (SW III, 64),
fragt er zu Beginn rhetorisch – muss am Ende erkennen, dass ihn erst der Tod
»das Leben sehen« lehrt: »Erst da ich sterbe, spür ich, dass ich bin.« (SW III, 79)
Selten ist diese paradoxe Verkehrung deutlicher und prägnanter ausgesprochen
worden als in Hofmannsthals Conclusio:

Da tot mein Leben war, sei du mein Leben, Tod!
Was zwingt mich, der ich beides nicht erkenne,
Daß ich dich Tod und jenes Leben nenne? (SW III, 79)

Die Ableitungsschritte, die zu dieser einsichtigen Schlussfolgerung führen,
sind konzentriert wie in einem scholastischen Syllogismus. Die erste Prämisse
erblickt man sogleich im Bühnenbild. Da sitzt ein wohlgekleideter, noch relativ
junger Herr in seinem *Studierzimmer [...] im Empiregeschmack«* (SW III,
63), man denkt unwillkürlich an jene berühmte Fotografie Hofmannsthals von
1906 im Salon des Rodauner »Fuchsschlössels« (Abb. 1), wo Thomas Mann
ihm zuerst begegnete. Ausgestattet ist der Raum in beiden Fällen mit großen Fenstern zum Garten und Goldstuckatur an den Wänden, möbliert mit
Schreibtisch, Lehnstuhl, gotisch geschnitzter Truhe, Vitrine mit Altertümern,
Bild eines italienischen Meisters. Diese »Rumpelkammer voller totem Tand«
(SW III, 65) – Fausts »Mottenwelt« von Studierzimmer voll »tausendfachem
Tand« (V. 658 f.) zitierend – inspiriert Claudio in seinen 150 monologischen
Eingangsversen noch genauer. Er rückt diese Artefakte seines »versäumte[n]
Leben[s]« (SW III, 64) in Kontrast zur Landschaft vor dem Fenster, die zu-
nächst wie die Ekphrasis eines großen Gemäldes wirkt, dann aber auch zum
Landleben der einfachen Menschen in ihren Häusern, die »einander herzlich
nah« sein können und sich gegenseitig »trösten« (SW III, 64), also Emotionen
zeigen, die Claudio fremd sind.

Auf diese zunächst sichtbar gemachte und dann von Claudio reflexiv ver-
tiefte erste Prämisse folgen als weitere die Rechtfertigungen gegenüber der
Vorhaltung des Todes, das ganze Leben vertändelt statt genutzt zu haben. Als
Ankläger treten auf: Claudios Mutter, seine Geliebte und ein Jugendfreund,
die er alle auf unterschiedliche Weise enttäuscht hat. Die Sorgen der stets um
ihn bemühten Mutter hat er nie bemerkt, die Geliebte hat er mit seinem »letzte[n], schlimme[n]« Brief von sich gestoßen (SW III, 76), in tiefen, tödlichen
Kummer gestürzt, der Freund schließlich unterlag in Konkurrenz um eine

Abb. 1: Hofmannsthal im Salon in Rodaun, 1906.

Frau und starb durch eine »Mörderklinge«. (SW III, 78) Claudio war »keinem
etwas, keiner etwas« ihm. (SW III, 78) Für seine These: »Ich habe nicht gelebt!«
(SW III, 71) sind diese Prämissen schwere Belastungen, die im argumentativen
Hin und Her mit dem mehr scharfsinnigen als Angst gebietenden Tod zu der
genannten Schlussfolgerung von einem völlig verpassten Leben führen.

  Der Abstand Claudios und anderer Figuren, aber auch Hofmannsthals selbst,
zur Welt und Wirklichkeit ist riesig und sicher Teil einer inszenierten vornehmen Distanz und Reserviertheit. Schon 1891 heißt es in einer Aufzeichnung
programmatisch für die Kunst: »Wir malen nie ein Ding, sondern immer den
Eindruck, den ein Ding in uns macht: das Bild eines Bildes.« (SW XXXVIII,
115) Übertragen auf die Wirklichkeit heißt das: Das Leben wird nie erlebt und

gelebt, sondern nur eine vage, vielleicht durch Kunst vermittelte Ahnung davon erschnt und beschworen. Wie in der berühmten *Ballade des äußeren Lebens* (1894) fünf Strophen lang das Alltagstreiben der Menschen und ihre bedeutungslosen »viele[n] Worte« abgetan werden, bis am Ende die Dichter kommen, die »doch groß und ewig einsam sind«. Allein sie sind in der Lage, ein alltägliches Wort wie »Abend« mit ungeheurer poetischer Bedeutung aufzuladen: »Und dennoch sagt der viel, der Abend sagt | Ein Wort, daraus Tiefsinn und Trauer rinnt | Wie schwerer Honig aus den hohlen Waben.« (SW I, 44)

Diesen seltsamen Zusammenhang kann man eigentlich nur aus Hofmannsthals elitär-exquisiter Idee einer Präexistenz begreifen. Wie in den *Terzinen über Vergänglichkeit* (1894) das unbeständig gewordene Ich »Herüberglitt aus einem kleinen Kind« oder von den eigenen »Ahnen« herüberfließt (SW I, 45) und so eine Art mystischer All-Einheit entsteht – etwa wie in Alice Morrisons Erlebnis auf ihrer indischen Terrasse –, so bedeutet *Ad me ipsum* zufolge der glorreiche Zustand der Präexistenz: »frühe Weisheit, […] Auserlesenheit, […] Geistige Souveränität […]. Das gesteigerte Ich des Sterbenden […] Das Ich als Universum« (SW XXXVII, 131). Schon Claudio in *Der Tor und der Tod* propagiert diese Idee einer reicheren Vor-Existenz, die dann durch das wirkliche Leben nur enttäuscht werden kann: »Warum bemächtigt sich des Kindersinns | So hohe Ahnung von den Lebensdingen, | Daß dann die Dinge, wenn sie wirklich sind, | Nur schale Schauer des Erinnerns bringen?« (SW III, 79)

Um das zu verstehen, hat man natürlich längst an Arthur Schopenhauers Lehre von der ursprünglichen Welt als Wille gedacht, jenem immer schon vorhandenen Urgrund, an dem man qua Geburt, also dem *principium individuationis*, teilhat, der nach dem Tod aber nicht einfach verschwindet. In einem Brief an Felix Freiherr von Oppenheimer vom 26. Juli 1895 drückt Hofmannsthal dieses Prinzip, das wie eine lapidare Fassung der Präexistenzthese wirkt, mit folgenden Worten aus: »So kann nichts kommen, nichts gewesen sein, was nicht in uns wäre. Darum ist auch unsere Jugend nicht eine Vorbereitung, eine kahle Wartezeit, sondern ist schon ein königliches Alter, eine Berufung zur Weisheit und zum tiefsten Glück.«[6] Die Schopenhauer-Lektüre erfolgt, wie man einem Brief an die Eltern vom Juni 1895 entnehmen kann, zwar genau zu diesem Zeitpunkt. Bei Hofmannsthal scheint sie aber keine so nachhaltige Wirkung wie bei Thomas Mann hinterlassen zu haben, der ebenfalls 1895/96 *Die Welt als Wille und Vorstellung* »tagelang hingestreckt« auf dem Kanapee liest und darin »die geistige Quelle der Tristan-Musik erkannte!« Über dieses Initialerlebnis bekennt er in den *Betrachtungen eines Unpolitischen* weiter: »So liest man nur einmal. Das kommt nicht wieder.« (13.1, 79) Diese erste Lektüre versprach »Erfülltheit«, »Hingerissenheit« (Ess III, 190) und

---

6 Hugo von Hofmannsthal: Briefe 1890–1901, Berlin: S. Fischer 1935, S. 156.

Erschütterung, vor allem durch »den musikalischen Pessimismus Schopenhauers« (Ess III, 19).[7]

Genau hier zeichnet sich die naheliegendste Brücke zwischen Hofmannsthal
und Thomas Mann ab: Bei ersterem ist es die exquisite Lebensdistanz verbunden mit der Idee einer Präexistenz, bei letzterem der ewige Kampf zwischen dem Willen zum Leben und dessen Verneinung im Zeichen des Intellekts
oder asketischer Ideale. Mit dem Philosophen kann diese Brücke durchaus in
Verbindung gebracht werden, zumal Manns großartiger Schopenhauer-Essay
dafür die Argumente an die Hand gibt. Der Text entstand zwar erst 1938 als
Vorwort zu einer Auswahlausgabe, er kann bis heute aber als eine der bün-
digsten und prägnantesten Entfaltungen der Willensmetaphysik in Bezug auf
die Kunst überhaupt gelten, wie sie sich bei Thomas Mann seit der frühen
Lektüre entwickelte. Für ihn handelt es sich um eine »Künstlerphilosophie par
excellence«, nicht etwa, weil sie in hohem Maße eine Philosophie der Kunst ist,
die überdies äußerst kunstreich daherkommt, sondern weil sie die Moderne
maßgeblich prägte. Tolstoi bewunderte Schopenhauer als »den genialsten aller
Menschen«, Wagner als »wahres Himmelsgeschenk«, »als eine Offenbarung«,
und Nietzsche beide zusammen als seine »großen Lehrer und Meister« (IX,
530 f.).

Der – letztlich platonische – Zentralgedanke ist so einfach wie umfassend:
Der »Urgrund des Seins« ist der Wille, genauer: »der Wille zum Leben« (IX,
537). Dieser liegt allem zugrunde, aus ihm leitet sich alles her. Durch das *principium individuationis* manifestiert er sich in jedem Subjekt, der Wille ist ani-
malisch und triebhaft, gelangt in der Sexualität zum stärksten Ausdruck, er
ist – so Thomas Mann, »Unruhe, Streben *nach* etwas, Notdurft, Lechzen, Gier,
Verlangen, Leiden« (IX, 540). Das Produkt und Werkzeug des Willens ist der
Intellekt, eine Art Gegenkraft, der es zuweilen gelingt, sich zu verselbststän-
digen, das Individuationsprinzip aufzuheben und im »*ästhetischen* Zustand«
»zum reinen, willenlosen Subjekt der Erkenntnis« zu werden (IX, 544). Nietzsche wird später diese Gegenprinzipien auf die antike Begrifflichkeit des Dionysischen und Apollinischen bringen.

Fast allen Werken Thomas Manns liegt dieser Kampf zugrunde. Die frühen
Erzählungen wimmeln von unglücklichen, oft kränkelnden Figuren, die sich
eine gewisse tapfere Haltung gegenüber dem Leben mit seinen Willenskräften
zu eigen gemacht haben, zugleich aber an dessen Mangel leiden und in große
Schwierigkeiten geraten, wenn sie plötzlich vom Leben, insbesondere in Ge-

---

[7] Vgl. Thomas Klugkist: Glühende Konstruktion. Thomas Manns »Tristan« und das »Dreige-
stirn« Schopenhauer, Wagner und Nietzsche. Würzburg: Königshausen & Neumann 1995; Edo
Reents: Zu Thomas Manns Schopenhauer-Rezeption, Würzburg: Königshausen & Neumann
1998; Børge Kristiansen: Thomas Mann und die Philosophie, in: TM Hb (2005), 259–283.

stalt der Liebe, heimgesucht werden. Das gilt etwa für Johannes Friedemann und Tobias Mindernickel in den gleichnamigen Novellen (1897/98), für den Rechtsanwalt Christian Jacoby in *Luischen* (1900), für Lobgott Piepsam in *Der Weg zum Friedhof* (1900) und natürlich für Detlev Spinell in *Tristan* (1903). Vor allem bei Friedemann und Spinell kommt eine weitere Pointe Schopenhauers hinzu, nämlich die beiden Thesen, dass erstens die Musik das reinste und unmittelbarste »Abbild des Willens« (IX, 558) und zweitens das Geschlecht und die Sexualität der eigentliche »Brennpunkt des Willens« (IX, 562) ist. Über die Musik werden die tiefsten Willenstriebe stimuliert – bis alle apollinischen Gegenkräfte verloren gehen, mit denen »die Hunde im Souterrain schon an die Kette [zu] bringen« wären (21, 72). Das ist die berühmte Formulierung Thomas Manns aus seinem Brief an Otto Grautoff vom Februar 1896, wenig später klagt er erneut über die Zumutungen der »Geschlechtlichkeit«, die ihn »zu Grunde richten« könnten (21, 81).

Der kleine, verwachsene, traurige Johannes Friedemann wird von ähnlichen Nöten geplagt. Als Baby rutscht er seiner stumpfsinnigen und noch dazu alkoholsüchtigen Amme vom Wickeltisch, erholt sich nie von dem Sturz; mit sechzehn Jahren erfasst ihn eine plötzliche Neigung zu einem Mädchen, das er bald mit einem anderen aufstöbert und so auf immer der Liebe entsagt. Stattdessen liebt er die Musik – spielt »die Geige nicht übel« (2.1, 92) – und überlässt sich einer gewissen Kränklichkeit. Als dann die rotblonde, burschikose Gerda von Rinnlingen, Gattin eines Oberstleutnants, das Städtchen erreicht, ist es um Friedemann geschehen. Denn diese Dame teilt mit ihm nicht nur die kränkliche, hypochondrische Disposition – bei Thomas Mann stets ein Zug der Sensiblen und Kunstverständigen –, sondern auch die zur Musik. Gleich beim ersten Besuch einer *Lohengrin*-Aufführung im Stadttheater, wo durch Zufall Friedemann in Loge dreizehn in ihre Nähe gerät, erliegt er dem »warmen Duft ihrer Brust« (2.1, 101), der ihm beim Aufheben eines nicht ganz zufällig entglittenen Fächers aus dem Dekolleté der Dame entgegenströmt. Diesem von Wagners Musik befeuerten Eindruck strebt er die ganze Novelle hindurch nach, bis er am Ende in einer nächtlichen Parkszene »mit einem kurzen, stolzen, verächtlichen Lachen« (2.1, 118) von der Dame zurückgestoßen und gedemütigt wird, sich ins Wasser fallen lässt und nicht mehr aufsteht.

Detlev Spinell in *Tristan* steht dem Leben und der Liebe nicht weniger fern. Auch er erfüllt alle Merkmale der Dekadenz[8] und ist ein kundiger Wagnerianer, wenngleich selbst nicht einmal dilettantisch musizierend, er nennt sich

---

[8] Vgl. Jens Ole Schneider: Art. »Dekadenz«, in: TM Hb (2015), 289f.: »Motive und Anzeichen der Dekadenz sind physiologische Rück- oder Fehlbildungen, Nervosität, Krankheit und eine Vorliebe für die Musik und das Meer als Medien der Subjektauflösung und metaphysischen Entgrenzung.«

»Schriftsteller von Beruf« (2.1, 326). Der Erzähler verspottet das allerdings als höchst »zweifelhafte Thätigkeit« (2.1, 344), denn erstens kommt Herr Spinell, etwa beim Schreiben seiner meist unbeantworteten Briefe, nur »jämmerlich langsam von der Stelle« (2.1, 358); und zweitens hat er bisher nur einen einzigen schmalen Roman publiziert – »gedruckt auf einer Art von Kaffee-Sieb-Papier«, also feines Bütten wie in Stefan Georges *Blättern für die Kunst*, in denen Hofmannsthal zuerst publizierte, zudem verziert im Geschmack des Jugendstils (vgl. 2.1, 328). Noch stärker als von der Unproduktivität und dem Buchschmuck distanziert sich der Erzähler vom Inhalt des Romänchens:

Es spielte in mondänen Salons, in üppigen Frauengemächern, die voller erlesener Gegenstände waren, voll von Gobelins, uralten Meubles, köstlichem Porzellan, unbezahlbaren Stoffen und künstlerischen Kleinodien aller Art. (2.1, 328)

Bündiger ließe sich das überladene Interieur des Fin de Siècle kaum beschreiben. Thomas Mann bewundert Hofmannsthal zwar als Prinzengestalt im Rodauner Schlösschen, zugleich lehnt er überladenes Schmuckwerk aber ab, bezüglich des Buchschmucks wie auch der inhaltlichen Ausstaffierung eines literarischen Textes. In einer Notiz zum Essay *Geist und Kunst* erklärt er: »Man muß das Buch *lieben* […], nicht das Produkt des Kunstgewerbes, sondern das Buch um seiner selbst willen« (2.2, 229). Auch wenn man über konkrete Karikaturen, etwa des jüdischen Schriftstellers Arthur Holitscher nachgedacht hat (denn auch Spinell ist »bloß aus Lemberg gebürtig«; 2.1, 330), wirkt die zitierte Passage wie eine direkte Anspielung auf das Studierzimmer Claudios in *Der Tor und der Tod*. Erlesene Gegenstände, Gobelins, Möbel im Empirestil und andere Kleinodien umgeben schließlich auch ihn.

Die Gemeinsamkeiten zwischen Claudio und Detlev Spinell sind allerdings wichtiger als solche ironischen Blicke des Münchener Modernisten auf den Wiener Stilpluralismus, der allein an der Ringstraße von Neoklassizismus und Renaissancesismus über Jugendstilornamentik und Art déco bis zum Funktionalismus eines Adolf Loos reicht.[9] Beide Figuren haben Probleme mit dem gelebten Leben, Claudio hat es vertändelt und versäumt, Spinell hingegen nie erlangt. Thomas Mann nennt später Hofmannsthal einen »Bruder in der Zeit« (Ess III, 156) und meint damit die konservative »Schicksalsverwandtschaft« der Unpolitischen, »deren geistiger Aufbau sich vor dem Kriege vollzogen hatte« und die mit dem neuen »Zeittumult« nicht mehr zurechtkommen (Ess III, 158 f.). Ganz ähnlich sind auch Claudio und Spinell welt- und politikferne Brüder zur Zeit des Fin de Siècle und des Ästhetizismus. Bei Thomas Mann ist die Perspektive auf den »verweste[n] Säugling« (2.1, 328) Spinell indes schon deutlich

---

[9] Vgl. dazu die überragende Studie von Carl E. Schorske: Wien. Geist und Gesellschaft im Fin de Siècle, Frankfurt/Main: S. Fischer 1982.

ironisch distanziert,[10] und selbst Hofmannsthal scheint Claudios Scheitern am Leben im Zeichen des Sterbens aus dem Rückblick eines Künstlers zu betrachten, der bereits an einer Überwindung der artifiziellen, traumhaften, unendlich selbststilisierenden Attitüde von Loris und seinen Brüdern arbeitet. Das Stück ist mithin Ausdruck und zugleich schon Kritik des ästhetischen Menschen.[11]

Es bietet sich an, für diese Deutung den berühmten *Brief* des Lord Chandos (1902) heranzuziehen, der ebenfalls eine Krise – nämlich der Weltwahrnehmung und deren Versprachlichung – *nach* deren Bewältigung reflektiert. Chandos beschreibt gegenüber Francis Bacon, wie ihm »in einer Art von andauernder Trunkenheit das ganze Dasein als eine große Einheit« (SW XXXI, 47) erschien und wie in diesem Zustand pantheistischer Weltverbundenheit und Ich-Dissoziation die Fähigkeit abhandengekommen sei, »über irgend etwas zusammenhängend zu denken oder zu sprechen«. (SW XXXI, 48) Doch diese Seelenlage, in der Chandos abstrakte Worte »im Munde wie modrige Pilze« zerfielen (SW XXXI, 49), liegt zum Zeitpunkt des *Briefes* deutlich in der Vergangenheit; inzwischen ist die Lösung des Problems absehbar, die in einer Sprache jenseits des Englischen, Italienischen, Lateinischen oder Spanischen liegt, nämlich in einer Sprache, »in welcher die stummen Dinge zu [uns] sprechen« (SW XXXI, 54). Diese allmähliche Verfertigung der Gedanken beim Schreiben ähnelt Claudios allmählicher Einsicht in sein versäumtes Leben: »Ich habe mich so an Künstliches verloren« (SW III, 66), heißt es noch vor der von Claudios Mutter, Geliebter und Jugendfreund angezettelten Ableitungskette; und die Conclusio am Schluss ergibt sich aus der Analyse der Vergangenheit, auch wenn es für einen Neuanfang längst zu spät ist: »Erst, da ich sterbe, spür ich, daß ich bin« (SW III, 79).

Bei Detlev Spinell hingegen führt die Heimsuchung durch das Leben in Gestalt Gabriele Klöterjahns zu keiner Einsicht in seine defizitäre Existenz. Er bleibt der Hagestolz, der er immer schon war. Lediglich der Triumph, eine hoch sensible und noch dazu sterbenskranke Frau zur Musik Wagners – und damit zu Schopenhauers Liebes- und Willenszentrum – verführt und anschließend in den Tod getrieben zu haben, erfüllt ihn mit Genugtuung. Den Schauplatz, auf dem er den vierschrötig-plumpen Ehemann Klöterjahn, jenen völlig amusischen Großkaufmann und »plebejische[n] Gourmand«, mit den Waffen von »Geist und Wort« geschlagen hat, verlässt Spinell am Ende wie einer, »der verbergen will, daß er innerlich davonläuft« (2.1, 360, 362, 371). Spinell ist ein so siegesgewisser Verlierer wie Claudio.

[10] Vgl. Andreas Kablitz: Jenseits der Décadence. Thomas Manns »Tristan«. In: Rainer Warning/Winfried Wehle (Hrsg.): Fin de Siècle, München: Fink 2002, S. 89–122.
[11] So die Titelthese von Hinrich C. Seeba: Kritik des ästhetischen Menschen. Hermeneutik und Moral in Hofmannsthals »Der Tor und der Tod«, Bad Homburg: Gehlen 1970.

Beide werden in ihrer Weltabkehr vom Leben heimgesucht. Claudio hat zwar
irgendwie existiert, die Beziehungen zur Mutter, Geliebten und zum Jugendfreund aber niemals symmetrisch intensiviert, er hat nur an sich selbst gedacht
und ist vereinsamt. Der paradoxen Logik des Totentanzes folgend, muss er
in dieser »Ballade des äußeren Lebens« kurz vor seinem Ende daran erinnert
werden, dass er eigentlich nie wirklich gelebt hat. Seine ganze Welt war die
der Kunst und des Scheins. Geradezu mustergültig entspricht er den Kriterien
der *Décadence*, die Hermann Bahr im gleichnamigen Essay auf Formeln wie
»Hang nach dem Künstlichen«, *»modeler notre univers intérieur«*, »Stimmungen« statt »Gefühle« brachte.[12]

Auch Detlev Spinell ahnt vom Leben nur etwas aus Kunst und Literatur,
nicht aber aus der Realität. Im Sanatorium Einfried hält er sich nicht etwa aufgrund einer Lungenerkrankung auf, sondern des »Stiles wegen« (2.1, 332). Zu
allem sagt er: »Wie schön! […] Gott, sehen Sie, wie schön!« (2.1, 328) Noch vor
seinem ersten Auftreten wird er als »excentrischer Mensch« angekündigt (2.1,
321). Sein Zimmer ist – ähnlich wie das Claudios – »altmodisch« und »distin-
guiert« eingerichtet, die »massige Kommode war mit metallenen Löwenköpfen
beschlagen«, der Wandspiegel besteht aus kleinen, »in Blei gefaßten Scher-
ben«, ein »geräumiger Schreibtisch stand in der Nähe des Fensters«, Spinells
Briefkopf besteht aus einer »verzwickt gezeichneten Landschaft« (2.1, 357). Im
Gegensatz zum Grobian Klöterjahn, dessen Name sich dem niederdeutschen
Wort für »Hoden« verdankt, nimmt er sich nicht einfach die Frauen, wenn sie
ihm gefallen; er scherzt auch nicht wie dieser »in ziemlich unerlaubter Weise
mit einem Stubenmädchen« (2.1, 326) auf dunklen Korridoren des Sanatoriums
herum. Ganz im Gegenteil streift Spinell vorübergehende Damen höchstens
»mit einem halben Blicke«, weil das weniger »wirklichkeitsgierig« und damit
vornehmer erscheint (2.1, 335). Vor allem ist es kunstvoller und künstlicher,
fern dem Leben wie Claudio, dafür deutet Spinell die Lebensgeschichte Gabriele Klöterjahns in seiner Kunst-Phantasie auch einfach um: Er bezieht sich
auf ihren Mädchennamen Eckhof, nach dem berühmtesten Schauspieler der
Goethezeit, aus dem Bericht von den häkelnden Freundinnen am Springbrun-
nen im elterlichen Garten hebt er sie als eine Prinzessin hervor, als Siebte unter
den Mädchen dichtet er ihr eine »kleine goldene Krone« ins Haar (2.1, 340).
Zunächst weist sie das als »Unsinn« (ebd.) zurück, später lässt sie sich aber
zunehmend auf die Phantasie ein und erwägt die Möglichkeit, dass Spinell
vielleicht doch »die Krone gesehen« hätte (2.1, 343).

Wegen Spinells gehemmtem Verhalten und seinen nur streifenden Blicken
haben einige Interpreten so etwas wie Impotenz bei ihm vermutet, aber das

---

[12] Hermann Bahr: Die Décadence, in: Wiener Moderne. Literatur, Kunst und Musik um 1900,
hrsg. v. Gotthart Wunberg, Stuttgart: Reclam 1981, S. 225–231, hier S. 227, 225, 226.

ist längst nicht erwiesen. Sicher ist hingegen, dass sein Werben um Gabriele
Klöterjahn höchst vermittelt und indirekt erfolgt, offensichtlich verkoppelt
er – Schopenhauer folgend – sein Begehren mit der Musik als dem Brennpunkt
des Willens, der Emotionen, des Dionysischen. Während die Mehrheit der
Patienten zu einer Schlittenausfahrt aufgebrochen ist, treffen Spinell und Frau
Klöterjahn unter dem Schutz vermeintlicher Zufälligkeit im Konversations-
zimmer aufeinander, einem ausdrücklichen »Freihafen« (2.1, 346), der ohne alle
Bedenken gesellschaftlicher Schicklichkeit angesteuert werden darf. Hier spielt
Gabriele – gegen alle ärztlichen Warnungen – einige auf das Piano aufgelegte
Klavierauszüge vom Blatt, die nach der Logik musikalischer Steigerung von
Chopins *Nocturnes* zu Wagners *Tristan und Isolde* führen. Nichts wäre da-
für geeigneter als diese »trunkenen Gesänge[ ] des Mysterienspieles« (2.1, 353),
dessen faksimilierte Partitur Thomas Mann selbst als Heiligtum hütete und
dessen Klavierauszug schon Gerda Buddenbrook Hannos Musiklehrer aufs
Pult legt. Beim Erscheinen der Novelle 1903 markiert all das eine stille Über-
einkunft glühender Wagner-Verehrung zwischen Detlev Spinell und Gabriele
Klöterjahn. Es wiederholt geradezu die gemeinsame Losung »Klopstock«, die
Lotte und Werther in Goethes Kultbuch als geheimes Liebesbekenntnis nutzen.
In *Tristan* muss der Titel oder der Komponist erst gar nicht mehr ausdrücklich
genannt werden.

Wie eng sich Thomas Mann mit diesem Einfall an Gabriele D'Annunzios
Roman *Der Triumph des Todes* (1899) hielt, ist bisher wenig beachtet worden.
Tatsächlich teilt Gabriele Klöterjahn nicht nur ihren Vornamen mit dem italienischen *Décadence*-Ästheten, sondern auch der Plot verläuft in sehr ähnlichen
Bahnen. Aus Eifersucht stürzt sich Georg mit seiner Hippolyta in einen gemeinsamen Liebestod, nachdem das in einer Einsiedelei am Meer musikalisch
ausgiebig vorbereitet wurde. Auch hier folgt Wagner auf Chopins *Impromptu*,
aber »in dem Vorspiel zu Tristan und Isolde brach das Sehnen der Liebe nach
dem Tode mit ungefesselter Leidenschaft durch, das unersättliche Verlangen
wurde zu einem Rausche der Vernichtung«.[13] Diese musikhistorische Logik
wird übrigens noch Adrian Leverkühn im *Doktor Faustus* beachten, wenn er
behauptet, dass insbesondere das *Nocturne* in cis-Moll vorwegnehmend »alle
Tristan-Orgien« übertreffe (10.1, 210). Auffällig ist, dass der im *Doktor Faustus* zur größten Virtuosität gesteigerte sprachliche Nachvollzug musikalischer
Stücke, oft sogar in temporaler Synchronie zwischen gespielter Komposition
und gelesenem Text, bereits in D'Annunzios Roman vorbereitet wird. Schon
in der *Tristan*-Novelle beweist Thomas Mann allerdings seine noch präzisere
Einarbeitung in die Kompositionslehre, wenn er etwa das im Text zum Leit-

---

[13] Gabriele d'Annunzio: Der Triumph des Todes. Neue wohlfeile Ausgabe, Berlin: S. Fischer
1912, S. 530.

motiv ausgebaute »Sehnsuchtsmotiv« (2.1, 350, 354, 370) der Oper genau durchdringt. Im späteren Essay *Leiden und Größe Richard Wagners* (1933) heißt es über den Komponisten, er schreibe »die vier chromatisch aufsteigenden Töne hin, mit denen sein Opus metaphysicum beginnt und mit denen es aushaucht, das gis-a-ais-h –« (IX, 402).

Doch warum ist all das so wichtig? Es beweist Thomas Manns höchsten kompositorischen Anspruch, mit dem er Detlev Spinells Heimsuchung durch das Leben konstruiert und mit dem er dessen Rache an eben diesem Leben plausibel zu machen versucht. Letztlich führt Spinell ein gruseliges Experiment über die Macht und Reichweite der Musik in Liebesdingen durch, Wagners Doktrin des Liebestodes erreicht er auf zynische Weise mit dem Zusammenbruch von Gabriele Klöterjahn, er selbst folgt ihr dabei aber nicht und verbleibt in der äußerlichen Position des Beobachters. Seine durch die Briefinvektive vorbereitete Rache am Leben, das ihm selbst verschlossen bleibt, gilt seinem Konkurrenten Klöterjahn. Zusammen mit dem unverschämt gesunden, gefräßigen und gierigen Söhnchen Anton wirkt dieser wie eine Karikatur des Lebens: Er »redete laut, salopp und gutgelaunt, wie ein Mann, dessen Verdauung sich in so guter Ordnung befindet wie seine Börse« (2.1, 325 f.). Ihm gesteht Spinell in seinem Brief, »daß ich Sie hasse, Sie und Ihr Kind, wie ich das Leben selbst hasse« (2.1, 362).

Bei Hofmannsthal, dessen Dichtung Thomas Mann als »geistige Musik« (21, 504) verehrte, kündigt sich der Tod ebenfalls mit Musik an. Mit dem »Schwarm unheimliche[n] Gesindel[s]« (SW III, 67), der die allegorische Todesfigur durch den Garten begleitet, »*erklingt das sehnsüchtige und ergreifende Spiel einer Geige*« (SW III, 69), wie die Bühnenanweisung verkündet. Die Szene, die wie eine unmittelbare Vorlage für die unheimlichen Musikanten auf der Hotelterrasse in Thomas Manns *Tod in Venedig* (1911) – besonders plastisch in Viscontis Verfilmung (1971) – wirkt, macht tiefsten Eindruck auf Claudio. »Musik?«, fragt er sich, und fährt fort: »Und seltsam zu der Seele redende! | Hat mich des Menschen Unsinn auch verstört? | Mich dünkt, als hätt' ich solche Töne | Von Menschengeigen nie gehört …«. Wenig später heißt es: »Tön fort, Musik, noch eine Weile so | Und rühr mein Innres also innig auf: | Leicht wähn ich dann mein Leben warm und froh, | Rücklebend so verzaubert seinen Lauf:« (SW III, 69). Auch bei Hofmannsthal dient die Musik also als Katalysator für Emotionen, sie ermöglicht Rückblicke in das *ex post* verklärte, aber eigentlich ungelebte Leben, das Geigenspiel lockt die Verstorbenen auf die Bühne und kündigt den baldigen Tod Claudios an. Auch hier spielt Schopenhauers »Musik-Metaphysik neben Nietzsches Konzept des Musikalisch-Dionysischen eine zentrale Rolle für die Struktur des Stückes«.[14] Sicher wird man solche

---

[14] Vgl. Angelika Jacobs: Art. »Der Tor und der Tod«, in: Mathias Mayer / Julian Werlitz (Hrsg.):

Abb. 2: Thomas Mann in seiner Münchner Wohnung, 1932.

Analogien nicht überstrapazieren wollen, gemeinsam ist beiden Figuren aber allenthalben die ästhetizistische Distanz zum Leben, die ihnen mittels Musik zum Bewusstsein kommt. Eine Fotografie Thomas Manns von 1932 (Abb. 2) bringt das mondäne Interieur – wie bei Hofmannsthal und seinem Claudio – und die Musikliebe sinnfällig zusammen.

Im Falle Hofmannsthals liegt es aufgrund des traditionellen Genres Totentanz nahe, diese Konstellation sinnbildlich allegorisch zu nennen. Selbst dem Diener erscheint das musizierende Gesindel draußen im Garten wie auf alten »Kupferstiche[n]« (SW III, 68), die Bildüberlieferung zu Totentänzen ist tatsächlich überreich.[15] Auch der *Tristan* Thomas Manns, selbst ein intimer Kenner des Totentanz-Motivs,[16] steht dieser allegorischen Tradition nicht völlig fern. Gewiss ist sie an der Figur Detlev Spinells, der nicht nur seine »schön ge-

   [15] Vgl. Wolfgang Neumann (Red.): Tanz der Toten – Todestanz. Der monumentale Totentanz im deutschsprachigen Raum (Ausstellung des Museums für Sepulkralkultur), Dettelbach: J. H. Röll 1998.

   [16] Vgl. Iris Wenderholm: »Totentanz-Heimat«. Literarische Funktionalisierung sakraler Kunst bei Thomas Mann, in: TM Jb 26, 2013, 23–37.

formten Hände [...] in ziemlich affektierter Weise bewegte« (2.1, 329), ironisch
stark gebrochen und stilistisch insgesamt stark versachlicht. Doch wenn wir
nochmals an den vom Leben verabsäumten Prinzen Klaus Heinrich aus dem
Roman *Königliche Hoheit* erinnern, über den Thomas Mann mit Hofmannsthal korrespondiert, dann spricht vielleicht doch einiges für den Versuch, die
Novelle *Tristan* und das lyrische Drama *Der Tor und der Tod* als Allegorien
auf ein Scheitern an der Wirklichkeit zu lesen. In einem Brief an Hofmannsthal
vom 25. Juli 1909 heißt es in diesem Sinne mit Bezug auf *Königliche Hoheit*:
»Sie brauchten auch das Wort Allegorie, und dieses Wort ist ja aesthetisch
recht sehr in Verruf. Mir scheint trotzdem die poetische Allegorie von großen
Maßen eine hohe Form zu sein, und man kann, scheint mir, den Roman nicht
besser erhöhen, als indem man ihn ideal und konstruktiv macht.« (21, 423 f.)

Jan Assmann

Thomas Manns Morgenlandfahrt: Die Josephromane

Sechste Thomas Mann Lecture der ETH Zürich[1]

Der Titel meines Vortrags spielt an auf Hermann Hesses Erzählung *Die Morgenlandfahrt*, die er 1932 veröffentlichte. Die Morgenlandfahrer, denen er später seinen großen Roman *Das Glasperlenspiel* gewidmet hat, denkt sich Hesse als einen Geheimbund nach dem unverkennbaren Vorbild der Freimaurerei. Er situiert seine Erzählung in der Zeit nach dem Großen Kriege (worunter bei ihm immer der Erste Weltkrieg gemeint ist), in der »ein außerordentlicher Zustand von Unwirklichkeit, eine Bereitschaft für das Überwirkliche« herrschte, »Vorstöße in das Reich einer kommenden Psychokratie«.[2]

Zu jener Zeit, da ich dem Bunde beitreten zu dürfen das Glück hatte, nämlich unmittelbar nach dem Ende des großen Krieges, war unser Land voll von Heilanden, Propheten und Jüngerschaften, von Ahnungen des Weltendes oder Hoffnungen auf den Anbruch eines Dritten Reiches. Erschüttert vom Kriege, verzweifelt durch Not und Hunger, tief enttäuscht durch die anscheinende Nutzlosigkeit all der geleisteten Opfer an Blut und Gut, war unser Volk damals manchen Hirngespinsten, aber auch manchen echten Erhebungen der Seele zugänglich, es gab bacchantische Tanzgemeinden und wiedertäuferische Kampfgruppen, es gab dies und jenes, was nach dem Jenseits und nach dem Wunder hinzuweisen schien; auch eine Hinneigung zu indischen, altpersischen und anderen östlichen Geheimnissen und Kulten war damals weitverbreitet.[3]

In dieser Zeit, 1926, begann Thomas Mann mit den Vorarbeiten zu seinem gigantischen Romanwerk *Joseph und seine Brüder*, das in vier Romanen von 1933–1943 erschien. Hesse seinerseits machte sich 1930 an seinen großen Roman *Das Glasperlenspiel*, der 1943 in Zürich erschien und ihm 1946 den Nobelpreis für Literatur eintrug.

Da Hesse seinen Groß-Roman explizit »den Morgenlandfahrern« widmete, darf man wohl dieses Projekt als seine geistige Morgenlandfahrt verstehen. Deshalb möchte ich den Begriff der Morgenlandfahrt entsprechend verallgemeinern. Es handelt sich also um eine geistige Reise, vorzugsweise nach Osten, heraus aus der Gegenwart sowohl im räumlichen als auch im zeitlichen Sinne.

---

[1] Gehalten am 30. November 2022 im Audi Max der ETH Zürich.
[2] Hermann Hesse, Gesammelte Werke in 12 Bänden, Berlin: Suhrkamp, 21. Aufl. 1990, S. 9–10.
[3] Ebd., S. 14–15.

Der erste Morgenlandfahrer in diesem Sinne war natürlich Goethe, der Leitstern Hesses wie Thomas Manns. Goethe brach 1814 zu einer poetischen Orientreise auf, deren Ergebnisse er dann 1819 als *West-Östlicher Divan* veröffentlichte. Wirkungsvoller hätte er diesen Aufbruch nicht inszenieren können als mit seinem Eingangsgedicht, überschrieben »Hegire«, also Hedschra, die Auswanderung Mohammeds und seiner Anhänger von Mekka nach Medina:

Nord und West und Süd zersplittern,
Throne bersten, Reiche zittern.
Flüchte du, im reinen Osten
Patriarchenluft zu kosten.

Goethes *West-östlicher Divan* versteht sich also als eine geistige Auswanderung aus dem Europa einer anderen Nachkriegszeit: nach dem Ende der napoleonischen Kriege und ihrer repressiv-restaurativen Atmosphäre, die dann in den Metternich'schen Reformen gipfelte.

Auf eine solche Morgenlandfahrt sind ihm andere später gefolgt. Zu ihnen möchte ich neben Hermann Hesse auch Thomas Mann rechnen. Thomas Mann war 1925 im wörtlichen Sinne ins Morgenland gereist. Eine dreiwöchige Mittelmeerreise bringt ihn auch nach Ägypten. Darüber schreibt er 1925 in der *Vossischen Zeitung* vom 12. April 1925:

Das Morgenland ... Doch, doch, ich habe es aufgenommen. Ich trage zeitlose Bilder mit fort, die unverändert sind seit den Tagen der Isis und sperberköpfiger Götter. Ich sah die braunen Männer von Keme die Schöpfeimer hochziehen an den Lehmufern des Nils, den Ackersmann mit Urgeräten den heiliggedüngten Boden bestellen, den Ochsen das Wasserrad drehen. Ich sah das Kamel, das weise, schäbige, nützliche, alte – Jahrtausende im Blick seines grotesken und klugen Schlangenkopfes –, noch immer sehe ich es, bepackt, mit Turbanreitern, eins hinter dem andern, in langer Zeile am Horizont hinziehen, ich werde es immer sehen, wenn ich will, das Morgenland ist doch mein geworden. (XI, 361)

In München zurück beginnt er mit den Vorarbeiten zu seinem Romanwerk, das er als eine Zeitreise in den »Brunnen der Vergangenheit« inszeniert, die ihn ins 14. Jh. v. Chr. führt, sowie räumlich nach Kanaan. So möchte ich Thomas Manns gewaltiges Romanwerk als eine geistige Morgenlandfahrt verstehen, die ihn für 16 Jahre der immer unerträglicher werdenden Gegenwart von Nazi-Terror und Krieg entrückt, ebenso wie Hesse entrückt und gestärkt wurde auf seiner geistigen Morgenlandfahrt in Gestalt seines Hauptwerks *Das Glasperlenspiel*.

Es galt für mich zweierlei [schrieb Hesse 1955 an Rudolf Pannwitz] einen geistigen Raum aufzubauen, in dem ich atmen und leben konnte, aller Vergiftung der Welt zum

Trotz, eine Zuflucht und Burg, und zweitens, den Widerstand des Geistes gegen die barbarischen Mächte zum Ausdruck zu bringen und womöglich meine Freunde drüben in Deutschland im Widerstand und Ausharren zu stärken.[4]

Auch für Thomas Mann war die Arbeit am Joseph-Projekt, wie er in einem Brief an seinen Sohn Klaus Mann vom 24. Januar 1942 schrieb »meine Stütze und mein Stab seit unserer Nicht-Wiederkehr nach Deutschland« (DüD II, 248). »Ich bin diesem Werke dankbar, das mir Stütze und Stab war auf einem Wege, der oft durch so dunkle Täler führte – Zuflucht, Trost, Heimat, Symbol der Beständigkeit war es mir, Gewähr meines eigenen Beharrens im stürmischen Wechsel der Dinge«, schreibt er in seinem Rückblick *Sechzehn Jahre*. (19.1, 364)

Karl Jaspers' *Vom Ursprung und Ziel der Geschichte* ist ungefähr gleichzeitig mit Hesses *Glasperlenspiel* entstanden und lässt sich ebenfalls als eine Morgenlandfahrt verstehen.[5] Auf den Nationalsozialismus, der ihn 1937 mit Lehrstuhlentzug und Publikationsverbot mundtot gemacht hatte, reagierte er mit einer geistigen Auswanderung. In seiner philosophischen Autobiografie schreibt er:

Seit 1937 habe ich durch Lektüre mir neue Weltkunde erworben. Geistig weilte ich gern in China, dort einen gemeinsamen Ursprung des Menschseins gegen die Barbarei der eigenen Umwelt spürend. (…) Zugleich aber ging das Interesse auf die Menschheit im ganzen, in der der Grund und der Maßstab fühlbar werden sollte, um sich in der Gegenwart zu behaupten.[6]

Jaspers' Morgenlandfahrt führt ihn räumlich bis nach China und zeitlich bis in die Jahrhunderte um 500 v. Chr., die er als »Achsenzeit« entdeckte. Für ihn entstand um die Mitte des 1. Jahrtausends v. Chr. »der Mensch, mit dem wir bis heute leben«[7], d. h. unsere eigene geistige Welt.

In diesem Zeitalter wurden die Grundkategorien hervorgebracht, in denen wir bis heute denken, und es wurden die Ansätze der Weltreligionen geschaffen, aus denen die Menschen bis heute leben.
[…] In dieser Zeit drängt sich Außerordentliches zusammen. In China lebten Konfuzius und Laotse, entstanden alle Richtungen der chinesischen Philosophie … – in Indien entstanden die Upanischaden, lebte Buddha, wurden alle philosophischen Mög-

---

[4] Nach Volker Michels (Hrsg.), Materialien zu Hermann Hesses »Das Glasperlenspiel«, Frankfurt/Main: Suhrkamp 4. Aufl. 1981, Bd. 1, S. 295 f.

[5] Karl Jaspers, Vom Ursprung und Ziel der Geschichte, Piper: München 1949; Neuausgabe: Karl Jaspers Gesamtausgabe, Abteilung I, Band 10: Vom Ursprung und Ziel der Geschichte, hrsg. v. Kurt Salamun, Basel: Schwabe 2017.

[6] Karl Jaspers, Philosophische Autobiographie, in: Vernunft und Freiheit. Ausgewählte Schriften, Stuttgart, Zürich, Salzburg: Europäischer Buchklub o. J., S. 94 f.

[7] Jaspers, Vom Ursprung und Ziel der Geschichte (Anm. 5), S. 19.

lichkeiten bis zur Skepsis und bis zum Materialismus, bis zur Sophistik und zum Ni-
hilismus, wie in China, entwickelt, – in Iran lehrte Zarathustra das fordernde Weltbild des Kampfes zwischen Gut und Böse – in Palästina traten die Propheten auf…,
Griechenland sah Homer, die Philosophen und die Tragiker. Alles, was durch solche
Namen nur angedeutet ist, erwuchs in diesen Jahrhunderten annähernd gleichzeitig
in China, Indien und dem Abendland, ohne dass sie gegenseitig voneinander wussten.[8]

Das setzt vor allem Schrift voraus. Wer vom Gewohnten abweicht und radikal
neue Gedanken kommunizieren will, kann nicht hoffen, unmittelbar verstanden zu werden. Nur die Schrift kann das Neue und Große, das Komplexe und
Anspruchsvolle über die meist verständnislose Gegenwart hinaus aufbewahren
für spätere, empfänglichere Generationen. So *entstehen* in der ersten Stufe des
schriftlich verfassten kulturellen Gedächtnisses die großen Texte.

Den Umstand aber, dass wir *bis heute* mit diesen Texten leben, verdanken
wir der zweiten Stufe, in der diese Texte zu Klassikern oder zu kanonischen
Texten erklärt und zum Gegenstand unablässiger Kommentierung gemacht
wurden, die dafür sorgte, dass sie trotz des wachsenden Abstands der fort-
schreitenden Gegenwart zu ihrer Sprache und ihrem Weltbild ununterbrochen
und über jede Krise hinweg lesbar und in Kraft blieben. Diese uns noch heute
beschäftigende Arbeit am kulturellen Gedächtnis hat für die Entstehung dieses
Verstehens- und Erinnerungshorizonts, d. h. die »Wirkungsgeschichte« (Gada-
mer) der Großen Texte gesorgt.

Die Achsenzeit ist eine Frage der kulturellen, genauer: der interkulturellen
Bildung. »Durch Bewusstsein und Erinnerung, durch Überlieferung geistigen
Erwerbes, – damit geschieht die Befreiung von der bloßen Gegenwart«.[9]

Aleida Assmann hat dieses Prinzip in ihrem Buch *Zeit und Tradition* auf
den Punkt gebracht:

»Durch Studium, jene spezifisch humanistische Mischung von Gelehrsamkeit, Erinnerung und Begeisterung, wird ein anachroner Raum transhistorischer Gleichzeitigkeit
geschaffen, in den man aus der Gegenwart jederzeit übertreten kann.«[10]

Als vierten Morgenlandfahrer möchte ich Sigmund Freud mit ins Boot setzen. Sein letztes Buch, das er 1938 im Londoner Exil vollendete und das kurz
vor seinem Tod 1939 in Amsterdam erschien, hat eine äußerst bewegte Entstehungsgeschichte. Im Frühsommer 1934 machte sich Freud an ein für ihn
sehr ungewöhnliches Projekt: Er begann einen »historischen Roman« über
Moses. Aus Briefen, aber auch aus dem Werk selbst lässt sich erschließen, was

---

[8] Ebd., S. 20f.
[9] Ebd., S. 70.
[10] Aleida Assmann, Zeit und Tradition. Kulturelle Strategien der Dauer, Köln/Weimar/Wien:
Böhlau 1999, S. 126f.

ihn zu diesem kühnen Schritt veranlasst hat: eine akute Sorge, eine verführerische Anregung und eine zündende Idee. Die akute Sorge galt dem Aufstieg des Nationalsozialismus und seiner judenfeindlichen Politik, in der der uralte Antisemitismus noch einmal ein neues, mörderisches Gesicht angenommen hatte; die verführerische Anregung bestand in den 1933 und 1934 erschienenen ersten beiden Josephs-Romanen Thomas Manns, die Freud dazu motivierten, etwas Ähnliches über Moses in Angriff zu nehmen, und die zündende Idee schließlich bestand in der Wiederentdeckung Echnatons und der überraschenden Existenz eines ägyptischen Monotheismus, der die uralten Konstruktionen eines ägyptischen Moses und der ägyptischen Herkunft des von ihm verkündeten Monotheismus[11] in ein völlig neues Licht stellte.[12]

In einem Brief vom 30. September 1934 schreibt Sigmund Freud an Arnold Zweig:

Ich habe nämlich in einer Zeit relativer Ferien aus Ratlosigkeit, was mit dem Überschuß an Muße anzufangen, selbst etwas geschrieben, und das nahm mich gegen ursprüngliche Absicht so in Anspruch, dass alles andere unterblieb. Nun freuen Sie sich nicht, denn ich wette, Sie werden es nicht zu lesen bekommen. Aber lassen Sie sich erzählen, wie das zugeht.

Der Ausgangspunkt meiner Arbeit ist Ihnen vertraut; es war derselbe wie für Ihre ›Bilanz‹.[13] Angesichts der neuen Verfolgungen fragt man sich wieder, wie der Jude geworden ist und warum er sich diesen unsterblichen Haß zugezogen hat. Ich hatte bald die Formel heraus. Moses hat den Juden geschaffen, und meine Arbeit bekam den Titel: Der Mann Moses, ein historischer Roman.

Das Zeug gliederte sich in drei Abschnitte, der erste romanhaft interessant, der zweite mühselig und langwierig, der dritte gehalt- und anspruchsvoll. An dem dritten scheiterte das Unternehmen, denn er brachte eine Theorie der Religion, nichts Neues zwar für mich nach ›Totem und Tabu‹, aber doch eher etwas Neues und Fundamentales für Fremde.

Die Rücksicht auf diese Fremden heißt mich dann den fertigen Essay sekretieren. Denn wir leben hier in einer Atmosphäre katholischer Strenggläubigkeit. Man sagt, dass die Politik unseres Landes von einem Pater Schmidt gemacht wird, der in St. Gabriel bei Mödling lebt, der Vertrauensmann des Papstes ist und zum Unglück selbst ein

---

[11] Vgl. Jan Assmann, Moses der Ägypter, München: Hanser 1998.

[12] Interessanterweise gehört die These vom Mord an Moses, die in der Endfassung eine so dominierende Rolle spielt, und damit die Verbindung zwischen seiner in *Totem und Tabu* entwickelten Theorie vom Ursprung der Religion im Mord am Urvater in der Urhorde und der These vom Ursprung des Monotheismus im Mord an Moses, den der Alttestamentler Ernst Sellin aufgrund einiger Bibelstellen behauptet hatte, noch nicht zur Thematik der Erstfassung. Vgl. Herman Westerink, Der Mann Moses – Erstfassung (1934) und Endfassung (1938): Von einer Charakter- zu einer Fallstudie, in: Luzifer-Amor Jg. 35, Heft 69, 2022, Frankfurt/Main: Brandes & Apsel, S. 114–135.

[13] Arnold Zweig, Bilanz der deutschen Judenheit 1933. Ein Versuch, Amsterdam: Querido 1934.

Ethnologe und Religionsforscher, der in seinen Büchern aus seinem Abscheu vor der Analyse und besonders meiner Totemtheorie kein Geheimnis macht.[14] [...] Nun darf man wohl erwarten, dass eine Publikation von mir ein gewisses Aufsehen machen und der Aufmerksamkeit des feindlichen Paters nicht entgehen wird. Damit würde man ein Verbot der Analyse in Wien und die Einstellung aller unserer Arbeiten hier riskieren. Beträfe die Gefahr nur mich, so würde sie mir wenig Eindruck machen, aber alle unsere Mitglieder in Wien erwerbslos zu machen, ist mir eine zu große Verantwortlichkeit. Und dahintersteht, dass mir meine Arbeit weder so sehr gesichert scheint noch so sehr gut gefällt. Es ist also nicht der richtige Anlaß zu einem Martyrium. Schluß vorläufig![15]

Von der ersten Fassung, dem »historischen Roman«, haben sich 28 handschriftliche Seiten sowie zehn Seiten eines »Anhangs« kritischer Auseinandersetzung mit Sekundärliteratur, vor allem dem Mose-Buch Hugo Gressmanns[16], dazu 13 Seiten mit »Noten« erhalten.[17] Dieser Anhang nimmt auf den »Roman« als ein vollendetes Werk Bezug. Auch in dem zitierten Brief schreibt Freud von seinem »fertigen Essay«. Den Untertitel »ein historischer Roman« ließ Freud allerdings schon im November 1934 fallen, wie aus einem Brief an Max Eitington hervorgeht: »Ich bin doch nicht gut für historische Romane. Es bleibt für Thomas Mann.«[18] Es muss ihm klar geworden sein, dass die Verbindung zweier so verschiedener Genres wie des historischen Romans und der wissenschaftlichen Abhandlung in ein und demselben Buch nicht funktioniert.

---

[14] Pater Wilhelm Schmidt vertrat in seinem zwölfbändigen Werk die These eines Urmonotheismus, auf die genau genommen, wenn auch in einem vollkommen anderen Sinne, auch Freuds Religionstheorie hinausläuft (am Anfang war der Vater).

[15] Sigmund Freud – Arnold Zweig, Briefwechsel, hrsg. von Ernst L. Freud, Frankfurt/Main: Fischer Taschenbuch 1984, S. 102 f.

[16] Hugo Gressmann, Mose und seine Zeit, Göttingen: Vandenhoeck & Ruprecht 1913.

[17] Pier Cesare Bori, »Una pagina inedita di Freud. La premessa del romanzo storico su Mosè«, in: Rivista di storia contemporanea 8, 1979, S. 1–17; Ilse Grubrich-Simitis, Freuds Moses-Studie als Tagtraum. Ein biographischer Essay, S. 79–88. Die erste Seite dieser Fassung trägt das Datum 9. 8. 1934 (Grubrich-Simitis, S. 83, Faksimile 1). Die Blätter der Urfassung von 1934 liegen in der Library of Congress in Washington und wurden von dieser digitalisiert und ins Netz gestellt. Auf dieser Grundlage konnten Michel Fagard und Thomas Gindele eine Rekonstruktion des »historischen Romans« veröffentlichen: L'homme Moïse. Un roman historique, hrsg. von Michel Fagard und Thomas Gindele, Paris: Éd. Imago 2021.

[18] Brief vom 13. 11. 1934 zit. bei Yosef Hayim Yerushalmi, Freuds Moses. Endliches und unendliches Judentum, Berlin: Wagenbach 1992, S. 38.

Echnaton

Mit seiner Morgenlandfahrt landet Freud am gleichen Ort und in derselben
Zeit wie Thomas Mann, in Ägypten und Kanaan zur Zeit Echnatons (des
14. Jhs. v. Chr.). Gemeinsam ist beiden Projekten, dem Mann'schen und dem
Freud'schen, die prominente Rolle, die beide König Echnaton einräumen, der
in einem beispiellosen religiösen Umsturz die traditionelle Götterwelt ab-
schaffte und den exklusiven Kult der Sonne, also eine Art Monotheismus, an
die Stelle der traditionellen Kulte setzte. Offenkundig war für Thomas Mann
wie für Sigmund Freud der wiederentdeckte Echnaton das zentrale Motiv, sich
auf die Morgenlandfahrt zu begeben. Beide wollten ihren Helden, Mose bzw.
Josef, so nah wie möglich mit Echnaton zusammenbringen. Bei Thomas Mann
ist Echnaton der König, dem der Traum von den sieben fetten und sieben mageren Jahren galt, bei Freud ist Echnaton der König, dem Moses als vornehmer
Ägypter in höchster Stellung, nahe dem Thron, diente. In einem Brief an Lou
Andreas-Salomé fasst er diese These zusammen:

> Mose war kein Jude, ein vornehmer Ägypter, hoher Beamter, Priester, vielleicht ein
> Prinz der königl. Dynastie, ein eifriger Anhänger des monotheistischen Glaubens,
> den der Pharao Amenhotep IV so um 1350 v. Chr. zur herrschenden Religion gemacht
> hatte. Als nach dem Tode des Pharaos die neue Religion zusammenbrach und die 18te
> Dynastie erlosch, hatte der hochstrebende Ehrgeizige all seine Hoffnungen verloren,
> beschloß das Vaterland zu verlassen, sich ein neues Volk zu schaffen, das er in der
> großartigen Religion seines Meisters erziehen wollte. Er ließ sich zu dem semitischen
> Stamm herab, der seit den Hyksoszeiten noch im Lande verweilte, stellte sich an ihre
> Spitze, führte sie aus dem Frondienst in die Freiheit, gab ihnen die vergeistigte Aton-
> religion und führte als Ausdruck der Heiligung wie als Mittel zur Absonderung die
> Beschneidung bei ihnen ein, die bei den Ägyptern und nur bei ihnen heimische Sitte
> war. Was die Juden später von ihrem Gott Jahve rühmten, daß er sie sich zu seinem
> Volke auserwählt und aus Ägypten befreit habe, traf wörtlich zu für Moses. Mit der
> Erwählung und dem Geschenk der neuen Religion schuf er den Juden.[19]

Die Amarnazeit umfasst zwanzig Jahre um die Mitte des 14. Jhs. v. Chr. Thomas Mann und Sigmund Freud besaßen die Kühnheit, ihre Moses- bzw. Josef-
Phantasien ausgerechnet in eine Zeit zu verlegen, über die wir durch zahllose
Quellen besser als über jede andere Epoche der ägyptischen Geschichte unterrichtet sind. Über keinen Pharao der ägyptischen Geschichte weiß man
so viel und so Verschiedenartiges wie gerade über Echnaton, diesen aus dem
Gedächtnis und aus der ägyptischen Annalistik vollkommen getilgten Ket-
zerkönig, den erst die Archäologie des späten 19. und frühen 20. Jahrhunderts

---

[19] Sigmund Freud – Lou Andreas-Salomé, Briefwechsel, hrsg. v. Ernst Pfeiffer, Frankfurt/
Main: Fischer 1966, S. 222ff.

wieder zutage gefördert hat. Mann und Freud beschäftigte die Frage nach der Herkunft des biblischen Monotheismus, die schon die verschiedensten Autoren seit der Antike beschäftigte, die freilich von Echnaton nichts wussten.[20] Dennoch genügten diese seit Lepsius' Wiederentdeckung vergangenen 75 Jahre, Echnaton zu einer Figur aufsteigen zu lassen, die Joseph an mythischer Strahlkraft kaum nachstand.[21] 1894 entdeckte der junge James Henry Breasted in seiner Berliner Dissertation die Beziehung zwischen dem Großen Hymnus und dem 104. Psalm.[22] Kein späterer ägyptischer Text kommt diesem Hymnus so nahe wie der hebräische Psalm! In seiner viel gelesenen *History of Egypt* stellte Breasted Echnaton als Religionsstifter und seine Religion als einen reinen Monotheismus dar. Arthur Weigall hat dann in seiner romanhaften Echnaton-Biografie von 1910 den vergessenen König vollends zum Mythos gemacht. Dazu kamen die spektakulären archäologischen Funde: 1887–1894 des Tontafelarchivs mit der diplomatischen Korrespondenz,[23] 1912–1913 der Bildhauerwerkstatt mit den überwältigenden Porträts und 1922 des Tutanchamun-Grabes. Echnatons Auftritt in Thomas Manns viertem Roman *Joseph der Ernährer* stellt dann den Höhepunkt der mythischen Karriere dieses vergessenen Pharaos dar. Während der nie in Vergessenheit geratene Josef in seiner biblischen Karriere vom hebräischen Hirtenjungen und vom eingekerkerten Delinquenten zum Großwesir Ägyptens aufsteigt, stieg der verfemte Pharao in seiner archäologischen und literarischen Karriere aus über dreitausendjähriger Vergessenheit zu einer der bedeutendsten Figuren der Menschheitsgeschichte auf.

Mose und Josef dagegen blieben Figuren der Legende, ohne archäologische Spuren. Einig sind sich Josef und Echnaton aber in der Verehrung eines einzigen Gottes, dem Monotheismus. Unterschieden ist nur ihr Begriff dieses Einen. Für Echnaton ist dies die Sonne als Gestirn. Es ist ja klar, dass alles Leben auf der Erde von der Sonne abhängt, ohne sie gäbe es weder Zeit noch Raum, weder Werden noch Vergehen. Die Sonne ist unser Vater »am« Himmel. »Im« Himmel, hält Joseph dagegen. Wir sehen ihn nicht, kein Bild kann ihn darstel-

---

[20] Vgl. Assmann, Moses der Ägypter (Anm. 11).

[21] Zur Geschichte der Wiederentdeckung Echnatons vgl. Erik Hornung, Echnaton. Die Religion des Lichtes, Zürich: Artemis 1995, S. 9–27. Vgl. auch das Sonderheft »La redécouverte d'Amarna« der Zeitschrift Egypte, Afrique & Orient Nr. 52 (Dez. 2008) sowie Jan Assmann, Karl Richard Lepsius und die altägyptische Religion, in: Verena Lepper / Ingelore Hafemann (Hrsg.), Karl Richard Lepsius – der Begründer der deutschen Ägyptologie, Berlin: Kulturverl. Kadmos 2012, S. 79–100.

[22] James Henry Breasted, De hymnis in solem sub rege Amenophide IV conceptis, Berolini: Typis Expressit B. Paul 1894; vgl. auch Jan Assmann, Exodus. Die Revolution der Alten Welt, München: C.H. Beck 2015, S. 63–65.

[23] William L. Moran, The Amarna Letters, Baltimore/London: Johns Hopkins University Press 1992.

len. Nicht die Sonne ist Gott, sondern ihr verborgener Schöpfer und Herr. Der
historische Echnaton hätte hier nicht mitgemacht, anders als der Mann'sche,
der diese Verfeinerung seiner Lehre begeistert aufgreift. Das ist nun genau der
Punkt, in dem auch Freuds Moses über die Lehre seines Königs hinausgeht,
der Schritt von der Sinnlichkeit zur reinen Geistigkeit. »Der Fortschritt in der
Geistigkeit«, überschrieb Freud das entsprechende Kapitel seines Buchs. Das
war auch Thomas Manns Anliegen. Deutlicher konnte man sich vom Ungeist
der NS-Zeit nicht abwenden.

Sigmund Freuds Grund, Mose und den Exodus in die unmittelbare
Nach-Amarnazeit zu verlegen, lag vor allem darin, Mose als einen Ägypter
und Anhänger der Aton-Religion zu identifizieren und den biblischen Monotheismus aus Ägypten herzuleiten.

Auch Thomas Mann hatte sehr gute Gründe für die ungewöhnliche zeitliche
Ansetzung seiner *Josephs*-Geschichte, ging es ihm doch von Anfang an um das
»Große Gespräch«, das Josephs Monotheismus mit Echnatons Sonnenglau-
ben konfrontieren sollte. Außerdem sind wir über diese Zeit besonders gut
unterrichtet, vor allem durch das in Amarna aufgefundene Tontafelarchiv mit
der diplomatischen Korrespondenz zwischen dem ägyptischen Hof und den
Nachbarstaaten,[24] was Manns Interesse an Exaktheit und Detailreichtum der
narrativen Lokalisierung entgegenkam.

Das Große Gespräch

Der Fülle der Quellen begegnete Thomas Mann mit der Fülle und Größe des
Erfundenen, dem »Großen Gespräch«, für das nicht die geringste Quelle existiert. In diesem Gespräch wollte Thomas Mann den hebräischen, geistigen und
den ägyptischen, sinnlich-kosmischen Monotheismus miteinander konfrontieren. So erwähnte er schon im Jahre 1928, als der erste der vier *Josephs*-Romane
gerade begonnen war und er sich zu einer Lesung aus schon vorhandenen Kapiteln in Wien entschloss, in seinem in der *Wiener Neuen Presse* veröffentlichten
»Wort zuvor« dieses Gespräch als den angezielten Höhepunkt des Ganzen:

Ich habe Grund zu hoffen, daß Joseph, der Sprößling des jungen ebräischen Monotheismus, sich mit *seinem* Pharao, dem religiös so kühn begabten Echnaton, gut unterhalten wird. (XI, 628 f.)

Diese Begegnung hat Thomas Mann also von Anfang an als einen Höhepunkt
des Buches und eigentliches Ziel der »Höllenfahrt« konzipiert. So bekennt der
Erzähler im Nachhinein:

[24] Moran, The Amarna Letters (Anm. 23).

... als wir, die Scheu unseres Fleisches überwindend, uns für die Höllenfahrt stark machten durch die Schlucht der Jahrtausende hinab zur Brunnenwiese von Josephs Gegenwart, da war es unser Vorsatz vor allem, dies Gespräch zu belauschen und es heraufzubringen in allen seinen Gliedern, wie es sich damals zu On in Unter-Ägypten wirklich begeben. (8.1, 1554f.)

Im April 1941 ist es dann so weit: »Das entscheidende Kapitel ist eingeleitet:«, schreibt er am 1.4.1941 an Agnes E. Meyer, »das grosse Gespräch zwischen ihm und dem jungen Amenhotep, das zu Josephs Erhöhung führt. Das will mit Bedacht gemacht sein; an dem Folgenden ist dann nicht mehr viel zu verderben.« (zitiert nach 7.2, 194) »Es ist die scène à faire[25]; nachher kann mir nicht mehr viel passieren« heißt es in einem Brief an seine Übersetzerin.[26] Die Arbeit an diesem Gespräch zieht sich über fast vier Monate, bis Ende Juli hin, und gestaltet sich zunehmend schwieriger. Darüber geben besonders die Briefe an Agnes E. Meyer Aufschluss. »Das Hermes-Motiv, Mond-, Schelmen- und Mittler-Motiv tritt nun in aller Ausführlichkeit und Voll-Instrumentation hervor«, schrieb Thomas Mann am 2.5.1941. Am 26.6. heißt es: »Jedenfalls habe ich heute geduldig und heiter an dem großen Gespräch zwischen Amenhotep und Joseph weiter geschrieben. Die Produktion gewährt Genuss nicht so sehr durch sich selbst, als durch das Sinnen und Denken, das sie begleitet«. (7.2, 194f.) Einige Wochen später steckt der Autor aber noch immer in diesem Gespräch und äußert sich deutlich skeptischer: »Mein Kopf ist schändlich müde, alles muss ich ihm abringen und -zwingen und bin vielleicht im Begriff, dies verdammte Religionsgespräch zu verderben, weil ich mich in Sackgassen verrenne und aus Müdigkeit die Motive sich mir verwirren.« (Brief vom 3.7.1941; 7.2, 195) »Die Szene war sehr schwer zu arrangieren«, schreibt er am 16.7., »und so gut, wie ich gedacht hatte, ist sie nicht geworden, aber vielleicht immer noch gut genug.« (7.2, 195) »Es ist nun, wie es ist. Vielleicht wäre es besser geworden, wenn ich es nicht einer argen Müdigkeit hätte abgewinnen müssen.« (21.7., an Agnes Meyer)

Worin bestand die Schwierigkeit, die Thomas Mann so zu schaffen machte? Sie bestand in dem Plan, in diesem »großen Gespräch mit Pharao die Mythologien aller Welt, die ebräische, babylonische, ägyptische, griechische, so bunt durcheinander[gehen zu lassen,] daß man sich kaum noch darauf besinnen wird, ein biblisch-jüdisches Geschichtenbuch vor sich zu haben«. (XI, 664)[27]

---

[25] »die gemacht werden muß«, auf die alles ankommt.

[26] An Helen T. Lowe-Porter 24.5.41 (DüD II, 236), ähnlich an Caroline Newton 13.7.41 (DüD II, 237).

[27] Ähnlich brieflich an Kerényi: »Im Übrigen gehen gerade in diesem letzten Bande die Mythologien, die jüdische, aegyptische, griechische, so ungeniert nebeneinander, daß es auf eine Lizenz mehr oder weniger auch nicht ankommt« (Brief vom 7.9.1941).

Thomas Mann glaubte an »die Einheit des Menschengeistes«.[28] Im Monotheismus, dem biblischen und dem Echnaton'schen, geht es aber um Differenz. Darum werden die Götter vertrieben, die Bilder gestürzt, die Mythen verbannt. Im Großen Gespräch geht alles wieder durcheinander. Auf der einen Seite soll die Amarna-Theologie, deren Grundtext, der Große Hymnus, mit Sätzen aus dem Johannes-Evangelium durchwirkt wird, auf die christliche Botschaft vom Gott der Liebe hin durchsichtig werden, auf der anderen Seite aber soll sich Josephs mythische Identität nun ins Hermeshafte wandeln. Aber auch mit den literarischen Lizenzen des Romans ließ sich Thomas Manns Vision einer »Einheit des Menschengeistes« nur schwer realisieren.

Die biblische Vorlage

In der Bibel kommen Josef und Pharao nicht über Religion ins Gespräch. Wie steht es überhaupt mit dem Verhältnis des Romans zu seiner biblischen Vorlage, den Kapiteln 12–45 des Buches Genesis? Das wäre Thema eines eigenen Vortrags und muss hier entfallen.[29] Ich beschränke mich nur auf einige kurze Andeutungen:

Die biblische Josefsgeschichte fällt aus zwei Gründen aus dem Rahmen:

1. Sie ist ungewöhnlich lang und hat den Umfang eines Buches. Sie könnte auch als »das Buch Josef« wie das Buch Ruth und das Buch Esther, die sie beide an Länge weit übertrifft, für sich in der Bibel stehen. Wahrscheinlich haben wir es mit einem kunstvoll durchdachten Literaturwerk zu tun, das vor seinem Einbau in die Torah ein literarisches Eigenleben geführt hat.

2. »Das Buch Josef« ist ein Roman mit psychologischer Innenbeleuchtung – etwas vollkommen Einzigartiges in der altorientalischen Literatur, gewissermaßen das literarische Meisterwerk eines Thomas Manns der Antike, denn psychologische Innenbeleuchtung ist es ja nun vor allem, was der Autor in seinen *Josephs*-Romanen anstrebte. Die Angst der Brüder, die Sorge des Vaters, Josefs tränenreiche Rührungsanfälle, dann endlich die Enthüllung »*ani Josef achîchem*!« »Ich bin Josef, euer Bruder!« Immer wieder betonen Bewunderer der biblischen Josefsgeschichte im Zeitalter der Empfindsamkeit, wie viel Tränen sie bei ihrer Lektüre vergossen haben.[30]

---

[28] X, 751–756, eine Rezension von A. Jeremias, Handbuch der Altorientalischen Geisteskultur.

[29] Vgl. hierzu Friedemann W. Golka: Joseph – biblische Gestalt und literarische Figur: Thomas Manns Beitrag zur Bibelexegese. Stuttgart: Calwer Verlag 2002.

[30] Vgl. Bernhard Lang, Joseph in Egypt. A cultural icon from Grotius to Goethe, New Haven, CT/London: Yale University Press 2009, S. 292f.

Das »Buch Josef« erfüllt in der Bibel die Funktion eines Scharniers zwischen Einzug und Auszug Israels in bzw. aus Ägypten. Die Josefsgeschichte begründet, wie Israel überhaupt nach Ägypten kam, aus dem Gott es später befreite:

* Josef wurde von den Brüdern als Lieblingssohn gehasst und beneidet und nach Ägypten als Sklave an Potiphar verkauft. So kommt er nach Ägypten.

* Dort steigt er zum zweiten Mann im Staate auf. Wie kommt es dazu? Durch Potiphars Weib, das ihn verführen will, abgewiesen wird, ihn verleumdet – die berühmte Geschichte.[31]

* So kommt er ins Staatsgefängnis, deutet prominenten Gefangenen ihre Träume.

* So wird er Pharao als Traumdeuter empfohlen, als der von sieben Kühen und sieben Ähren träumt: erst sieben fette, dann sieben magere, die die fetten verschlingen – nur Josef kann die beiden Träume deuten: Sie bedeuten sieben fette und sieben magere Jahre. Josefs Rat: Erträge der sieben fetten Jahre speichern, um Ägypten und die Welt in den sieben mageren zu ernähren. Josef wird Großwesir, um das zu organisieren.

* So kommen auch die Jakobsöhne nach Ägypten, um Getreide zu kaufen. Das bringt sie schließlich vor Josef. Zentrum und Höhepunkt der Josefsgeschichte bildet die Wiedererkennungsszene.

* Pharao lädt die Familie nach Ägypten ein, wo sie sich zum Volk vermehrt und von einem späteren Pharao grausam unterdrückt wird.

Damit setzt das 2. Buch Mose ein, das den Auszug erzählt. Darin geht es um die Entstehung des Volkes Israel, das in Ägypten zur Masse, am Sinai zum Gottesvolk und in Palästina dann zum Staatsvolk wird, und damit auch und vor allem um die Entstehung einer völlig neuen Religion, in der es nicht nur um Kult, sondern ganz zentral um Recht und Gerechtigkeit, Freiheit, Gesetz und Gleichheit, Menschenwürde, Nächstenliebe und Brüderlichkeit geht, also um eine Revolution der menschlichen Verhältnisse, die dann ja auch auf lange Sicht die Welt tiefgreifender als alle anderen Revolutionen verändert hat.

Neben der eigentümlichen Begründungsstruktur, dass jeder Schritt den folgenden als dessen Vorgeschichte begründen muss, ist die zweite Eigentümlichkeit der biblischen Josefsgeschichte ein *Crescendo* an Ausführlichkeit, so als würde der Höhepunkt, auf den sie zusteuert, mit fortschreitender Erzählung ein wachsendes Maß an Emphase und Detailreichtum verlangen.

Was macht Thomas Mann daraus? Er bemüht sich, die Crescendo-Struktur der biblischen Erzählung auszugleichen und das Frühere auf gleichen Rang der Ausführlichkeit zu bringen wie das Spätere. So werden die Proportionen zu-

---

[31] Das Motiv ist in Literatur und Folklore weltweit verbreitet und figuriert unter der Nr. K 2111 als »Potiphar's Wife« in Stith Thompson, Motif-Index of Folk Literature, 6 Bde., Bloomington 1932–1936.

rechtgerückt, jeder Abschnitt bekommt sein eigenes Recht anstatt nur als Vorgeschichte des folgenden zu dienen. So bekommt auch jeder Band seinen eigenen emotionalen Höhepunkt, der ihm ein besonderes affektives Gepräge gibt:
die Liebesgeschichte von Jaakob und Rachel im ersten Band, die von Jaakob
und Joseph im zweiten Band, die von Joseph und Mut-em-enet im dritten
Band, während der vierte Band dann mit den ja auch schon biblisch emotional
ungeheuer aufgeladenen Anagnorisis-Szenen in der Versöhnungsgeschichte der
Brüder kulminiert. Das »Religionsgespräch« zwischen Joseph und Echnaton
freilich, dass den Höhepunkt des gesamten Romanwerks bilden sollte, kommt
natürlich in der Bibel nicht vor. Das ist Thomas Manns Erfindung.

Nachspiel: Das ABC des Menschenanstands

Als Thomas Mann am 5. Januar 1943 endlich den Schlusssatz unter den letzten
Roman seines *Joseph*-Zyklus setzte, brach er seine Morgenlandfahrt noch nicht
gleich ab und räumte seine umfangreiche ägyptologisch-orientalistisch-bibel-
wissenschaftliche Bibliothek, die er für das Joseph-Projekt um sich versammelt
hatte, noch nicht gleich beiseite, um für sein neues großes Projekt, *Doktor
Faustus*, Platz zu schaffen, sondern macht sich an ein Auftragswerk, für das er
diese Bibliothek noch einmal brauchte. Denn darin sollte es um Mose gehen,
also um eine Art Fortsetzung des biblischen Stoffes, um das zweite nach dem
ersten Buch Mose, um den Auszug aus nach dem Einzug in Ägypten. Ein amerikanischer Journalist plante einen Film über die Zehn Gebote, den er dann
aber mangels ausreichenden Budgets als Buch realisierte: *The Ten Command-
ments. Ten Short Novels of Hitler's War against the Moral Code.*
   Zehn prominente Schriftsteller wurden eingeladen, eine Kurzgeschichte
zu einem der zehn Gebote beizutragen, darunter kein Geringerer als Thomas Mann, der das Erste Gebot behandeln sollte. Als Honorar wurden ihm
1.000 Dollar angeboten, damals sehr viel Geld. Ziel des Buches war, die Welt
über den wahren Charakter des Hitlerkriegs als eines Frontalangriffs auf die
menschliche Zivilisation – Recht, Moral und Religion – überhaupt aufzuklären
und aufzurütteln. Das bot Thomas Mann die Gelegenheit, einen Punkt nach-
zuholen, der bei seiner Morgenlandfahrt offengeblieben war. Darin sollte es
ja nicht nur um die Schaffung eines Raums zu freiem Atmen gehen, sondern
auch um Ausdruck von Widerstand. War das Josephswerk gegen die Zeit an-
geschrieben und errichtete eine Gegenwelt zur immer unerträglicheren Gegenwart, stellt die Mose-Novelle dagegen auftragsgemäß eine engagierte politische
Intervention in die Gegenwart dar. So endet sie denn auch mit einer förmlichen
Verfluchung Adolf Hitlers als des aktuellen Anti-Mose, des Zerstörers von dem,
was Mose aufgebaut hat.

Thomas Mann greift diesen Auftrag auf, indem er die Zehn Gebote univer-
salisiert. Aus der Verfassung des Gottesvolks macht er »das ABC des Men-
schenanstands«. In einem Brief an Robert S. Hartman vom 7.4. 1943 schreibt er:

Die Tendenz zu irgendeiner Art von Welt-Organisation ist unverkennbar vorhanden
und nichts dergleichen ist möglich ohne eine bestimmte Dosis säkularisierten Chris-
tentums, ohne eine neue Bill of Rights, ein alle bindendes Grundgesetz des Menschen-
rechts und Menschenanstandes, das unabhängig von Staats- und Regierungsformen ein
Minimum an Respekt vor dem Homo Dei allgemein garantiert.[32]

Fünf Jahre später ging dieser Traum in Erfüllung, als 1948 diese neue Bill of
Rights von der UNO in Gestalt der Allgemeinen Erklärung der Menschenrechte verwirklicht wurde. Das war nun nicht das Verdienst von Thomas
Manns Erzählung, sondern von René Cassin, aber Thomas Manns unermüd-
liche Appelle an den Geist der Humanität, grade auch in seinen Josephsromanen, sind ein tiefsinniges und eindrückliches Kulturdokument dieser neuen
humanistischen Grundlegung.

---

[32] Zitiert nach Reinhard Dithmar, Mose und die Zehn Gebote in Thomas Manns Erzählung
»Das Gesetz«, Ludwigsfelde: Ludwigsfelder Verlagshaus 1999, S. 114f.

Clara Fischer

Zufälliges Plagiat?

Hans von Hülsens *Kleine Agnete* und
Thomas Manns *Gesang vom Kindchen*

Dem *Gesang vom Kindchen* (1919), einer Idylle in Hexametern und damit
Thomas Manns einzigem versifizierten Werk, haftet seit jeher der Ruch des
Exotischen an. Für Befremden sorgt nicht nur die ungewöhnliche Form, sondern auch der unverstellt autobiografische Gestus, mit dem Mann das »Kindchen« – eine Stilisierung der 1918 geborenen Tochter Elisabeth – und das bürgerliche Glück im Winkel besingt. Lange Zeit hat die Forschung einen Bogen
um das Werk geschlagen und sieht darin bis heute vor allem ein extravagantes
Formexperiment.[1]

Diese Einschätzung, so zutreffend sie im Kontext von Manns Prosawerk
sein mag, relativiert sich, wenn man den Blick auf die Versepik als Gattung
im Allgemeinen und die Hexameterepik im Besonderen lenkt. In den Jahren
der Weimarer Republik finden sich einige weitere Exemplare dieses speziellen
Typs, von denen Gerhart Hauptmanns *Anna* (1921), *Des großen Kampffliegers,
Landfahrers, Gauklers und Magiers Till Eulenspiegel Abenteuer, Streiche,
Gaukeleien, Gesichte und Träume* (1928) und Anton Wildgans' *Kirbisch oder
Der Gendarm, die Schande und das Glück* (1927) noch die bekanntesten sein
dürften. Eine kommentierte Bibliographie, die ich im Rahmen meines Promo-
tionsprojekts zur Versepik des Zeitraums 1918 bis 1933 erstelle, listet derzeit
24 Hexameterdichtungen, die zumeist keine Wiederauflage erlebten und in der
Wissenschaft bislang größtenteils keine Erwähnung fanden.

Unter diesen Funden ist *Kleine Agnete. Ein bürgerliches Idyll in acht Ge-
sängen*, erschienen Ende 1920 in einer kleinformatigen Ausgabe im Potsdamer
Hans Heinrich Tillgner Verlag, der vielleicht interessanteste. Sein 30-jähriger
Autor Hans von Hülsen[2] war zu diesem Zeitpunkt mit Thomas Mann bereits

---

[1] Hans Rudolf Vaget bezeichnete das Werk in seinem Kommentar zur Großen kommentierten
Frankfurter Ausgabe jüngst als »extravagantes Taufcarmen« (6.2, 35); Rüdiger Görner sieht im
zur autobiografischen Erzählung genutzten Hexameter um 1919 einen »Ausdruck von Exzen-
trizität« (Rüdiger Görner: Thomas Manns lyrische Narratologie. Ästhetische Fragestellungen
im »Gesang vom Kindchen«, in: TM Jb 19, 2009, 159–174, hier 170).

[2] Hans von Hülsen ist der Nachwelt weniger als Belletrist bekannt denn als Sachbuchau-
tor und Funktionär im Literaturbetrieb, der mit hochrangigen Autoren seiner Zeit verkehrte.
Mit Gerhart Hauptmann verband ihn ab 1920 eine enge Freundschaft. Vgl. bspw. Peter Oliver

gut bekannt. 1908 hatte er den Kontakt gesucht, schickte Mann in den folgenden zwei Jahrzehnten im Rahmen einer freundschaftlichen Korrespondenz mehrfach belletristische Versuche und erhielt auch Einblicke in dessen Schaffen. Die Bekanntschaft währte bis in die 1930er-Jahre hinein.[3] Eine wirkliche Anerkennung durch Mann blieb Hülsen allerdings versagt.[4]

Die von Hülsen immer wieder gesuchte Nähe zu seinem älteren Vorbild macht es verwunderlich, dass er mit *Kleine Agnete* ein Werk veröffentlichte, bei dem es sich auf den ersten Blick um ein Plagiat zu handeln scheint. Ein oberflächlicher Vergleich legt diesen Schluss zumindest nahe: Thomas Manns *Gesang vom Kindchen* ist ein Hexameterepos in neun Abschnitten (975 Verse)[5], in dem der Ich-Erzähler die gegen Kriegsende geborene Tochter besingt und über weite Strecken direkt apostrophiert. Die autobiografischen Bezüge sind dabei so deutlich, dass das Werk seit seiner Veröffentlichung bis heute zumeist schlicht als »biographisches Dokument«[6] gelesen wird. Der *Gesang* endet mit der Taufe des Säuglings.

Hans von Hülsens *Kleine Agnete* ist ein Hexameterepos in acht Gesängen (994 Verse), in dem der Ich-Erzähler die gegen Kriegsende geborene Tochter besingt und über weite Strecken direkt apostrophiert. Auch hierbei handelt es sich um ein Werk mit autobiografischem Erzählanlass.[7] *Kleine Agnete* endet ebenfalls mit der Taufe des Säuglings.

Loew: Hans von Hülsen – ein Schriftsteller zwischen Danzig und Rom, in: Studia Germanica Gedanensia, Jg. 6, Gdánsk: Uniwersytet Gdánski, S. 81–92; Peter Sprengel: Kandidat für den Hauptmann-Orden. Hans von Hülsen (1890–1968), in: Weggefährten Gerhart Hauptmanns. Förderer – Biographen – Interpreten, hrsg. v. Klaus Hildebrandt u. Krzysztof A. Kuczyński, Würzburg: Bergstadtverlag Korn 2002, S. 157–174; Katja Gimpel: Hülsen, Hans von, in: Deutsches Literatur-Lexikon. Das 20. Jahrhundert. Biographisch-bibliographisches Handbuch, hrsg. v. Lutz Hagestedt, Bd. 21, Berlin / Boston: de Gruyter 2013, Sp. 181–185.

[3] Vgl. Loew: Hans von Hülsen (Anm. 2), S. 82 f.

[4] Thomas Mann äußerte sich in Tagebucheinträgen oft abschätzig über Hülsen, bspw. im Dezember 1918: »Alberner Brief von Hülsen, den ich grob oder überhaupt nicht beantworte.« (Tb, 5.12.1918) Vgl. hierzu Loew: Hans von Hülsen (Anm. 2), S. 83. In den 1930er Jahren ging Mann deutlich auf Distanz zu Hülsen, der in Deutschland blieb und 1933 das »Gelöbnis treuester Gefolgschaft« für Adolf Hitler unterschrieb.

[5] Die Verszahl bezieht sich auf den Vorabdruck in der Zeitschrift *Der Neue Merkur*, der der Großen kommentierten Frankfurter Ausgabe zugrunde liegt. Die spätere Buchausgabe umfasst 919 Hexameter.

[6] Ida Boy-Ed: Zwei Idyllen von Thomas Mann, in: Lübeckische Blätter, Jg. 62, 4.7.1920, H. 25, S. 361–362, hier S. 362. Auch in der Forschung wird der *Gesang* zumeist mit Fokus auf Biografie und Zeitgeschichte gelesen. Die autobiografische Lesart tritt besonders deutlich zutage bei Leonhard Herrmann: Der Autor als Vater. Thomas Manns »Gesang vom Kindchen«, in: Kinder, Kinder! Vergangene, gegenwärtige und ideelle Kindheitsbilder, hrsg. v. Dominik Becher u. Elmar Schenkel, Frankfurt/Main u.a.: Lang 2013, S. 71–74 sowie in der einzigen Monografie zum *Gesang* von Paul Ludwig Sauer: Der allerletzte Homeride? Thomas Manns »Gesang vom Kindchen«: Idylle und Weltgeist, Frankfurt/Main: R. G. Fischer 1987.

[7] Vgl. Hans von Hülsen: Zwillings-Seele. Denkwürdigkeiten aus einem Leben zwischen

Allerdings verhehlt Hülsen die Ähnlichkeiten seiner Dichtung mit Manns nicht, im Gegenteil: Er legt sie offen. Im »Siebente[n] Gesang: Wie dies Büchlein beinahe nicht beendet wurde«[8] berichtet der Ich-Erzähler und Vater davon, wie er während der Arbeit an seinem Idyll in »gelblichen Heftchen« (vgl. KA 87) das Werk eines anderen Dichters, »der meinem Herzen seit langem / Teuer ist« (KA 87), entdeckt. Zu seinem Erschrecken nimmt dieser andere vorweg, woran er selber gerade arbeitet:

Wie denn war es nur möglich?! – Ich faßte es nicht. Mir verwirrten
Sich die Gedanken – ich las und las mit pochenden Pulsen
Und mit schlagendem Herzen, was jener Teure geschrieben,
Staunend über den Zufall – an Zufall mußte ich glauben.
Denn in Versen besang, und in den selben wie diese,
Jener Dichter sein Kindchen, das ihm, ein Spätling, geboren
Ward auf der Höhe der Jahre […]. (KA 88)

Hülsens Erzähler meint, seine eigene Dichtung nun zurückhalten zu müssen, da es »in der Literatur […] das Vorrecht der Priorität [gibt]« (KA 89). Er versichert zwar, »daß nichts ich ahnte von jenem / Werkchen des andern, mit dem ich wohl oftmals Briefe gewechselt, / Der aber, wie ich selbst, argwöhnisch schwieg von des Planes / Heimlichem Werden« (KA 89). Die Öffentlichkeit jedoch, vermutet er, »würde ›Nachahmer‹ mich schelten, ›Plagiator‹ und ›Dieb‹ gar, / Wenn ich es wagte, mein Buch jetzt neben das Büchlein des andern / Kecklich zu stellen […]« (KA 89 f.). Allerdings verschmerzt der Erzähler es nicht, seine Arbeit für hinfällig zu erklären, und entschließt sich stattdessen, dem »Dichter von edelstem Rang« (KA 90) einen Brief zu schreiben. In dieser 40 Verse umfassenden Binnenepistel rechtfertigt sich der Erzähler vor seinem namenlosen »lieben Freund«, mit dem unzweifelhaft Thomas Mann gemeint ist. Die »gelblichen Heftchen«, in denen der Erzähler das Werk seines Kollegen liest, dürften auf die Zeitschrift *Der Neue Merkur* anspielen, in deren April- und Maiausgabe 1919 ein Vorabdruck des *Gesangs vom Kindchen* erschienen war.[9] *Kleine Agnete* entstand im Mai 1919.[10]

Kunst und Politik, Bd. 1, München: Bernhard Funck 1947, S. 140. Hülsen war 1918 erstmals Vater geworden.

[8] Hans von Hülsen: Kleine Agnete. Ein bürgerliches Idyll in acht Gesängen, Potsdam: Hans Heinrich Tillgner 1920, S. 85–94. Im Folgenden werden Zitate als KA mit Seitenangabe im Text nachgewiesen.

[9] Vgl. 6.2, 39; zur Entstehungs- und Editionsgeschichte vgl. 6.2, 34–39.

[10] Vgl. die Notiz hinter der Titelei der Buchausgabe: »Diese kleine Dichtung wurde geschrieben im Mai 1919 und beendet im April 1920« (KA 2).

In seinem Brief an Thomas Mann beschwört Hülsens Erzähler abermals den »Zufall« und erklärt diesen damit, dass Erzählanlass und Form sich wechselseitig bedingen:

… wer sänge die Ilias
In kreuzweise gereimten, kurzzeiligen Versen?! Wer sänge
Im trochäischen Maß den Frühling?! Keiner. Wir selber
Wählten – Verzeihung dem Wort, da »Wahl« uns gar nicht gelassen –
Des Hexameters schmiegsames Kleid, das immer, seit alters,
Der Idylle gemäß war – und hexametrisch beflügelt
Sangen wir beide vom Kindchen – und ahnten nichts voneinander. (KA 92 f.)

Diese Apologie wirkt aus heutiger Sicht angesichts der frappierenden Ähnlichkeit beider Werke recht dürftig. Umso genauer müssen auch deren Unterschiede in den Blick genommen werden: Während Mann die Geburt einer Tochter zum Anlass für Reflexionen über Liebe, Tod und Leben nimmt und sich die Erzählung vornehmlich um Vater und Säugling dreht, schreibt Hülsen eine im Vergleich weitaus betulichere Familienchronik, in der der Vater seiner Tochter erzählt, »Wie Papa und Mama sich fanden« (KA 19 [Titel des zweiten Gesangs]), warum ihm ein Sohn lieber gewesen wäre (vgl. KA 47–50) und wie sich die Familie einschließlich Tante und Großeltern um das Neugeborene kümmert. Bei Hülsen wie bei Mann wird die Idylle jedoch mehrfach durch Anspielungen auf den Ersten Weltkrieg gebrochen. Der *Gesang vom Kindchen* endet mit einem Hinweis auf die Nahrungsmittelknappheit durch die englische Blockade,[11] und *Kleine Agnete* nehmen die letzten Verse einiges von seiner Erbaulichkeit: Am Abend des Tauftages erfährt der Vater, dass sein bester Freund im Feld gefallen ist (vgl. KA 109 f.). Die idyllischen Epen Manns und Hülsens lassen sich also beide als Auseinandersetzungen mit dem Kriegsende lesen, die Vernichtung und Geburt mit unterschiedlichen Akzentuierungen in Kontrast setzen.

Die von beiden Autoren getroffene Entscheidung für den Hexameter ist dabei im Feld idyllischen Erzählens durchaus schlüssig, denn das »idyllische Epos« war, vermittelt über die Rezeption von Goethes *Hermann und Dorothea* (1797) und Johann Heinrich Voß' *Luise* (1795), im frühen 20. Jahrhundert noch ein bekanntes Genre.[12] Thomas Mann selber schulte sich an den Werken

---

[11] Vgl. 6.1, 166; vgl. auch den Stellenkommentar: 6.2, 48 u. 56.
[12] Zur Rezeption der idyllischen Epik vgl. Paul Michael Lützeler: Nachwort, in: Johann Wolfgang Goethe: Hermann und Dorothea, mit Anm. v. Josef Schmidt, Leipzig: Reclam 2013, S. 96–111, hier S. 96–98; Helmut J. Schneider: Ordnung der Kunst und Ordnung der Häuslichkeit. Arkadische Topik, Idylle und das deutsche bürgerliche Epos des 19. Jahrhunderts, in: Prekäre Idyllen in der Erzählliteratur des deutschsprachigen Realismus, hrsg. v. Sabine Schneider u. Marie Drath, Stuttgart: Metzler 2017, S. 13–33, hier S. 17 f.

von Goethe und Voß, aber auch an späteren Hexameterdichtungen Eduard Mörikes, und Hülsen stellte seine *Kleine Agnete* in die Tradition von *Luise*.[13]

Für einige weitere Übereinstimmungen zwischen den beiden Werken gibt es in der Gattungstradition immerhin Anschlusspunkte. So lassen sich die finalen Taufszenen nicht allein dramaturgisch erklären.[14] Die »Taufe« der weiblichen (!) Hauptfigur durch erste und einmalige Namensnennung gegen Ende des idyllischen Epos ist seit *Luise* und *Hermann und Dorothea* topisch.[15] Auch das in den klassizistischen Epen zentrale gesellschaftliche Ritual, die Verlobung (*Hermann und Dorothea*) respektive Hochzeit (*Luise*), findet sein Pendant in den Taufzeremonien.[16] Selbst für das Kind als Zentrum der Idyllen kann mit Friedrich Hebbels *Mutter und Kind* (1859), dem wohl erfolgreichsten Hexameterepos des 19. Jahrhunderts, dessen Rezeption bis in die Zeit des Nationalsozialismus andauerte,[17] ein Vorgänger ausgemacht werden. Die Stilisierung eines Neugeborenen zur Christus- und Heilsfigur, eine weitere Parallele von *Kleine Agnete* und dem *Gesang vom Kindchen*, findet sich schon bei Hebbel.[18]

Ob es sich beim Doppelgängertum der beiden idyllischen Epen wirklich um den von Hülsen vielbeschworenen Zufall handelt, bleibt zunächst dahingestellt. Auf die Bekanntschaft der Autoren hatte *Kleine Agnete* offenbar keine Auswirkungen; von Mann ist keine Äußerung zu Hülsens Versstück bekannt. Das in Berliner und Potsdamer Kreisen zirkulierende Büchlein wurde im fernen München möglicherweise schlicht nicht zur Kenntnis genommen.

In jedem Fall lädt *Kleine Agnete* gerade im Kontext des *Gesangs vom Kindchen* dazu ein, den gattungsgeschichtlichen Motiven weiter nachzugehen, die das Schreiben in Hexametern im frühen 20. Jahrhundert attraktiv machten. Auch andere Fragen wie die nach einer Konjunktur idyllischen Erzählens im Schatten des verlorenen Ersten Weltkriegs – die Thomas Mann 1918/19 selbst

---

[13] Vgl. 6.2, 36; Hülsen: Zwillings-Seele (Anm. 7), S. 140.

[14] Für den *Gesang vom Kindchen* hat dies Rüdiger Görner getan, vgl. Görner: Lyrische Narratologie (Anm. 1), S. 168.

[15] Zur Namensgebung in beiden idyllischen Epen vgl. Yahya A. Elsaghe: Untersuchungen zu »Hermann und Dorothea«, Frankfurt/Main u.a.: Lang 1990, S. 102–107.

[16] Zum Bezug zwischen der Verlobung in *Hermann und Dorothea* und der Taufe des Kindchens vgl. 6.2, 44.

[17] Vgl. Otfrid Ehrismann: Der schöne Schein des sozialen Friedens – Hebbels »Mutter und Kind«: Das Epos und Aspekte seiner Rezeption, in: Hebbel-Jahrbuch, Jg. 53, Heide: Boyens, S. 7–34, zur Rezeption nach 1918 bes. S. 26–30.

[18] Zur Christusmotivik im *Gesang vom Kindchen* vgl. Herrmann: Autor als Vater (Anm. 6), S. 73; zur Christusmotivik in *Mutter und Kind* vgl. Ehrismann: Der schöne Schein (Anm. 17), S. 9; zum Kind als Motiv der idyllischen Literatur des 19. Jahrhunderts vgl. Davide Giuriato: Kindheit und Idylle im 19. Jahrhundert (E. T. A. Hoffmann, A. Stifter), in: Prekäre Idyllen in der Erzählliteratur des deutschsprachigen Realismus, hrsg. v. Sabine Schneider u. Marie Drath, Stuttgart: Metzler 2017, S. 118–131.

prophezeit und vorangetrieben hatte[19] – ließen sich mit Blick auf Hülsens Werk noch einmal neu stellen. Und selbst wenn man zu dem Schluss käme, dass *Kleine Agnete* eine schlechte Kopie des (oftmals für schlecht befundenen) *Gesangs* ist, würde seine Existenz dennoch von der verborgenen Beliebtheit einer Gattung zeugen, die im frühen 20. Jahrhundert noch nicht so exotisch war, wie gemeinhin angenommen wird.

---

[19] Vgl. *Die Zukunft der Literatur* (15.1, 231–232).

Rudolf Ernst

Die Liquidation, die keine war

Die Fortführung der Firma Joh.Sieg^md·Mann
nach dem Tode des Senators Mann[1]

Thomas Mann gibt seinem Roman *Buddenbrooks* den Untertitel *Verfall einer Familie*. Dieser Verfall manifestiert sich darin, dass am Ende von *Buddenbrooks* das Familienunternehmen liquidiert wird und der Familienstamm des Senators Thomas Buddenbrook erlischt. Die Realität sieht anders aus als die Fiktion: Die Familie des Senators Mann erlischt nicht, sondern erfindet sich neu. Aus der Lübecker Kaufmannsfamilie wird eine weitverzweigte Familie von vielseitig begabten Künstlern. Thomas Mann ist im Gegensatz zu Hanno Buddenbrook kein Einzelkind. Im Gegenteil, er hat vier Geschwister. *Wir waren Fünf*, wie sein Bruder Viktor Mann später schreiben wird. Man könnte sagen, dass die Schriftsteller Heinrich und Thomas Mann auf dem Felde der Literatur erfolgreicher waren als ihr Vater im Getreidehandel. Denn der erreichte als Kaufmann zwar respektable Größe, aber nur im lokalen Lübecker Markt.

Ist es möglich, dass sich die reale Entwicklung der Familienfirma Johann Siegmund Mann oder besser »Joh.Sieg^md·Mann«, wie die offizielle Firmierung lautete,[2] in ähnlicher Weise von der Fiktion unterschieden hat wie die der Familie? Dass auch die Firma Joh. Sieg^md·Mann nicht »hart« liquidiert, sondern, beispielsweise in der Form eines Nachfolgeunternehmens, fortgeführt wurde? Die Antwort auf diese Frage lautet: Ja, auch das Familienunternehmen Joh.Sieg^md·Mann wurde nach dem Tode des Senators Mann gewissermaßen neu erfunden. In ihrer Neuinkarnation war diese Firma anscheinend sehr viel erfolgreicher als das Vorgängerunternehmen. Ihr Inhaber, Hans Christian Wilhelm (im folgenden HCW) Eschenburg, der sechs Jahre vor dem Tode des Senators sein Teilhaber in der Firma Joh.Sieg^md·Mann geworden war, brachte es innerhalb von 20 Jahren zu einem Millionenvermögen.

Es überrascht nicht, dass die Firma Joh.Sieg^md·Mann eben doch nicht spurlos verschwand. Derartige Handelsunternehmen haben eine Funktion, sie

---

[1] Der Autor Rudolf Ernst ist Geschäftsführer und Mitinhaber eines traditionellen Hamburger Handelshauses. Familie Ernst handelt in dieser Firma seit drei Generationen mit Zucker. Der Handel mit Zucker weist große Parallelen zum Handel mit Getreide auf.

[2] Beispielsweise im Brief der Firma Mann über die Aufnahme von HCW Eschenburg aus den Akten der Handelskammer Lübeck, jetzt lagernd im Archiv der Stadt Lübeck (im Folgenden zitiert als AHL).

bedienen einen Bedarf an oder verwerten ein Überangebot von Waren. Die Notwendigkeit, solche lokalen und zeitlichen Differenzen von Angebot und Nachfrage auszugleichen, verschwindet nicht mit dem Tod eines Kaufmanns. Wenn ein funktionierendes Handelsunternehmen liquidiert wird, dann finden sich deswegen zwangsläufig Personen, welche ihre Chance darin sehen, die entstandene Lücke zu füllen. Das sind häufig ehemalige Angestellte, die ja Produzenten und Kunden bereits kennen und deswegen im Vorteil sind. Außerdem müssen Menschen, die ihre Stellung durch Liquidation verloren haben, von irgendetwas leben und machen gerne da weiter, wo sie aufgehört haben. Die Bildung solcher Nachfolgeunternehmen ist im Handelsgeschäft eher die Regel als die Ausnahme. Vor diesem Hintergrund stellt sich die Frage, was nach dem Tode des Senators Mann wirklich geschehen ist. Dies umso mehr, als die Firma Joh.Sieg^md·Mann im Jahre 1891, kurz vor dem Tod des Senators, die größte Getreidehandlung in Lübeck war. In seinem Nachruf bezeichneten die *Lübeckischen Blätter* die Firma als das »bedeutendste Getreidehause unserer Stadt«. Ein Unternehmen, das lokal eine derartig große Marktbedeutung hatte, verschwindet nicht einfach spurlos.

Senator Thomas Johann Heinrich Mann (im folgenden TJH Mann genannt) stirbt im Oktober 1891 an Blasenkrebs. Er hatte sich deswegen vier Monate zuvor einer Operation unterzogen, die leider nicht erfolgreich verlaufen war. Die Testamentsentwürfe, welche sich in den Familienunterlagen erhalten haben, stammen aus den Tagen vor dieser Operation. Senator Mann nutzt offensichtlich die Chance, seine Familie versorgt zu hinterlassen für den Fall, dass er sterben würde. Er nutzt aber auch die Chance, der Handelsfirma, an der er beteiligt ist, eine Zukunftsperspektive zu geben, und das, obwohl er die Liquidation anordnet. In *Buddenbrooks* steht dazu: »Die Dinge lagen so, daß liquidiert werden, daß die Firma verschwinden sollte und zwar binnen eines Jahres; dies war des Senators letztwillige Bestimmung.« (1.1, 767).

Tatsächlich steht in den Testamentsentwürfen Senator Manns:

Alsbald nach meinem Ableben soll mein unter der Firma Joh. Siegmnd. Mann geführtes Handlungshaus in Liquidation treten. Nach geschehener Liquidation soll die Firma im Firmenregister gelöscht werden.[3]

Von der Jahresfrist, die Thomas Mann in *Buddenbrooks* mehrmals erwähnt, ist an dieser Stelle nicht die Rede. Seit 1885 war TJH Mann auch nicht mehr alleiniger Inhaber der Firma Joh.Sieg^md·Mann. Die *Lübeckischen Blätter* schrieben anlässlich des 100-jährigen Jubiläums der Firma:

---

[3] Testamentsentwürfe des Senators Thomas Johann Heinrich Mann, Sinn und Form Sonderheft Thomas Mann, Berlin: Rütten und Loening 1965, S. 57.

In Folge der großen Umgestaltungen, welchen gerade die Handels- und Verkehrswege, Eisenbahn, Strom- und Hafenbauten Lübecks unterworfen wurden, sah sich der in seiner amtlichen Stellung durch viele zeitraubende Arbeiten stark in Anspruch genommene Chef des Handlungshauses veranlasst, diesem eine gleichbewährte Kraft [mit] an die Spitze zu stellen [...] und konnte [der Senator] in der That keine bessere Wahl treffen, als dass er mit dem 1. Januar 1885 den Herrn Consul Hans Christian Wilhelm Eschenburg, welcher bereits seit fast 25 Jahren in jenem Geschäfte tätig gewesen war, als Theilhaber in dasselbe aufnahm.[4]

Es hätte jeder Vorstellung von Anstand und partnerschaftlichem Umgang zwischen den beiden Teilhabern widersprochen, wenn der Senator eine Entscheidung von solcher Tragweite, wie es eine harte Liquidation gewesen wäre, über den Kopf seines Teilhabers hinweg getroffen hätte. Außerdem hätte die Durchsetzung der harten Liquidation mit kompletter Auflösung des Unternehmens gegen den Willen des Teilhabers vermutlich erhebliche Reibungsverluste verursacht. Dass TJH Mann seinem Teilhaber HCW Eschenburg eine Perspektive für dessen Leben nach der Liquidation bot, war daher die naheliegendste Lösung. TJH Mann scheint zu einer Einigung mit seinem Teilhaber gekommen zu sein, was mit der gemeinsam betriebenen Firma geschehen sollte: nämlich, die Firma Joh.Sieg$^{md.}$Mann zu liquidieren und zu löschen und parallel dazu den Geschäftsbetrieb auf ein Nachfolgeunternehmen zu übertragen. HCW Eschenburg gründete also seine eigene Getreidehandels-Firma, welche als »HW Eschenburg« firmierte. Die Intention von TJH Mann und HCW Eschenburg scheint gewesen zu sein, dass dieses Nachfolgeunternehmen die Angestellten, Büroräume, Speicher, den Telefonanschluss und die eingeführten Geschäftsbeziehungen übernahm. Der Name Joh.Sieg$^{md.}$Mann sollte verschwinden, die Struktur und das Ertragspotenzial dahinter nicht. TJH Mann beschreibt im Testamentsentwurf genau dieses Szenario: »Die Liquidation wird im Allgemeinen rasch geschehen können, da sie sich lediglich auf die Abwickelung der [schwebenden] Geschäfte zu beschränken hat.«

Die seinerzeit geltende Rechtsgrundlage für diese Situation findet sich im *Allgemeinen Deutschen Handelsgesetzbuch* von 1861. Dessen Artikel 123 bezieht sich auf Offene Handelsgesellschaften, wie Joh.Sieg$^{md.}$Mann eine war, und lautet:

Die Gesellschaft wird aufgelöst:
1) durch die Eröffnung des Konkurses über die Gesellschaft;
2) durch den Tod eines der Gesellschafter, wenn nicht der Vertrag bestimmt, dass die Gesellschaft mit den Erben des Verstorbenen fortbestehen soll.

---

[4] Hundertjähriges Geschäftsjubiläum, in: Lübeckische Blätter, 32. Jahrgang, Lübeck 1890, Ausgabe vom 25 Mai, Artikel Nr. 159, S. 251.

Diese gesetzliche Regelung soll einerseits die Erben des verstorbenen Teilhabers und andererseits den überlebenden Teilhaber vor der Verpflichtung bewahren, das gemeinsame Geschäft unbeschränkt persönlich haftend fortfüh-
ren zu müssen, mit Teilhabern, die man sich nicht ausgesucht hat. Deswegen
ist der Anspruch auf Liquidation gesetzlich garantiert. Von diesem Anspruch
auf Liquidation kann, aber muss nicht Gebrauch gemacht werden. Senator
Mann ordnete in seinem Testament einfach nur das an, was das geltende Gesetz in dieser Situation vorgesehen hätte. Seine Entscheidung, die Firma Joh.
Sieg^md.Mann zu liquidieren, war nicht so ungewöhnlich oder kontrovers, wie
Thomas Mann in *Buddenbrooks* suggeriert. Schon der Vater von TJH Mann,
Johann Siegmund Mann der Jüngere (im Folgenden JS Mann dJ genannt), hatte
in der gleichen Lage 34 Jahre vorher eine ähnliche Regelung in sein Testament
geschrieben: »Mit meinem Tode […] tritt sodann die Liquidation der Handlung
ein, insofern sich nicht meine Erben in betreff Fortsetzung oder Uebernahme
derselben untereinander oder in Verbindung mit andern einigen sollten.«[5]
    Anders als sein Vater entkoppelt TJH Mann aber in der gleichen Situation das
Schicksal seiner Erben vom Getreidehandel. Die Familie Mann beteiligte sich
in keiner Weise, zum Beispiel mit einer stillen Einlage, an der neu gegründeten
Firma HW Eschenburg. Genau das hatte JS Mann dJ gemacht. Er hatte eine
stille Einlage in Höhe vom 50.000 Mark in der Firma belassen, die bis zu ihrer
Rückzahlung an seine Witwe im Jahre 1874 sehr profitabel war. In den ersten
3 Jahren, von Anfang 1863 bis Ende 1865, nahm diese stille Einlage mit 50 Prozent an Gewinn oder Verlust teil, danach sank diese Quote auf 25 Prozent.[6]
TJH Mann befand sich aber in einer ganz anderen Lage als sein Vater, sodass
seine Entscheidung nachvollziehbar ist. Als JS Mann dJ das zitierte Testament
von 1857 abfasste, stand in der Person seines Sohnes TJH Mann ein potenziel-
ler Nachfolger bereit, der zwar sehr jung war, aber ein engagierter Kaufmann
zu werden versprach. Daher machte es Sinn, die Verbindung der Familie zur
Firma Joh.Sieg^md.Mann aufrecht zu erhalten. TJH Mann hingegen hatte sich
damit abfinden müssen, dass Heinrich Mann, sein ältester Sohn, kein Kaufmann werden würde. Die unausweichliche Folge war der sofortige Rückzug
der Familie aus dem risikoreichen Geschäft des Getreidehandels.[7]

---

    [5] Geheimbuch Johann Siegmund Mann, Testament vom 20.8.1857 in der Transkription von
Jan Zimmermann 2020, Original im Buddenbrookhaus / Heinrich-und-Thomas-Mann-Zentrum.
    [6] Notar Dr. Karl Klügmann: Contract wegen Überlassung eines Handelsgeschäftes mit Zu-
behör und gleichzeitigem Eintritt eines stillen Gesellschafters, Lübeck 1862, Kopie im AHL,
transkribiert durch den Autor.
    [7] Im Getreidehandel werden vergleichsweise geringe Margen mit einer billigen Ware erzielt,
deren Preis massiven Schwankungen unterliegt. Fracht und Lagerkosten sind hoch im Vergleich
zum Warenwert, sodass eine Fehlfracht sofort den Gewinn auffrisst oder sogar Verluste generiert. Getreidehandel verzeiht deswegen keine Fehler. Hohe Gewinne kommen entweder über

Hat man die Theorie des Konsenses über die Gründung einer Nachfolge-
firma akzeptiert, dann erklärt sich folgende Passage aus dem Testamentsentwurf des Senators:

Die mir persönlich eigenthümlich gehörenden Speicher hierselbst, der Wallfisch, der
Adler, die Linde, die Eiche, der Löwe, der Kolk sind unter der Hand oder auch öffent-
lich zu verkaufen. Wenn nicht besondere Gründe ein Anderes erheischen, so hat der
Verkauf dieser Grundstücke innerhalb eines Jahres zu erfolgen.[8]

Hier also finden wir die Jahresfrist, die Thomas Mann in *Buddenbrooks* in
anderem Zusammenhang erwähnt. Immobilientransaktionen erfordern Zeit
und Geduld, vor allem, wenn es sich um spezialisierte Gewerbeimmobilien
wie etwa Getreidespeicher handelt. Daher überrascht es, dass der Senator seinem Testamentsvollstrecker derartig Druck macht, die Speicher »innerhalb
eines Jahres« zu verkaufen. Außerdem darf der Verkauf ausdrücklich »unter
der Hand« geschehen. Der Testamentsvollstrecker wird damit von der Verpflichtung entbunden, die Speicher öffentlich anzubieten, um den besten Preis
zu erzielen. Dies geschieht vermutlich in der Absicht, HCW Eschenburg den
Erwerb der Speicher so leicht wie möglich zu machen. Die Speicher dürften
ein wichtiger Schlüssel für die Übernahme des Geschäftes gewesen sein, weil
sie für die Abwicklung der Warenströme unentbehrlich waren. Und so kommt
es auch. Der Verkauf des größten und modernsten Speichers »Die Eiche« an
HCW Eschenburg ist nachgewiesen.[9]

HCW Eschenburg war bereits um das Jahr 1860 in die Firma Joh.Sieg[md.]
Mann eingetreten,[10] vermutlich als Handlungsgehilfe. TJH Mann kehrte 1861
von Amsterdam nach Lübeck zurück,[11] um ebenfalls eine Position in der Firma
Joh.Sieg[md.]Mann einzunehmen. HCW Eschenburg begleitete das gesamte Lübecker Arbeitsleben von TJH Mann. Hier liegt die Parallele zwischen dem realen HCW Eschenburg und dem fiktiven Teilhaber Marcus aus *Buddenbrooks*.
Diese Parallelität dürfte der Grund dafür gewesen sein, dass Marcus, trotz
erkennbarer charakterlicher Unterschiede, in den zeitgenössischen Lübecker
Schlüssel-Listen zu *Buddenbrooks* üblicherweise mit HCW Eschenburg in

Spekulation oder über sehr große Umsätze zustande. In beiden Fällen ist das Verlustrisiko ebenso
groß wie die Gewinnchance.

[8] Testamentsentwürfe des Senators Thomas Johann Heinrich Mann (Anm. 3), S. 57.

[9] Laut den Akten der Lübecker Brandassekuranzkasse im AHL kauft HCW Eschenburg den
Speicher »Die Eiche« am 5. Oktober 1892.

[10] Vgl. Hundertjähriges Geschäftsjubiläum, in: Lübeckische Blätter (Anm. 4). Dort steht, dass
HCW Eschenburg »seit fast 25 Jahren« in der Joh.Sieg[md.]Mann tätig war, als er am 1.1.1885 zum
Teilhaber TJH Manns aufstieg. Daraus errechnet sich ein Eintrittsdatum im Verlauf des Jahres
1860.

[11] Vgl. dazu: Senator Thomas Johann Heinrich Mann gestorben, in: Lübeckische Blätter, 33.
Jahrgang, Lübeck 1891, Ausgabe vom 14. October, S. 489.

Verbindung gebracht wurde. Mit 42 Jahren trat HCW Eschenburg die Nach-
folge des verstorbenen Johann Siegmund Mann des Dritten (ein Halbbruder
von TJH Mann aus der ersten Ehe seines Vaters) an und wurde »Königlich
Niederländischer Consul«. Vermutlich hat TJH Mann dies vermittelt. Offensichtlich sollte das Niederländische Konsulat, das sein Vater, JS Mann dJ, im
Jahre 1844 von seinem Schwiegervater Marty übernommen hatte, im Einfluss-
bereich der Familie Mann erhalten bleiben. TJH Mann durfte als Lübecker Senator keiner *fremden Macht* dienen. Aus diesem Grunde hatte er das Konsulat
der Niederlande an seinen Halbbruder abgegeben, als er 1877 Senator wurde.

Der Kaufmann und Konsul HCW Eschenburg scheint aus anderem Holz
geschnitzt gewesen sein als der fiktive Teilhaber Marcus. Die *Lübeckischen
Blätter* hatten in dem Artikel zum 100-jährigen Jubiläum der Firma Joh.Sieg^md.
Mann sehr lobend geschrieben, dass es *keine bessere Wahl* als HCW Eschenburg gegeben hätte für die Aufnahme eines Teilhabers in die Firma. Marcus
hingegen wird in *Buddenbrooks* folgendermaßen beschrieben:

> Aber sie fanden es doch ganz gut, daß Thomas den ehrenfesten Herrn Friedrich Wil-
> helm Marcus wie eine Bleikugel am Fuße hinter sich drein zu ziehen hatte. Herrn
> Marcus' Einfluß bildete das retardierende Moment im Gang der Geschäfte. (1.1, 292)

Der Teilhaber des Senators, Herr Marcus, fällt gegen Ende von *Buddenbrooks*
durch immer schrulligeres Benehmen auf. Er ist ein unfähiger alter Mann, der
im Winter Mantel, Hut und Spazierstock am Ofen wärmt, wie Thomas Mann
es so plastisch beschreibt (vgl. 1.1, 768). Diese gelungene Schilderung überdeckt
gewisse Widersprüche, die der Figur des Herrn Marcus innewohnen.

Wie war es möglich, dass Marcus unter Jean Buddenbrook zum Prokuristen
aufstieg und sich trotzdem später unter Thomas Buddenbrook zur »Bleikugel«
(1.1, 292) am Bein entwickelte? Warum bleibt Herr Marcus Teilhaber von Thomas Buddenbrook, obwohl er die ihm zugedachte Rolle als Mitunternehmer
nicht ausfüllen kann? Woher hat Marcus das immense Kapital von 120.000
Mark, um sich in der von Thomas Mann geschilderten Weise an der Firma
Buddenbrook beteiligen zu können? Diese Inkongruenzen der Fiktion finden sich in der Realität nicht wieder: TJH Mann hatte nicht einen Teilhaber
kontinuierlich in der Firma Joh.Sieg^md.Mann, sondern zwei. Zwischen diesen
beiden Teilhaberschaften lag eine lange Unterbrechung, nämlich von 1866 bis
Ende 1884, in der TJH Mann der alleinige Inhaber (Prinzipal) der Firma war,
wenn man von der oben erwähnten stillen Beteiligung seiner Mutter absieht.

Der erste Teilhaber des TJH Mann war Georg Thorbahn, der vorher 4 Jahre
lang stiller Teilhaber von JS Mann dJ gewesen war.[12] JS Mann dJ hatte wenige
Monate vor seinem Tod seine Firma an Thorbahn und seinen Sohn gemein-

---

12 Geheimbuch Johann Siegmund Mann (Anm. 5).

sam zum Preis von 46.500 Mark[13] *verkauft.* Im Gegensatz zur Darstellung in *Buddenbrooks* ist der Vater von Thomas Mann zunächst nur mit einem Drittel an der Firma beteiligt und damit nur der Juniorpartner des Mehrheitsgesellschafters Thorbahn, dem JS Mann dJ bewusst zwei Drittel der Anteile verkauft. Diese verblüffende Gestaltung der Beteiligungsverhältnisse durch JS Mann dJ könnte man folgendermaßen erklären: TJH Mann, geboren am 22.8.1840, war im Jahre 1862 erst 22 Jahre alt, damit nach der damaligen Gesetzeslage nicht volljährig. In Lübeck wurde man bis 1875 erst mit 25 Jahren volljährig. Außerdem war TJH Mann zu diesem Zeitpunkt erst seit knapp zwei Jahren in der Firma Joh.Sieg^md.Mann tätig gewesen. JS Mann dJ setzte seinem jungen, unerfahrenen Sohn offensichtlich bewusst den älteren Teilhaber als Mehrheitsgesellschafter vor die Nase. So hat der junge Mann die Chance, in seine Verantwortung hineinzuwachsen. Thorbahn stirbt schon drei Jahre später, im Jahre 1865. Erst ab diesem Zeitpunkt ist TJH Mann Inhaber und damit Prinzipal der Firma Joh.Sieg^md.Mann. Allerdings war seine Mutter als stille Teilhaberin mit 25 Prozent am Gewinn beteiligt.

Die Mehrheits-Verhältnisse in der realen Firma Joh.Sieg^md.Mann sind also vollkommen anders gestaltet als in der fiktiven Firma Buddenbrook. Joh.Sieg^md.Mann war im Sinne des Allgemeinen Handelsgesetzbuches von 1861 eine sogenannte *Offene* Handelsgesellschaft. Offene Gesellschaften waren dadurch gekennzeichnet, dass die Inhaber mit ihrem gesamten Vermögen *unbegrenzt* hafteten. Wegen dieser Haftung ist es so wichtig, dass die Teilhaber »offen«, also namentlich bekannt sind, damit potenzielle Geschäftspartner die Bonität der Firma bewerten können. »Stille« Teilhaber, wie es die Mutter von TJH Mann war, hafteten nur bis zur Höhe ihrer Einlage. In einer offenen Gesellschaft können die Teilhaber die Gewinnverteilung untereinander völlig frei vereinbaren. Einlagen der Gesellschafter werden üblicherweise vorab verzinst zulasten des verteilbaren Gewinnes. Durch diese Verzinsung ist die Bereitstellung von Liquidität durch einen Gesellschafter abgegolten. Daher besteht keine Notwendigkeit, die Gewinnverteilung an die Höhe der Gesellschafter-Einlagen zu koppeln. Thomas Mann schreibt in *Buddenbrooks:* »Na, wie du weißt, ist Marcus mein Compagnon geworden, gegen die Quote, die seinem eingezahlten Vermögen entspricht.« (1.1, 291) In der Firma Joh.Sieg^md.Mann sah die Realität anders aus. Gewinnanteile wurden frei verhandelt, mit sehr unterschiedlichem Ergebnis: Bis Ende 1862 war Thorbahn stiller Teilhaber von JS Mann dJ mit 33,3 Prozent Gewinnanteil gegen eine Einlage von 10.000 Mark. Das entsprach 300 Mark Einlage pro Prozentpunkt Gewinn. Nach 1863 wird JS Mann dJ stiller Teilhaber von Thorbahn und TJH Mann mit 50 Pro-

---

[13] Notar Dr. Karl Klügmann (Anm. 6).

zent Gewinnanteil gegen eine Einlage von 50.000 Mark. Er muss also mehr als das Dreifache einlegen, nämlich 1.000 Mark pro Prozentpunkt Gewinnanteil.

In der Abrechnung des Testamentsvollstreckers von Senator Mann, Krafft Tesdorpf, vom Juli 1893, wird der Anteil »des Verstorbenen« an der Firma Joh. Sieg$^{md.}$Mann mit »7/12«, also 58,3 Prozent, angegeben.[14] TJH Mann hatte HCW Eschenburg zwar maßgeblich beteiligt, sich aber die Anteilsmehrheit vorbehalten. Diese Konstruktion ist nachvollziehbar, denn eine solche Beteiligung war hoch genug, um HCW Eschenburg über die Hemmschwelle zu locken, sich voll persönlich haftend zu beteiligen. Nicht praktikabel wäre die geringfügige Beteiligung gewesen, die Thomas Mann in *Buddenbrooks* beschreibt. Für eine geringe Quote würde sich ein erfahrener Kaufmann nicht voll haftend an einer offenen Handelsgesellschaft beteiligen, die mit Getreide handelt. Risiken und Chancen stünden nicht in angemessenem Verhältnis zueinander.

Warum nimmt TJH Mann seinen Prokuristen als Teilhaber auf? Der Stichtag für dieses Ereignis, der 1.1.1885, gibt einen Anhaltspunkt: Genau zu diesem Zeitpunkt steigen die Einfuhrzölle für Getreide beträchtlich. Nachdem Deutschland über Jahrzehnte Nettoexporteur von Getreide gewesen war, also per Saldo mehr exportiert als importiert hatte, änderte sich das zu Beginn der 1870er-Jahre radikal. Ab 1870 wurde Deutschland endgültig Nettoimporteur von Getreide. Die netto importierte Menge wuchs rasant, von 233.000 Tonnen im Jahre 1870 auf knapp 2 Mio. Tonnen im Jahre 1879.[15] Innerhalb von nur zehn Jahren hatte sich die netto importierte Menge verzehnfacht. Die Firma Joh.Sieg$^{md.}$Mann hatte an diesem Wachstum teilgenommen und die gehandelte Tonnage von 1875 bis 1879 knapp verdreifacht.[16] Einerseits ein beeindruckendes Wachstum, aber andererseits eben nur ein Bruchteil der Rate, mit der der Gesamtmarkt gewachsen war. Die Daten über Gewinne und Verluste der Firma Joh.Sieg$^{md.}$Mann, soweit sie sich erhalten haben, zeigen, dass in den 1870er-Jahren sehr gutes Geld verdient wurde.[17] TJH Mann hatte es in dieser Phase verstanden, sich das günstige Marktumfeld zunutze zu machen.

[14] Krafft Tesdorpf: Abschrift Erbschaftsabrechnung, Lübeck 1893, Erbschaftsakte Mann des Stadt- und Landamtes Lübeck, in Kopie im Buddenbrookhaus/Heinrich-und-Thomas Mann-Zentrum.

[15] Daten für Export und Import der einzelnen Getreidesorten extrahiert und saldiert durch den Autor aus: Statistisches Reichsamt (2008). Die Getreidepreise in Deutschland 1791 bis 1934. GESIS – Leibniz-Institut für Sozialwissenschaften, Datenarchiv, Köln. ZA8296 Datenfile Version 1.0.0, doi.org/10.4232/1.8296.

[16] Verzeichnis von Einfuhr und Ausfuhr 1875 bis 1879, verfasst von TJH Mann, Original ausgestellt im Museum Drägerhaus von 1983 bis 1991, momentan nicht auffindbar. Analyse des Autors an Hand einer Kopie aus Privatbesitz. Die vorangegangene Analyse dieses Verzeichnisses durch Eickhölter in: Buddenbrooks, Neue Blicke in ein altes Buch, Lübeck: Verlag Hartwig Dräger 2000, S. 79 enthält rechnerische Fehler bei der Umrechnung von Zentnern in Kilogramm bzw. Tonnen.

[17] Journal (Privatbuch) des Joh. Siegmd. Mann, ab 1863 Nachlass des JS Mann dJ, Lübeck, Bilanzen zum Ultimo 1859–1875, AHL.

Der gewaltige Importdruck von ausländischem Getreide führte jedoch zum Ende der 1870er-Jahre dazu, dass die Getreidepreise in Deutschland kontinuierlich sanken. Da Deutschland damals noch mehr Agrar- als Industrienation war – über 50 Prozent der Beschäftigten arbeiteten zu diesem Zeitpunkt noch in der Landwirtschaft – wuchs der politische Druck, den Bauern durch die Einführung von Schutzzöllen zu helfen. Ab 1880 führt das Deutsche Reich daher einen Einfuhrzoll für Getreide ein.[18] Die Höhe betrug zunächst nur 10 Mark pro Tonne. Bei einem mittleren Getreidepreis über alle Sorten von rund 150 Mark pro Tonne stellte das einen Zollsatz von rund 6,5 Prozent dar. Bereits dieser relativ geringe Zollsatz hatte aber zur Folge, dass das grenzüberschreitende Handelsvolumen, also die Summe von Importen und Exporten, innerhalb eines Jahres um über 50 Prozent zurückging, nämlich von knapp 2 Millionen Tonnen pro Jahr auf unter 1 Million Tonnen.[19] Der Einführung dieses Zollsatzes verdanken wir die Überlieferung der Handelsumsätze der Firma Joh.Sieg^{md.}Mann aus dieser Epoche. TJH Mann hatte eine Aufstellung seiner gehandelten Mengen angefertigt,[20] um die Höhe einer Bürgschaft für die Eröffnung eines Zoll-Aufschubkontos abschätzen zu können. Diese Bürgschaft ermöglichte es, Getreide aus der Zollaufsicht herauszubekommen, ohne den Zahlungseingang für den festgesetzten Zoll abwarten zu müssen, was Zeit und Kosten sparte.

Die Getreidepreise fielen immer weiter, weil die Getreideproduktion in Nord- und Südamerika unaufhaltsam stieg und nach Europa drückte.[21] Dieser Preisverfall führte dazu, dass der politische Druck auf Bismarck zunahm.[22] Das hatte zur Folge, dass Bismarck die Einfuhrzölle für Getreide im Jahre 1885 erneut anhob, diesmal auf 30 Mark pro Tonne für Weizen und Roggen bzw. 15 Mark pro Tonne für Hafer und Gerste.[23] Bezogen auf den Weizenpreis von rund 158 Mark pro Tonne stellt das einen Zollsatz von 19 Prozent dar. Die Folgen dieser Anhebung für den Getreidehandel waren dramatisch: Innerhalb eines Jahres fielen die Getreideexporte um über 99 Prozent, eine brutale Vollbremsung. Das grenzüberschreitend gehandelte Volumen verringerte sich dementsprechend von 2,4 Mio. Tonnen im Jahre 1884 auf knapp die Hälfte,

[18] Zollgesetz vom 2. Juni 1879.

[19] Daten für Export und Import der einzelnen Getreidesorten extrahiert und saldiert durch den Autor aus: Statistisches Reichsamt (Anm. 15).

[20] Verzeichnis von Einfuhr und Ausfuhr 1875 bis 1879, verfasst von TJH Mann.

[21] Vgl. Kevin H. O'Rourke: The European Grain Invasion: 1870–1913, in: The Journal of Economic History, Vol. 57, No. 4, 1997, Cambridge: University Press, S. 775–801.

[22] Vgl. Rita Aldenhoff-Hübinger: Agrarpolitik und Protektionismus: Deutschland und Frankreich im Vergleich, Göttingen: Vandenhoeck & Ruprecht 2002, S. 124.

[23] Meyers Großes Konversations-Lexikon, Band 7, Leipzig/Wien: Bibliographisches Inst. 1907, S. 770–771.

nämlich unter 1,2 Mio. Tonnen, im Jahr 1886.[24] In dieser Phase fallender Umsätze nahm Senator Mann seinen Prokuristen als Teilhaber auf, trat ihm 41,7
Prozent der Verantwortung, der Arbeit und der Gewinne oder ggf. Verluste
ab. Da er vorher die Speicher aus der Firma entnommen hatte – denn sie gehörten ihm in dieser Phase »persönlich eigenthümlich«, wie er später in den
bereits erwähnten Testamentsentwürfen schrieb – war HCW Eschenburg nun
mit dafür verantwortlich, die Speichermiete zu verdienen, welche an seinen
Kompagnon floss. Wie bereits erwähnt, hatten die *Lübeckischen Blätter* im
Artikel zum hundertjährigen Jubiläum der Firma über die Beteiligung HCW
Eschenburgs geschrieben, dass TJH Mannn der »… in seiner amtlichen Stellung [als Senator] durch viele zeitraubende Arbeiten stark in Anspruch genommene Chef des Handlungshauses« gewesen sei. Konkreter Hintergrund
der »zeitraubenden Arbeiten« war die Tatsache, dass TJH Mann ab 1885 das
Präsidium der Lübecker Steuerbehörde *und* der Senatskommission für Handel
und Schifffahrt übernahm.[25] Anscheinend hatte der Senator seine Leidenschaft
für den Getreidehandel verloren, sodass er sich in die Politik flüchtete. Thomas
Mann schreibt in *Buddenbrooks*:

Die phantasievolle Schwungkraft, der muntere Idealismus seiner Jugend war dahin.
Im Spiele zu arbeiten und mit der Arbeit zu spielen, mit einem halb ernst, halb spaß-
haft gemeinten Ehrgeiz nach Zielen zu streben, denen man nur einen Gleichniswert
zuerkennt – zu solchen heiter skeptischen Kompromissen und geistreichen Halbheiten
gehört viel Frische, Humor und guter Mut; aber Thomas Buddenbrook fühlte sich
unaussprechlich müde und verdrossen. (1.1, 672)

Diese Erweiterung der Geschäftsführung im Jahr 1885 scheint indessen funktioniert zu haben, denn die *Lübeckischen Blätter* beschrieben wie bereits erwähnt im Nachruf des Senators die Firma Joh.Sieg^md·Mann als das »bedeutendste Getreidehaus unserer Stadt«. Zu diesem Zeitpunkt waren im Branchenteil des Lübecker Adressbuches elf Getreidehändler aufgelistet. Allerdings
war die Firma Joh.Sieg^md·Mann trotzdem eher eine lokale Größe. Auf Basis
der Zahlen TJH Manns von 1879 ergibt sich für dieses Jahr ein Handelsvolumen von 35.400 Tonnen.[26] Damit lag der Anteil von Joh.Sieg^md·Mann am grenz-
überschreitenden deutschen Getreidehandel zu diesem Zeitpunkt bei circa
1,8 Prozent.

---

[24] Daten für Export und Import der einzelnen Getreidesorten extrahiert und saldiert durch
den Autor aus: Statistisches Reichsamt (Anm. 15).

[25] Vgl. dazu: Senator Thomas Johann Heinrich Mann gestorben (Anm. 11).

[26] Verzeichnis von Einfuhr und Ausfuhr 1875 bis 1879 (Anm. 16). Die vorangegangene Analyse dieses Verzeichnisses durch Eickhölter in: Buddenbrooks, Neue Blicke in ein altes Buch
(Anm. 16), S. 79 enthält rechnerische Fehler bei der Umrechnung von Zentnern in Kilogramm
bzw. Tonnen.

Es gibt zwei Quellen, die in Kombination belegen, dass HCW Eschenburg ein überaus erfolgreicher Kaufmann gewesen sein muss: Ab dem Jahre 1911 veröffentlicht der preußische Finanzbeamte Rudolf Martin sein *Jahrbuch des Vermögens*. Martin gewann seine Daten durch Analyse öffentlicher Steuerstatistiken. Für Lübeck nennt Martin auf Platz 7: »Wilhelm Eschenburg, Niederländischer Konsul und Inhaber der Firma H. W. Eschenburg – 3,3 Millionen Mark«.[27]

Das war ein bemerkenswertes Vermögen, rund das zehnfache dessen, was der Senator Mann 20 Jahre zuvor seinen Erben nach Abzug der Mitgift seiner Frau laut der oben genannten Abrechnung des Testamentsvollstreckers hinterlassen hatte. Die Übernahme der Mann'schen Getreidehandlung hat sich für HCW Eschenburg offensichtlich ausgezahlt. HCW Eschenburg schaffte es, in die *Oberen Zehntausend* des Deutschen Kaiserreiches aufzusteigen. Das mit den *Oberen Zehntausend* ist durchaus wörtlich zu verstehen, denn Rudolf Martin gab die Anzahl der Millionäre in Deutschland für das Jahr 1911 mit genau 9.311 an. HCW Eschenburg war also ein Teil der damaligen deutschen Geld-Elite. Er hatte für sich die Umkehrung der Selbsteinschätzung des Senators Mann erreicht, die Heinrich Mann überliefert hat. Senator Mann soll seiner Frau gesagt haben: »Wir sind nicht reich, aber sehr wohlhabend.«[28] HCW Eschenburg war weit mehr als nur »sehr wohlhabend«; er war wirklich »reich«.

Peter de Mendelssohn repliziert dagegen in seiner Charakterisierung HCW Eschenburgs in *Der Zauberer* die völlig unpassende Bleikugel-Charakterisierung aus *Buddenbrooks*. De Mendelssohn formuliert diesen Anwurf um, er schreibt, der Teilhaber sei ein »Hemmschuh« gewesen. Zugleich liefert er aber auch einen wertvollen Hinweis:

Im selben Jahr, 1877, nahm der Senator den schon seit fünfundzwanzig Jahren in der Firma tätigen niederländischen Vizekonsul Hans Christian Wilhelm Eschenburg mit 1/7 Anteil als Teilhaber auf. Dieser Eschenburg stammte aus einem mittellosen Zweig der großen Familie und war ein Bürokrat ohne Initiative, dem Senator mehr ein Hemmschuh als eine Entlastung.[29]

Die Daten, die de Mendelssohn in dieser Passage angibt, für den Eintritt in die Firma Joh. Sieg^md. Mann und für den Aufstieg zum Teilhaber des Senators,

---

[27] Rudolf Martin: Jahrbuch des Vermögens und Einkommens der Millionäre in den drei Hansastädten, Berlin: Selbstverlag Martin 1912.
[28] Heinrich Mann: Das Kind – Geschichten aus einer Familie, hrsg. von Kerstin Schneider, Frankfurt/Main: Fischer Taschenbuch Verlag 2001, S. 14.
[29] Peter de Mendelssohn: Der Zauberer. Das Leben des deutschen Schriftstellers Thomas Mann. Band 1: 1875 bis 1905, Frankfurt/Main: Fischer Taschenbuch Verlag 2016, S. 79.

stimmen nicht.[30] Die Beteiligungsquote wird mit »1/7« (14,3 Prozent) ebenfalls falsch angegeben; richtig ist »5/12« (41,7 Prozent). Aber, so wie de Mendelssohn über HCW Eschenburgs Herkunft schreibt, finden wir diesen tatsächlich nicht in den Stammbäumen der angesehenen Lübecker Kaufmannsfamilie Eschenburg.[31] Deshalb kann eigentlich ausgeschlossen werden, dass HCW Eschenburg sein Millionenvermögen ererbt hatte. Anscheinend hat er sich seinen Reichtum selber erarbeitet. Nicht schlecht für jemanden, der laut de Mendelssohn ein »Bürokrat« und ein »Hemmschuh« gewesen sein soll.

Lassen wir noch einmal Thomas Mann zu Wort kommen, der in *Buddenbrooks* schreibt:

… und sein Socius, Herr Friedrich Wilhelm Marcus, welcher, nur mit geringem Kapitale beteiligt, in keinem Falle bedeutenden Einfluß besessen hätte, war von Natur und Temperament jeder Initiative bar. (1.1, 514)

Möglicherweise hatte der Vater Thomas Manns seinen ersten Teilhaber, Georg Thorbahn, als »Hemmschuh« wahrgenommen. In den drei Jahren, in denen die beiden zusammenarbeiten, von 1863 bis 1865, steigt der Gewinn regelmäßig, Verluste werden nicht gemacht. Aus den erhaltenen Bilanzen im *Privatbuch* von JS Mann dJ wissen wir, dass die Firma Joh.Siegmd.Mann in diesen drei Jahren im Schnitt 28.699 Mark pro Jahr verdiente.[32] Das ändert sich sofort nach dem Tode Thorbahns: In 1866 wurde mehr als das Doppelte verdient, nämlich 72.000 Mark. Ein Jahr drauf fiel dann gar kein Gewinn mehr an. TJH Mann ging, ohne den mäßigenden Einfluss Georg Thorbahns, ganz offensichtlich erheblich größere Risiken ein. Unter dem Strich verdiente er damit aber weniger, nämlich von 1866 bis 1874 im Schnitt 28.011 Mark pro Jahr. Das deutlich erhöhte Risiko führte zu einen durchschnittlichen Mindergewinn von 688 Mark pro Jahr.

Angesichts des Erfolges, den HCW Eschenburg später hatte, war es – im Nachhinein betrachtet – eine zwar unvermeidliche, aber sehr unglückliche Entscheidung, dass die Familie Mann und HCW Eschenburg nach dem Tode des Senators die geschäftliche Verbindung auflösten. Nur konnte zu diesem Zeitpunkt niemand ahnen, dass der Nachfolger Bismarcks, Leo von Caprivi, schon drei Jahre später die Zollgesetzgebung so verändern würde, dass im Getreidehandel sehr viel Geld verdient werden konnte. Die entscheidende Passage des Gesetzes lautet:

---

[30] HCW Eschenburg trat um 1860 in die Firma Joh.Siegmd.Mann ein. Er wurde zum 1.1.1885 Teilhaber von TJH Mann (vgl. Anm. 4).

[31] Dr. Bernhard Eschenburg: Weitere Nachrichten über die Familie Eschenburg in Lübeck, insbesondere über die Nachkommen des am 30. September 1832 verstorbenen Pastors Bernhard Eschenburg, Lübeck: Selbstverlag 1932.

[32] Journal (Privatbuch) des Joh. Siegmd. Mann (Anm. 17).

Bei der Ausfuhr von Weizen, Roggen, Hafer, Hülsenfrüchten, Gerste, Raps und Rüb-saat aus dem freien Verkehr des Zollinlandes werden, wenn die ausgeführte Menge wenigstens 500 Kilogramm beträgt, auf Antrag des Waarenführers Bescheinigungen (Einfuhrscheine) ertheilt, welche den Inhaber berechtigen, innerhalb einer vom Bun-desrath auf längstens sechs Monate zu bemessenden Frist eine dem Zollwerth der Ein-fuhrscheine entsprechende Menge der nämlichen Waarengattung ohne Zollentrichtung einzuführen.[33]

Vereinfacht ausgedrückt: Wenn man Getreide exportierte, erhielt man in der Form des Einfuhrscheins eine Art Gutschein, mit dem man die gleiche Menge Getreide zollfrei einführen konnte. Diese Einfuhrscheine waren handelbar. Das Einfuhrschein-System kurbelte den Export von Roggen gewaltig an und schaffte damit ein Paradies für Getreidehändler, denn die wurden nun ge-braucht, um die Verwertung der Zollgutschriften beim Import von Weizen zu vermitteln. Von 1894 bis 1912 stieg die Inanspruchnahme von Einfuhrscheinen von 7 auf 126 Millionen Mark, also um 1.800 Prozent.[34] Die geänderte Zoll-situation könnte einen Teil des spektakulären Erfolges von HCW Eschenburg erklären.

Aus den dürren Worten des Lübecker Adressbuches kann man die Ge-schichte der Firma HW Eschenburg teilweise rekonstruieren: Im Lübecker Adressbuch von 1890, also ein Jahr vor dem Tod des Senators, findet sich fol-gender Eintrag: »Mann, Joh. Siegm, Handlungsfirma, Getreidhandl., Rhederei, Inhaber: Senator Thomas Joh. Heinr. Mann u. Hans Christo. Wilh. Eschen-burg, Beckergrube 52«. Kurz bevor der Senator stirbt, wird noch ein Telefon installiert, der Eintrag für 1891 lautet daher: »Mann, Joh. Siegm, Handlungs-firma, Getreidhandl., Rhederei, Inhaber: Senator Thomas Joh. Heinr. Mann u. Hans Christo. Wilh. Eschenburg, Beckergrube 52, F[ernruf] 150«. Nach dem Tod des Senators ändert sich, im Eintrag von 1892, die Firmierung, um auf das Ausscheiden eines haftenden Gesellschafters hinzuweisen: »Firma Johann Siegmnd Mann Erben: Handlungsfirma, Getreidehandl., Rhederei, Inhaber Senator Thomas Joh. Heinr. Mann Erben u. Hans Christo. Wilh. Eschenburg, Beckergrube 52«. Im Lübecker Adressbuch von 1893 finden wir die Witwe des Senators, umgezogen in die Roeckstraße 7, aber die Firma Joh. Siegᵐᵈ·Mann nicht mehr. Am bisherigen Firmensitz in der Beckergrube 52 ist jetzt die Firma HW Eschenburg eingetragen: »Eschenburg, Hans Chr. Wilh. Eschenburg, Kö-nigl. Niederl. Consul, Kaufm. Firma HW Eschenburg, Beckergrube 52, Woh-nung: gr. Altefähre 21« Und, weiter hinten, unter »M«: »Mann, Wwe [Witwe] Thom. Joh. Heinr., Senator, Roeckstrasse 7«.

---

[33] Gesetz vom 14. April 1894, betr. die Abänderung des Zolltarifgesetzes vom 15. Juli 1879.
[34] Deutschland unter Kaiser Wilhelm II. – Band 2., Berlin: Verlag von Reimar Hobbing 1914, S. 700.

Wenn man sich die zeitliche Abfolge ansieht, dann wird klar, dass Thomas
Mann gegen Ende 1892, im Alter von 17 Jahren, gar nicht darüber hinweg-
sehen konnte, wie die Firma seines Vaters im Stockwerk unter der Mann'schen
Wohnung fortgeführt wurde. Ab 1895 taucht die Telefonnummer wieder auf,
die schon Senator Mann genutzt hatte, »Lübeck 150«. Im Lübecker Adressbuch von 1895 steht: »Eschenburg, Hans Chr. Wilh., Königl. Niederl. Consul,
Kaufm. Firma HW Eschenburg, Beckergrube 52, Wohnung: gr. Altefähre 21.
F[ernruf] 150«. Dieser Eintrag wird unverändert wiederholt bis zum Jahr 1904
und verschwindet im Jahr 1905. HCW Eschenburg hatte den Sitz seiner Firma
offensichtlich verlegt. Die Firma HW Eschenburg findet sich ab 1905 bis 1916
unter der Privatadresse von HCW Eschenburg, nämlich Große Altefähre 21
(immer noch mit Telefon-Nummer 150, dem ehemaligen Anschluss von Senator
Mann). Der Eintrag für die Firma HW Eschenburg im Amtlichen Lübecker
Telefonbuch für 1906 lautet: »HW Eschenburg, Getreide, Ölsaaten u. Rhederei,
Große Altefähre 21«. Diese Beschreibung des Geschäftszweckes der Firma
HW Eschenburg entspricht, 15 Jahre nach dem Tod von TJH Mann, immer
noch dem der Firma Joh.Sieg$^{md.}$Mann, nur Ölsaaten sind im Laufe der Jahre
hinzugekommen.

Im Jahr 1914 gibt HCW Eschenburg, im Alter von 72 Jahren, die konsulari-
sche Vertretung der Niederlande ab. Ab 1915 wird er im Adressbuch als »Konsul a. D.« bezeichnet. Sein Nachfolger als niederländischer Konsul in Lübeck
wird der Kaufmann Paul Alfred Mann, ein Neffe vom TJH Mann. Paul Alfred
Mann war der Sohn von Johann Siegmund Mann dem Dritten, dem Vorgänger
von HCW Eschenburg als Konsul der Niederlande.

Die Nutzung der letzten beiden Speicher aus dem vormaligen Besitz des
Senators Mann gab die Firma HW Eschenburg um diese Zeit ebenfalls auf.
Der letzte Eintrag der Firma unter der Adresse des »Walfisch«, An der Unter-
trave 16, findet sich im Lübecker Adressbuch des Jahres 1915. Die »Eiche«, An
der Untertrave 34, wurde letztmalig im Lübecker Adressbuch von 1917 als
»Eschenburg's Speicher« bezeichnet. Nachnutzer war ab 1918 die Firma Carl
Moll Dampfmühle und Grützfabrik.

Im letzten Jahr des Ersten Weltkriegs, 1918, verstirbt HCW Eschenburg im
Alter von 76 Jahren. Seine Todesanzeige in den *Lübeckischen Blättern*[35] ist
denkbar knappgehalten und beschränkt sich auf die nötigsten Angaben: »Am
5. Juni entschlief im 76. Lebensjahre der Kaufmann Konsul H. W. Eschenburg.«
Einen Nachruf widmeten ihm die *Lübeckischen Blätter* nicht. Nach dem Tod
von HCW Eschenburg verschwindet ab 1919 sein persönlicher Eintrag mit der
Erwähnung seiner Firma unter seinem Namen im alphabetischen Teil des Adressbuches. Auch der Eintrag der Firma in der Auflistung der Getreidehand-

---

[35] Lübeckische Blätter, 50. Jahrgang, 1918, S. 283.

lungen im Branchenteil des Adressbuches entfällt ab dieser Ausgabe. Es gibt im Adressbuch von 1919 auch keinen ersatzweisen Eintrag für eine, zumindest zeitweise, Fortführung der Firma HW Eschenburg durch Erben und sei es nur zum Zwecke der Liquidation.

Mit dem Tod von HCW Eschenburg endete 27 Jahre nach dem Ableben von TJH Mann die Fortführung des Geschäftsbetriebes der Firma Joh. Sieg^md. Mann.

Abbildungsverzeichnis

Alexander Košenina: Heimsuchung durch das Leben. Hofmannsthals *Der Tor und der Tod* und Thomas Manns *Tristan*

Siglenverzeichnis

[Band arabisch, Seite]	Thomas Mann: Große kommentierte Frankfurter Ausgabe. Werke – Briefe – Tagebücher, hrsg. von Heinrich Detering, Eckhard Heftrich, Hermann Kurzke, Terence J. Reed, Thomas Sprecher, Hans Rudolf Vaget und Ruprecht Wimmer in Zusammenarbeit mit dem Thomas-Mann-Archiv der ETH Zürich, Frankfurt/Main: S. Fischer 2002 ff.
[Band römisch, Seite]	Thomas Mann: Gesammelte Werke in dreizehn Bänden, 2. Aufl., Frankfurt/Main: S. Fischer 1974.
DüD II	Dichter über ihre Dichtungen, Bd. 14/I-III: Thomas Mann, hrsg. von Hans Wysling unter Mitwirkung von Marianne Fischer, München: Heimeran; Frankfurt/Main: S. Fischer 1975-1981.
Ess I–VI	Thomas Mann: Essays, Bd. 1–6, hrsg. von Hermann Kurzke und Stephan Stachorski, Frankfurt/Main: S. Fischer 1993–1997.
Tb, [Datum]	Thomas Mann: Tagebücher. 1918–1921, 1933–1934, 1935–1936, 1937–1939, 1940–1943, hrsg. von Peter de Mendelssohn, 1944–1.4.1946, 28.5.1946–31.12.1948, 1949–1950, 1951–1952, 1953–1955, hrsg. von Inge Jens, Frankfurt/Main: S. Fischer 1977–1995.
TM Jb [Band]	Thomas Mann Jahrbuch 1 (1988) ff., begründet von Eckhard Heftrich und Hans Wysling, hrsg. von Katrin Bedenig und Hans Wißkirchen (ab 2014), Frankfurt/Main: Klostermann.
TM Hb (2001)	Thomas-Mann-Handbuch, hrsg. von Helmut Koopmann, 3. aktualisierte Aufl., Stuttgart: Kröner 2001.
TM Hb (2015)	Thomas-Mann-Handbuch, hrsg. von Andreas Blödorn und Friedhelm Marx, Stuttgart: Metzler 2015.

TMS [Band]   Thomas-Mann-Studien 1 (1967)ff., hrsg. von Thomas-Mann-Archiv der ETH Zürich, Bern/München: Francke, ab 9 (1991) Frankfurt/Main: Klostermann.

Thomas Mann: Werkregister

Personenregister

Kursive Seitenzahlen verweisen auf die Anmerkungen.

Die Autorinnen und Autoren

Prof. Dr. Dr. h.c. mult. Jan Assmann, Egger Wiese 13, 78464 Konstanz
jan@assmanns.de

Prof. Dr. Yahya Elsaghe, Universität Bern, Institut für Germanistik, Länggassstrasse 49, 3012 Bern
elsaghe@germ.unibe.ch

Dr. Corina Erk, Otto-Friedrich-Universität Bamberg, Fakultät Geistes- und Kulturwissenschaften, Institut für Germanistik, Lehrstuhl für Literatur und Medien, OK8/01.23, 96049 Bamberg
corina.erk@uni-bamberg.de

Rudolf Ernst, Heimburgstrasse 10, 22609 Hamburg
RudErnstHH@gmail.com

Clara Fischer, Herderstr. 26, 12163 Berlin
fischer.clara@posteo.de

Jonathan Franzen, Santa Cruz, USA

Prof. Dr. Alexander Gallus, TU Chemnitz – Philosophische Fakultät, Lehrstuhl Politische Theorie und Ideengeschichte, Thüringer Weg 9, 09126 Chemnitz
alexander.gallus@phil.tu-chemnitz.de

Dr. Caren Heuer, Julius-Ertel-Straße 12, 21107 Hamburg
Caren.Heuer@luebeck.de

Prof. Dr. Alexander Košenina, Leibniz Universität Hannover, Deutsches Seminar, Königsworther Platz 1, 30167 Hannover
alexander.koseninagermanistik.uni-hannover.de

Jakob Lenz, Institut für Klassische Philologie, Otto-Friedrich-Universität Bamberg, An der Universität 5, 96047 Bamberg
jakob.lenz@uni-bamberg.de

Dr. Tim Lörke, SFB 1512 Intervenierende Künste, Freie Universität Berlin, Grunewaldstraße 34, 12165 Berlin
tim.loerke@fu-berlin.de

Prof. Dr. Friedhelm Marx, Universität Bamberg, Lehrstuhl für Neuere deutsche Literaturwissenschaft, An der Universität 5, 96047 Bamberg
friedhelm.marx(at)uni-bamberg.de

Dr. Michael Maar, Clausewitzstr. 4, 10629 Berlin
michael.maar@snafu.de

Prof. Dr. Frido Mann, München

Dr. Michael Navratil, Universität Stuttgart, Institut für Literaturwissenschaft, Neuere Deutsche Literatur I, Keplerstr. 17, 70174 Stuttgart
michael.navratil@ilw.uni-stuttgart.de

Alexander Pappe, Frommannsches Anwesen, Zenkerhaus, Raum 121, Fürstengraben 18, 07743 Jena
alexander.pappe@uni-jena.de

Prof. Dr. Thomas Pekar, Gakushuin University, German Dep., 1-5-1 Meijro, Toshima-ku, 171-8588 Tokyo, Japan
thomas.pekar@gakushuin.ac.jp

Prof. Dr. Erik Schilling, LMU München, Institut für Deutsche Philologie, Schellingstr. 3, 80799 München
erik.schilling@lmu.de

Prof. Dr. Hans Wißkirchen, Deutsche Thomas Mann-Gesellschaft, Mengstr. 4, 23552 Lübeck
wisskirchen@thomas-mann-gesellschaft.de

Auswahlbibliographie 2021–2022

zusammengestellt von Gabi Hollender

1. Primärliteratur

Mann, Heinrich und Mann, Thomas: »Meinem grossen Bruder«: Briefe von Heinrich und Thomas Mann an Wilhelm Ebel (1948–1955), [herausgegeben von] Anke Paravicini-Ebel, in: Zeitschrift für Lübeckische Geschichte, Jg. 101, 2022, S. 129–146.

Mann, Thomas: Thomas Mann [an Carl Seelig], in: Carl Seelig: Briefwechsel, herausgegeben von Pino Dietiker und Lukas Gloor, Berlin: Suhrkamp 2022, S. 193–206.

Wedekind, Kadidja und Mann, Heinrich: »Wahlnichte« und »Wahlonkel«: Kadidja Wedekind und Heinrich Mann: Briefwechsel 1936/1944–1949: mit Briefen von Katia und Thomas Mann sowie von und an Tilly Wedekind, herausgegeben und kommentiert von Dirk Heißerer, in: Heinrich-Mann-Jahrbuch, Bd. 39, 2021, S. 193–242.

2. Sekundärliteratur

Abramovych, Artur: Entartete Espritjuden und heroische Zionisten: jüdischer Nietzscheanismus in der Auseinandersetzung zwischen Theodor Lessing und Thomas Mann, Bad Schussenried: Gerhard Hess 2022, 135 S.

Ammon, Frieder von: Konkurrenten in »musicis«: Thomas Mann, Arthur Schnitzler und Robert Musil im Wettstreit um die »heilige Kunst«, in: Zeitschrift für Germanistik, Neue Folge, Jg. 31, H. 2, 2021, S. 68–82.

Bayır, Pınar Akkoç: Ernst Blochs Ästhetik und die Expressionismusdebatte: eine Analyse der Romane »Der Zauberberg« und »Der Untertan«, Berlin: Logos 2021 (= Germanistik in der Türkei, Bd. 14), 205 S.

Ben Yehuda, Omri: A man who is not a dog: Thomas Mann and the question of the Jew, the human and the animal, in: Arcadia: internationale Zeitschrift für literarische Kultur, Jg. 57, H. 1, 2022, S. 121–147.

Bergen, Werner von: Wer gehört zu Deutschland?: Thomas Mann im Streit mit den »inneren« Emigranten 1945–1949, in: Exil: Forschung, Erkenntnisse, Ergebnisse, Jg. 40, H. 1–2, S. 81–88.

Birkholz, Hans-Joachim: Thomas Mann und das Meer, in: Birkholz, Hans-Joachim: Sternzeichen aus der Dichtkunst: essays generales, Berlin: Berliner

Wissenschafts-Verlag 2021 (= Schriftenreihe der Dr.-Walter- und Margarete-Cajewitz-Stiftung, Bd. 10), S. 215–231.

Bischoff, Doerte: Thomas Mann und Weltliteraturkonzepte im Exil, in: Kinder, Thomas Mann und die politische Neuordnung Deutschlands nach 1945, S. 45–59.

Blaumer, Nikolai (Hrsg.): Thomas Mann's Los Angeles: stories from exile 1940–1952, Santa Monica, CA: Angel City Press 2022, 207 S.

Blocher, Friedrich: Thomas Mann: »Der Tod in Venedig«, in: Blocher, Die Versuchung des Schönen in Werken deutscher Dichtung, S. 53–62.

Blocher, Friedrich: Thomas Mann und Goethe in Manns Roman »Lotte in Weimar«, in: Blocher, Die Versuchung des Schönen in Werken deutscher Dichtung, S. 71–76.

Blocher, Friedrich: Die Versuchung des Schönen in Werken deutscher Dichtung, Hamburg: Dr. Kovač 2022 (= Schriftenreihe Poetica, Bd. 172), 83 S.

Blubacher, Thomas: Weimar unter Palmen – Pacific Palisades: die Erfindung Hollywoods und das Erbe des Exils, München: Piper 2022, 270 S.

Bockschweiger, Birgit: Karl Kerényi und Thomas Mann: Mythologie und Humanität, in: Bockschweiger, Birgit: Christa Wolf – Oppositionen im Dialog: Schreibprozess und poetologisches Konzept, Berlin: Verbrecher Verlag 2022 (= Christa Wolf Forum, Bd. 1), S. 245–252.

Borchmeyer, Dieter: Thomas Mann: Werk und Zeit, Berlin: Insel 2022, 1546 S.

Borkowski, Jan: Thomas Mann: »Buddenbrooks« (1901), in: Borkowski, Jan: Die Applikation literarischer Texte: Studien zur Erstrezeption vielgelesener Romane in der Aufklärung, Moderne und Gegenwart, Berlin: De Gruyter 2021 (= Studien und Texte zur Sozialgeschichte der Literatur, Bd. 154), S. 184–212.

Bormuth, Matthias: »Was wusste ich schon vom Exil?«: Inge Jens im Gespräch über Thomas Mann, in: Bormuth, Matthias: Schreiben im Exil: Porträts, Göttingen: Wallstein 2022, S. 140–154.

Braun, Michael: »Besserem Verständnis«: Thomas Manns Spuren in Michael Kleebergs »Ein Garten im Norden«, in: Text + Kritik: Zeitschrift für Literatur, H. 233, 2022, S. 33–45.

Bremer, Alida: »Nicht gar weit, nicht gerade bis zu den Tigern«: die Konstruktion der Fremdheit an der östlichen Adria bei Thomas Mann und Wolfgang Koeppen, in: Malygin, Erna (Hrsg.): Wie eine Perlenkette…: Festschrift für Prof. Dr. Elisabeth von Erdmann, Bamberg: University of Bamberg Press 2022 (= Schriften aus der Fakultät Geistes- und Kulturwissenschaften der Otto-Friedrich-Universität Bamberg, Bd. 38), S. 259–272.

Breuer, Stefan: Ironischer Konservatismus II: Heinrich Mann und Thomas Mann, in: Breuer, Stefan: Ausgänge des Konservatismus in Deutschland, Darmstadt: wbg Academic 2021, S. 190–212.

Bub, Stefan: Zaïmpf versus Ketônet: das Schleiermotiv in Gustave Flauberts »Salammbô« und Thomas Manns Josephsromanen, in: Euphorion: Zeitschrift für Literaturgeschichte, Jg. 115, H. 4, 2021, Seite 387–404.

Buurman, Margreet den: Vrouwen rond Thomas Mann: de eeuwige Tristan, Soesterberg: Uitgeverij Aspekt 2021, 185 S.

Cai, Cecily: »*Doktor Faustus*« and its variations on lateness, in: Arcadia: internationale Zeitschrift für literarische Kultur, Jg. 57, H. 2, 2022, S. 282–300.

Conte, Domenico: »Non avrai altro dio fuori di me«: Thomas Mann e »La legge«, in: Archivio di storia della cultura, Jg. 34, 2022, S. 151–174.

Corngold, Stanley: The mind in exile: Thomas Mann in Princeton, Princeton: Princeton University Press 2022, 258 S.

Corngold, Stanley: Weimar in Princeton: Thomas Mann and the Kahler Circle, New York: Bloomsbury Academic 2022 (= New directions in German studies), 192 S.

Dal Gobbo, Liliana: »Madame Bovary« e i »Buddenbrook«: traduzioni, traduttori, traduttrici, Roma: TAB edizioni 2021 (= Studi, Bd. 3), 100 S.

Detering, Heinrich: Das Lachen im Himmel: eine »Lectura Dantis« mit Thomas Mann, in: Deutsches Dante-Jahrbuch, Jg. 97, H. 1, 2022, S. 66–79.

Dickens, Rosalia Maria: Heinrich Mann: »Doktor Biebers Versuchung« (1898) und Thomas Mann: »Tristan« (1903), in: Dickens, Rosalia Maria: Sozialer Rückzug als Lebensphase und Experiment: die Darstellung eines sozialpsychologischen Phänomens in der deutschsprachigen Erzählliteratur seit 1900, Heidelberg: Synchron 2021, S. 46–52.

DiMassa, Daniel: Thomas Mann and the demythologization of Dante, in: DiMassa, Daniel: Dante in Deutschland: an itinerary of Romantic myth, Lewisburg, Pennsylvania: Bucknell University Press 2022 (= New studies in the age of Goethe), S. 159–176.

Eisinger, Ralf: Und konnten beisammen nicht kommen: Aspekte einer verhinderten Wahlverwandtschaft zwischen Thomas Mann und Richard Strauss, München: Iudicium 2022, 240 S.

Elsaghe, Yahya: Die Verfilmung des »Doktor Faustus«: zur populärkulturellen Aneignung des Thomas Mann'schen Exilwerks, in: Kinder, Thomas Mann und die politische Neuordnung Deutschlands nach 1945, S. 227–241.

Eschenburg, Barbara; »Ist nicht der Russe der menschlichste Mensch?«: Thomas Manns Menschlichkeitsbegriff im Kontext russischer Literatur, Frankfurt/Main: Klostermann 2022 (= Thomas-Mann-Studien LVIII), 332 S.

Federmair, Leopold: Formen der Ironie: »Der Zauberberg« und »Der Mann ohne Eigenschaften« im Vergleich, in: Weimarer Beiträge: Zeitschrift für Literaturwissenschaft, Ästhetik und Kulturwissenschaften, Jg. 67, H. 4, 2021, S. 519–534.

Finke, Reinhard: Thomas Manns »Entstehung des Doktor Faustus« im Widerstreit mit Alfred Döblins »Goldenem Tor«, in: Wirkendes Wort: deutsche
  Sprache und Literatur in Forschung und Lehre, Jg. 71, H. 3, 2021, S. 411–435.
Frischmuth, Agatha: Projektion in »Der Zauberberg« von Thomas Mann, 1924,
  in: Frischmuth, Agatha: Nichtstun als politische Praxis: literarische Reflexionen von Untätigkeit in der Moderne, Bielefeld: transcript 2021 (= Studien
  der Kulturwissenschaftlichen Gesellschaft, Bd. 1), S. 141–188.
García Adánez, Isabel: »Todo puede ser« a los ojos de Thomas Mann: »Meer-
  fahrt mit Don Quijote« y la particular interpretación del genio alemán, in:
  Kappès-Le Moing, Morgane (Hrsg.): La réception du Siècle d'Or espagnol
  dans les pays de langue allemande, Würzburg: Königshausen & Neumann
  2022, S. 215–225.
Gesche, Janina: Der Nobelpreis für das Jahr 1929 – Thomas Mann (1875–1955),
  in: Gesche, Janina: Stockholmer literarische Entscheidungen: zu den Aus-
  leseprozessen bei der Vergabe des Nobelpreises für Literatur am Beispiel
  deutschsprachiger Kandidaten – von Theodor Mommsen bis Hermann
  Hesse, Berlin: Peter Lang 2021 (= Nordeuropäische Arbeiten zur Literatur,
  Sprache und Kultur, Bd. 12), S. 205–247.
Grugger, Helmut (Hrsg.): Der Generationenroman, Berlin: De Gruyter 2021,
  480 S.
Gutjahr, Marco und Staszak, Heinz-Jürgen: Die dunkle Kunst: ein Gespräch
  über Thomas Mann und die Musik, in: Gutjahr, Marco (Hrsg.): Die Ambi-
  valenz von Bild und Klang: ästhetische Relationen in der Moderne, Bielefeld:
  transcript 2021 (= rerum religionum, Arbeiten zur Religionskultur, Bd. 2),
  S. 165–181.
Hacke, Jens: Münchner Konstellationen: Überlegungen zu Thomas Manns
  politischem Denken, in: Kinder, Thomas Mann und die politische Neuordnung Deutschlands nach 1945, S. 9–24.
Hage, Volker: Nicht Erfindung, sondern Beseelung: Thomas Mann, in: Hage,
  Volker: Schriftstellerporträts, Göttingen: Wallstein 2022, S. 13–39.
Hanenberg, Norbert: John Archibald Campbell und Thomas Mann – Berüh-
  rungspunkte: das Englische in Deutschland, in: In situ: Zeitschrift für Ar-
  chitekturgeschichte, Jg. 13, H. 2, 2021, S. 297–312.
Hansen, Sebastian: »La démocratie, pour sa part, est infiniment humaine«: la
  lutte de Thomas Mann en faveur de la démocratie dans l'entre-deux-guerres,
  in: Revue d'Allemagne et des pays de langue allemande, Jg. 54, H. 2, 2022,
  S. 361–378.
Heißerer, Dirk: Dialog der Antipoden: Carl Einstein und Thomas Mann, in:
  Grande, Jasmin (Hrsg.): Einstein: ein Widerspruch bei Carl Einstein mit
  philologischen Perspektiven, Fragen zum Wissen der Moderne, zur Ästhetik,
  Avantgarde und ihren medialen Praktiken, zum Kritiker und dessen Netz-

werk und zu den inter- und transkulturellen Zugängen, Bielefeld: Aisthesis
2022 (= Juni: Magazin für Literatur und Kultur, Bd. 59/60), S. 85–97.

Heißerer, Dirk: Ein Mittagessen in New York – George Grosz trifft Thomas
Mann, in: Aus dem Antiquariat, Neue Folge, Jg. 20, H. 3, 2022, S. 100–107.

Hörner, Unda: Wenn der Zauberberg ruft: Thomas Manns Besuch bei Katia
Mann und die Folgen, in: Hörner, Unda: Der Zauberberg ruft!: die Bohème
in Davos, Berlin: Ebersbach & Simon 2022 (= blue notes, Bd. 97), S. 22–49.

Hoffmann, Tim Martin: Wer bläst die Fanfaren?: Thomas Mann und der »dich-
terische Fehler« in Wagners Lohengrin, in: Wagnerspectrum, Jg. 18, H. 1,
2022, S. 247–284.

Horch, Hans Otto: Thomas Manns »Wälsungenblut«: eine »Judengeschichte«,
in: Becke, Johannes (Hrsg.): Sprachheimaten und Grenzgänge: Festschrift
für Anat Feinberg, Heidelberg: Universitätsverlag Winter 2021, S. 121–139.

Horn, Eva: Luft als Element: Literatur, Klima und Thomas Manns »Tod in
Venedig«, in: Deutsche Vierteljahrsschrift für Literaturwissenschaft und
Geistesgeschichte, Jg. 95, H. 3, 2021, S. 353–375.

Irawan, Marisa: Figuren des Dritten: Thomas Manns Roman »Der Zauberberg«,
Würzburg: Königshausen & Neumann 2022 (= Poetik und Episteme, Bd. 5),
261 S.

Kablitz, Andreas: Erzählte Skepsis: über Wahrheit und Lüge des Felix Krull:
ein Essay, Heidelberg: Universitätsverlag Winter 2022 (= Beiträge zur neueren Literaturgeschichte, Bd. 425), 401 S.

Kater, Michael H.: Der Fall Thomas Mann, in: Kater, Michael H.: Kultur un-
term Hakenkreuz, Darmstadt: wbg Theiss 2021, S. 321–339.

Keim, Ulrike: Enger Berater und Freund der Familie Mann, in: Keim, Ulrike:
Ein außergewöhnliches Leben in zwei Welten: der Arzt, Dichter, Forscher
und Schriftsteller Martin Gumpert, Leipzig: Hentrich & Hentrich 2022,
S. 353–378.

Kemper, Dirk: Erzähltheorie und Deixis: das Sprachporträt des »Buddenbrooks«-Erzählers, in: Weimarer Beiträge: Zeitschrift für Literaturwissenschaft, Ästhetik und Kulturwissenschaften, Jg. 68, H. 2, 2022, S. 256–273.

Kemper, Dirk: Heinrich Manns Exilpublizistik zwischen Widerstand und politischer Zukunftsorientierung, in: Kinder, Thomas Mann und die politische
Neuordnung Deutschlands nach 1945, S. 113–138.

Kiesel, Helmuth: »Wegbereiter und eiskalter Genüssling des Barbarismus«?:
Thomas Manns »second-hand«-Urteile über Ernst Jünger, in: Bantle, Thomas (Hrsg.): Die Idee des Autobiografischen, Frankfurt/Main: Klostermann
2021 (= Jünger Debatte, Bd. 4), S. 97–111.

Kinder, Anna, und Lörke, Tim und Zilles, Sebastian (Hrsg.): Thomas Mann
und die politische Neuordnung Deutschlands nach 1945, Berlin: De Gruyter
2022, 245 S.

Kinder, Anna: Thomas Mann und Schiller: »Deutscher Geist« 1955, in: Kinder, Thomas Mann und die politische Neuordnung Deutschlands nach 1945, S. 157–166.

Krause, Frank: »Follow the scent: one will seldom err«: the stench of failed Nietzschean practice in André Gide''s »The immoralist« (1902) and Thomas Mann's »Death in Venice« (1912), in: Herold, Katharina (Hrsg.): Smell and social life: aspects of English, French and German literature (1880–1939), München: Iudicium 2021 (= Publications of the Institute of Germanic Studies, Bd. 103), S. 67–84.

Krčal, Katharina: Thomas Manns doppelte Entlarvung: die Novelle »Wälsungenblut«, in: Krčal, Katharina: Nachahmen und Täuschen: die »jüdische Mimikry« und der antisemitische Diskurs im 19. und 20. Jahrhundert, Hildesheim: Olms 2022, S. 419–481.

Krul, Wessel: Conservatism, republicanism, and romanticism: Thomas Mann's »conversion« to democracy in 1922, in: Oddens, Joris (Hrsg.): Discourses of decline: essays on republicanism in honor of Wyger R.E. Velema, Leiden: Brill 2022 (= Studies in the history of political thought, Bd. 17), S. 216–232.

Kurzke, Hermann: Thomas Mann, »Joseph und seine Brüder« (1933–1942), in: Kurzke, Hermann: Literatur lesen wie ein Kenner: eine Handreichung für passionierte Leserinnen und Leser, München: C.H. Beck 2021, S. 265–281.

Leggewie, Claus: Mario, der Zauberer: wie man Thomas Mann heute lesen kann, in: Neue Rundschau, Jg. 133, H. 4, 2022, S. 110–123.

Lenhard, Philipp: »Welfare collectivism«: Thomas Mann, das Institut für Sozialforschung und die deutsche Nachkriegsordnung, in: Kinder, Thomas Mann und die politische Neuordnung Deutschlands nach 1945, S. 97–111.

Liebrand, Claudia: Klinische Liebe: Thomas Manns »Zauberberg«, in: Archiv für das Studium der neueren Sprachen und Literaturen, Jg. 174, Bd. 259, H. 1, 2022, S. 1–14.

Lipinski, Birte: 10 Jahre »Sohn der Stadt«: Thomas Manns Besuche in Lübeck 1921 bis 1931, in: Zeitschrift für lübeckische Geschichte, Jg. 100, 2021, S. 133–156.

Löwe, Matthias: Komplizierungsästhetik: Thomas Manns Josephsromane, in: Löwe, Matthias: Dionysos versus Mose: Mythos, Monotheismus und ästhetische Moderne 1900–1950, Frankfurt/Main: Klostermann 2022 (= Das Abendland, Neue Folge, Bd. 48), S. 498–646.

Löwe, Matthias: Plurales Ich: Thomas Manns transatlantischer Demokratiebegriff, in: Kinder, Thomas Mann und die politische Neuordnung Deutschlands nach 1945, S. 25–43.

Magome, Kiyoko: The symbolism of the string quartet in Thomas Mann's »Doctor Faustus«, in: Gill, Patrick (Hrsg.): Symbolism: an international annual of critical aesthetics, Berlin: De Gruyter 2022 (= Symbolism, Bd. 22), S. 253–271.

Mann, Frido: Thomas Manns Rede »The coming victory of democracy«, in: Mann, Frido: Democracy will win: Bekenntnisse eines Weltbürgers, Darmstadt: wbg Theiss 2021, S. 29–47.

Mayer, Mathias: Der Kobold der erotischen Ironie: Thomas Mann, in: Mayer, Mathias: Platons Macht über die deutsche Literatur, Frankfurt/Main: Klostermann 2022 (= Das Abendland, Neue Folge, Bd. 46), S. 163–188.

Merkel, Reinhard: Zauberberg »and beyond«: Aufklärung und Gewalt, in: Fischer, Susanne (Hrsg.): Die Gegenwart der Gewalt und die Macht der Aufklärung: Festschrift für Jan Philipp Reemtsma, Bd. 1, Springe: zu Klampen 2022, S. 189–221.

Möller, Hans-Jürgen: Der Sonderfall Thomas Mann (1875–1955), in: Huber, Karl (Hrsg.): Erinnern und Gedenken: der Ausschluss von 14 Münchner Rotariern im April 1933, München: Allitera 2021, S. 221–241.

Monmany, Mercedes: Thomas Mann: los Buddenbrook en Pacific Palisades, in: Monmany, Mercedes: Sin tiempo para el adiós: exiliados y emigrados en la literatura del siglo XX, Barcelona: Galaxia Gutenberg 2021, S. 138–159.

Monteiro, Agostinho Reis: Human dignity: Adolf Hitler, Thomas Mann, and Munich, Cambridge: Ethics International Press Limited 2022, 194 S.

Müller, Matthias: Fluchtpunkt Niederlage: Thomas Mann und das Ende des Zweiten Weltkriegs, in: Kinder, Thomas Mann und die politische Neuordnung Deutschlands nach 1945, S. 81–96.

Müller, Ralph: Ägypten in Thomas Manns »Joseph und seine Brüder«, in: Haupt, Sabine (Hrsg.): »Ton rêve est une Egypte...«: l'égyptomanie dans la littérature et les arts, Würzburg: Königshausen & Neumann 2021 (= Deutsch-Afrikanische Studien zur Literatur- und Kulturwissenschaft, Bd. 5), S. 149–165.

Müller-Seidel, Walter: Degeneration und Décadence: Thomas Manns Weg zum »Zauberberg«, in: Anz, Thomas (Hrsg.): Literatur und Medizin in Deutschland: zur Geschichte des humanen Denkens im wissenschaftlichen Zeitalter (1795–1945), Gießen: LiteraturWissenschaft.de 2022, S. 432–452.

Narloch, Sandra: Kosmopolitische Figuren des Exils in Texten von Peter Weiss, Stefan Zweig, Thomas Mann und Lion Feuchtwanger, in: Narloch, Sandra: Zwischen Weltbürgertum und neuem Kosmopolitismus: Verhandlungen übernationaler Gemeinschaft und Zugehörigkeit in der Exilliteratur, Berlin: J.B. Metzler 2022 (= Exil-Kulturen, Bd. 7), S. 57–178.

Navratil, Michael: Konzepte der Gesundheit im Werk Thomas Manns: dekadenter Gesundheitsverdacht, Krankheitswahl und die Autonomie des Körpers, in: Dieckmann, Letizia (Hrsg.): Gesundheit erzählen: Ästhetik, Performanz und Ideologie seit 1800, Berlin: De Gruyter 2021 (= Narratologia, Bd. 78), S. 33–52.

Neuhaus, Stefan: Thomas Manns »Buddenbrooks« (1901) als paradigmatischer Generationenroman, in: Grugger, Generationenroman, S. 61–75.

Neumann, Peter: München 1903: der Hunger nach Leben: Franziska von Reventlow und Thomas Mann tauchen ein in die Boheme, in: Neumann, Peter: Feuerland: eine Reise ins lange Jahrhundert der Utopien 1883–2020, München: Siedler 2022, S. 57–72.

Nieradka-Steiner, Magali: Exil unter Palmen: deutsche Emigranten in Sanary-sur-Mer: Thomas Mann, Lion Feuchtwanger, Bertolt Brecht u.v.a., Darmstadt: wbg Paperback 2022 (= wbg Paperback), 272 S.

Nilges, Yvonne: Thomas Mann in München: Religion und Narration, Göttingen: V&R unipress 2022 (= Palaestra, Bd. 352), 171 S.

Pelletier, Nicole: L'exquis en question dans les récrits de jeunesse de Thomas Mann, in: Guilhamon, Elizabeth (Hrsg.): L'exquis, Pessac: Presses universitaires de Bordeaux 2021 (= Eidôlon, Bd. 131), S. 153–163.

Picard, Sophie: Goethe 1932 – Reaktivierung eines Nationalklassikers: Schlüsseldokument: Thomas Mann, »Goethe als Repräsentant des bürgerlichen Zeitalters«, in: Picard, Sophie: Klassikerfeiern: Permanenz und Polyfunktionalität Beethovens, Goethes und Victor Hugos im 20. Jahrhundert, Bielefeld: transcript 2022, S. 153–254.

Pilipowicz, Andrzej: Der Tristan-Akkord von Richard Wagner in der Novelle »Tristan« von Thomas Mann, in: Pilipowicz, Andrzej: Georg Trakl: Przekłady I Analizy, Bydgoszcz: Dom Wydawniczy Margrafsen 2021, S. 111–131.

Pils, Holger: Im Zeichen von Erbe und Bündnis: zum Thomas-Mann-Bild in der Presse der DDR und seiner theoretischen Grundlage, in: Kinder, Thomas Mann und die politische Neuordnung Deutschlands nach 1945, S. 201–225.

Porath, Mike: »Mein Leben lag in ihrer Hand« – zur Idee des »Genies« bei Thomas Mann und Max Frisch: ein abschließender Bericht, in: Porath, Mike: Mütter – die Geniefigur in der Deutschsprachigen Literatur 1750–1950: Versuch einer analytischen Neubewertung, Berlin: J. B. Metzler 2021, S. 604–638.

Pott, Hans-Georg: Die Erwählten: zur medialen Produktion von Heiligen und Thomas Manns »Der Erwählte«, in: Pott, Hans-Georg: Aufklärung über Religion: literarische Perspektiven, Berlin: Schwabe 2021, S. 217–233.

Prado, Dante S.: Laughing with Bergson: vital laughter in Thomas Mann's »Der kleine Herr Friedemann«, in: Monatshefte: für deutschsprachige Literatur und Kultur, Jg. 114, H. 4, 2022, S. 598–619.

Proff, Friederike: Die »große Konfusion«: der Roman der klassischen Moderne und die Weltanschauungsliteratur: Thomas Mann – Robert Musil – Hermann Broch, Baden-Baden: Ergon 2022 (= Klassische Moderne, Bd. 48), 373 S.

Sakamoto, Sakie: Die leitmotivische Funktion des Geräusch-Motivs in Thomas Manns »Der Zauberberg«, in: Oh, Seong-Kyun (Hrsg.): Tagungsband der »Asiatischen Germanistentagung 2016 in Seoul«, Bd. 2: Germanistik in Zeiten des großen Wandels – Tradition, Identität, Orientierung, Berlin: Peter Lang 2022 (= Jahrbuch für internationale Germanistik, Reihe A, Bd. 146), S. 39–48.

Saletta, Ester: Utopien im Spiegel: der sozialdemokratische Humanismus von Thomas Mann und Giuseppe Antonio Borgese, in: Kinder, Thomas Mann und die politische Neuordnung Deutschlands nach 1945, S. 139–154.

Scarinzi, Alfonsina: »Ich liebe dich!«: Aschenbachs Bekenntnis und die Manifestheit der Homoerotik in Thomas Manns Novelle »Der Tod in Venedig«, in: Scarinzi, Alfonsina (Hrsg.): Meaningful relations: the enactivist making of experiential worlds, Baden-Baden: Academia 2021 (= Academia philosophical studies, Bd. 76), S. 93–119.

Schmidinger, Heinrich: Die Erzvätererzählung (Gen 12–50) und Thomas Manns Josephs-Tetralogie (1933–1943): Mythologische Aspekte der Generationenthematik, in: Grugger, Generationenroman, S. 128–139.

Schmidt, Gunnar: Der kleine Johann: eine Fallgeschichte (Thomas Mann), in: Schmidt, Gunnar: Ästhetik des Oralen: Sprechen, Essen, Schmecken, Saugen, Küssen, Lachen, Schmücken, Rauchen, Spuken, Kotzen, Emsdetten: Edition Imorde 2021 (= imorde.instants, Bd. 4), S. 49–67.

Schmitt-Maaß, Christoph: Die »indische Cholera«: zu den Kontexten des Pandemie-Narrativs in Thomas Manns Novelle »Der Tod in Venedig« (1912) und deren italienischer Rezeption bis 1945, in: Schilling, Erik (Hrsg.): Venedig in der deutschen Literatur, Heidelberg: Universitätsverlag Winter 2022 (= Germanisch Romanische Monatsschrift, GRM-Beiheft, Bd. 108), S. 205–216.

Schmuck, Lydia: »Eine Frage des Lebens, eine Frage des geistigen Überlebens«: Herbert Caro als Übersetzer von Thomas Mann, Elias Canetti und Paulo Rónai im brasilianischen Exil, in: Tashinskiy, Aleksey (Hrsg.): Translation und Exil (1933–1945), Bd. 1: Namen und Orte – Recherchen zur Geschichte des Übersetzens, Berlin: Frank & Timme 2022 (= Transkulturalität – Translation – Transfer, Bd. 53), S. 173–205.

Selbmann, Rolf: Thomas Mann schreibt Briefe, in: Selbmann, Rolf: Literarische Briefe: Bruchstücke einer Mediengeschichte, Würzburg: Königshausen & Neumann 2022, S. 195–212.

Serra di Cassano, Francesco: R-esistere: dal pathos della »Kultur« al paradigma immunitario: Thomas Mann e le tensioni della modernità, Napoli: Bibliopolis 2021 (= Saggi Bibliopolis, Bd. 125), 335 S.

Steiger, Claudio: »Ein Schriftsteller eben nur«: Thomas Manns Sozialismus und ein Brief an Walter Ulbricht, in: Kinder, Thomas Mann und die politische Neuordnung Deutschlands nach 1945, S. 177–199.

Szendi, Zoltán: Das Selbstmord-Motiv in den Erzählungen Thomas Manns, in: Bazarkaya, Onur (Hrsg.): Exitstrategien: Suizid in der deutschsprachigen Literatur des 20. und 21. Jahrhunderts, Berlin: Peter Lang 2022 (= Historisch-kritische Arbeiten zur deutschen Literatur, Bd. 66), S. 21–35.

Tobias, Rochelle: The character: Thomas Mann's »Felix Krull«, in: Tobias, Rochelle: Pseudo-memoirs: life and its imitation in modern fiction, Lincoln: University of Nebraska Press 2021 (= Frontiers of narrative), S. 31–67.

Wang, Zhu: Die zwei Welten des »Zauberbergs«: Castorps Transzendenz als »inward transcendence«, in: Arcadia: internationale Zeitschrift für literarische Kultur, Jg. 56, H. 1, 2021, S. 65–81.

Wenz, Gunther: »Joseph und seine Brüder«: Thomas Manns Romantetralogie im Kontext der Bibel, München: Utzverlag 2022 (= Zur Literatur, Bd. 5), 201 S.

Willbold, Franziska: Zwischen Künstler- und Bürgertum: Puppen in Johann Goethes »Wilhelm Meister«-Komplex und Thomas Manns »Buddenbrooks«, in: Frimmel, Johannes (Hrsg.): Im Zentrum: Das Buch: Forschungen, Projekte, Reflexionen am »Zentrum für Buchwissenschaft«: eine Bilanz der ersten Jahre, Wiesbaden: Harrassowitz 2022, S. 139–151.

Yi, Sŏngju: Thomas Mann's »Wälsungenblut«: a point of divergence between conservatism and antisemitism, in: Germanisch-Romanische Monatsschrift, Jg. 71, H. 1, 2021, S. 33–46.

Zelinsky, Bodo: Trivialisierung des Bösen: das Teufelsgespräch in Thomas Manns »Doktor Faustus« und Dostoevskijs »Brat'ja Karamazovy«, in: Menzel, Nadine (Hrsg.): Wanderjahre in Literatur und Leben: Ontologien des Wandel(n)s, Berlin: Peter Lang 2022, S. 15–29.

Mitteilungen der Deutschen Thomas Mann-Gesellschaft Sitz Lübeck für 2022/23

Das Jahr 2022 erlaubte nach drei Jahren der Corona-Pandemie endlich wieder eine Tagung in Präsenz. Dabei wurde im Rahmen der Strategie 2026 erstmals ein neues Format, die »Lübecker Thomas Mann-Tage«, durchgeführt. Dabei tritt der Anteil der Vorträge zugunsten von kommunikativeren Formaten zurück. Auf diese Weise soll eine stärkere Einbeziehung der Mitglieder erreicht werden. Thema war Thomas Manns Rede *Von deutscher Republik*, die vor hundert Jahren, im Oktober 1922, gehalten worden war. Dieses Format soll künftig alle zwei Jahre zusammen mit der Verleihung des Thomas Mann-Preises in Lübeck gekoppelt werden. Für 2024 sind Thomas Mann-Tage zum *Zauberberg* geplant. Auf Wunsch der Mitglieder werden die Tage, soweit dies technisch möglich ist, gestreamt und sind daher auch digital verfügbar.

Im Wechsel mit diesem Format soll alle zwei Jahre eine stärker wissenschaftlich ausgerichtete »Internationale Thomas Mann-Tagung« stattfinden. Unter dem Titel »Chaos und Neubeginn. Thomas Manns späte Erzählungen« findet dieses Format erstmals vom 29. September bis zum 1. Oktober 2023 in Düsseldorf statt.

Die Deutsche Thomas Mann-Gesellschaft war Mitveranstalter von zwei internationalen Tagungen.

Die erste fand vom 28. bis zum 29. April 2022 an der Universita degli Studi di Messina statt. Unter dem Titel »Weltpolitik / Weltfrieden. Thomas Mann zur Zeit des Kalten Krieges« wurde ein bisher in der Forschung noch nicht in ausreichendem Maße behandeltes Thema in den Blickpunkt genommen. Ein Tagungsband soll 2024 in den Thomas-Mann-Studien erscheinen. Als Mitveranstalter war auch das Thomas Mann-Archiv der ETH beteiligt.

Die zweite Tagung fand unter dem Titel »Begegnungen. Stefan Zweig und Thomas Mann« vom 28. bis zum 29. Juli 2022 in Salzburg statt. Kooperationspartner waren neben der Paris Lodron Universität Salzburg das Stefan Zweig Zentrum Salzburg und das Literaturarchiv Salzburg.

Das Netzwerk »Thomas Mann International« unternimmt derzeit formale Schritte in Richtung einer Vereinsgründung. Im Netzwerk haben sich fünf Thomas Mann-Häuser aus vier Ländern zusammengeschlossen: das Buddenbrookhaus (Lübeck), die Monacensia im Hildebrandhaus (München), das

Thomas-Mann-Archiv der ETH Zürich (Zürich/Schweiz), das Thomas Mann House (Los Angeles/USA) und das Thomas Mann Kulturzentrum (Nida/Litauen).

Die Deutsche Thomas Mann-Gesellschaft wird, zusammen mit den fünf Häusern und dem S. Fischer Verlag, zu den Gründungsmitgliedern gehören. Zur Vorsitzenden, so der Vorschlag, soll Dr. Birte Lipinski, die Leiterin des Buddenbrookhauses, gewählt werden.

Am Vereinssitz der Deutschen Thomas Mann-Gesellschaft, dem Buddenbrookhaus in der Mengstraße 4 in Lübeck, geht der Umbau voran. Allerdings ist aufgrund eines Beschlusses der Lübecker Bürgerschaft, keine Durchdringung des historischen Gewölbekellers vorzunehmen, eine Umplanung erforderlich. Die grundsätzliche Planung bleibt unverändert. Das Museum wird um sein Nachbargrundstück, die Mengstraße 6, erweitert und kann so seine Ausstellungsfläche verdoppeln. Die Neueröffnung des Hauses verzögert sich aufgrund der Umplanung mindestens bis in das Jahr 2028.

Momentan ist das Buddenbrookhaus weiterhin an seinen beiden Interimsstandorten in der Stadt präsent: im Museum Behnhaus-Drägerhaus mit der Ausstellung »Buddenbrooks im Behnhaus« sowie mit dem Infocenter und Museumsshop »Buddenbrooks am Markt« neben dem Rathaus.

Dank für Zuwendungen

All jenen, die seit Erscheinen des Jahrbuchs 2022 die Tätigkeit der Deutschen Thomas Mann-Gesellschaft durch eine kleine oder größere Spende unterstützt haben, sei an dieser Stelle herzlich gedankt. Unser besonderer Dank gilt
Peter Baumgärtner, Bonn
Dieter Bruhn, Lübeck
Dr. Kaschlin Butt, Lübeck
Prof. Dr. Herbert Lehnert, Palm Desert, USA
Dr. Michael Navratil, Berlin

Ein besonderer Dank gilt der Possehl-Stiftung, Lübeck, für die großzügige Förderung der Thomas Mann-Gesellschaft in den Jahren 2022 und 2023.

Für die Thomas Mann-Medaille danken wir herzlich der WEILAND Kulturstiftung Henning Hamkens. Die Thomas Mann-Medaille wird Frau Dr. Katrin Bedenig, Zürich, im Rahmen der Internationalen Thomas Mann-Tagung am 1. Oktober 2023 verliehen.

Die Deutsche Thomas Mann-Gesellschaft dankt Frau Dr. Stefanie Leibetseder, Berlin, für ihre Spende in stillem Gedenken an Frau Renate Gerndt, Rheinsberg.

Hinzu kommt der Dank für 21 Geschenkmitgliedschaften im Jahr 2023. Hierbei handelt es sich um neue Mitglieder, welche ihre Mitgliedschaft von einem anderen Mitglied im ersten Beitrittsjahr geschenkt bekommen haben.

Bis zum Redaktionsschluss am 15. Juli 2023 haben 33 Mitglieder das Thomas Mann Jahrbuch 2023 gefördert. Nachfolgend möchten wir namentlich jene Spender nennen, die einer Veröffentlichung zugestimmt haben:

Prof. Heinz-Jürgen Armbrust, Ergolding
Ole Bech, Kopenhagen, Dänemark
Peter Ewert, Mönchengladbach
Jan Haag, Ulm
Hartmut Haushahn, Lübeck
Norbert Junker, Hemmingen
Dr. Eckhard Kiefer, Flörsheim-Dalsheim
Claus-Walter König, Berlin

Prof. Dr. Herbert Lehnert, Palm Desert, USA
Dr. Markus Leyck Dieken, Berlin
Christian Müller, Rastede
Hans-Christian Nissen, Bremerhaven
Ruth Paulus, Hohenwart
Ursula Reidel-Schrewe, Oakland, USA
Olaf Rode, München
Thomas Schmalzgrüber, Köln
Bernhard F. Schoch, Köln
Thomas Sprick, Hamburg
Dr. Johann-Ahrend Weber, Bonn
Volksbank Lübeck eG, Lübeck

Mitteilungen der Thomas Mann Gesellschaft Zürich für 2023

Das Vereinsjahr 2022/23 war durch eine erfreuliche Betriebsamkeit geprägt, durften wir doch unsere Mitglieder zu einer schönen Zahl von Veranstaltungen einladen.

Am 30. November 2022 stand die 6. Thomas Mann Lecture der ETH Zürich ins Haus und Prof. Jan Assmann ging in seinem Vortrag »Thomas Manns ›Morgenlandfahrt‹ – die Josephsromane« den bislang weniger etablierten Bezügen zwischen den Werken Thomas Manns und Hermann Hesses nach, indem er die Zusammenhänge zwischen Hesses *Glasperlenspiel* und Manns *Josephsromanen* aufzeigte.

Kurz darauf gastierte im Dezember das *Théâtre National du Luxembourg* mit einer Bühnenfassung von Thomas Manns *Der Zauberberg* in Winterthur. Der deutsche Dramaturg Florian Hirsch transferierte den *Zauberberg* unter der Regie von Frank Hoffmann in unsere Gegenwart und erzählte »von grossem Stumpfsinn und grosser Gereiztheit, Ordnung und Freiheit, Krieg und Frieden, Moral und Zerstörung, von Ski und Après-Ski, Liebe und Tod inmitten einer Pandemie.«

Zum Jahresbeginn 2023 erschien die 39. Ausgabe der *Blätter der Thomas Mann Gesellschaft Zürich*. Marco Neuhaus rückt hierin Thomas Manns ambivalentes Verhältnis zu Heinrich von Kleist in einem kleinen Überblick in den Mittelpunkt und Jan Hurta richtet sein Augenmerk auf die eisenbahn-reisenden Künstler- und Bürgerfiguren in den frühen Erzählungen *Der Kleiderschrank* und *Das Eisenbahnunglück* sowie im langgereiften Roman *Bekenntnisse des Hochstaplers Felix Krull*.

Am 28. Februar 2023 eröffnete das Thomas-Mann-Archiv der ETH Zürich seine vollständig neu konzipierte Dauerausstellung »Im Schreiben eingerichtet. Thomas Mann und sein Arbeitszimmer« sowie die temporäre Ausstellung »Thomas Mann. Achtung Europa!« in seinem neuen Domizil im Hauptgebäude der ETH Zürich. Anlässlich der feierlichen Eröffnung sprach die Schriftstellerin Dana Grigorcea über ihren heutigen Blick auf das Werk von Thomas Mann und die Praxis des Schreibens.

In Zusammenarbeit mit der Schweizerischen Richard Wagner-Gesellschaft durfte die Thomas Mann Gesellschaft Zürich im März zu einem sonntäglichen Vortrag von Prof. Dieter Borchmeyer einladen. Sein Vortrag trug den Titel

»Enthusiastische Ambivalenz – Richard Wagner im Zwielicht der Essayistik Thomas Manns« und befasste sich mit Thomas Manns kritisch-skeptisch wie lobpreisend-gehobener Leidenschaft für Richard Wagner.

Mit großer Freude konnten am 3. Juni der Präsident und der Vorstand die Mitglieder der Thomas Mann Gesellschaft Zürich im Literaturhaus an der Limmat zu ihrer Jahrestagung begrüßen. Im geschäftlichen Teil wurden Ursula Amrein als Vizepräsidentin, Thomas Ribi als Aktuar, Roland Spahr als Beisitzender sowie Marc von Moos als Präsident bestätigt und für vier weitere Jahre gewählt. Sowohl Janina Seitle, die bisherige Quästorin im Vorstand, wie Gabi Hollender, unsere langjährige Sekretärin der Gesellschaft, traten von ihren Ämtern zurück und wurden mit großem Dank verabschiedet. Im Zeichen einer Neuausrichtung des Vorstandes konnten für die Erweiterung dieses Gremiums vier neue Mitglieder gewonnen werden. Der nunmehr achtköpfige und geschlechterparitätisch ausgerichtete Vorstand wird zusätzlich bestellt durch Dana Grigorcea, Schriftstellerin, Angelina Immoos, Spezialistin für Information und Dokumentation im Stadtarchiv und in der Kläui-Bibliothek (Uster), Dr. Martina Schönbächler, Fachspezialistin für digitale Projekte und Editionen an den Literaturarchiven der ETH Zürich sowie Claudio Steiger, Museumskurator im Buddenbrookhaus, Lübeck. Die Versammlung wählte die neuen Vorstandsmitglieder einstimmig und der Präsident gratulierte ihnen nachdrücklich. »Personen, die sich um das Werk Thomas Manns, die Thomas Mann Gesellschaft oder das Thomas-Mann-Archiv besonders verdient gemacht haben, kann die Vereinsversammlung zum Ehrenmitglied ernennen.« So steht es im § 5 der Statuten. In diesem Sinne ehrten wir mit Dr. Katrin Bedenig eine Person, die sich, Kraft ihrer langjährigen Ämter – als Leiterin des Thomas-Mann-Archivs wie als Präsidentin der Thomas Mann Gesellschaft Zürich – sowie als Literaturwissenschafterin mit einem durch die Mann'schen Werte von Humanismus, Güte und Dankbarkeit geprägten Wirken und Weben einzigartig ausgezeichnet hat. Der Präsident, der Vorstand sowie die Mitgliederversammlung gratulieren Katrin Bedenig von Herzen.

Die Jahrestagung stand unter dem Titel »Neues aus dem Archiv« und vermittelte detaillierte und aufschlussreiche Einblicke in die Forschung am Thomas-Mann-Archiv, namentlich in die Erschließung der Nachlassbibliothek. Es moderierte Prof. Ursula Amrein. In seinem Vortrag »Fragwürdige Fragezeichen. Über den literaturwissenschaftlichen Wert von Thomas Manns Lesespuren« zeichnete Dr. Manuel Bamert Thomas Manns Lesespuren nach und stellte sich die Frage nach deren Bedeutsamkeit. Dr. Martina Schönbächler beschäftigte sich in ihrem Vortrag »Thomas Manns Gerda-Komplex. Poetologie und Politik zwischen Früh- und Spätwerk« mit einem Sammelsurium von Motiven und einem Konglomerat von Komplexen im Werk sowie in Selbstaussagen des Autors und zeigte letztlich eine politische Dimension auf, die über die Künstler-Problematik hinaus als Reaktion auf den deutschen Faschismus gelesen werden kann.

Die Thomas Mann Gesellschaft Zürich zählt auf den Zeitpunkt der Jahrestagung 251 Mitglieder.

Hanjo Kesting
Thomas Mann
Glanz und Qual

Klüger, origineller und eleganter ist selten über Thomas Mann geschrieben worden. Ein Buch zur Einführung ebenso wie zur Vertiefung.

»Über Hanjo Kestings Thomas-Mann-Buch kann man das Beste sagen, was es zu einem solchen Werk zu sagen gibt: Es befeuert die Lust auf seinen Gegenstand.«

GUSTAV SEIBT, SÜDDEUTSCHE ZEITUNG

»Kesting (legt) ein Buch vor, das zum Lesenswertesten gehört, was über Thomas Mann geschrieben wurde.«

THOMAS RIBI, NZZ

Hanjo Kesting
Thomas Mann
Glanz und Qual

Wallstein

400 S., geb. Schutzumschlag | 28,00 € (D), 28,80 € (A) | ISBN 978-3-8353-5413-5

www.wallstein-verlag.de

DE **DE GRUYTER**
G

NEUE BÜCHER ZU THOMAS MANN

Rüdiger Görner
THOMAS MANN IM ANDEREN
Seine biographierenden Essay-Bilder

11/2023. 200 S.
Gebunden € 89,95 [D]
ISBN 978-3-11-073884-1
eBook € 89,95 [D]
PDF ISBN 978-3-11-073450-8
ePUB ISBN 978-3-11-073456-0

Frederic Ponten
THOMAS MANN AN DER HUMANISTISCHEN FRONT
Deutsche Folklore, der Zweite Weltkrieg und die Anfänge des Doktor Faustus

01/2024. 220 S.
Gebunden € 99,95 [D]
ISBN 978-3-11-078922-5
eBook € 99,95 [D]
PDF ISBN 978-3-11-078948-5
ePUB ISBN 978-3-11-078959-1

degruyter.com